최신판   브랜드 만족 1위

간호직 공무원 시험대비

박문각 공무원

기출문제

기출로 합격까지!

간호직 간호관리 만점 기출문제집

단원별 주요 기출 완벽 총정리

명쾌한 해설과 깔끔한 오답 분석

신희원 편저

신희원 간호관리
기출문제집

동영상 강의 www.pmg.co.kr

PREFACE 이 책의 머리말

네 시작은 미약하였으나 네 나중은 심히 창대하리라 (욥기 8:7)

위의 성경 내용은 지금은 어려움이 있을지라도 참고 굳건히 나아가면 분명히 합격할 수 있다는 승리의 고백입니다.

간호직을 앞둔 우리도 당당히 이러한 확신을 가져야 할 것입니다.

갈수록 광범해지는 간호직 준비에 어떻게 방향을 잡아야 할까 어떤 식으로 1년 동안 준비해야 하나 가이드가 필요한 시작점입니다.
우선 자신의 기본적 실력을 쌓아야 합니다.

시작이 반이다!
어쩌면 그것이 모두일 수 있습니다.

간절함이 답이다!
엄청나게 많은 노하우는 저변에 깔려 있을 것입니다. 노하우만 쫓아다니다가 두려움과 불안만 증가시킬 수 있습니다. 간절함을 키워봅시다. 간절함은 떨림을 가져오고 신중해지기 위해 지금 여기서 내가 해야 할 일에 집중시켜 줍니다. 꼭 해야 할 것들을 하나씩 하나씩 채워나간다면 꼭 앞서 나아갈 수 있습니다.

노하우?
있습니다. 그러나 그 노하우는 공개되어진 전략입니다.
자신의 노하우를 키워 나가면서 자신의 약점을 채워 나가봅시다.

신희원 보건은 그 방향을 제시해드릴 겁니다.
저는 지금까지의 수많은 기출문제를 접해왔습니다.
그 경험을 바탕으로 여러분들이 준비해야 할 기출방향의 핵심내용을 빠르게 습득할 수 있는 방편을 마련해드릴 겁니다.
동시에 출제자가 추구하는 방향을 파악해드리겠습니다.

우선 국가 보건의료 보건복지정책의 방향전환을 파악하여 올해의 기출 가능성을 분석해드리겠습니다.

두 번째 현장 보건문제 해결입니다. 기본적인 간호행정 및 간호관리에 초점을 두어 근본적 실력을 거뜬히 쌓아가도록 돕겠습니다.

출제자가 어떤 문제를 낼까 걱정하지 말고 어떤 문제가 나와도 나는 답안을 선택할 수 있다는 원칙과 자신감이 필요합니다.
최신 출제경향에 충실히 편찬한 「신희원 간호관리 기출문제집」은 수험생들의 확연한 버팀목이 됨과 동시에 합격방향을 분명히 잡아 줄 것임을 확신합니다.

여러분과 이 한해의 과정에 발맞추어 나아가 꼭 합격라인에 같이 도달합시다.
여러분의 꿈의 도전에 무한한 박수와 응원을 보냅니다.

함께 해내어봅시다.

2025년 10월
저자 신희원

보건직·간호직 공무원 시험

[1] 학력 자격증 제한

시험명	직급	직렬	직류	응시 자격	지역
공개경쟁 임용시험	9급	간호	보건	만 18세 학력 제한 없음(간호사, 임상병리사, 치위생사, 물리치료사, 방사선사, 의무기록사, 위생사 등 면허증 소지자 가산점 5점)	시험공고일 현재 응시하고자 하는 지역에 주민등록이 되어 있는 자 (서울은 전국 지원 가능) 거주지 합산 3년 이상
	8급	간호	간호	간호사, 조산사	시험공고일 현재 응시하고자 하는 지역에 주민등록이 되어 있는 자 (서울은 전국 지원 가능) 거주지 합산 3년 이상

[2] 시험과목

구 분	공통과목	전공과목	출제유형
보건직	국어, 영어, 한국사	보건행정, 공중보건	100% 객관식 4지선다 (각 20문항) 100분(10:00~11:40)
간호직	국어, 영어, 한국사	지역사회간호학, 간호관리학	100% 객관식 4지선다 (각 20문항) 100분(10:00~11:40)
1차 필기시험	시험 장소, 합격자 발표 등 시험 시행과 관련된 사항은 지방자치단체 인터넷원서 접수센터 및 서울특별시 홈페이지 인재개발원 홈페이지 등에 공고하며, 시험 운영상 시험 일정 등은 변경될 수 있음 필기시험 성적은 지방자치단체 인터넷 원서접수센터(local.gosi.go.kr)에서 본인에 한하여 확인할 수 있음		
2차 면접시험	필기시험 합격자를 대상으로 면접시험일 전에 인성검사를 실시하며, 인성검사 응시 불참석 시 면접시험에 응하지 못함 면접시험 시행 방법은 필기시험 합격자 발표 시 별도 공고함		

✦ 간호관리 기출분석(2025~2022 9급 서울시·지방직 기출문제)

영역	22			23		24	25	계
	서울	지방	서울	서울	지방	지방	지방	
간호관리학의 이해	1	2	1.0	2	2	1	1	12
기획	2	7	4.0	4	6	2	5	30
조직	3	1	2.0	3	0	5	1	20
인적자원관리	3	2	4.0	3	3	1	3	19
지휘	4	1	3.0	3	1	2	2	22
통제	5	4	4.0	3	4	6	2	31
간호단위관리	1	2	1.0	1	3	2	2	16
간호관리에서의 법과 윤리	1	1	1.0	1	1	1	2	10
합계	20	20	20.0	20	20	20	20	160

2025 기출분석

Part 01 간호관리의 이해 기출분석

	세부내용		문항수	출제비율
간호관리의 이해	관리의 목표		1	1.3%
	관리의 개념		1	1.3%
	관리의 기능		2	2.7%
	관리의 과정		2	2.7%
	행정과 관리의 비교		1	1.3%
	간호관리체계의 모형		8	10.7%
	간호관리의 학문적 성격		1	1.3%
	민츠버그의 간호관리자의 역할		9	12.0%
	리더와 관리자의 비교		4	5.3%
	관리자의 역할		3	4.0%
	카츠의 관리기술		5	6.7%
	생산성	효과성	3	4.0%
		효율성	3	4.0%
간호관리이론	전반적인 내용		3	4.0%
	과학적관리론		13	16.0%
	인간관계론		5	6.7%
	행정관리론		4	5.3%
	관료제이론		2	2.7%
	카오스이론		3	4.0%
	체계이론		1	1.3%
	현대이론		2	2.7%
합계			76	100.0%

ANALYSIS 기출분석

Part 02 기획 기출분석

세부내용			문항수	출제비율
기획의 이해	기획의 이해		5	3.3%
	기획의 원칙		9	6.0%
	기획의 계층화		8	5.3%
	기획의 유형		4	2.6%
	기획의 방법		3	2.0%
목표관리			19	12.6%
시간관리			2	1.3%
의사결정	문제해결		1	0.7%
	집단과 개인 의사결정 비교		4	2.6%
	창의적 집단의사결정		9	6.0%
	의사결정 유형		4	2.6%
재무관리	회계의 종류 (재무회계)		1	0.7%
	재무제표	재무상태표	3	2.0%
		손익계산서	3	2.0%
		전반적인 내용	3	2.0%
	예산/ 수립 방법/ 과정		11	7.3%
	진료비지불 보상제도		7	4.6%
	간호수가/ 간호관리료 차등제/ 간호·간병통합서비스		10	6.6%
간호서비스 마케팅	서비스의 특성		11	7.3%
	마케팅 개념/ 마케팅 4P		2	1.3%
	간호서비스마케팅		4	2.6%
	마케팅믹스 전략	제품	4	2.6%
		유통	8	5.3%
		가격	1	0.7%
		촉진	2	1.3%
		전반적내용	4	2.6%
	시장세분화		4	2.6%
	표적시장(차별화 마케팅)		2	1.3%
	포지셔닝		3	2.0%
합계			151	100.0%

Part 03 조직 기출분석

세부내용			문항수	출제비율
조직에 대한 이해	조직화의 원리	통솔범위의 원리	4	2.6%
		분업-전문화의 원리	6	4.0%
		계층제의 원리	4	2.6%
		조정의 원리	4	2.6%
		명령통일의 원리	1	0.7%
		전반적인 내용	1	0.7%
조직 및 조직구조	집권화와 분권화		2	1.3%
	권한위임		4	2.6%
	조직구조의 구성요인		7	4.6%
	공식구조와 비공식 구조 비교		1	0.7%
	기계적구조와 유기적구조 비교		1	0.7%
조직구조의 유형	전반적인 분류·내용		3	2.0%
	라인 조직		1	0.7%
	계선막료조직		3	2.0%
	수직적 구조		1	0.7%
	관료제		2	1.3%
	직능조직		1	0.7%
	프로젝트 조직		4	2.6%
	매트릭스 조직		3	2.0%
	팀조직		1	0.7%
직무관리	직무설계		13	8.6%
	직무분석		11	7.3%
	직무평가		4	2.6%
간호전달 체계	전반적인 내용		4	2.6%
	팀간호		1	0.7%
	일차간호방법		3	2.0%
	모듈간호		1	0.7%
	사례관리		7	4.6%
조직문화, 조직변화 및 수용성	조직문화		6	4.0%
	레빈의 3단계		2	1.3%
	계획적 조직 변화 전략/ 유형		6	4.0%
	조직유효성		1	0.7%
합계			113	100.0%

ANALYSIS 기출분석

Part 04 인사관리(인적자원관리) 기출분석

		세부내용	문항수	출제비율
인적자원관리의 이해		전략적 인적자원관리 개념	2	2.2%
		인적자원관리의 과정	2	2.2%
확보관리	간호인력 산정방법	길리스의 분류	12	12.9%
		환자 대 간호사 비율	2	2.2%
		인력수요에 영향을 미치는 요인	1	1.1%
		간호업무량 예측	3	3.2%
		환자분류체계	5	5.4%
	모집 및 선발	내·외부모집	3	3.2%
		선발방법(면접)	1	1.1%
		배치 및 이동의 원칙	3	3.2%
개발관리	인력개발	예비교육	6	6.5%
		실무교육	1	1.1%
		보수교육	1	1.1%
		직장내훈련	1	1.1%
		프리셉터십-멘토십	2	2.1%
		비즈니스게임법	1	1.1%
	경력개발	경력개발의 개념과 이점	2	2.2%
	직무수행 평가	직무수행평가의 목적	1	1.1%
		인사고가 비교	1	1.1%
		직무수행평가의 방법	10	10.8%
		직무수행평가상의 오류	14	15.1%
보상관리		보상의 종류(임금/수당/복리후생)	9	9.7%
		능력별 보상제도	1	1.1%
		내적보상과 외적보상 비교	1	1.1%
유지관리		직원훈육(원칙/과정)	4	4.3%
		이직관리	1	1.1%
	협상	유형	1	1.1%
		원칙	2	2.1%
	합계		93	100.0%

Part 05 지휘 기출분석

	세부내용		문항수	출제비율
지휘의 이해	지후의 기능		3	2.6%
	권력의 유형		3	2.6%
	임파워먼트		4	3.4%
리더십	리더십의 이해	관리자와 리더 비교	2	1.7%
	특성이론		2	1.7%
	행동이론		8	6.9%
	상황이론	개요	1	0.9%
		상황적합성 이론	9	7.8%
		상황대응이론	10	8.6%
		경로-목표이론	5	4.3%
	새로운 리더십	거래적 리더십	3	2.6%
		변혁적 리더십	4	3.4%
		슈퍼리더십	2	1.7%
		셀프리더십	2	1.7%
		팔로워십	1	0.9%
동기부여	전반적인 내용		11	9.5%
	내용이론	매슬로우 욕구단계이론	1	0.9%
		앨더퍼의 ERG이론	2	1.7%
		맥클리랜드 성취동기이론	4	3.4%
		맥그리거의 X-Y이론	2	1.7%
		아지리스 성숙 - 미성숙 이론	1	0.9%
		하츠버그의 동기위생이론	3	2.6%
	과정이론	브룸의 기대이론	7	6.0%
		아담스의 공정성이론	4	3.4%
		목표설정이론	2	1.7%
	동기부여 전략		3	2.6%
의사소통과 주장행동	의사소통의 유형(비공식 의사소통)		1	0.9%
	의사소통 네트워크		6	5.2%
	자기주장행동		1	0.9%
조직과 협력	협력 촉진 방안		1	0.9%
	조정의 개념		1	0.9%
	팀 발전 5단계		2	1.7%
갈등과 직무스트레스	갈등의 이해(개념/ 관점)		2	1.7%
	개인 간 갈등의 해결방안 (대처유형)		3	2.6%
합계			116	100.0%

Part 06 통제 기출분석

세부내용			문항수	출제비율
통제의 이해	통제의 개념	통제의 정의	1	1.0%
		통제의 필요성	3	2.9%
		통제의 원칙	2	2.0%
		통제 활동의 기준	1	1.0%
	통제의 과정		3	2.9%
의료의 질 관리	의료의 질 구성요소		9	8.8%
	질 보장(QA)와 총체적 질 관리(TQM) 비교		11	10.8%
	질 향상 활동 과정		1	1.0%
	질 향상 활동방법	PDCA cycle	2	2.0%
		FOCUS-PDCA cycle	1	1.0%
		6시그마	1	1.0%
		린	2	2.0%
		균형성과표	3	2.9%
		추적조사방법/ 국가고객만족도	1	1.0%
	표준/ 기준/ 지표		1	1.0%
	질 관리 분석도구	흐름도	1	1.0%
		런차트	2	2.0%
		원인결과도	5	4.9%
		파레토차트	7	6.9%
		유사성 다이어그램	1	1.0%
		레이더 차트	1	1.0%
		산점도	1	1.0%
		전반적인 내용	1	1.0%
간호의 질 관리	간호표준의 유형		1	1.0%
	도나베디안 질관리 접근방법	구조적 접근방법	5	4.9%
		과정적 접근방법	7	6.9%
		결과적 접근방법	4	3.9%
		전반적인 내용	3	2.9%
	간호의 질 평가시기		1	1.0%
환자 안전관리	의료기관인증제도		10	9.8%
	환자안전	관련 용어	2	2.0%
		환자안전 접근법	4	3.9%
		환자안전법 - 의무보고	1	1.0%
		JCI 목표	2	2.0%
		환자안전전담인력	1	1.0%
합계			102	100.0%

Part 07 간호단위관리 기출분석

	세부내용	문항수	출제비율
간호단위관리	간호단위관리의 목표	1	1.6%
	환경관리	3	4.8%
	안전관리 [낙상/ 간호사고]	16	25.4%
	위험관리(사건보고서)	1	1.6%
	물품관리	4	6.3%
	감염관리	20	31.7%
	투약(약품)관리	6	9.5%
	간호기록관리	8	12.7%
간호정보시스템	간호용어의 표준화	1	1.6%
	간호실무에서의 활용	1	1.6%
	간호정보체계의 목적	2	3.2%
합계		63	100.0%

Part 08 간호윤리 법 기출분석

		세부내용	문항수	출제비율
간호관리의 법적 관리와 의무		법률 속 환자의 권리와 의무	6	7.5%
	간호사의 법적 의무	주의 의무	1	1.3%
		설명 및 동의의무	9	11.3%
		확인의무	1	1.3%
		전반적인 내용	5	6.3%
	의료법상 간호업무	간호업무	2	2.5%
		간호인력취업교육센터	1	1.3%
		면허취소와 면허정지	6	7.5%
		기존열람/ 서류발급	2	2.5%
		보수교육	1	1.3%
간호사의 법적 책임과 간호과오 예방	간호사의 법적책임	불법행위	3	3.8%
		과실치사상죄	1	1.3%
		과실상계	1	1.3%
	간호사고와 간호과오	용어정의	3	%
		예방방안(개인/ 조직)	2	3.8%
		대응방안(개인/ 조직)	2	2.5%
		사건보고서 작성	1	1.3%
생명윤리의 원칙과 규칙		병원윤리위원회	1	1.3%
		기관생명윤리위원회	2	2.5%
		연구윤리 부정행위	1	1.3%
		윤리원칙&규칙	6	7.5%
		개인정보 가이드 라인	1	1.3%
		도덕원칙들간의 충돌	4	5.0%
간호전문직과 간호윤리	간호사의 윤리강령	간호윤리가 강조되는 이유	1	1.3%
		윤리강령의 목적	1	1.3%
		윤리강령의 한계	2	2.5%
		한국간호사 윤리강령	13	16.3%
	파발코 직업–전문직 연속 모델		1	1.3%
		합계	80	100.0%

CONTENTS
이 책의 차례

Part 01 간호관리의 이해 18

Part 02 기획 38

Part 03 조직 76

Part 04 인사관리 108

Part 05 지휘 140

Part 06 통제 174

Part 07 간호단위관리 216

Part 08 간호윤리 법 242

신희원 간호관리
기출문제집

Part 01

간호관리의 이해

PART 01 간호관리의 이해

01 관리이론 중 인간관계론에 대한 내용으로 옳은 것은? 25 지방직

① 행동과 의사결정에 대한 규칙과 절차를 문서화한다.
② 구성원의 생산성에 비례하여 보수를 지급한다.
③ 자원은 변환과정을 통해 제품 및 서비스로 산출된다.
④ 구성원에 대한 관리자의 관심이 생산성을 높인다.

PLUS
관리 이론의 분류와 변천

구분	고전적 관리 이론	신고전적 관리 이론	현대적 관리 이론
해당이론	과학적관리론, 관료제이론 등	인간관계론, 행태과학론	체계이론, 상황이론 등
가치	기계적 능률성	사회적 능률성	다원적 목표·가치·이념
인간관	합리적·경제적 인간	사회적 인간	복잡한 인간
연구대상	공식적 구조	비공식적 구조	동태적·유기체적 구조
주요변수	구조	인간	환경
특징	• 조직 중심 • 효율성·능률성·생산성에 초점	• 인간 중심 • 인간관계에 초점	• 조직과 인간의 균형 • 개인의 창의성이 초점
폐쇄/개방	폐쇄적(조직과 환경 단절)	대체로 폐쇄적	개방적(조직과 환경 소통)

과학적관리론	인간관계론	행동과학론	상황이론
• 합리적·경제적 인간 • X이론적 인간	• 사회·심리적 인간 • Y이론적 인간	총체적 인간	합리적 인간

02 고전적 관리이론만을 모두 고르면? 24 지방직

> ㄱ. 테일러(Taylor)의 과학적 관리론
> ㄴ. 베버(Weber)의 관료제론
> ㄷ. 페이욜(Fayol)의 일반관리론
> ㄹ. 버틀란피(Bertalanffy)의 시스템 이론

① ㄱ, ㄴ
② ㄴ, ㄹ
③ ㄱ, ㄴ, ㄷ
④ ㄱ, ㄷ, ㄹ

해설

01
① 관료제
② 과학적관리론
③ 체계이론
④ 인간관계론

02
ㄹ. 버틀란피(Bertalanffy)의 시스템 이론 - 현대적 관리이론

정답 01 ④ 02 ③

PLUS			
구분	고전적 조직이론 (1930년 이전)	신고전적조직이론 (1930-1950)	현대 조직이론 (1950년 이후)
간호관리관점 (고든의 관점)	구조론적 관점	인간론적 관점	통합론적 관점
기초 이론	과학적 관리론(기계화), 행정관리론, 관료제 이론	인간관계론, 행태과학론	체계 이론, 상황이론, 목표에 의한 관리이론
인간관	합리적 경제인관(X이론)	사회인관(Y이론)	복잡인관, 자아실현인관
추구 가치	기계적 능률, 구조·기술 행정 개혁, 수단 중시	사회적 능률, 실증·인간주의	다원적 가치, 조직발전, 동태적 조직, 상황적응적 요인
주연구 대상	공식적 구조	비공식적 구조	계층적 구조(체계적 구조)
연구방법	원리접근법 (형식적 과학성)	경험적 접근법 (경험적 과학성)	복합적 접근법 (경험적 과학성 제고, 관련 과학활용)
환경	폐쇄형	폐쇄형	개방형
행정변수	구조	인간	환경

과학적 관리론(테일러)	행정관리론(페이욜)	관료제이론(베버)
① 시간-동작 연구에 의한 업무의 표준화와 일일 과업량을 설정 ② 근로조건의 표준화와 임금의 표준화를 설정 ③ 과업의 표준화를 위해 유일 최선의 방법을 강조 ④ 전문화, 분업화의 원리에 따라 기계적 능률성을 추구 ⑤ 계층제나 분업체계와 같은 공식적 조직을 중시 ⑥ 경제적, 합리적 인간관(X이론 인간)을 지향, 경제적 보상 ⑦ 상의하달형 의사전달체계를 구축 ⑧ 근로자의 능력을 확인하여 적합한 업무를 수행하도록 배치	① 광범위하고 일반적인 관리 이론으로 주로 조직을 관리하는 보편적인 원리에 중점을 두는 이론 ② 관리자의 기능을 기획, 조직, 지휘, 조정 및 통제로 구분 ③ 조직을 관리하는 관리자의 역할에 중점을 두고 연역적 방법을 사용 ④ 관리에는 일정한 원칙이 있다고 보았고 14원칙을 제시	① 권한체계에 기초를 두고 있으며 합리적인 관점에서 대규모 조직을 관료제로 보는 이론 ② 효율성과 효과성을 극대화하기 위해 조직의 공식적인 시스템을 강조 ③ 합법적 권한에 기초를 둔 관료제 모형으로 공식적인 규칙의 제정과 준수를 강조 ④ 인간보다는 규칙, 호의보다는 능력을 중요시 ⑤ 조직 목표 수행을 위해 지위와 권위에 근거를 둔 리더십 구조를 강조

03 카츠(Katz)의 관리기술에 대한 설명으로 옳은 것은? 25 보건직

① 인간적 기술은 구성원의 업무 수행과 관련된 지식·방법·장비 등을 사용하는 능력이다.
② 실무적 기술은 상위 관리계층으로 올라갈수록 요구도가 높아진다.
③ 개념적 기술은 조직을 전체로 보고 구성원의 활동을 조직 목표와 연결하여 이해하는 능력이다.
④ 실무적 기술은 구성원과 함께 일할 수 있는 인간관계 능력이다.

해설

03
① 실무적 기술(기능적, 전문적, 업무적)
② 개념적 기술은 높은 계층으로 갈수록 더 요구되고, 낮은 계층으로 갈수록 덜 요구됨.
④ 인간적 기술

정답 03 ③

> **PLUS**

간호관리자에게 요구되는 기술(카츠 Katz, 1974)

개념적 기술 17·23 서울, 12·17 지방	• 조직 전체를 이해하고 조직 내 구성원들의 활동을 조직 전체 상황에 맞도록 진행해 나가는 분석적 사고 능력 • 비 정형적 의사결정이 중심적 역할인 최고관리계층에 가장 많이 필요한 기술 • 조직의 사명과 비전을 수용하고 내외부 고객의 요구를 이해한다. • 개념적 기술은 높은 계층으로 갈수록 더 요구되고, 낮은 계층으로 갈수록 덜 요구됨
인간적 기술 17 지방	• 다른 사람들과 성공적으로 상호작용하고 의사소통할 수 있는 능력 • 다른 사람들과 같이 일하고, 이해하며 동기를 부여할 수 있는 능력 • 모든 계층의 관리자에게 공통적으로 요구되는 기술로 최근 강조 • 관리자의 의사소통능력, 리더쉽 발휘능력, 갈등관리
실무적 기술 (기능적, 전문적, 업무적) 17 지방	• 관리자가 특정 분야를 감독하는 데 필요한 지식, 방법, 테크닉 및 장비를 사용할 수 있는 능력 • 전문화된 분야에 고유한 도구, 절차, 기법을 사용할 수 있는 능력 • 자신이 책임진 업무의 메커니즘을 정확히 파악할 수 있는 기술 • 일선관리자에게 가장 많이 강조되는 기술, 경험이나 교육 훈련 등을 통해 습득

최고경영자 — 통합적 기술
중간관리자 — 인간관계적 기술
감독자 (종업원 훈련·개발) — 전문적 기술

04 관리이론 중 행태과학론(behavioral science theory)에 대한 설명으로 옳은 것은? 23 지방

① 생산성 향상을 위해 직무 수행 활동에 과학적 원리를 적용한다.
② 조직에서의 인간 욕구와 행동 특성을 과학적 방법으로 설명한다.
③ 효과적인 조직관리를 위해 공식적인 권한 체계와 규칙을 강조한다.
④ 이상적인 조직설계에 유용한 보편적 조직운영 원칙과 관리 활동을 제시한다.

정답 04 ②

> **PLUS**
>
> 신고전적이론
>
> | | |
> |---|---|
> | 인간관계이론
(메이요 –
호손연구) | ① 인간관계론(human relations theory)은 1940년대와 1950년대 초에 유행하였으며 직업과 관련된 사회적 환경에 중점을 두었다.
② 인간의 사회적·심리적 욕구가 충족되어 동기화되면 생산성이 높아진다는 이론이다.
– 원활한 의사소통, 의사결정 참여 증대에 대한 사회적, 심리적 욕구 충족이 능률 향상에 기여
③ 기계적 조직관과 합리적 경제인이라는 인간관에 대한 과학적 관리론에 반발하여 나타났다.
④ 자생집단, 비공식조직, 집단역할, 직장이라는 사회적 장소의 중요성을 강조
⑤ 민주적 리더십의 중요성을 부각, Y이론적 인간관을 확립
인사담당제도, 고충처리제도, 제안제도 등의 발달을 유도 |
> | 행태과학론 | 문스터버그(H. Munsterberg), 간트(H. Gantt), 바너드(C. Barnard)
인간행위의 원리를 여러 학문분야의 도움을 받아 체계적·객관적으로 일반화하여 설명하려는 시도에서 발달
① 행태과학론은 개별 사회과학만으로는 인간의 다양하고 복잡한 문제를 더는 해결할 수 없다는 인식 아래 인간행위의 원리를 여러 학문분야의 도움을 받아 체계적·객관적으로 일반화하여 설명하려는 시도에서 발달하게 된 관리 이론이다.
② 인간에 대한 긍정적 태도 및 관리·훈련의 중요성을 일깨웠다.
③ 상황에 적합한 관리활동의 중요성을 알게 되었다.
④ 근로자가 의사결정과정에 참여기회가 확대되어 조직 내 인간행위에 관한 과제를 효율적으로 해결하는 데 기여 |

05 조직 내 전략적 – 관리적 – 운영적 의사결정 중 관리적 의사결정에 대한 설명으로 옳은 것은? 23 지방

① 최고관리자가 수행한다.
② 정형적이고 구조적이다.
③ 조직의 장기 계획을 수립한다.
④ 부서별 자원 조달 방법을 결정한다.

> **PLUS**
>
> | 카츠의
간호관리
기술 | 간호관리자
유형 | 간호관리의
학문적 특성 |
> |---|---|---|
> | ① 실무적 기술
② 인간적 기술
③ 개념적 기술 | ① 최고관리자
② 중간관리자
③ 일선관리자 | ① 통합적
② 인간중심적
③ 성과지향적
④ 상황적합적
⑤ 과학적 방법론 |
>
> 최고관리자 ← 개념적
> 중간관리자 ← 인간적
> 일선관리자 ← 실무적

정답 05 ④

최고 관리자	① 환경변화에 따른 조직의 장기적 목표, 전략, 등을 결정한다. ② 조직의 외부 환경과 상호작용하는 역할을 수행한다. ③ 조직의 사회적 책임을 맡고 있으며 간호부의 모든 활동을 기획·조직·지휘·통제한다. ④ 조직 전체에 장기적 또는 전반적으로 영향을 미치는 의사결정을 하는 관리자이다. ⑤ 최고관리자는 궁극적으로 조직의 성공, 실패를 좌우하는 책임을 지닌다.
중간 관리자	① 최고관리자가 설정한 조직의 목표·전략·정책을 수용하고 제반 활동을 수행한다. ② 일선관리자가 해야 할 조직의 목표와 계획을 전달하고 일선관리자 지휘에 책임을 진다. ③ 중간관리자는 최고관리자와 일선관리자 상호 간의 관계를 조정하는 역할을 한다. ④ 조직의 전략적인 목표 달성을 위한 부서별 계획을 세우고 조직의 정책, 절차, 규칙을 정한다(단기 실천 계획 수립, 세부 행동 절차 결정, 전술적 목표를 결정).
일선 관리자	① 아래로 다른 관리자 없이 현장에서 실제로 업무를 수행한다. ② 조직 구성원을 직접 지휘 및 감독하는 관리층이다. ③ 구성원의 실무적 역할조정, 작업운영 지휘, 현장감독, 운영적 목표를 결정한다. ④ 기술적인 역량을 구성원에게 전달하거나 고객의 기대와 요구를 관련 부서에 전달하는 역할을 한다.

06 길리스(Gillies)의 간호관리 체계모형에서 구성 요인별 예시가 바르게 짝지어지지 않은 것은? 23 지방

① 생산자 투입 요소 - 간호사 직무만족도, 간호 생산성
② 소비자 투입 요소 - 환자의 중증도, 간호 요구도
③ 변환 과정 - 의사결정, 간호의 질 관리 활동
④ 산출 요소 - 간호사 이직률, 재원일수

PLUS

간호관리의 체계모형		
길리스(Gillis, 1994): 투입, 과정, 산출에 이르는 간호관리체계이론 설명		
투입	① 생산자(간호인력) 투입요소: 인력, 직원 기술, 경험교육, 훈련, 업무량 ② 소비자(대상자) 투입요소: 환자중증도, 환자분류, 간호요구도, 대상자특성 ③ 물적요소: 물자, 건물설계, 자금	
변환	① 기획: 조직의 목표, 목적, 절차, 의사결정, 재무관리, 시간관리 등 ② 조직: 조직표, 직무분석, 조직구조, 조직문화, 조직변화, 환자간호전달체계 등 ③ 인사: 인력의 확보·보상·유지, 직무관리, 경력개발, 노사협상 등 ④ 지휘: 리더십, 동기부여, 주장행동, 의사소통, 갈등관리, 스트레스 관리 등 ⑤ 통제: 의료와 간호의 질관리, 간호표준 설정, 업무수행 평가, 정보관리 등	
산출	• 간호의 질 평가 • 간호시간, 재원일수 • 환자 및 간호직 만족 • 이직률	

해설

06
① 간호사 직무만족도, 간호 생산성 - 산출 요소

정답 06 ①

07 〈보기〉의 A병원 간호부에서 적용한 관리이론에 대한 설명으로 가장 옳은 것은? 22 서울(6월)

> ─ 보기 ─
> • 간호부의 생산성 즉, 효율성과 효과성을 극대화하기 위해 간호부 조직의 공식적인 시스템을 강조한다.
> • 각 간호단위별 업무표준절차 및 규범을 명확히 설정하여 문서화한다.
> • 각 개인의 전문적 능력(직무성과, 승진 시험 등)에 입각하여 간호부 인사제도를 마련한다.
> • 간호부의 각 직급별 업무 책임범위, 결재 등의 의사 결정권한 등을 명확하게 규정화한다.

① 행정관리론
② 과학적관리론
③ 관료제이론
④ 인간관계론

해설

07
〈보기〉에서 제시된 〈보기〉에서 강조하고 있는 것은 "공식적인 시스템", "문서화", "전문적 능력에 따른 인사제도", "직급별, 업무 책임범위와 권한"이다. 이처럼 권한 체계에 기초를 두고 있으며 합리적인 관점에서 대규모 조직을 보는 이론은 관료제 이론이다. 생산성 강조와 업무 표준절차 등은 과학적관리론에서도 강조하는 부분이라 주의해야 한다. 과학적관리론은 일하는 방법 자체에 초점을 둔다면 관료제 이론은 "권한 체계"를 초점으로 세부적인 일하는 방법이 따라온다.

08 관리이론을 시대에 따라 구분했을 때 현대적 조직관리 이론에 해당하는 것은? 22 서울(2월)

① 상황이론
② 인간관계론
③ 행태과학론
④ 과학적 관리론

08
① 현대적 조직이론
②, ③ 신고전적 조직이론
④ 고전적 조직이론

PLUS

구분	고전적 조직이론	신고전적 조직이론	현대적 조직이론
대표 이론	• 과학적관리론 • 행정관리론 • 관료제이론	• 인간관계론 • 행태과학론	• 체계이론 • 상황이론
조직의 가치관	기계적 능률	사회적 능률	다양한 가치
조직의 구조관	공식적 구조	비공식적 구조	조직구조 전반
조직의 인간관	경제적 인간	사회적 인간	자아실현인
조직의 환경관	폐쇄체계	소극적 환경관	적극적 환경관
접근의 방식	낮은 경험성	경험성 강조	높은 경험성, 다양성

정답 07 ③ 08 ①

09 민츠버그(Mintzberg)가 제시한 관리자의 역할 중 '정보적 역할'에 해당하는 것은? 22 지방

① 중요한 결정을 하기 위해 조직의 모든 자원을 할당한다.
② 법적이나 사회적으로 요구되는 상징적이고 일상적인 의무를 수행한다.
③ 외부인에게 조직의 계획, 정책, 활동, 성과 등을 알린다.
④ 조직이 예상치 못한 어려움에 당면했을 때 올바른 행동을 수행한다.

해설

09
민츠버그(Henry Mintzberg)는 관리자가 수행하는 10가지 특정 역할을 대인관계 역할, 정보적 역할, 의사결정 역할의 3가지 범주로 분류하였다.
① 의사결정 역할 중 "자원분배자(자원할당자)"
② 대인관계 역할 중 "대표자"
③ 정보적 역할 중 "대변인"
④ 의사결정 역할 중 "고충처리자(문제해결자)"

PLUS

민츠버그(Mintzberg)의 10가지 관리자 역할

구체적	역할	역할 서술	연구로부터 확인된 활동
대인관계 역할	대표자	• 법적이나 사회적으로 요구되는 상징적이고 일상적인 의무의 수행 • 행사와 상징적인 기능에서 조직을 대표	의식에 참여하거나 공적·법적·사회적 기능을 수행
	지도자 (리더)	• 조직 구성원들이 조직의 욕구에 맞게 일할 수 있도록 조정 통제하는 역할 • 부하 직원들의 동기를 유발시키고 직원의 채용과 훈련, 개인적인 성장을 격려	부하 직원과의 상호작용
	섭외자 (연결자)	• 정보를 제공해주는 사람들과의 네트워크 유지 • 경쟁자 및 조직 외부 사람을 다루는 역할	외부인과의 상호작용
정보적 역할	모니터 (정보수집자)	조직 내외의 다양하고 특정한 정보를 조직과 환경에서 찾고 받음	일차적으로 정보를 받는 모든 메일을 관리하고 관련자들을 관리함
	전달자 (정보보급자)	외부인이나 부하 직원으로부터 받은 정보를 조직의 다른 사람에게 전파함	수렴한 정보를 조직에 전달하며 부하 직원과 구두로 의사소통을 유지함
	대변인	• 조직 외부의 사람들에게 그 조직의 공식 입장에 관하여 정보를 전해주는 역할 • 외부인에게 조직의 계획, 정책, 활동, 결과 등을 알리며 조직에서 전문가로서 활동함	이사회에 참석하고 정보를 외부에 알림
의사결정 역할	기업가 (변화촉진자)	조직과 환경에서 기회를 찾고 변화를 위한 사업을 추진함	개선을 위해 전략을 실행함
	고충처리자 (문제해결자)	조직이 기대하지 않았던 어려움에 당면했을 때 올바른 행동을 수행함	어려움과 위기를 해결하기 위해 전략을 수행함
	자원분배자 (자원할당자)	중요한 결정을 내리기 위해 조직의 모든 자원을 할당하는 책임을 지님	스케줄링, 예산책정, 부하 직원의 일에 관한 프로그램
	협상자 (중재자)	중요한 협상에서 조직을 대표함	협상 역할

정답 09 ③

10 막스 베버(Max Weber)가 제시한 관료제 이론의 특성이 아닌 것은? 22 지방

① 분업화
② 권한의 계층화
③ 비공식적 조직 강조
④ 공식적 규칙

PLUS

관료제의 특성(원칙)	(1) 노동의 분업화: 구성원의 특정 업무에 대한 전문화와 숙련성 (2) 권한의 계층화: 조직의 위계에 따라 책임과 권한을 구체적으로 규정 (3) 권한의 정의: 관리자는 지위로부터 공적인 권한을 가짐 (4) 공식적 선발: 구성원은 능력과 과업에 따라 선발(계약관계) 및 승진 (5) 공식적 규칙: 문서화된 규칙, 표준절차 및 규범을 명확하게 규정 (6) 공평한 대우: 일관된 체계에 의해 의사결정하고, 규칙과 절차는 동등하게 적용 (7) 경력제도: 관리자는 전문적인 경력자여야 함

11 〈보기〉의 간호조직이 적용한 관리 이론에 대한 설명으로 가장 옳은 것은? 21 서울

— 보기 —
간호부는 간호업무에 따라 간호사를 배치하는 기능적 간호분담방법을 간호전달체계에 적용하여 업무를 단순화·분업화하여 운영하고 있다.

① 직접 혹은 간접간호활동에 소요되는 시간을 측정하여 간호인력 산정에 적용하는 간호업무량 분석의 기초가 된 이론이다.
② 관리의 기능을 기획, 조직, 지휘, 조정, 통제로 제시하였다.
③ 인간관계에 초점을 맞춘 이론이다.
④ 지나치게 인간적 요소를 강조하여 '조직없는 인간'이라는 비판을 받았다.

12 과학적 관리론과 인간관계론에 대한 설명으로 옳은 것은? 21 지방

① 과학적 관리론보다 인간관계론이 공식 조직구조를 더 강조한다.
② 과학적 관리론보다 인간관계론이 노동 효율성을 더 강조한다.
③ 과학적 관리론과 인간관계론 모두 조직 외부환경을 강조한다.
④ 과학적 관리론보다 인간관계론이 인간의 심리·사회적 측면을 강조한다.

해설

10
관료제이론은 권한 체계에 기초를 두고 있으며 합리적인 관점에서 대규모 조직을 관료제로 보는 이론으로 효율성과 효과성을 극대화하기 위해 조직의 공식적인 시스템(공식 조직)을 강조하였다.
①, ②, ④ 관료제 이론
③ 인간관계이론

11
〈보기〉에서 중요한 핵심 키워드는 "기능적 간호분담방법", "업무의 단순화, 분업화"이다. 이는 생산성과 효율성을 극대화하는 업무 방법에 초점을 맞춘 것으로 과학적 관리론의 세부내용을 적용한 것이다.
① 과학적 관리론
② 행정관리론
③, ④ 인간관계론

12
과학적 관리론은 효율성과 생산성을 향상시키는 방법에 과학적 원리를 적용한 이론이고, 인간관계론은 인간의 사회적·심리적 욕구가 충족되어 동기화되면 생산성이 높아진다는 이론이다.
① 인간관계론보다 과학적 관리론이 공식 조직구조를 더 강조한다.
② 인간관계론보다 과학적 관리론이 노동 효율성을 더 강조한다.
③ 과학적 관리론과 인간관계론 모두 조직 내부환경을 강조한다.

정답 10 ③ 11 ① 12 ④

> **PLUS**
>
> 과학적 관리론과 인간관계론의 비교
>
> | 구분 | 과학적 관리론 | 인간관계론 |
> |---|---|---|
> | 유사점 | <ul><li>직무수행 동기로서의 욕구 충족을 반영하였다.</li><li>욕구의 단일성을 중시하였다.</li><li>조직목표와 개인목표의 양립·조화 가능성을 인정하였다.</li><li>조직 구성원에게 리더십 스타일을 적용할 때 외부환경을 무시하였다.</li><li>생산성 향상이 궁극적인 목적이며, 목적 달성을 위해 관리 기능적으로 접근하였다.</li><li>작업 계층의 조직 구성원만 연구의 대상으로 하고 관리자는 제외하였다.</li><li>인간은 목표달성의 수단이며 관리자에 의한 동기부여를 강조하고 스스로 동기부여를 하는 자아실현인이 아니라고 보았다. → 인간행동의 피동성 및 동기부여의 외재성 중시</li></ul> ||
> | 차이점 | <ul><li>공식 조직을 강조, 직무 중심</li><li>인간을 기계의 부품으로 인식</li><li>기계적 능률성</li><li>정태적·합리적·경제적 인간(X이론)</li><li>시간 – 동작연구 등</li><li>과학적 원리 강조</li><li>물질적 자극으로 경제적 동기 강조</li><li>하향적 의사전달</li></ul> | <ul><li>비공식 조직을 강조, 인간 중심</li><li>인간을 감정적 존재로 인식</li><li>사회적 능률성</li><li>동태적, 사회·심리적 인간(Y이론)</li><li>호손실험</li><li>보편적 원리에 치중하지 않음</li><li>비경제적·인간적 동기 강조</li><li>상·하향적 의사전달</li></ul> |

13 페이욜(Fayol)의 행정관리론에서 제시한 관리 원칙만을 모두 고른 것은?

21 지방

> ㄱ. 질서의 원칙　　　　　　ㄴ. 고용안정의 원칙
> ㄷ. 통솔 범위의 원칙　　　　ㄹ. 지휘 통일의 원칙
> ㅁ. 조직 이익 우선의 원칙

① ㄱ, ㄴ, ㄷ
② ㄱ, ㄷ, ㄹ
③ ㄱ, ㄴ, ㄹ, ㅁ
④ ㄴ, ㄷ, ㄹ, ㅁ

해설

13
행정관리론은 프랑스의 관리학자인 페이욜(H. Fayol)에 의해 1930년대에 주창되어 일반관리론 또는 경영과정론이라고도 불렸다. 광범위하고 일반적인 관리이론으로 생산성에 역점을 두기보다는 주로 조직을 관리하는 보편적인 원리에 중점을 두는 이론이다.

> **PLUS**
>
> | 원칙 | 내용 |
> |---|---|
> | 분업의 원칙 | 한 사람이 같은 노력으로 같은 시간 내에 많은 것을 보다 더 잘 생산한다. |
> | 권한의 원칙 (권한과 책임의 원칙) | 권한은 명령하고 복종시킬 수 있는 권리이며 책임과 떨어질 수 없다. |
> | 규율의 원칙 | 규율은 직·간접적인 여러 가지 협약에 의해 형성되고 모든 비즈니스에 중요하게 적용된다. |
> | 명령 통일의 원칙 (명령 일원화의 원칙) | 조직 구성원은 오직 한 사람의 상관으로부터 명령을 받아야 한다. |
> | 방향일관성 (지휘 일원화)의 원칙 | 동일 목표를 갖는 일련의 업무활동은 한 사람의 관리자가 한 가지 계획으로 지휘하여야 한다. |
> | 공동목표 우선 원칙 (조직 이익 우선 원칙) | 한 종업원이나 개인의 이익이 조직 전체의 이익에 우선하지 않아야 한다. |

정답 13 ③

합당한 보상 원칙	성과에 대한 보상은 고용주나 종업원 모두에게 공정하고 만족할 수 있어야 한다. 보상수준은 종업원이 조직에 노력한 공헌에 달려있다.
집권화의 원칙	집권화를 강조하되 모든 상황은 집권화와 분권화 사이의 균형이 필요하다.
계층 연쇄의 원칙 (사다리꼴 연쇄의 원칙)	모든 계층 간에는 단절됨이 없이 명령과 보고체계가 연결되어야 한다.
질서의 원칙 (적재적소의 원칙)	사물에는 그것이 있어야 할 장소가 있으므로 사물을 있어야 할 장소에 두어야 하고, 사람에게도 있어야 할 자리가 있으므로 그를 있어야 할 자리에 위치시켜야 한다.
공평(공정성)의 원칙	경영자들은 모든 종업원에게 친절하고 공평하게 대하여야 한다.
고용안정의 원칙	종업원의 이직을 감소시키는 것은 효율적이고 비용을 절감시킨다.
창의성의 원칙 (솔선력 배양 원칙)	모든 수준에서 종업원들이 계획하고 수행하는 것을 허용해야 한다. 종업원이 창의성을 발휘하게 허용하는 관리자는 그렇지 않은 관리자보다 훨씬 더 유능하다.
사기(협동단결·단합)의 원칙	팀의 사기를 높이는 것은 조직 내의 조화와 통일을 강화시킨다.

14 다음 중 중간관리자에 대한 내용으로 옳은 것은? 20 광주 추채

① 조직의 외부 환경과 상호작용하는 역할을 수행한다.
② 고객의 기대와 요구를 관련 부서에 전달하는 역할을 한다.
③ 환경변화에 따른 조직의 장기적 목표, 전략, 정책 등을 개발·결정한다.
④ 조직의 목표·전략·정책을 수용하고 집행을 위한 제반활동을 수행한다.

15 카츠(Katz)가 제시한 관리자의 위계에 따라 요구되는 관리기술(managerial skills)에 대한 설명으로 가장 옳은 것은? 20 서울

① 일선관리자는 중간관리자에 비해 실무적 기술(technical skill)이 더 요구된다.
② 일선관리자, 중간관리자, 최고관리자는 모두 같은 정도의 개념적 기술(conceptual skill)이 필요하다.
③ 중간관리자는 최고관리자와 일선관리자 사이에서 교량적 역할을 하므로 개념적 기술(conceptual skill)이 가장 많이 요구된다.
④ 최고관리자는 구성원에 대한 효과적인 지도성 발휘와 동기부여를 위해 인간적 기술(interpersonal or human skill)이 다른 관리자보다 더 요구된다.

해설

14
①, ③ 최고관리자
② 일선관리자
✓ p.21 05번 PLUS 참조

15
카츠가 제시한 간호관리자에게 요구되는 기술은 실무적 기술, 인간적 기술, 개념적 기술이다.
② 일선관리자, 중간관리자, 최고관리자는 모두 비슷한 정도의 인간적 기술(interpersonal or human skill)이 필요하다.
③ 중간관리자는 최고관리자와 일선관리자 사이에서 교량적 역할을 하므로 인간적 기술(interpersonal or human skill)이 가장 많이 요구된다.
④ 중간관리자는 구성원에 대한 효과적인 지도성 발휘와 동기부여를 위해 인간적 기술(interpersonal or human skill)이 다른 관리자보다 더 중요하다.

정답 14 ④ 15 ①

> **PLUS**
>
> **카츠의 간호관리자에게 요구되는 기술**
>
> | | |
> |---|---|
> | 개념적 기술 | ① 조직을 전체로 보고 각 부분이 어떻게 의존관계를 유지하는지 통찰할 수 있는 능력
② 조직의 모든 이해관계와 개인의 활동을 조직 전체 상황에 적합하게 조정, 진행하는 능력
③ 조직문제를 규명하고 대안을 모색하여 해결책을 찾아 수행하는 능력
④ 환경과 조직의 복잡성을 이해하고 대처하는 능력(변화하는 보건의료체계의 현실을 받아들이고 빠르게 대처하는 능력)
⑤ 조직의 목적과 간호단위 내의 목표를 연결시키는 능력
⑥ 비정형적 의사결정이 중심적 역할인 최고관리자에게 가장 많이 필요한 기술 |
> | 인간적 기술 | ① 다른 사람들과 성공적으로 상호작용하고 의사소통할 수 있는 능력
② 위협적이지 않으며 개방적 환경을 조성
③ 동기부여에 대한 이해와 리더십을 효과적으로 적용하는 것을 포함
④ 조직의 일원으로서 효과적으로 협력하여 다른 사람들과 함께 일할 수 있게 분위기를 구축하는 능력
⑤ 인간적 기술은 어느 계층이나 비슷한 비중을 차지하나, 상대적으로 중간관리자에게 중요한 기술 |
> | 실무적 기술 | ① 업무수행에 필요한 지식, 방법, 기구 및 설비를 사용할 수 있는 능력
② 전문화된 분야에서 고유한 도구, 절차, 기법을 사용할 수 있는 능력
③ 특정 분야를 감독하는 데 필요한 지식, 방법, 테크닉
④ 부하 직원을 지휘하고, 업무를 조직하고, 문제를 해결하며 직원들과 의사소통하기 위해 충분한 전문적 지식과 기술을 지녀야 함
⑤ 일선관리자에게 가장 많이 요구되는 기술로 낮은 관리계층으로 갈수록 더 많이 요구되고, 경험이나 교육, 훈련 등으로 습득됨 |

16 간호관리체계 모형에서 다음 내용을 포함하는 것은? 20 지방

- 간호사 만족도
- 응급실 재방문율
- 환자의 욕창발생률

① 조정
② 투입
③ 변환과정
④ 산출

> **PLUS**
>
> **간호관리체계 모형의 투입 - 변환 - 산출 요소 정리**
>
> | 투입 | 변환(전환) | | | | | 산출 |
> |---|---|---|---|---|---|---|
> | | 기획 | 조직 | 인사 | 지휘 | 통제 | |
> | 정보/자료 | 목표관리 | 조직구조 | 확보관리 | 리더십 | 간호 질 관리 | 환자만족도 |
> | 재정 | 의사결정 | 직무관리 | 간호전달체계 적용 | 동기부여 | 환자안전관리 | 환자간호시간 |
> | 기술 | 재무관리 | 조직문화 | 개발관리 | 주장행동 | | 간호생산성 |
> | 물자/기구 | 시간관리 | 조직변화 | 직무수행평가 | 의사소통 | | 간호서비스의 양 |
> | 시설/설비 | | 간호전달체계 결정 | 보상관리 | 갈등관리 | | 간호서비스의 질 |

해설

16
간호관리체계모형은 간호조직을 투입, 변환(과정), 산출, 피드백으로 이루어지는 하나의 체계로 설명하고 있다. 제시된 내용은 결과물에 해당하는 것으로 산출 요소에 해당된다.

정답 16 ④

투입	변환(전환)					산출
	기획	조직	인사	지휘	통제	
공급품 / 소모품 건물설계			유지관리	직무 스트레스 관리		간호사의 직무만족
						직원개발 (인력개발)
			노사협상			간호교육
생산자 : 간호인력 (수, 특성, 배치), 간호직원의 기술, 경험, 교육 (유무, 계획), 훈련, 간호 업무량, 간호사의 환자에 대한 태도						간호연구
						조직 활성화
						비용편익
						간호수가
						환자재원일수
						자가간호 능력향상
						치료순응도
						투약실천율
						합병증 발생률
						사망률
						이환율
소비자 : 환자상태 (환자중증도), 환자분류, 간호요구도 (간호강도), 환자의 특성, 환자의 간호사에 대한 태도						유병률
						건강증진
						직원 이직률
						직원 결근률

17 간호관리과정에 대한 설명으로 옳은 것은? 20 지방

① 기획은 실제 업무성과가 계획된 목표나 기준에 일치하는지를 확인하는 것이다.

② 조직은 공식구조를 만들고, 적합한 간호전달체계를 결정하며 업무활동을 배치하는 것이다.

③ 지휘는 유능한 간호사를 확보하고 지속적으로 개발·유지하기 위해 적절히 보상하는 것이다.

④ 통제는 간호조직의 신념과 목표를 설정하고 목표 달성을 위한 행동지침들을 결정하는 것이다.

해설

17
① 통제는 실제 업무성과가 계획된 목표나 기준에 일치하는지를 확인하는 것이다.
③ 인사는 유능한 간호사를 확보하고 지속적으로 개발·유지하기 위해 적절히 보상하는 것이다.
④ 기획은 간호조직의 신념과 목표를 설정하고 목표 달성을 위한 행동지침들을 결정하는 것이다.

정답 17 ②

> **PLUS**
>
> 관리의 과정 및 기능
>
> | | |
> |---|---|
> | 기획 | • 조직의 목표를 설정하고 이를 효율적으로 달성하기 위한 구체적인 행동 방안을 선택하는 과정
• 비전, 목적, 철학, 목표, 정책, 과정 및 규칙을 결정하고 장·단기 기획 실행하기, 실행에 필요한 재무 계획하기, 계획적인 변화 관리 등 |
> | 조직 | • 조직 구성원들이 조직의 목표를 성취할 수 있도록 업무, 권한, 자원 등을 배당하는 과정
• 조직의 목적을 달성하기 위해 공식적 구조를 만들고, 직무내용을 편성하고, 직무 수행에 관한 권한과 책임을 명확히 하며, 가장 정확한 간호전달체계를 업무 활동에 배치 |
> | 인사 | • 조직이 필요로 하는 유능한 인력을 조달하고 유지·개발하며 이를 활용하는 과정(확보관리, 개발관리, 보상관리, 유지관리)
• 인력 모집과 선발, 채용 및 오리엔테이션, 업무 분담, 근무계획표 작성, 인적자원 개발, 사회화, 경력 개발하기, 협상 등 |
> | 지휘 | • 조직의 목표를 달성하기 위해 업무를 지시·감독·조정하는 과정으로 리더십을 발휘하고 조직 구성원들에게 동기를 부여하며 직무를 수행하도록 지도하고 격려하는 과정
• 미래에 대한 비전을 제시하고 직원에게 동기를 부여하며 갈등을 해결한다. 이 과정에 의사소통, 조정, 협력, 직무스트레스 관리 등의 집단관리 기술이 요구될 수 있다. |
> | 통제 | • 실제 수행된 업무성과가 계획된 목표나 기준에 일치하는지 확인하고, 조직목표 달성을 위한 활동이 계획대로 진행되는지 평가한 후 피드백을 통해 목표 성취에 필요한 계획을 수정하는 과정
• 간호서비스 질 관리, 간호 표준 설정, 환자안전관리 등 |

18 성과 평가 시 측정하는 생산성은 효과성과 효율성을 포함하는 포괄적 개념으로 효과성과 효율성을 모두 고려하여야 한다. 이 중 효율성에 대한 개념으로 가장 옳은 것은? 19 서울

① 효과성과 상호대체적인 개념이다.
② 목표를 최대한 달성하는 것을 지향한다.
③ 자원의 활용 정도를 평가하는 수단의 의미를 강조한다.
④ 목적의 의미를 강조하는 가치추구의 개념이다.

> **PLUS**
>
> 효과성 vs 효율성
>
> | 효과성(effectiveness) | 효율성(efficiency) |
> |---|---|
> | 조직의 목적이 적합한지, 조직의 목적을 어느 정도 달성하였는지를 측정하는 가치 추구의 개념 | 조직의 목적 달성을 위해 자원을 생산적으로 잘 사용했는지를 측정, 투입과 산출에 대한 관계를 의미하는 경제성(능률성)의 개념 |
> | 올바른 일을 함을 의미 | 일을 올바르게 함을 의미 |
> | 목적의 의미 강조 : 결과, 대상 | 수단의 의미 강조 : 과정, 방법 |
> | 대외지향적 개념으로 조직과 환경 간의 관계의 질을 측정하는 개념 | 대내지향적 개념으로 기술의 수행에 관련되는 업적의 질에 대한 측정치 |
> | 조직의 목적이 달성되는 정도를 측정하는 개념 | 최소한의 자원으로 목적을 달성했는지를 보는 개념으로 투입에 대한 산출의 비율 |
> | 장기적 측정 | 단기적 측정 |

해설

18
효율성은 조직의 목적 달성을 위해 자원을 생산적으로 잘 사용했는지를 측정, 투입과 산출에 대한 관계를 의미하는 경제성의 개념이다.
① 효과성과 상호보완적인 개념이다.
②, ④ 효과성

정답 18 ③

19 간호관리 체계모형의 투입요소는? 19 지방

① 간호인력의 수
② 환자의 재원일수
③ 간호사 이직률
④ 환자 만족도

20 다음 괄호 안에 들어갈 말로 옳은 것은? 19 지방

> 백내장 수술 진료비를 행위별수가제가 아닌 포괄수가제로 지불한 결과, 진료비용이 감소하였다. 백내장 수술 결과는 행위별수가제 환자군과 포괄수가제 환자군 간에 차이가 없는 것으로 나타났다. 따라서 백내장 수술에 대해 포괄수가제가 행위별수가제에 비해 (   )이 높다고 평가하였다.

① 효능성
② 효과성
③ 효율성
④ 형평성

21 페이욜(Fayol)은 행정관리론에서 관리에는 일정한 원칙이 있다고 주장하였다. 페이욜이 주장한 관리 원칙 중 '어떤 행위에 있어서도 종업원은 오직 한 사람의 상관으로부터 명령을 받아야 한다'는 원칙은? 18 서울

① 질서의 원칙(order)
② 집권화의 원칙(centralization)
③ 명령통일의 원칙(unity of command)
④ 계층연쇄의 원칙(scalar chain)

22 조직관리에 적용할 수 있는 베버(Max Weber)의 관료제론의 원칙으로 가장 옳은 것은? 18 서울

① 과학적인 시간-동작 분석 연구를 활용한다.
② 공식적 권한과 책임을 명확하게 정의해야 한다.
③ 능률 향상을 위해서 업무를 단순화, 표준화시킨다.
④ 생산성 향상을 위해서 정서적 요소를 고려해야 한다.

해설

19
간호관리체계모형은 간호조직을 투입, 변환(과정), 산출, 피드백으로 이루어지는 하나의 체계로 설명한 것이다. 투입에는 인적요소와 물적요소가 있고 주로 자원과 관련된 부분이다.
②, ③, ④ 산출요소
📖 p.28 16번 PLUS 〈간호관리 체계 모형의 투입 - 변환 - 산출 요소 정리〉 참조

20
포괄수가제는 경제적 진료를 유도하고 자원 활용의 효율성을 강조하는 진료비 지불 보상제도이다. 행위별수가제와 결과에서의 차이점이 없다면 이는 자원 활용과 연관이 있는 효율성을 강조한 예시라고 보아야 한다.
📖 p.30 18번 PLUS 〈효과성 vs 효율성〉 참조

21
조직 구성원은 오직 한 사람의 상관으로부터 명령을 받아야 한다.
→ 명령일원화(명령통일)의 원칙

✦ 페이욜의 14개 관리원칙
행정관리론은 프랑스의 관리학자인 페이욜(H. Fayol)에 의해 1930년대에 주창되어 일반관리론 또는 경영과정론이라고도 불렸다. 광범위하고 일반적인 관리 이론으로 생산성에 역점을 두기보다는 주로 조직을 관리하는 보편적인 원리에 중점을 두는 이론이다.
📖 p.26 13번 PLUS 참조

22
관료제이론은 권한체계에 기초를 두고 있으며 합리적인 관점에서 대규모 조직을 보는 이론으로 효율성과 효과성을 극대화하기 위해 조직의 공식적인 시스템을 강조하였다.
①, ③ 과학적 관리론
④ 인간관계론
→ 능률을 위한 분업-전문화는 과학적 관리론과 관료제 이론 모두에 해당하는 내용이나 두 이론 자체가 강조되는 부분에 차이가 있다. 과학적 관리론은 "일하는 방법", "작업"에 초점이 맞추어져 있고, 관료제 이론은 권한체계 아래 조직을 운영하는데 초점이 맞추어져 있다.

정답 19 ① 20 ③ 21 ③ 22 ②

관료제 5개 원칙	(1) 원칙 1: 관리자의 공적인 권한은 직위에서 나오며 관리자는 조직 안에서 공적인 권한을 갖는다. (2) 원칙 2: 사람들은 누구나 직위를 갖는다. 직위는 사회적 위치나 개인적인 접촉이 아니라 직무성과에 의한 것이다. (3) 원칙 3: 각각의 직위에 대한 공적 권한, 업무 책임 등이 명확하게 규정되어야 한다. (4) 원칙 4: 직위는 계층화되어야 한다. 종업원들은 누가 누구에게 보고하는지를 알 수 있다. (5) 원칙 5: 관리자는 규칙, 표준 절차 및 규범을 명확하게 규정하여야 한다.

23 페이욜(Fayol)이 제시한 행정관리론의 관리원칙이 아닌 것은? 18 지방

① 규율의 원칙
② 공정성의 원칙
③ 고용안정의 원칙
④ 방향 다양성의 원칙

23
행정관리론은 주로 조직을 관리하는 보편적인 원리에 중점을 두는 이론이다. 관리에는 일정한 원칙이 있다고 보았고 14원칙을 제시하였다.
☑ p.26 13번 PLUS 참조

24 인간관계론에 근거하여 조직구성원을 관리하고자 할 때 적합한 활동은? 18 지방

① 간호조직의 팀워크를 향상시키기 위해 동아리 지원 제도를 도입한다.
② 간호사의 급여체계에 차별적 성과급제를 도입하여 인센티브를 제공한다.
③ 일반병동에 서브스테이션을 설치하여 물리적 환경을 개선한다.
④ 다빈도 간호행위에 대하여 병원간호실무 표준을 설정한다.

24
인간관계론은 인간의 사회적 심리적 욕구가 충족되어 동기화되면 생산성이 높아진다는 이론이다. 비공식 조직(동아리)의 역할을 강조한다.
②, ③, ④는 과학적 관리론에 적합한 활동이다.

인간관계론이 관리에 미친 영향	(1) 구성원의 사회적·심리적 욕구 충족을 위해 의사전달이 중요함을 인식하게 해주어 인사담당제도, 고충처리제도, 제안제도 등의 발달을 유도하였다. (2) 원활한 의사소통, 의사결정 참여 증대에 대한 사회적·심리적 욕구 충족이 능률 향상에 기여하였다. (3) 자생 집단, 비공식 조직, 집단역할, 직장이라는 사회적 장소의 중요성을 강조했다. (4) 민주적 리더십의 중요성을 부각시키고, Y이론적 인간관을 확립하였다. (5) 인간주의적 조직관리를 발전시켰다. (6) 행태과학론(행동과학론)의 기초를 확립하였다.

정답 23 ④ 24 ①

25 조직관리 이론의 특성에 대한 설명으로 옳지 않은 것은? 17 지방 추채

① 인간관계론 – 인간의 심리적, 사회적 욕구가 충족될 때 생산성이 향상된다.
② 관료제 이론 – 권한이나 규칙을 포함한 공식적인 시스템이 조직의 능률적 기반을 제공한다.
③ 과학적 관리론 – 분업과 직무 표준화를 통하여 효율적으로 직무를 설계한다.
④ 행정관리 이론 – 전문 능력에 따라 인력을 선발하고 권한을 위임함으로써 관리의 효율성을 높인다.

해설

25
행정관리론은 광범위하고 일반적인 관리이론으로 생산성에 역점을 두기보다는 주로 조직을 관리하는 보편적인 원리에 중점을 두는 이론이다. 능력에 따라 인력을 선발하고 절차에 따라 교육을 하는 것은 과학적 관리론에 해당한다.

26 A병원 간호부는 간호인력의 확보와 간호서비스 질 향상의 문제를 함께 해결하기 위해 신규간호사들의 성향을 고려한 업무 배치와 인사고충처리제도, 백일잔치, 동아리 활동의 지원 등을 도입하여 이직률을 감소시키고자 한다. 이때 근거가 될 수 있는 이론은? 17 서울

① 과학적관리론
② 인간관계론
③ 행정관리론
④ 관료제

26
인간관계론은 구성원의 사회적·심리적 욕구 충족을 위해 의사전달이 중요함을 인식하게 해주어 인사담당제도, 고충처리제도, 제안제도 등의 발달을 유도하였다. 특히, 자생집단, 비공식조직, 집단역할, 직장이라는 사회적 장소의 중요성을 강조했다.

27 관리이론 중 '아이오와 모델'에 대한 설명으로 옳지 않은 것은? 17 서울

① 간호관리의 이론적 근거를 제공하기 위해 체계이론을 바탕으로 개발되었다.
② 크게 체계와 결과라는 두 가지 영역으로 이루어진다.
③ 두 가지 영역에서 지식은 간호관리자의 역할과 기능에서 도출되었다.
④ 환자수준, 조직수준, 지역사회 수준인 세 수준으로 구성된다.

27
아이오와 모델은 간호행정, 연구, 실무, 교육을 위한 체험적 도구와 지식체 개발을 위해 제시된 것으로, 간호관리에 대한 지식은 관리자의 역할과 책임에서 도출된다고 보았다. 아이오아 모델은 체계와 결과 두 영역으로 이루어지고, 각각의 영역은 환자집단 수준, 조직수준, 보건의료체계 수준인 세 가지 수준으로 구성된다.

정답 25 ④ 26 ② 27 ④

PLUS

	체계		결과
환자집단 수준 : 가장 중심이 되는 부분 임상실무지식에 중점을 둔 간호개념들이 사용	환자의 중증도, 간호의 표준, 표준화된 간호계획 및 간호정보체계		질의 측정 - 합병증 사례, 재원기간, 환자만족, 자원소비 및 비용
조직수준 : 간호서비스 전달에 중점 조직과 경영에서 온 개념들이 사용	구조	집권과, 조직유형, 간호전달체계	성과, 질, 비용
	과정	의사소통, 의사결정, 리더십, 갈등관리, 재무관리	
	자원	인적자원, 공간, 재정	
	통제	질 보장프로그램, 위험관리	
	환경	조직가치, 조직분위기	
보건의료체계 수준 : 간호관리자는 외부에서 간호조직을 둘러싸고 있는 보건의료체계와 관련된 많은 부분에서 활동하기 때문에 (예) 간호조직의 대표, 보건의료정책에의 참여, 보건의료 전문 분야에서의 교육담당, 간호부의 관리 등) 보건의료체계 수준이 중요 다양한 전문분야에서 온 개념들이 사용	구조	보건의료전달체계의 유형 조직분류체계	성과, 질, 비용
	과정	경쟁, 정책개발, 협력, 전문성	
	자원	재정지원, 인력공급, 교육체계	
	통제	법과규제, 작업표준, 자격인정기관	
	환경	보건정책, 기술발전, 가치, 건강에 대한 최신동향	

28 간호관리자가 조직을 전체로 보고 조직의 복합성을 이해하는 데 필요한 관리자의 기술은? 17 서울

① 개념적 기술
② 업무적 기술
③ 전문적 기술
④ 인간관계 기술

29 카츠(Katz)가 제시한 간호관리자의 인간관계 기술에 대한 설명으로 옳은 것은? 17 지방

① 환경과 조직의 복잡성을 이해하고 대처하는 능력으로 최고 관리자에게 많이 필요하다.
② 사람들과 효과적으로 의사소통하고 동기부여 해주는 능력으로 모든 계층의 관리자에게 필요하다.
③ 특정 업무를 수행하는 데 필요한 지식과 기술을 이용할 수 있는 능력으로 최고관리자에게 많이 필요하다.
④ 조직의 목적과 간호단위 내의 목표를 연결시키는 능력으로 현장의 일선관리자에게 많이 필요하다.

해설

28
카츠가 제시한 간호관리자에게 요구되는 기술은 실무적 기술, 인간적 기술, 개념적 기술이다. 이 중 조직을 전체로 보고 각 부분이 어떻게 의존관계를 유지하는지 통찰할 수 있는 능력은 개념적 기술에 해당된다.
☑ p.28 15번 PLUS 〈카츠의 간호관리자에게 요구되는 기술〉 참조

29
카츠(Katz)는 기획·조직·인사·지휘·통제의 기능을 관리자가 효과적으로 수행하기 위해 관리 기술을 실무적 기술, 인간적 기술, 개념적 기술의 3가지 분야로 분류하였다. 이 중 인간관계 기술은 다른 사람들과 성공적으로 상호작용하고 의사소통할 수 있는 능력으로 동기부여에 대한 이해와 리더십을 효과적으로 적용하는 것을 포함한다.
① 개념적 기술
③ 실무적 기술로 일선관리자에게 필요
④ 개념적 기술로 최고관리자에게 필요

정답 28 ① 29 ②

30 간호관리이론 중에서 베버(Weber)의 관료제에 대한 설명으로 옳은 것은?

17 지방

① 비공식적인 조직을 활성화해야 한다.
② 근무경력에 따라 보수를 지급해야 한다.
③ 관리자는 구성원의 고용안정을 위해 노력해야 한다.
④ 지위에 따른 공적 권한과 업무 책임이 명확해야 한다.

PLUS

관료제 5개 원칙

원칙1 직위(position)	관리자의 공적 권한은 직위(position)에서 나오며, 관리자는 조직 안에서 공적 권한을 갖는다.
원칙2 직무성과	누구나 직위를 갖는다. 직위는 사회적 위치나 개인적인 접촉이 아니라 직무성과에 의한 것이다.
원칙3 권한, 책임	각각의 직위에 대한 공적 권한, 업무책임 등이 명확하게 규정되어야 한다.
원칙4 계층적 보고	직위는 계층화되어야 한다. 이 원칙에 의거하여 종업원들은 누가 누구에게 보고하는지 알 수 있다.
원칙5 규칙/절차/규범	관리자는 규칙, 표준절차 및 규범을 명확하게 규정하여야 한다.
관료제의 특성(원칙)	(1) 노동의 분업화 : 구성원의 특정 업무에 대한 전문화와 숙련성 (2) 권한의 계층화 : 조직의 위계에 따라 책임과 권한을 구체적으로 규정 (3) 권한의 정의 : 관리자는 지위로부터 공적인 권한을 가짐 (4) 공식적 선발 : 구성원은 능력과 과업에 따라 선발(계약관계) 및 승진 (5) 공식적 규칙 : 문서화된 규칙, 표준절차 및 규범을 명확하게 규정 (6) 공평한 대우 : 일관된 체계에 의해 의사결정하고, 규칙과 절차는 동등하게 적용 (7) 경력제도 : 관리자는 전문적인 경력자여야 함

해설

30
관료제 이론은 독일의 사회학자이며 조직이론의 시조로 알려진 막스 베버(Max Weber, 1864~1920)에 의해 주창되었다. 권한 체계에 기초를 두고 있으며 합리적인 관점에서 대규모 조직을 관료제로 보는 이론으로 효율성과 효과성을 극대화하기 위해 조직의 공식적인 시스템을 강조하였다.
① 인간관계이론
②, ③ 인사관리의 유지관리 관련 내용

정답 30 ④

신희원 간호관리
기출문제집

Part 02

기획

PART 02 기획

01 다음에서 설명하는 서비스의 특성은? 25 지방직 　　　**해설**

> 서비스는 제공하는 사람에 따라 서비스의 질이 달라질 수 있으므로 표준화 작업이 필요하다.

① 소멸성 ② 무형성
③ 이질성 ④ 비분리성

PLUS

간호서비스

무형성	• 서비스는 '대상'이 아니라 '수행'으로, 물리적 재화와 달리 뚜렷한 형태가 없어 보거나 만질 수 없으므로 가치의 파악이나 평가가 어렵다. • 서비스를 제공받기 전에는 어떤 것인지 실체를 파악하기 어려우며 서비스 상품은 진열할 수 없고 커뮤니케이션도 어렵다. • 소비자가 서비스를 제공받은 후에도 그 결과를 나름대로 평가할 수 있을 뿐, 평가에 대한 구체적이고 객관적인 증거를 제시하기 힘들다.
비분리성 (동시성)	• 생산과 소비가 분리되지 않고 동시에 발생하는 것 • 서비스 제공자에 의해 서비스가 제공됨과 동시에 고객에 의해 소비된다. • 서비스 제공자와 상호작용하는 것과 참여 여부의 정도가 서비스의 결과에 큰 영향을 미친다.
이질성 (가변성)	• 같은 서비스라도 직원에 따라 제공되는 서비스의 내용이나 질이 달라질 수 있고, 같은 직원이라도 시간이나 고객에 따라 서비스가 다를 수 있다. • 변화가능성을 의미하는데 동일한 서비스라 하더라도 누가, 언제, 어디서, 어떠한 방법으로 제공하느냐에 따라 매번 달라지기 때문이다. • 이러한 특성 때문에 서비스의 표준화와 품질관리가 어렵고, 이로 인해 서비스의 질 관리가 중요하며, 또한 소비자의 다양한 요구에 대응할 수 있는 개별화된 맞춤 서비스를 제공하는 것이 바람직하다.
소멸성	• 서비스는 생산과 동시에 소멸되므로 판매되지 않은 서비스는 소멸되어 재고로 보관할 수 없다. • 비분리성에 기본을 두는 개념으로 서비스는 결코 저장될 수 없다는 의미이다.

서비스 특성별 문제점과 해결전략

특성	문제점	해결전략
무형성	• 저장 불가능 • 특허로 보호 불능 • 진열하거나 설명하기 어려움 • 형태가 없어서 실체를 확인하거나 제시하기가 어려움 • 가격의 설정 기준이 모호함	• 유형적 단서 강조 • 인적 원천을 정보 제공에 사용 • 구전 활동(입소문) 적극적 활용 • 고객 접촉 빈도 높임 • 보건의료기관의 브랜드 가치를 향상 • 신뢰받는 보건의료기관 이미지 창출 • 구매 후에도 커뮤니케이션 강화

정답 01 ③

비분리성 (동시성)	• 서비스 생산과정에 소비자가 참여 • 직접 판매만 가능 • 집중화된 대량생산 곤란 • 생산과 소비가 분리될 수 없고 동시에 이루어짐	• 서비스인력의 질이 중요하므로 인력 선발 및 교육에 비중을 둠 • 서비스 제공자의 자동화 강화 • 친절하고 세심한 고객 관리 필요 • 다양한 지역에 서비스망 구축 및 제공 • 서비스 접점에 대한 관리 강화
이질성 (가변성)	• 표준화 및 품질통제가 곤란 • 서비스의 내용, 과정, 질이 일정하지 않음	• 서비스 표준 설계 및 수행 • 서비스 기계화, 산업화 강화 • 환자 중심의 개별화된 맞춤서비스 제공 • 의료인력의 지속적인 역량 개발
소멸성	• 재고로 보관과 저장이 불가능 • 수요 및 공급의 균형 문제	• 수급 및 제공능력의 동시 조절 • 수요와 공급 간의 균형과 조화를 유지 • 비수기의 수요변동에 대비 • 서비스 제공시간에 대한 정보 제공 • 진료예약제도

02 다음 중 집단의사결정에 비해 개인의사결정이 효과적인 경우만을 모두 고르면? 25 지방직

> ㄱ. 신속한 의사결정을 해야 하는 경우
> ㄴ. 의사결정의 수용성이 중요한 경우
> ㄷ. 다양한 지식을 활용해야 하는 경우
> ㄹ. 의사결정의 명료한 책임소재가 필요한 경우

① ㄱ, ㄷ
② ㄱ, ㄹ
③ ㄴ, ㄷ
④ ㄴ, ㄹ

PLUS

참여범위(문제의 분석대상)에 따른 유형

개인적 의사결정	• 비정형적인 의사결정, 직관적인 의사결정 • 신속성, 창의성, 비용성 면에서 유리함
집단적 의사결정	• 집단 내의 구성원들 간의 의견, 아이디어 및 지식의 교환 • 병원조직에서도 위원회(委員會), 회의(會議), 태스크포스(Task force, 전문가선발, '임시로 편성한 조직') 등의 다양한 집단의사결정의 형태를 접할 수 있음 • 창의성을 증진(다양한 경험과 사고방식, 풍부한 지식을 접합), 집단 내 인간관계 개선 • 질, 수용성, 정확성 면에서 유리함

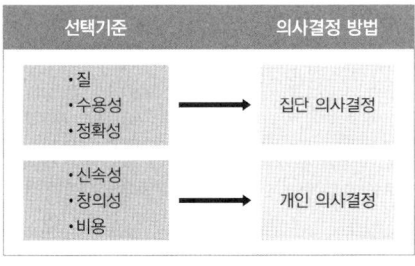

정답 02 ②

03 재무상태표(대차대조표)에 대한 설명으로 옳은 것은? 25 지방직

① 기업 재무구조의 건전성을 알 수 있다.
② 기본 요소는 수익, 비용, 당기순이익 등이다.
③ 일정 기간 기업활동을 통해 얻어진 손익을 나타낸다.
④ 현금의 유입과 유출을 영업·투자·재무 활동으로 표시한다.

PLUS

구분	내용
재무상태표 (대차대조표)	• 재무상태표(대차대조표)는 일정 시점에서 기업의 재무상태를 설명하기 위하여 작성되는 재무제표의 하나로서 재무상태보고서 • 재무상태표의 왼편은 자산을 기록하는 차변, 오른편은 부채와 자본을 기록하는 대변(자산, 부채, 자본의 규모를 알 수 있다.)

투자결정기능　　　　　　　자본조달결정기능

유동자산 (현금, 외상매출금, 상품 재고)	유동부채 (외상매입금, 미지급 급료, 미지급 법인세 등)
고정자산 (설비, 건물 등)	고정부채 (은행 차입금 등)
	자기자본 (자본 = 자산 − 부채)

차변(자산)　　＝　　대변(부채 + 자본)

손익계산서 (포괄계산서)	재무상태표(대차대조표)와 함께 가장 중요한 재무제표로 일정기간 동안의 비용과 수익을 대응시켜 기업의 성과(손익)를 나타내는 보고서
현금흐름표	1년 동안 병원에 현금이 어떻게 유출입되어 얼마나 현금이 증(감)했는지를 나타내는 표

04 영기준 예산제(zero-based budgeting)에 대한 설명으로 옳지 않은 것은?
25 지방직

① 전년도 예산에 근거하지 않고 새롭게 예산을 책정한다.
② 비용과 성과를 연계함으로써 예산 낭비를 줄일 수 있다.
③ 물가상승률 등 전년 대비 증감률을 반영하여 예산을 책정한다.
④ 기존 사업의 타당성을 재평가하므로 시간이 걸리고 복잡하다.

정답 03 ① 04 ③

PLUS

예산의 접근방법

고정 예산 (Fixed Budget)	고정 예산은 예산기간 동안 수입과 지출상의 차이에도 불구하고 전체적으로는 평균을 이룰 것이라고 추정하는 것
유동 예산 (Flexible Budget)	유동 예산이란 제공되는 서비스 양의 변화에 맞게 조정된 것
품목별 예산	통제지향 예산으로 지출의 대상 및 성질을 기준으로 금액을 표시하여 지출을 통제한 것
점진적 예산	전년도 경비에 근거하여 차기 연도의 물가 상승률이나 소비자 물가지수 등을 추가 혹은 곱하는 방법으로 차기 연도의 예산을 세우는 방법
영기준 예산법	ZBB의 특징으로는 Zero기준에서 새로 출발하며 계속된 사업일지라도 무(0)의 수준으로 돌아가 신규사업과 같이 새로 분석하고 재평가하여 우선순위를 정하는 것
기획예산제도 (PPBS)	장기적인 계획수립(Planning)과 단기적인 예산편성(Budgeting)에 프로그램 작성을 통하여 유기적으로 연결시킨 것

05 의료법령상 간호·간병통합서비스를 제공할 수 있는 의료기관이 아닌 것은? 25 지방직

① 치과병원 ② 한방병원
③ 요양병원 ④ 종합병원

PLUS

간호·간병통합서비스 「의료법」 제4조의2

간호·간병통합 서비스	간호·간병통합서비스란 보건복지부령으로 정하는 입원 환자를 대상으로 보호자 등이 상주하지 아니하고 간호사, 간호조무사 및 그 밖에 간병지원인력에 의하여 포괄적으로 제공되는 입원서비스	
대상기관		상급종합병원, 종합병원, 병원(병원, 치과병원, 한방병원, 재활병원)
	제외기관	① 군보건의료기관(「군보건의료에 관한 법률」제2조 4호) ② 법무부장관이 지정하는 국립정신의료기관(「치료감호법」제16조의 2)
	해당없음	요양병원(×) 정신병원(×)

06 간호관리과정 중 기획 활동에 해당하는 것은? 24 지방직

① 조직의 사명과 목표를 설정한다.
② 구성원을 동기부여하고 격려한다.
③ 직무 성과를 측정하고 개선한다.
④ 직무 수행을 평가하여 보상한다.

해설

06
② 구성원을 동기부여하고 격려
 - 지휘활동
③ 직무 성과를 측정하고 개선
 - 통제활동
④ 직무 수행을 평가하여 보상
 - 인사활동

기획활동
• 기획활동은 조직의 사명과 목적을 설정하고 이를 달성하기 위한 전략과 계획을 수립하는 과정
• 기획과정에서 조직의 방향성을 정하고 이를 바탕으로 구체적인 실행계획을 정한다.

정답 05 ③ 06 ①

07 기획의 유형에 대한 설명으로 가장 옳은 것은? 23 간호직

① 전술적 기획은 일시적 기획과 상시적 기획으로 분류된다.
② 전술적 기획은 1년 미만의 단기 기획으로 구체적인 업무계획이다.
③ 전략적 기획은 최고 관리자가 수립하는 장기적, 종합적 기획이다.
④ 운영적 기획은 급변하는 환경에 대해 미래의 문제와 기회를 예측할 수 있는 방법이다.

해설

07
① 일시적 기획과 상시적 기획으로 분류 - 운영기획
② 전술적 기획은 1년~5년 이하의 중기 기획
④ 급변하는 환경에 대해 미래의 문제와 기회를 예측할 수 있는 방법 - 전략적 기획

PLUS

전략적 의사결정	• 조직의 운명을 결정하고 나아갈 방향을 설정해 주는 중요한 사안에 대한 결정 • 주로 최고 관리자가 수행하는 조직 전체에 영향을 미치는 정기적인 의사결정 • 목표달성을 위해 최대의 능력을 발휘할 수 있도록 자원을 배분하는 것 • 대부분 비정형적이고 비구조적인 의사결정
관리적(전술적) 의사결정	• 주로 조직의 중간 관리자가 수행하는 중·단기 기획과 관련되는 의사결정 • 최대의 과업능력(생산성)을 산출하기 위해 자원을 조직화하는 과정에서 조직기구의 관리에 관한 결정과 자원의 조달, 개발에 관한 결정 • 조직을 새로 편성하거나 인력배치, 권한 및 책임관계 정립, 비용의 조달과 관련된 의사결정
운영적 의사결정	• 조직 내의 일선 관리층에서 단기적인 전략수행과 성과달성에 필요한 관리행동에 관하여 의사결정 • 전략적 전술적 의사결정을 구체화하고 일상적으로 수행되는 업무에 관한 의사결정 • 현행 업무의 수익성을 극대화하는 것을 그 목적으로 함 • 주로 정형적이고 구조적인 의사결정

08 목표관리(MBO)의 장점만을 모두 고르면?

㉠ 목표달성에 대한 구성원의 참여의식을 높인다.
㉡ 구성원의 성과 평가를 보다 객관적으로 할 수 있다.
㉢ 구성원이 자신의 직무를 효과적으로 관리 통제하도록 기회를 준다.
㉣ 환경변화가 발생했을 때 목표변경이 신속하고 용이하다.

① ㉠, ㉡
② ㉢, ㉣
③ ㉠, ㉡, ㉢
④ ㉡, ㉢, ㉣

08
㉠ 목표달성에 대한 구성원의 참여의식을 높인다. - 조직 구성원의 활성화
㉡ 구성원의 성과 평가를 보다 객관적으로 할 수 있다. - 공정한 업무평가
㉢ 구성원이 자신의 직무를 효과적으로 관리 통제하도록 기회를 준다. - 기획과 통제의 수단

PLUS

목표관리(MBO)의 장점

업무의 효율성과 생산성의 향상	명확한 목표와 수단·방법을 미리 계획하여 업무를 수행하기 때문에 업무 진행이 매우 효율적이고 업무의 양과 질도 개선된다.
업무능력의 개발과 촉진	목표달성을 위해 노력하는 과정에서 구성원의 능력이 향상되며 직업적 발전과 자기계발을 촉진한다.
기획과 통제의 수단	목표관리는 통제기준으로서 명확한 목표를 제시해 줄 뿐만 아니라 자기 통제를 통해 스스로 업무를 평가하고 이를 통제함으로써 객관적인 업적 평가 및 효과적인 통제를 가능하게 한다.

정답 07 ③ 08 ③

공정한 업무 평가와 반영	조직원 개개인의 업적을 정확하게 평가하여 그 결과를 임금, 상여금, 승진에 올바르게 반영한다.
조직구성원의 활성화	조직구성원 스스로가 업무계획과 효과적인 수단·방법을 결정하여 상사의 지원과 격려를 받으면서 의욕적으로 일하기 때문에 근무의욕이 향상되고 조직구성원이 활성화된다.
조직구성원의 참여와 민주성 제고	구성원의 광범위한 참여와 Y이론적 인간관, 자아실현 등을 전제로 하는 목표관리는 조직의 민주성을 제고한다.
신규직원들이 조직 내 동화에 용이	신규직원들은 자신에게 기대되는 것이 무엇인지 명백하고 알 수 있으며, 지속적인 피드백과 충고·지지를 받을 수 있다.
관리자의 능력 향상	상담, 협상, 위임, 권력과 권한의 공유, 평가수행, 관리능력 향상, 지도성의 질과 관리 유형 개발, 예산상의 책임, 문제해결, 지속적인 신뢰형성, 의사결정, 경청 및 기타 기술적 능력 등이 향상된다.
목표관리(MBO)의 단점	
목표설정의 어려움	복잡하고 극심한 환경 속에서 명확한 목표설정이 어려우며, 최종목표에 동의하는 경우에도 중간목표 사이에는 이해가 상충되고 최종목표와 중간목표 간의 갈등을 조정하기 어렵다
장기적이고 질적인 목표 등한시	목표와 성과의 계량적인 측정을 강조함으로써 계량화할 수 있는 목표를 강조한 나머지 계량화할 수 없는 성과가 무시되는 경향이 있다. 또한 단기목표와 숫자를 지나치게 강조하는 경향이 있다
비신축적인 경향	조직을 둘러싼 환경의 변화로 과거에 설정한 목표가 이제는 더 이상 조직의 목표로서의 가치가 상실되었음에도 불구하고 조직구성원들이 목표를 고집하는 경우가 있다.
불확실한 상황에서의 적용 곤란	불확실한 상황과 유동적인 환경에는 적용하기 어렵다.
관료제 조직에 적용상의 한계	계층성과 권력성이 강한 관료제 조직에 적용상 한계가 있다.
부서 간의 지나친 경쟁 초래	부서 간의 지나친 경쟁을 초래하여 조직 전체의 성과에 악영향을 미칠 수 있다.
상급자의 지속적 능력개발 저해	예측된 문제해결로 인해 상층관리자의 지속적인 능력개발을 저해한다.
절차의 번잡성과 문서주의화의 위험	

09 〈보기〉에서 설명하는 의사결정도구로 가장 옳은 것은? 22 서울(6월)

―보기―

정규직원 채용에 따른 비용과 원내 기존 직원 배치에 따르는 비용을 비교하여, 증가된 업무처리를 위해 정 규 임금을 지불하는 정규 직원을 채용하거나 간호단위 의 간호사에게 초과근무 수당을 지급하는 방법 중 한 가지를 선택하는 것이다.

① 의사결정격자
② 주경로기법
③ 명목집단기법
④ 의사결정나무

해설

09
〈보기〉에서 제시된 주요 초점은 "두가지 대안(정규직원 채용, 기존 직원배치)을 비교하여 한가지를 선택하는 것이다. 이는 의사결정나무로 의사결정자가 선택할 수 있는 대안과 그에 따른 결과를 나뭇가지 모양으로 나타낸 도표를 말한다.

의사결정나무
• 의사결정나무는 최소 2개 이상의 대안들로 시작하며, 각 대안별로 발생할 수 있는 사건과 예상될 수 있는 결과를 제시
• 의사결정나무는 루트 노드(root node)에서 시작하여, 각 분기점마다 하위 분기점(자식 노드)으로 나뉘어지며, 각 분기점에서는 하나의 특성(Feature)을 선택하여 이를 기준으로 데이터를 분류하거나 예측

정답 09 ④

PLUS

의사결정격자 (대안평가표, decision grid)	• 의사결정격자는 한 축에는 대안을 배치하고, 다른 한 축에는 대안의 우수성을 평가할 수 있는 기준(criteria)을 배치하여 만든 격자형 도표를 말한다. • 의사결정격자는 대안의 장단점을 여러가지 측면에서 분석적으로 바라볼 수 있으며, 다른 대안과 한 눈에 비교해 볼 수 있게 해주기 때문에 의사결정을 내리는 데 도움을 준다. • 대안들을 시각적으로 보면서 같은 기준에 따라 각각 비교할 수 있는 것이 장점이다. • 도출된 대안이 많거나, 한 집단이나 위원회에서 의사결정을 할 때에 결정 격자 방법이 도움이 된다.
주경로기법 (CP ; Critical Path Method)	• 주경로기법은 활동 상호 간의 연관성을 고려하면서 프로젝트를 기획하고, 관리하며 통제할 수 있는 효율적인 프로젝트 관리기법이다. • 주경로기법은 한 가지의 추정 시간을 사용한다. • 활동기간이 확실한 사업에 대해 가장 적절한 기획방법이다.
명목집단기법	• 명목집단기법은 구성원들이 서로 대화나 토론 없이 종이에 아이디어를 적어서 제출한 후 제출된 내용을 모아 토론 후 표결로 의사결정을 하는 기법이다. • 명목집단기법은 구성원 간의 대화가 없이 각자 독립적으로 자신의 의견을 제시할 수 있기 때문에 의사결정을 방해하는 타인의 영향력을 줄일 수 있다.

10 예산 수립 방법 중 영기준예산제(Zero-Base Budget)의 장점으로 가장 옳은 것은? 22 서울(6월)

① 예산편성에 관한 전문지식이 없어도 가능하므로 구성원의 참여가 활성화될 수 있다.
② 자원을 매우 효율적으로 사용할 수 있어 예산 낭비를 줄일 수 있다.
③ 실행하기 간단하고 신속한 예산편성이 가능하다.
④ 예산수립 과정에서 의사소통이 활발해지고 우선순위를 정할 수 있어 업무량이 줄어든다.

해설

10
①, ③ 점진적 예산제
④ 예산수립 과정에서 의사소통이 활발해지고 우선순위를 정할 수 있으나 업무량이 늘어난다.

PLUS

영기준예산제도(ZBB ; Zero-Base Budgeting)

개념	이전의 예산 적합성과 관계없이 각 예산 기간별로 '0'에서 출발하여 예산신청의 정당성을 입증하는 방식	
특성	예산을 편성·결정함에 있어 전 회계연도의 예산에 구애됨 없이 조직체의 모든 사업과 활동에 대해 영기준을 적용해서 각각의 효율성, 효과성, 중요성을 체계적으로 분석하고 그에 따라 우선순위가 높은 사업활동을 선택하여 실행예산을 결정하는 예산제도로서 감축 중심의 예산 기능이 있다.	
	장점	단점
장단점	• 실무자들의 아이디어를 받아 기획하고 구성원들의 예산관리 참여가 가능하여 혁신적인 분위기를 촉진한다. • 의사결정 과정과 검토 과정을 통하여 관리자들의 참여를 촉진하고 의사결정의 질을 향상시킨다.	• 새로운 예산 수립 방법이므로 관련 지식과 기술을 배우는 데 시간과 비용을 투자해야 한다. • 과거 지출의 적절성을 다양한 시각에서 분석해야 하고 과정이 복잡하여 시간이 많이 소요된다. → 업무량 증가

정답 10 ②

	• 우선순위 부여 과정을 통하여 최고경영자의 체계적인 조정과 중요사업에 대한 집중적인 지원을 가능하게 한다. • 기획과 예산 사이의 커뮤니케이션 장애를 없애고, 조직의 목적을 구상하며, 목표를 기획하게 한다. • 우선순위를 고려하여 자원을 효율적으로 사용하게 한다. → 예산낭비의 가능성 축소, 자원을 최적 배분 • 중간관리자는 실행 가능한 예산을 수립하고 상급 관리자와의 협력과 조정에 따라 예산의 순위를 결정하고 실행하게 되어 상급 관리자와 중간관리자 간의 상호이해와 위임능력을 촉진한다.	• 서비스 공급과 소요비용 사이의 정확한 상관관계를 파악·예측하는데 한계가 있다. • 각 부서별 책임자가 자금을 배분받기 위해 이익을 부풀리는 경향이 있다.

점진적 예산제도(점증주의 예산, IB: Incremental Budgeting)

개념	목표지향 예산이라고도 하며, 예산수립의 전통적인 접근방법으로 전년도 경비에 근거하여 차기 연도의 물가상승률이나 소비자물가지수 등을 추가 혹은 곱하는 방법으로 차기 연도의 예산을 세우는 화폐중심적 방법
특성	이전기간의 예산 배분 기준에 의하여 부서별로 자금을 배분
장단점	장점	단점
	• 간단 신속 • 전문적 지식이 필요하지 않다.	• 동기부여의 의미가 없다. • 우선순위가 고려되지 않아 비효율적이다. • 경영자가 예산낭비와 비효율성을 구분하기가 곤란하다. • 수명이 다한 조직활동에도 자금이 할당될 수 있다.

11 간호서비스 마케팅에서 서비스의 특성에 따른 마케팅 전략에 대한 설명으로 가장 옳은 것은? 22 서울(6월)

① 무형성의 마케팅 전략은 무형적 단서를 강조하고 구매 전 의사소통에 관여한다.
② 비분리성의 마케팅 전략은 서비스 제공 시 고객이 개입하고 고객의 선발과 훈련을 강조한다.
③ 소멸성의 마케팅 전략은 수요와 공급 간의 균형과 조화를 유지하고, 비수기의 수요에 대비하는 것이 중요하다.
④ 이질성의 마케팅 전략은 서비스 제공 과정을 포괄적이고 다양화하는 것이 중요하다.

해설

11
① 무형성의 마케팅 전략은 유형적 단서를 강조하고 구매 후 의사소통에 관여한다.
② 비분리성의 마케팅 전략은 서비스 제공 시 서비스인력의 선발과 훈련을 강조한다.
④ 이질성의 마케팅 전략은 서비스 제공 과정을 표준화, 기계화하는 것이 중요하다.

정답 11 ③

PLUS

무형성	• 서비스는 '대상'이 아니라 '수행'으로, 물리적 재화와 달리 뚜렷한 형태가 없어 보거나 만질 수 없으므로 가치의 파악이나 평가가 어렵다. • 소비자가 서비스를 제공받은 후에도 그 결과를 나름대로 평가할 수 있을 뿐, 평가에 대한 구체적이고 객관적인 증거를 제시하기 힘들다.
비분리성 (동시성)	• 생산과 소비가 분리되지 않고 동시에 발생하는 것 • 서비스 제공자에 의해 서비스가 제공됨과 동시에 고객에 의해 소비된다
이질성 (가변성)	• 같은 서비스라도 직원에 따라 제공되는 서비스의 내용이나 질이 달라질 수 있고, 같은 직원이라도 시간이나 고객에 따라 서비스가 다를 수 있다. • 이러한 특성 때문에 서비스의 표준화와 품질관리가 어렵고, 이로 인해 서비스의 질 관리가 중요하며, 또한 소비자의 다양한 요구에 대응할 수 있는 개별화된 맞춤 서비스를 제공하는 것이 바람직하다.
소멸성	• 서비스는 생산과 동시에 소멸되므로 판매되지 않은 서비스는 소멸되어 재고로 보관할 수 없다. 서비스는 저장될 수 없다.

☑ p.38 01번 PLUS 〈서비스 특성별 문제점과 해결전략〉 참조

12 〈보기〉에서 설명하는 진료비 지불제도로 가장 옳은 것은? 22 서울(6월)

┤ 보기 ├
- 가능한 한 많은 서비스를 제공하고 인센티브를 받으려는 것을 피할 수 있다.
- 전체적인 의료비용의 감소를 유도하고 진료비 심사로 인한 마찰이 감소하게 된다.
- 의료의 질이 낮아질 수 있다.
- 질병군 진료 특성을 반영하였다.

① 상대가치수가제 ② 행위별수가제
③ 일당수가제 ④ 포괄수가제

PLUS

장점	단점
• 진료수행을 경제적으로 유도: 진료비에 대한 가격이 사전에 미리 결정되어 자원의 최소화 사용에 대한 동기를 부여 • 경영과 진료의 효율화 • 과잉진료, 의료서비스 오남용 억제 • 병원 업무 및 진료의 표준화 • 예산 통제 가능성과 병원 생산성 증가 • 부분적으로 적용 가능 • 진료비 청구 및 지불 심사의 간소화 • 진료비 계산의 투명성 제고	• 서비스 최소화·규격화 • 행정적 간섭으로 의료행위의 자율성 감소 • 과소진료 및 합병증 발생 시 적용 곤란 • DRG코드조작으로 의료기관의 허위·부당 청구 우려 • 의학적 신기술에 적용 어려움 • 질병별로 명기된 기일 내에 일을 처리해야 한다는 긴장감이 의료과오에 대한 가능성을 높일 수 있음 • 이미 결정된 퇴원 예정일 내에 모든 작업을 완수해야 하므로 간호사의 업무부담이 늘어날 수 있음 • 비용절감에 우선하여 간호의 질을 보장하기 어려움 • 비용절감으로 인해 간호사의 적절한 채용이 이루어지지 않을 수 있음 • 의료의 다양성이 반영되지 않으므로 의료기관의 불만이 크고 제도 수용성이 낮음

해설

12
포괄수가제는 제공한 서비스 항목과 수량에 직접 관계없이 사례에 기초하여 진료비를 지불하는 방식으로 환자가 어떤 질병의 진료를 위하여 입원했는가에 따라 질병군(또는 환자군)별로 미리 책정된 일정의 진료비를 지급하는 제도

정답 12 ④

지불방식	개념	장점	단점
행위별 수가제 (fee-for-service)	의료진이 제공한 진료의 내용과 서비스의 양에 따라 항목별로 의료비가 책정	• 환자에게 충분한 양질의 의료서비스 제공 가능 • 신의료기술 및 신약개발 등에 기여 • 의료의 다양성이 반영될 수 있어 의사 의료기관의 제도 수용성이 높음 • 의사의 생산성 ↑ • 의료인의 재량권 및 자율권 보장	• 환자에게 많은 진료를 제공하면 할수록 의사 또는 의료기관의 수입이 늘어나게 되어 과잉진료, 과잉검사 등을 초래할 우려가 있음. • 과잉진료 및 지나친 신의료기술 등의 적용으로 국민의 료비 증가 우려, 수가 구조의 복잡성으로 청구오류, 허위·부당청구 우려
포괄 수가제 (Burdled-payument)	• 제공한 서비스 항목과 수량에 직접 관계없이 사례에 기초하여 진료비를 지불하는 방식 • 우리나라에서 4개 진료과 7개 질병군에 적용	• 경영과 진료의 효율화/의료기관 생산성 ↑ • 과잉진료, 의료서비스 오남용 억제 • 의료인과 심사기구·보험자 간의 마찰 감소 • 진료비 청구방법의 간소화 • 진료비 계산의 투명성 제고	• 비용을 줄이기 위하여 서비스 제공을 최소화하여 의료의 질적 수준 저하와 환자와의 마찰 우려·조기 퇴원 • DRG코드 조작으로 의료기관의 허위·부당청구 우려 • 의료의 다양성이 반영되지 않으므로 의료기관의 불만이 크고 제도 수용성이 낮음

13 의료서비스는 일반 제품과 달리 형태가 없기 때문에 적절한 마케팅 전략이 필요하다. 의료 서비스의 소멸성을 고려한 마케팅 전략으로 가장 옳은 것은? 22 서울(2월)

① 서비스의 표준 설정 및 수행
② 강한 조직 이미지 창출
③ 진료 예약 제도 실시
④ 친절하고 세심한 고객관리 대하

13
① 이질성(가변성)
② 무형성
③ 소멸성
④ 비분리성(동시성)
☑ p.46 11번 PLUS, p.38 01번 PLUS 〈서비스 특성별 문제점과 해결전략〉 참조

14 목표관리(MBO)의 장점에 대한 설명으로 가장 옳지 않은 것은? 22 서울(2월)

① 목표설정에 구성원을 참여시킨다.
② 성과에 대한 책임소재를 명확하게 해 준다.
③ 측정 가능한 성과만이 아니라 질적이고 장기적인 업무성과를 강조한다.
④ 구성원이 관리자와 협의하여 업무계획을 설정함으로써 동기부여가 된다.

14
목표관리의 대표적인 단점은 가치·질·장기적인 목표를 등한시한다는 것이다.
목표관리는 목표와 성과의 계량적인 측정을 강조함으로써 가치, 질이 우선시 되는 구성원의 발전과 인간관계의 개선과 같은 계량화할 수 없는 업무보다는 양을 중요시하는 경향이 있다. 또한, 조직의 미래보다는 단기 목표를 강조하는 경향이 있다.

정답 13 ③   14 ③

PLUS

목표관리(MBO; Management By Objectives)

개념	1954년 미국의 피터 드러커(Peter Druker)에 의해 처음으로 소개 조직 목표 달성을 위해 조직 구성원들에게 생산해야 할 생산활동의 개별적 단기적 목표를 부여하고, 활동 수행 및 결과 평가, 환류의 관리체계를 말한다. 설정된 목표달성도에 따라 업무수행을 평가함으로써 관리의 효율화를 이루는 것
특징	• 조직의 상위 관리자와 하위 관리자가 자기들의 공통분모를 확인하고, 기대되는 결과의 측면에서 개개의 주요 책임 분야를 규정하며, 이것을 각 단위 조직의 운영 지침으로 이용하면서 구성원 각각의 기여도를 평가하는 하나의 과정이라고 할 수 있다. • 목표관리는 목표설정 과정을 체계화한 것 • 목표관리는 조직의 상위 관리자와 하위 관리자들이 공동으로 목표를 설정하고, 기대되는 결과의 측면에서 개인의 능력 발휘와 책임소재를 명확히 하며, 미래의 전망과 노력에 지침을 제공하고 관리 원칙에 따라 관리하며 자기를 통제하는 과정이라고 할 수 있다. • 목표관리는 조직의 상하 구성원이 상호 협의하여 단기적 목표를 명확하고 체계 있게 계량화·통계화가 가능하도록 설정하고 업무수행 결과를 평가·환류시켜 조직의 효율성을 제고하려는 관리기법이다. • 목표관리의 중요한 구성요소는 목표 설정, 구성원의 참여, 피드백이다. • 목표는 기획의 기술적 측면과 인간적인 측면을 동시에 고려해야 한다. • 목표관리는 인간에 대한 긍정적인 철학과 참여적 관리 정신을 반영하고 있다. • 목표관리는 관리자와 구성원 간의 신뢰를 구축하고 의사소통을 개방한다. • 목표관리는 직무에 관계된 업적에 기반하여 보상을 실시한다. • 목표관리는 적극적이고 주체적이며 도전적인 기업문화를 창출한다.

15 간호관리과정 중 기획의 특성으로 옳은 것은? 22 지방

① 정적인 개념이다.
② 조직목표와 관련되어 있다.
③ 하층관리자에게 더욱 중요한 기능이다.
④ 미래지향이 아닌 현실위주의 관리를 제시한다.

해설

15
① 동적인 개념
③ 상층관리자에게 더욱 중요한 기능
④ 현실지향이 아닌 미래지향적

PLUS

기획은 하나의 과정 (Process) 동적개념	계획은 장래의 행동을 위한 설계(결과) 그 자체이며, 기획은 과정이다. 즉, 기획의 결과로 나타나는 정적인 개념이 '계획'이다. 기획의 과정은 하나의 계획을 작성하는 데 그치지 않고 그 집행 결과를 평가하여 차기계획에 반영하는 계속적이고 순환적인 활동이다.
미래지향적	미래 사건들을 예측하고 조직에 어떤 활동들이 필요할지 결정하고 다루는 것으로 불확실성을 최소화하기 위한 노력이다.
목표지향적	모호하고 불분명한 목표들을 구체화하고 명료화하는 작업이 기획의 첫 단계
의사결정과정	조직이 언제, 어떻게, 무슨 목적으로, 무엇을 시행해야 할 것인지를 결정하려면 여러 대안들을 평가한 후 최선의 대안 선택을 위한 의사결정 과정 변화하는 환경에 대응하는 지속적인 의사결정 과정
효율적인 수단을 강구	어떤 현상이나 사건의 바람직한 미래를 설정하고 그것을 달성하는 데 구체적인 수단을 제시한다.
기획은 준비과정	기획은 보다 나은 결정을 위한 시안을 작성하는 과정으로서, 그것을 채택하여 집행하는 것과는 별개 기능이다.

정답 15 ②

행동지향적 과정 변화지향적 과정	기획은 본질적으로 집행을 전제로 하는 의사결정 과정 기획은 실천과 행동을 통한 문제 해결이나 현실의 개선에 목적을 두고 장래의 행동 대안을 설계하여 그것을 실현하고자 하는 노력이다.
의도적	기획은 의도적·합리적·목적적 과정이다.
다차원적	기획은 하나의 시스템으로서 많은 차원을 가지고 있다. 즉, 시간, 조직, 가능, 영역 등의 차원을 가지고 있다. 이러한 특성 때문에 일관성을 상실하기 쉽다. 기획의 일관성이 상실되면 설정된 정책 목표가 달성되기 어렵다.

16 다음에서 설명하는 간호서비스의 특성은? 22 지방

- 생산과 동시에 소비가 이루어진다.
- 소비자는 서비스 제공자와 상호작용한다.
- 소비자가 실질적으로 생산과정에 참여할 수도 있다.

① 무형성 ② 이질성
③ 소멸성 ④ 비분리성

해설

16
서비스의 특성 중 "비분리성"은 동시성이라고도 하며 생산과 소비가 동시에 일어나는 것을 의미한다. 서비스가 제공되는 시점에 소비자가 실질적으로 생산과정에 참여할 수 있고, 서비스 제공자와 상호 작용하는 것과 참여 여부의 정도가 서비스의 결과에 큰 영향을 미친다.
✅ p.46 11번 PLUS 참조

17 문제의 적용수준과 범위에 따른 의사결정 유형 중 전략적 의사결정에 해당하는 것은? 22 지방

① 병원 간호부 목표 설정
② 연휴 기간의 근무 일정표 작성
③ 간호 사정에 따른 간호진단 작성
④ 경력 간호사와 신규 간호사의 야간 근무 배정

17
① 전략적 의사결정
②, ④ 집권적 근무일정표를 적용하는 곳이라면 전술적(관리적) 의사결정이고, 분권적 근무일정표라면 운영적(업무적) 의사결정에 해당된다.
③ 운영적(업무적) 의사결정

PLUS

문제의 적용수준과 범위에 따른 의사결정 유형

전략적 의사결정	• 조직의 운명을 결정하고 나아갈 방향을 설정해 주는 중요한 사안에 대한 결정 • 조직의 목표달성을 위해 최대의 능력을 발휘할 수 있도록 자원을 배분하는 의사결정이다. → 전략적 선택이란 효율성보다는 효과성에 중점을 둔다. • 주로 최고 관리자가 수행하는 조직 전체에 영향을 미치는 정기적인 의사결정 • 목표달성을 위해 최대의 능력을 발휘할 수 있도록 자원을 배분하는 것 • 대부분 비정형적이고 비구조적인 의사결정 예 양질의 간호 제공을 위한 보호자 없는 병동 운영, 병원 간호부 목표 설정
관리적(전술적) 의사결정	• 주로 조직의 중간 관리자가 수행하는 중·단기 기획과 관련되는 의사결정 • 최대의 과업능력(생산성)을 산출하기 위해 자원을 조직화하는 과정에서 조직기구의 관리에 관한 결정과 자원의 조달, 개발에 관한 결정 • 조직을 새로 편성하거나 인력배치, 권한 및 책임관계 정립, 비용의 조달과 관련된 의사결정 예 보호자 없는 병동을 위한 증원 여부 결정 → 간호사 업무량, 환자만족도 분석, 집권적 근무 일정표

정답 16 ④ 17 ①

운영적(업무적) 의사결정	• 조직 내의 일선 관리층에서 단기적인 전략수행과 성과달성에 필요한 관리행동에 관하여 의사결정 • 전략적 전술적 의사결정을 구체화하고 일상적으로 수행되는 업무에 관한 의사결정 • 현행 업무의 수익성을 극대화하는 것을 그 목적으로 함 • 주로 정형적이고 구조적인 의사결정 예 세부운영계획 → 간호전달체계, 업무분담, 간호사정에 따른 간호진단 작성, 분권적 근무일정표 등

18 간호단위 관리자가 문제해결을 위해 다음 활동에 이어서 우선적으로 수행해야 할 것은? 22 지방

> 최근 병동 내 물품 관리가 원활하지 않음을 발견하고, 문제에 대한 정보, 경험, 의문점 등을 수집하였다.

① 문제를 인식한다.
② 문제 해결책이 제대로 수행되었는지 평가한다.
③ 수집된 자료를 분석하여 실제 상황에서 가용성이 높은 해결책을 선택한다.
④ 실제 해결책을 수행하고 활동에 영향을 미치는 긍정적, 부정적 요인을 확인한다.

PLUS

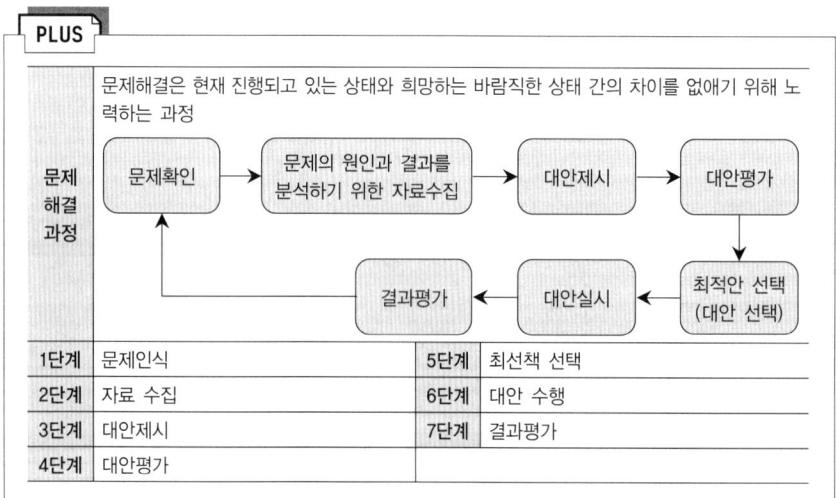

해설

18
문제에서 제시된 상황은 "문제를 확인하고 관련 자료수집"을 한 상태(2단계). 다음 단계로 대안을 제시 - 평가 - 선택하는 과정이 온다.
① 문제를 인식 - 1단계
② 문제 해결책이 제대로 수행되었는지 평가 - 7단계 결과평가
④ 수집된 자료를 분석하여 실제 상황에서 가용성이 높은 해결책을 선택 - 6단계 대안 수행단계
• 각자의 대안에 대해 시청 가능 여부를 파악함
• 기대효과, 효율성, 합리성 등을 검토함
• 비용 - 편익 분석, 비용 - 효과 분석, 시뮬레이션, 델파이 기법 등을 이용함

정답 18 ③

기획의 과정

목표 설정	① 인력, 시설, 장비, 기술, 조직 등 능력의 범위 내에서 목표를 구체화하는 것 ② 가용 예산과 시간적인 적합성을 확인 ③ 윤리나 사회규범에 적합한지 검토 ④ 측정 가능한 목표를 설정하는 것이 중요함
현황 분석 및 문제점 파악	① 현재의 상황과 목표로 하는 미래 상황 사이의 차이점으로 발생할 수 있는 장애요인을 규명 ② 문제해결을 위한 한계점을 인지
대안의 탐색과 선택	① 각자의 대안에 대해 시행가능 여부를 파악 ② 기대효과, 효율성, 합리성 등을 검토 ③ 비용-편익 분석, 비용-효과 분석, 시뮬레이션, 델파이 기법 등을 이용
대안의 결정 (우선순위)	① 한정된 자원 내에서 우선순위를 결정 ② 우선순위의 설정 기준으로는 의사결정자의 활동에 대한 가치를 부여하는 정도, 활동의 목표 달성 기여 정도를 기준
수행	① 목표에 적합한 최종안에 따라 간호활동을 수행 ② 제안된 활동과 계획 추진을 위해 승인된 안을 시행
평가와 회환	① 현 업무가 효율적이었는지 객관적인 방법을 통해 분석 ② 기준을 통해 간호업무를 평가

19 기획의 유형 중 전술적 기획에 대한 설명으로 옳은 것은? 22 지방

① 전략적 기획을 구체화하는 것이다.
② 조직의 사명과 목적을 결정하는 장기 기획이다.
③ 조직의 나아갈 방향에 대하여 의견을 통합한다.
④ 모든 기획의 기본 틀을 제공하기 위하여 가장 우선적으로 수립된다.

PLUS

계층에 따른 기획의 유형

전략적 기획 (strategic planning)	• 조직의 포괄적인 목표 설정, 전략적 판단과 결정, 결정된 전략에 필요한 자원 배분 등 포괄적 목표를 달성하는 데 초점을 둠 • 조직의 상층 관리자가 수립하는 기획 • 조직의 내외적 환경과 조건의 변화를 예측하고 이용 가능한 자원을 결정하여 조직의 지속가능성과 경쟁력을 높일 수 있음 • 조직의 목표를 설정하고 달성하기 위하여 요구되는 전반적인 계획체계 • 종합적·포괄적·복합적·장기적·전사적(enterprise) 기획 • 위험하고 불확실한 환경에서의 기획 • 불확실성이 높고 경쟁적인 상황 속에서 주로 조직이 나아갈 방향을 규정하기 위하여 수립하는 3년 이상의 종합적·포괄적 기획 • 정치적 성격을 가지며 일반적인 용어로 표현 • 간호조직에서 사명과 비전을 설정하고 이를 실현하기 위한 장기발전계획을 수립하는 과정 • 전략적 기획 과정에서 SWOT 분석과 균형성과표를 활용할 수 있음 • 목적: 장기적 생존과 성장 확인 • 의사결정 유형: 혁신적이고 적응적 → 전략적 의사결정

해설

19
① 전술적 기획
②, ③, ④ 전략적 기획

정답 19 ①

전술적 기획 (tactical planning)	• 전략적 기획에 이어지는 기획이며 전략적 기획을 구체화시킨 것 • 중간관리층의 관리자에 의해 수행되는 기획이며 조직의 중기기획과 관련됨 • 업무 수준(사업부 및 부서별)의 기획 • 부서별 업무 수준의 프로그램, 프로젝트 계획이나 이를 위한 정책, 규제, 절차 등이 포함 • 장기적인 목적의 수행과 관련(수단이자 목적) • 덜 위험하고 낮은 확실성의 환경에서의 기획 • 목적: 전략적 기획 수행의 수단 • 의사결정 유형: 일상적이고 적응적 → 관리적 의사결정
운영적 기획 (operational planning)	• 단기적인 운영 목표를 달성하기 위한 단기 기획 • 하위 관리층(일선관리자)에 의해 수행되는 기획 • 1일~1년 동안의 단기 기획 • 실제 업무수행에 필요한 활동계획을 작성하고 실무적인 기술이 요구됨 • 중기적인 목적의 수행과 관련(수단) • 확실성이 높은 환경에서의 기획 • 직접적인 환자관리와 관련된 일일계획, 주간 계획 등을 포함 • 업무적 의사결정

20 기획 중 단용 계획(single-use plan)에 해당하는 것은? 22 지방

① 정책
② 규칙
③ 절차
④ 프로젝트

PLUS

기획의 이용 빈도별 유형

일시적기획 (단용기획)	• 단기간 내 특정 목표달성을 위한 기획 • 특정 상황에 적합한 기획으로, 특정 목표가 달성되면 계획으로서의 효율성이 소멸 • 1회 사용으로 한정되는 예산·경제 기획, 운영 기획, 주요 업무 기획이 이에 속한다. 　예 프로젝트(project), 프로그램(program) 등 　　• 프로그램: 한 번으로 끝나기는 하나 중요한 조직 목적을 달성하기 위한 대형 활동의 기획으로, 범위가 커서 몇 개의 프로젝트로 연관될 수 있음 　　• 프로젝트: 일반적으로 프로그램보다 범위가 좁고 덜 복잡함. 프로그램보다 기간이 짧고 더 적은 자원을 필요로 함 • 환경변화에 적절하게 대처할 수 있고, 특정 상황에 유용하며, 통합적이고 확실한 목적을 가진 행동을 성취할 수 있다. • 기획 수립에 많은 시간과 비용이 소요된다.
상시적기획 (상용기획)	• 계속적·반복적인 기획으로 몇 번이고 거듭 사용할 수 있게 만든 계획 • 규칙, 방침, 기준, 정책 등 표준화된 절차에 의한 기획 • 동일한 상황이 존속되는 한 그 효용성은 소멸되지 않는다. • 반복적 사용으로 기획 수립에 소요되는 시간과 비용은 절약된다. • 상황에 신속히 적응하지 못하고, 동태적인 기획 운영이 곤란하다. 　예 정책, 표준절차, 규칙 등 　　• 방침(정책): 관리자가 중요한 의사결정을 할 때 따르도록 제공된 광범위한 지침으로 상시적 기획 중 가장 일반적인 유형 → 보통 최고관리자가 수립 　　• 절차: 특정한 상황에서 따라야 하는 단계를 개괄적으로 기술 방침보다 더 구체적이며 어떤 목표를 달성하는데 사용되는 일련의 정확하고 구체적인 단계를 기술한 것 　　• 규칙: 구체적인 행동을 어떻게 수행하는가를 기술한 것으로 구체적이고 분명한 행동을 요구하는 비탄력적인 기획

해설

20
①, ②, ③ 상용계획
④ 단용계획

정답 20 ④

21 행위별 수가제가 적용되는 간호행위는? 22 지방

① 냉찜질
② 흡입배농 및 배액처치
③ 활력징후 측정
④ 수술환자 심호흡 교육

PLUS

간호행위에 대한 행위별 수가 예시[2022년 2월 기준]

분류번호	코드	간호행위
자-2-1	M0111	단순처치(Simple Dressing)
	M0121	염증성 처치(Infection Wound Dressing)
	M0131	장루처치(Stoma Care)
	M0134	수술후 튜브삽입에 의한 자연 배액감시 및 처치 (Natural Drainage and Care after Operation)
	M0137	흡입배농 및 배액처치(Suction Drainage or Tracheostomy Suction etc.)
	M0141	좌욕(Sitz Bath)
	M0143	체위변경처치(Position Change)
	M0151	회음부 간호(Perineal Care)
	M0153	통목욕 간호(Tub Bath)
	M0155	침상목욕 간호(Bed Bath)
자-4	M0040	산소흡입[1일당](Oxygen Inhalation)

※ 출처: 건강보험심사평가원(2022년 2월판), 건강보험요양급여비용

해설

21
행위별수가: 간호 개별 행위 각각 수가를 산정하여 환자가 간호 서비스를 많이 이용할수록 간호 수가가 많이 부가되게 하는 방법이다. 일당수가나 방문당 수가가 환자 중증도와 관계없이 평균 비용을 일괄 적용되는 것을 보완해 주고 있다.

22 낙상 발생 감소를 위한 지속적 질 관리 활동을 기획하고 있다. 1년 동안 수행해야 하는 활동을 시간에 따라 막대 형태로 나타내어 관리자가 진행 중인 업무나 프로젝트를 시각적으로 쉽게 파악할 수 있도록 도와주는 기획방법으로 가장 옳은 것은? 21 서울

① PERT(program evaluation and review technique)
② 간트차트(Gantt chart)
③ 의사결정나무(decision tree)
④ 브레인스토밍(brainstorming)

22
프로젝트 일정관리를 위한 수평 막대 형태의 도구로서, 일직선 위에 각 활동의 착수 시간과 완료 시간을 나타내면서 계획 대비 현재 활동의 진행상황을 표시할 수 있는 기획방법은 "간트차트"이다.

정답 21 ② 22 ②

PERT (program evaluation and review technique)	• 의사결정의 시기를 정할 때 보편적으로 활용되는 도구이다. • PERT는 미국 해군에서 1950년대 말에 폴라리스 미사일 잠수함 건조사업을 기획하고 일정을 짜며, 통제할 목적으로 처음 개발되었다. → 대규모 사업 계획을 기획하고 일정을 조정 통제. • 마지막 사건이 종료되기까지 발생하는 예측된 사건과 활동들의 완성시간 흐름도를 나타내는 것이다. • PERT는 불확실한 상황에 대하여 확률적인 방법에 의해 활동의 소요 시간과 비용을 계산하여 각 하위 과업이 달성되는 데에 소요되는 시간을 3가지(낙관적 비관적 확률적 완성 기대 시간)로 추정한다.
의사결정나무 (decision tree)	• 의사결정나무는 의사결정자가 선택할 수 있는 대안과 그에 따른 결과를 나뭇가지 모양으로 나타낸 도표를 말한다. • 의사결정 규칙을 나무 구조로 나타내어 전체 자료를 몇 개의 소집단으로 분류(classification)하거나 예측(prediction)을 수행하는 분석방법이다. • 의사결정나무는 최소 2개 이상의 대안들로 시작하며, 각 대안별로 발생할 수 있는 사건과 예상되는 결과를 제시한다.
브레인스토밍 (brainstorming)	• 브레인스토밍은 오스본(Osborn)이 광고회사에서 구성원들의 창조적 사고를 촉진하기 위해서 개발한 기법이다. • 브레인스토밍은 문제 해결을 위해 자주적인 아이디어 제안을 대면적(face-to-face)으로 하는 집단토의 형식이다. • 브레인스토밍은 5~10명의 참여자가 개방적 분위기에서 자유롭게 아이디어를 발표하고, 구성원이 제안한 아이디어를 모아서 합의하고 수정하는 과정을 거쳐 실행 가능한 방안을 도출하는 방법이다.

23 기획의 계층화 단계 중 〈보기〉에 해당하는 것은? 21 서울

> 보기
>
> 조직의 목표를 성취하기 위한 행동의 지침이 되며 구성원들의 활동 범위를 알려준다. 예를 들어 승진대상자의 선정, 승진대상자 선정을 위한 기초자료 분석, 면접 등 간호활동을 위한 범위와 허용 수준을 정하고 그에 따른 행동방침을 정하는 과정이다

① 목적
② 철학
③ 정책
④ 규칙

23
정책은 조직의 목표를 성취하기 위한 방법을 제시하고, 목표를 행동화하기 위한 과정과 활동 범위, 허용 수준, 행동 방침 등에 관한 포괄적인 지침이다.

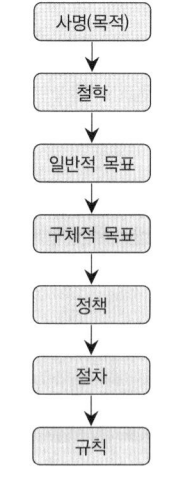

정답 23 ③

PLUS

기획의 계층화

개념	유사 개념	정의	예
비전 (vision)	꿈, 미래상	조직의 바람직한 미래상 실제적으로 볼 수 없는 정신적인 이미지	국민과 함께하는 21세기 초일류 병원
목적 (purpose)	기관의 설립이념	• 조직의 사회적 존재 이유(존재가치와 필요성) • 조직의 사명(mission)을 명시한 것	S 병원은 국가중앙병원으로서 세계 최고 수준의 교육, 연구, 진료를 통하여 국민이 건강하고 질 높은 삶을 영위할 수 있도록 최선을 다한다.
철학 (philosophy)	기관의 경영이념	• 의사결정의 기준과 가치 • 조직구성원에게 요구하는 사고의 틀(paradigm) • 조직구성원의 행동을 이끄는 조직의 목적 달성을 위해 조직구성원을 움직이게 하는 가치 또는 신념	• 환자 중심 • 인간 존중 • 지식 창조 • 사회 봉사
목표 (goals & objectives)	기관의 행동규범	조직구성원의 핵심적 행동지침	대상자에게는 친절과 봉사로, 동료 간에는 신뢰와 협조로, 업무에서는 자율과 책임으로, 깨끗하고 밝고 부드러운 병원을 만든다.

정책	절차	규칙
① 조직의 목표를 성취하기 위한 방법을 제시하고, 목표를 행동화하기 위한 과정과 활동범위를 알려주는 포괄적인 지침 ② 조직의 의사결정을 안내하고 구성원들의 사고방식이 조직 목표와 부합되게 사고와 행동 방침을 결정하는 지침 ③ 간호표준과 간호사들의 업무지침서로 제공 ④ 조직의 갈등을 방지하고 공평성을 증진	① 이론적 근거에 따라 간호활동을 단계적·순서적으로 기술하여 특정 업무를 수행하는 관계나 방법을 제시 ② 정책보다 자세한 업무행위의 지침으로 요구되는 행동의 시행순서(시간적 순서)를 기술	① 행동을 지시하고 특별한 상황에서 행해야 할 것과 금지해야 할 것을 알려주는 명확한 지침 ② 정책과 절차편람에 포함되어야 하며 자유재량권이 주어지지 않음 ③ 조직 내 규칙의 존재는 조직의 사기가 떨어지는 것을 막아주고 체계를 바로 서게 하며, 무너지는 도덕을 유지하는 데 필요하므로 없어서는 안 될 지침

24 조직의 집단의사결정에 대한 설명으로 가장 옳은 것은? 21 서울

① 의사결정에 참여한 구성원들의 의사결정에 대한 수용성이 높다.
② 의사결정에 대한 책임소재가 명확하다.
③ 의사결정에 대한 시간과 비용이 절약된다.
④ 개인의 편견이나 특성이 의사결정에 많은 영향을 준다.

24
②, ③, ④ 개인의사결정

정답 24 ①

PLUS

개인적 의사결정	• 개인 의사결정은 개인이 혼자 판단, 선택하여 문제를 분석하고 대안을 선택하는 의사결정 • 비정형적인 의사결정, 직관적인 의사결정이다. • 신속성, 창의성, 비용성 면에서 유리함 • 전적으로 완전히 합리적이지 못하며 풍부한 정보에 따른 의사결정을 할 수 없다.
집단적 의사결정	• 집단 내의 구성원들 간의 의견, 아이디어 및 지식의 교환과 같은 집단적 상호작용을 거쳐 문제를 인식하고 이를 해결할 수 있는 대안을 선택하는 과정 • 병원조직에서도 위원회(委員會), 회의(會議), 태스크포스(Task force, 전문가 선발, '임시로 편성한 조직') 등의 다양한 집단의사결정의 형태를 접할 수 있음 • 집단적 의사결정은 조직구성원들의 창의성을 증진(다양한 경험과 사고방식, 풍부한 지식을 접함)시키고 창의적인 집단 형성에 기여하며, 집단 내 구성원의 인간관계를 개선할 수 있다. • 질, 수용성, 정확성 면에서 유리함

장점	단점
• 더욱 많은 지식과 정보에 근거하여 의사결정을 할 수 있음 • 다양한 사람들의 참여로 문제에 대한 다양한 견해를 제공받을 수 있음 • 구성원 모두가 의사결정 과정에 참여함으로써 결정에 대한 수용과 만족을 얻을 수 있음 • 원만한 의사소통을 통해 문제 유발을 감소시킬 수 있음 • 구성원 간의 상호작용으로 결정의 시행이 용이하며 상승효과를 기대할 수 있음 • 선택안의 정당성과 합법성을 높일 수 있음 • 과업의 전문화가 가능하며 의사결정의 질이 높음	• 집단의 의사결정에 동조하게 압력이 가해지는 경우가 발생함 • 개인적 의사결정 때보다 에너지와 시간이 더 많이 소요됨 • 특정 구성원에 의한 지배 가능성이 있음 • 의사결정 과정에서 의견의 불일치가 심할 경우 갈등이 심해질 수 있음 • 신속한 결정과 행동을 방해할 수 있음 • 구성원들의 책임소재가 불분명함 • 충분한 분석이나 비판 없이 쉽게 합의한 대안이 최선 이라고 합리화하려는 집단사고와 개인의 창의성이 제한됨

25 다음은 의료법인 재무상태표이다. (가)~(다)에 들어갈 말로 바르게 연결한 것은? 21 지방

(단위: 천원)

차변		대변	
유동(가)	450,000	유동(나)	150,000
비유동(가)	300,000	비유동(나)	200,000
		(다)	400,000
총계	750,000	총계	750,000

	(가)	(나)	(다)
①	자산	자본	부채
②	자산	부채	자본
③	자본	자산	부채
④	자본	부채	자산

해설

25
재무상태표(대차대조표)는 일정 시점에서 기업의 재무상태를 설명하기 위하여 작성되는 재무제표의 하나이다.

정답 25 ②

> **PLUS**
>
> **재무상태표(대차대조표)의 구성**
>
> 차변(자산) = 대변(부채 + 자본)
>
> | 차변(자산) | | 대변 (부채) | |
> |---|---|---|---|
> | 과목 | 금액 | 과목 | 금액 |
> | 유동 자산 | 450,000 | 유동부채 | 150,000 |
> | 비유동자산(고정자산) | 300,000 | 비유동부채(고정부채) | 200,000 |
> | | | 자본 | 400,000 |
> | 자산 총계 | 750,000 | 부채 및 자본 총계 | 750,000 |
>
> | 재무상태표
(대차대조표) | • 일정 시점에서 기업의 재무상태(자산, 자본, 부채를 설명하기 위하여 작성되는 재무상태보고서
• 오른쪽의 대변에는 부채와 자본을, 왼쪽의 차변에는 자산을 기입 작성
• '자산 = 부채 + 자본'의 관계에서 자산·부채·자본의 상태를 의미

투자결정기능   자본조달결정기능
유동자산 / 유동부채 / 고정부채 / 자기자본
차변(자산) = 대변(부채 + 자본) |
> |---|---|

26 마케팅 믹스 전략의 예로 옳지 않은 것은? 21 지방

① 제품·서비스 전략 - 예비 부부를 대상으로 건강검진 패키지 개발
② 유통 전략 - 대면으로 이루어지던 미숙아 부모 교육을 비대면으로 전환
③ 촉진 전략 - 간호·간병통합서비스에 대한 지하철 광고
④ 가격 전략 - 가정의 달 5월에 건강검진서비스를 받은 노인에게 사은품 지급 행사

> **PLUS**
>
> **간호서비스 마케팅 믹스 전략(4P's)**
>
> | 제품전략
(product) | 시장에 제공되는 상품 또는 서비스의 양과 질을 의미
정보 서비스, 주문, 지불, 상담, 안전관리, 예외관리)인지에 따라 구별하여 마케팅 전략을 세울 수 있다. | • 새로운 종류와 유형의 간호서비스 개발
• 고객맞춤 간호서비스
• 간호서비스 질 보장 및 관리(CQI, TQM)
• 전문적이고 고급의 간호서비스 개발 |
> |---|---|---|
> | 가격전략
(price) | 상품 또는 서비스에 부여된 값으로, 제품 획득 시 고객이 지불해야 할 금액
가격은 원가, 경쟁, 가치 등에 기반하여 설정된다. | • 기존 가격조정(가치 비용 분석)
• 가격차별화
• 새로운 가격개발(개별화된 간호서비스)
• 보험수가 책정(경제적, 합리적 적정 가격) |

해설

26
가정의 달 5월에 건강검진서비스를 받은 노인에게 사은품 지급 행사는 홍보와 관련된 '촉진전략'

정답 26 ④

유통전략 (place)	• 유통전략으로 편의, 점포의 수, 직접 대 간접 유통, 위치와 시간관리 같은 것들 이 있다. 이 중 서비스 제공자의 선택에 가장 큰 영향을 미치는 핵심요소는 편리 함(접근성)이다. • 제품 또는 서비스 제공자의 위치 또는 고객접근성과 관련된 개념으로, 제품 또 는 서비스를 소비자들이 쉽게 이용할 수 있도록 배포하고 보급하는 일. • 서비스가 제공되는 장소, 서비스 전달체 제, 직원의 전문성과 예의 등을 의미.	• 물리적 접근성(서비스가 제공되는 장소, 원격진료 등) • 정보의 접근성(상담, 설명, 조언 등) -서 비스를 제공하는 직원의 전문성, 예의 • 시간적 접근성(대기시간, 예약, 야간진료) • 의료전달체계 개선
촉진전략 (promotion)	• 촉진은 고객과의 커뮤니케이션과 내부 적 커뮤니케이션에 대한 것 • 제품이 시장에 출시될 때 설득력 있는 커뮤니케이션을 통해 소비자에게 제품 을 알리고 선택하게 하는 것 • 서비스의 유익함에 대해 의사소통하고 표적시장이 그것을 구매하도록 설득하는 활동, 광고, 홍보, 인적 접촉, 판매촉진	• 이미지 제고 및 향상(친절함, 책임감, 전 문적인 인상) • 소비자 만족(고객 접점) • 브로슈어 소책자 발간 • 홍보 및 광고(표적시장, 매체 선정 등)

27 포괄수가제 내용이 아닌 것은? 20 광주 추채

① 과잉 진료 방지
② 병원 진료의 표준화
③ 의료행위의 자율성 감소
④ 의료서비스의 양과 질의 확대

PLUS

지불방식	개념	장점	단점
행위별 수가제 (fee-for- service)	의료진이 제공한 진료 의 내용과 서비스의 양 에 따라 항목별로 의료 비가 책정	• 환자에게 충분한 양질의 의 료서비스 제공 가능 • 신의료기술 및 신약개발 등 에 기여 • 의료의 다양성이 반영될 수 있어 의사 의료기관의 제도 수용성이 높음 • 의사의 생산성 ↑ • 의료인의 재량권 및 자율권 보장	• 환자에게 많은 진료를 제공 하면 할수록 의사 또는 의료 기관의 수입이 늘어나게 되 어 과잉진료, 과잉검사 등을 초래할 우려가 있음. • 과잉진료 및 지나친 신의료 기술 등의 적용으로 국민의 료비 증가 우려, 수가 구조 의 복잡성으로 청구오류, 허 위·부당청구 우려
포괄 수가제 (Burdled- payument)	• 제공한 서비스 항목 과 수량에 직접 관계 없이 사례에 기초하 여 진료비를 지불하 는 방식 • 우리나라에서 4개 진 료과 7개 질병군에 적용	• 경영과 진료의 효율화/의료 기관 생산성 ↑ • 과잉진료, 의료서비스 오남 용 억제 • 의료인과 심사기구·보험자 간의 마찰 감소 • 진료비 청구방법의 간소화 • 진료비 계산의 투명성 제고	• 비용을 줄이기 위하여 서비 스 제공을 최소화하여 의료 의 질적 수준 저하와 환자와 의 마찰 우려·조기 퇴원 • DRG코드 조작으로 의료기 관의 허위·부당청구 우려 • 의료의 다양성이 반영되지 않으므로 의료기관의 불만 이 크고 제도 수용성이 낮음

해설

27
포괄수가제는 제공한 서비스 항목과 수량에 직접 관계없이 사례에 기초하여 진료비를 지불하는 방식이다.

정답 27 ④

		• 진료수행을 경제적으로 유도 : 진료비에 대한 가격이 사전에 미리 결정되어 자원의 최소화 사용에 대한 동기를 부여 • 병원업무 및 진료의 표준화 • 예산 통제 가능성과 의료기관의 생산성 증가 • 부분적으로 적용 가능 • 진료비 청구 및 지불심사의 간소화	• 의학적 신기술에 적용 어려움 • 질병별로 명기된 기일 내에 일을 처리해야 한다는 긴장감이 의료과오에 대한 가능성을 높일 수 있음 • 이미 결정된 퇴원예정일 내에 모든 작업을 완수해야 하므로 간호사의 업무부담이 늘어날 수 있음 • 비용절감에 우선하여 간호의 질을 보장하기 어려움 • 비용절감으로 인해 간호사의 적절한 채용이 이루어지지 않을 수 있음

28 목표관리(MBO)에 대한 설명으로 옳은 것은? 20 광주 추채

① 하향식 의사소통이 주를 이룬다.
② 목표의 설정과 수정이 비교적 수월하다.
③ 성과에 대한 책임소재를 분명히 할 수 있다.
④ 불확실하고 유동적인 환경에서 효과적이다.

PLUS

목표관리 (MBO)	조직의 상위관리자와 하위관리자들이 공동으로 목표를 설정하고, 기대되는 결과의 측면에서 개인의 능력 발휘와 책임소재를 명확히 하며, 미래의 전망과 노력에 지침을 제공하고 관리 원칙에 따라 관리하며 자기를 통제하는 과정
특성	• 목표관리의 목표설정은 하향식(top-down)과 상향식(bottom-up) 방법에 의해 상호적으로 이루어진다. • 목표관리는 자주적으로 목표를 설정하고 평가하며, 피드백하는 과정적인 자기관리 시스템 • 목표관리는 조직의 상위관리자와 하위관리자가 공동으로 목표를 설정하고 개인의 능력 발휘 및 책임소재를 명확히 하며, 자기를 통제하는 과정 • 조직의 단기적 목표를 명확하고 체계 있게 계량화 통계화가 가능하도록 설정 • 업무수행 결과를 평가 환류시켜 조직의 효율성을 제고하는 관리기법

29 영기준예산제에 대한 특성으로 옳은 것은? 20 광추 추채

① 화폐중심적 방법이다.
② 전문적인 지식이 필요하지 않다.
③ 간단하고 신속하게 수행할 수 있다.
④ 관련 지식과 기술을 배우는 데 시간과 비용을 투자해야 한다.

해설

28
① 의사소통이 활발하여 상향식, 하향식 의사소통 모두 이루어진다.
② 목표의 설정과 수정이 쉽지 않은 비신축적 경향이 있다.
④ 확실하고 안정적인 환경에서 효과적이다.

29
①, ②, ③ 점진적예산제도의 특성
☑ p.44 10번 PLUS 〈영기준예산제도〉, 〈점진적 예산제도〉 참조

정답 28 ③ 29 ④

30 의료기관의 주차장 확보, 야간진료예약제도 도입은 마케팅 믹스 전략 중 어디에 속하는가? 20 광주 추채

① 가격전략 ② 유통전략
③ 촉진전략 ④ 제품전략

> **PLUS**
>
> 촉진전략의 적용전략
> - 간호서비스의 가시화(건강교육 프로그램 등)로 인한 대중의 홍보, 공중매체 활용 등(간호서비스는 비영리적 성격으로 일방적인 광고나 홍보를 사용할 수 없다.)
> - 간호사의 외형적 모습과 태도 등을 통한 친숙하고 친절한 인상, 간호사 개개인의 전문적인 지식과 기술, 책임감 있는 행동 등을 통해 고객접점(MoT) 시 소비자 만족을 증대시킬 수 있는 간호의 전문적인 이미지를 강화
> - 사회봉사적 차원의 간호활동에 대한 홍보를 통해 간호에 대한 이미지를 향상
> - 공공 봉사활동을 통한 인적 접촉으로 대상자의 만족을 추구해 나간다.
> - 다양한 건강관리 프로그램에 대한 안내서, 소책자 발간
> - 병원홍보 및 광고 : 병원보, 의료신문, 안내서, 소책자, 게시판, 강연회, 사회활동, 방송출연, 건강교실, 개원광고, 신의료기술 및 설비광고

해설

30
문제에서 제시한 "주차장 확보, 야간진료제도 도입"등은 대상자가 서비스를 이용하기 위한 접근성을 높이는 것이므로 유통전략에 해당된다. 유통이란 서비스가 생산자로부터 소비자에게 안전하고 무난히 전달되도록 지원해 주는 활동으로 주로 고객의 편리를 추구하는 접근성과 관련된 개념이다.
☑ p.57 26번 PLUS 〈간호서비스 마케팅 믹스 전략(4P's)〉 참조

---

31 다음 〈보기〉에서 설명하는 보건의료서비스의 특성은? 20 광주 추채

― 보기 ―
- 서비스는 뚜렷한 실체가 있지 않아 보거나 만질 수 없고, 서비스를 제공받기 전에는 어떤 것인지 실체를 파악하기 어렵다.
- 문제를 해결하기 위해 고객 접촉빈도를 높이고 입소문 마케팅을 적극 활용한다.

① 소멸성 ② 무형성
③ 이질성 ④ 비분리성

31
〈보기〉에서 제시된 내용은 "무형성"
☑ p.46 11번 PLUS, p.38 01번 PLUS 〈서비스 특성별 문제점과 해결전략〉 참조

---

32 특정 시점에서 조직의 재무상태를 보여주는 재무제표를 통해 알 수 있는 정보로 가장 옳은 것은? 20 서울

① 조직의 당기 순이익 금액을 확인할 수 있다.
② 조직의 손실 내역을 확인할 수 있다.
③ 조직이 유동부채를 상환할 수 있는지를 확인할 수 있다.
④ 현금이 유입된 영업활동을 확인할 수 있다.

32
①, ② 손익계산서
③ 재무상태표
④ 현금흐름표

정답 30 ② 31 ② 32 ③

PLUS

재무상태표 (대차대조표)	일정 시점에서 기업의 재무상태를 설명하기 위하여 작성되는 재무제표의 하나로서 재무상태보고서
재무상태표 (대차대조표)가 제공하는 중요한 재무정보	• 기업 재무구조의 건전성 및 안정성을 알 수 있다. • 기업의 경제적 자원에 대한 정보를 제공한다. 즉, 기업의 자산, 부채와 자본의 구성을 파악할 수 있다. • 유동자산과 유동부채를 비교하여 기관의 유동성과 단기지급능력을 파악할 수 있다. • 장기계획 수립 시 기업의 확장 또는 프로젝트의 계획에 정보를 제공한다(새로운 프로젝트에 대한 재무적 부담 예측 및 무리한 계획 견제).

구분	내용
재무상태표 (대차대조표)	특정시점(예를 들면 연초 또는 연말)에 자금의 조달, 자금의 사용을 나타내는 병원의 재무상태를 알려주는 표
손익계산서 (포괄계산서)	병원이 특정기간(예를 들어 2024년 동안) 얼마나 영업을 잘했는지 나타내는 것
현금흐름표	1년 동안 병원에 현금이 어떻게 유출입되어 얼마나 현금이 증(감)했는지를 나타내는 표

33 기획의 원칙에 대한 설명으로 가장 옳은 것은? 20 서울

① 계층화의 원칙 : 구체성이 높은 계획부터 시작하여 추상성이 높은 계획까지 점진적으로 수립한다.
② 균형성의 원칙 : 목표와 계획은 이해하기 쉬운 용어를 사용하여 간결하고 명료하게 표현한다.
③ 탄력성의 원칙 : 환경의 변화에 따라서 수정할 수 있도록 목표와 계획을 융통성 있게 수립한다.
④ 간결성의 원칙 : 목표와 계획이 조화롭게 균형을 유지하도록 수립한다.

PLUS

일반적인 기획의 원칙

목적부합 (목적성)의 원칙	① 기획은 목표를 성취하기 위한 과정이므로 반드시 수립된 목적이 있어야 한다. ② 간호조직의 공동목적을 달성할 수 있도록 계획안을 작성하여야 한다. ③ 비능률과 낭비를 피하고 효과성을 높이기 위하여 목적이 명확하고 구체적으로 제시되어야 한다.
단순성(간결성) 및 표준화의 원칙	① 기획은 간결하고 명료한 표현이어야 한다. ② 계획안의 문서화 과정에는 미사어구나 수식어 사용이 불필요하다. ③ 기획은 난해하거나 어려운 전문적인 용어 및 술어는 가능한 피해야 하고 기획의 대상을 표준화해야 한다.
탄력성(신축성)의 원칙	① 기획은 변화하는 상황에 대처해서 하부 집행기관이 창의력을 발휘할 수 있도록 탄력적이어야 한다. ② 유동적인 환경과 상황의 변화에 대하여 융통성과 탄력성을 가지고 필요에 따라 수정될 수 있어야 한다.

해설

33
① 계층화의 원칙 : 추상성이 높은 계획부터 시작하여 구체성이 높은 계획까지 점진적으로 수립한다.
② 간결성의 원칙 : 목표와 계획은 이해하기 쉬운 용어를 사용하여 간결하고 명료하게 표현한다.
④ 균형성의 원칙 : 목표와 계획이 조화롭게 균형을 유지하도록 수립한다.

정답 33 ③

안정성의 원칙	① 기획은 빈번한 수정으로 기획 자체가 방향을 잃어서는 안 된다. ② 일반적으로 안정성이 높으면 더욱 효과적이고 경제적이다.
능률성의 원칙 (경제성·효율성의 원칙)	현재 사용 가능한 자원을 최대한 활용하고 새로운 자원은 최소화한다.
장래예측성의 원칙	외부환경의 여러 가지 변화와 불확실성을 예측하고 이에 대처해야 한다.
포괄성의 원칙	① 기획에는 필요한 제반요소들이 빠짐없이 포함되어야 한다. ② 계획안의 수행 단계에서 인원, 물자, 설비, 예산의 부족 등으로 차질이 생기지 않게 사전에 포괄적인 검사가 충분히 이루어져야 한다.
균형성의 원칙	① 어떠한 기획이든 그와 관련된 다른 기획 및 업무 사이에 적절한 균형과 조화를 이루어야 한다. ② 목표달성에 필요한 자원, 제반 중요 요소 간에 상호 균형과 조화가 이루어져야 한다.
필요성의 원칙	① 기획은 정당한 이유에 근거한 필요성이 있어야 한다. ② 기획 수립 자체뿐 아니라 기획 과정에 이르기까지 불필요한 기획이거나 필요하더라도 비용이 너무 많이 소요되는 기획 수립은 불필요하다.
계층화(계속성)의 원칙	① 기획은 상위 수준부터 시작하여 순차적으로 여러 개의 하위 수준의 기획이 파생되도록 한다. ② 기획은 일반적이고 추상성이 높은 것부터 시작하여 구체화 과정을 통해 연차적으로 기획을 파생시킨다.
일반성의 원칙	기획은 어느 특수한 관리계층만의 독특한 기능이 아니고 모든 관리계층의 기능이기 때문에 일반성을 갖는다.

34 〈보기〉에서 설명하는 집단의사결정방법으로 가장 옳은 것은? 20 서울

┤ 보기 ├

- 조직 구성원들이 대면하여 상호 간의 대화나 토론 없이 각자 서면으로 아이디어를 제출하고 토론 후 표결로 의사결정을 하는 기법이다.
- 새로운 사실의 발견과 아이디어를 얻고자 할 때, 정보의 종합이 필요할 때, 최종 결정을 내릴 때 효과적이다.

① 브레인스토밍 ② 명목집단법
③ 델파이법   ④ 기능적 분담법

PLUS

창의적인 집단 의사결정방법	
브레인스토밍 (Brain storming)	• 브레인스토밍은 문제해결을 위해 자주적인 아이디어 제안을 대면적(face-to-face)으로 하는 집단토의 형식. 제안된 어떤 아이디어에 대해서도 평가하거나 비판하지 않는다. • 브레인스토밍은 여러 명이 한가지의 문제를 놓고 아이디어를 무작위로 제시하고 그중에서 최선책을 찾아내는 방법 • 자유롭고 융통성 있는 사고의 창의성을 증진시키는 데 있음
명목집단 기법 (Nominal group technique)	• 구성원들이 서로 대화나 토론 없이 종이에 아이디어를 적어서 제출하고 제출된 내용을 모아 토론 후 다수결로 의사결정을 하는 기법 • 명목집단 기법은 의사결정이 진행되는 동안에 구성원이 모이기는 하나 구두로 의사소통을 금지함

해설

34
명목집단기법은 구성원들이 서로 대화나 토론 없이 종이에 아이디어를 적어서 제출한 후 제출된 내용을 모아 토론 후 표결로 의사결정을 하는 기법이다.
④ 기능적 분담법: 간호전달 체계의 한 방법. 기능 중심의 업무 할당으로 가장 경제적인 간호전달체계

정답 34 ②

	• 의사결정에 참여한 모든 구성원들은 각자 독립적으로(타인의 영향을 받지 않고) 자신의 의사를 제시할 수 있기 때문에 의사결정을 방해하는 타인의 영향력을 줄일 수 있다는 장점이 있음
델파이 기법 (Delphi technique)	• 전문가 집단의 신뢰성 높은 의사 결정을 얻어내기 위한 기법으로 다수 전문가의 독립적인 아이디어를 우편으로 수집하고, 아이디어를 분석·요약한 후 응답자들에게 다시 제공하는 방법의 반복을 통해 의사결정하는 기법 • 델파이 기법은 전문가들의 의견을 모아서 결정안을 만드는 시스템적인 방법 • 복잡하고 시간이 많이 소요되며, 집단 구성원들이 대면하여 만나지 않는다는 것을 제외하고는 명목집단 기법과 유사함
전자회의 (Electronic meetings)	• 고도의 컴퓨터 기술과 명목집단 기법을 혼합시킨 것 • 전자회의의 장점은 익명, 정직, 신속성

35 빌딩이나 일정 기간 사용되는 주요 장비 구입 등에 대한 예산으로 가장 옳은 것은? 20 서울

① 운영예산
② 자본예산
③ 현금예산
④ 인력예산

해설

35
자본(지출)예산은 장기계획과 관련된 투자예산과 주요 설비비품의 구입을 위한 지출 설비예산으로 이루어지며 주요 물품구입이나 프로젝트에 대한 비용으로 일정 기간에 반복적으로 재사용되는 장비의 항목을 말한다.

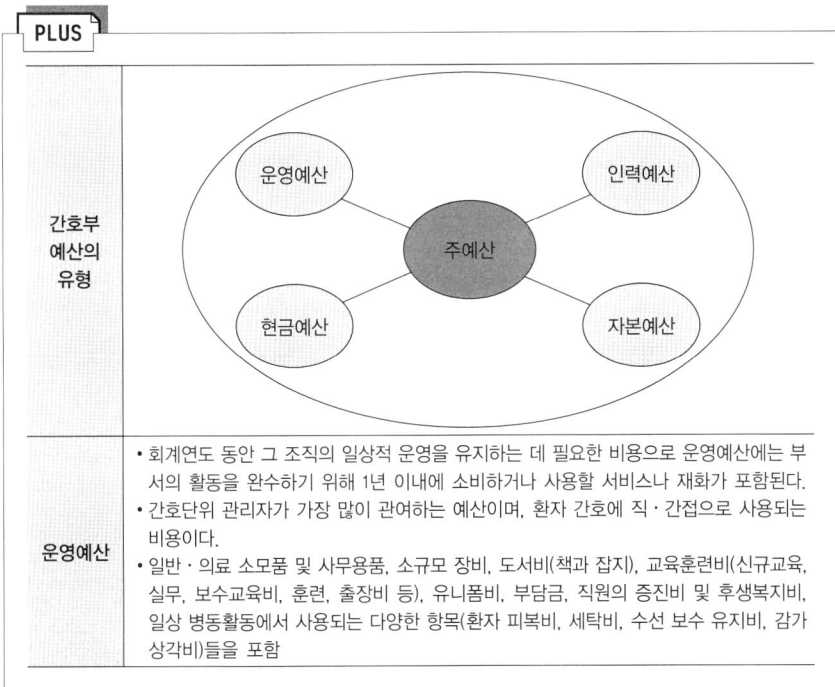

간호부 예산의 유형	(운영예산, 인력예산, 현금예산, 자본예산 → 주예산)
운영예산	• 회계연도 동안 그 조직의 일상적 운영을 유지하는 데 필요한 비용으로 운영예산에는 부서의 활동을 완수하기 위해 1년 이내에 소비하거나 사용할 서비스나 재화가 포함된다. • 간호단위 관리자가 가장 많이 관여하는 예산이며, 환자 간호에 직·간접으로 사용되는 비용이다. • 일반·의료 소모품 및 사무용품, 소규모 장비, 도서비(책과 잡지), 교육훈련비(신규교육, 실무, 보수교육비, 훈련, 출장비 등), 유니폼비, 부담금, 직원의 증진비 및 후생복지비, 일상 병동활동에서 사용되는 다양한 항목(환자 피복비, 세탁비, 수선 보수 유지비, 감가상각비)들을 포함

정답 35 ②

자본예산	• 토지, 건물 또는 시설투자 등 장기계획과 관련된 투자예산 • 주요 설비 비품의 구입을 위한 지출 설비 예산으로 이루어지며 주요 물품구입이나 프로젝트에 대한 비용 • 일정기간에 반복적으로 재사용되는 장비의 항목		
	투자예산	토지, 건물, 신제품 개발 및 사업확장은 물론 투자의 영향이 일년 이상에 걸쳐 나타나는 광고비, 시장조사비 및 연구개발 등에 대한 투자도 포함	
	설비예산	빌딩이나 주요장비(5~7년 이상의 긴수명)구입, 고가의 의료장비(MRI, CT scan) 구입, 병원 시설보수 확장, 의료연구소 설립 및 유지 등이 이에 해당됨	
현금예산	• 자본 예산을 제외한 사실상의 운영예산 • 현금 예산은 날마다 계산하는 예산이며 현금의 입출금 • 구성원의 급여, 세금, 외상매입금에 대한 지불, 공급품과 서비스에 대한 지불 등이 포함		
인력예산	• 간호 및 간호보조인력 등 전 직원의 숫자와 형태, 급여 등으로 구성되며 양적인 업무량 측정에 기초를 둔다. • 조직의 운영에 필요한 구성원이 제공하는 노동력에 대한 비용으로 간호부 예산에서 가장 큰 비중을 차지한다(통상 전체 간호서비스 예산의 90% 정도를 차지). • 실제 노동시간뿐 아니라 실제로 근무하지 않으나 조직에서 지급해야 하는 비생산적인 시간이나 혜택(신규 오리엔테이션 비용, 이직, 병가 및 휴가, 공휴일 등에 관한 여분의 인력)을 포함		

36. 〈보기〉에서 설명하는 마케팅믹스 전략으로 가장 옳은 것은? 20 서울

---보기---

고객접점은 고객이 조직의 일면과 접촉하면서 간호서비스의 품질에 관하여 무엇인가 인상을 얻을 수 있는 순간이다. 조직의 일면은 시설, 사람, 물건, 환경에 관한 모두를 의미하며, 고객접점은 마케팅 믹스 전략에 있어 중요하게 고려할 점이다.

① 제품전략 ② 가격전략
③ 유통전략 ④ 촉진전략

PLUS

고객접점 (MoT, moment of truth)	• 고객이 조직의 일면과 접촉하면서 간호서비스 품질에 관하여 무엇인가 인상을 얻을 수 있는 순간 • 조직의 일면은 시설, 사람, 물건, 환경에 관한 모두를 의미하며, 고객접점(MoT, moment of truth)은 마케팅믹스 전략에 있어 중요하게 고려해야 한다.
촉진전략의 적용전략	• 간호서비스의 가시화(건강교육 프로그램 등)로 인한 대중의 홍보, 공중매체 활용 등 (간호서비스는 비영리적 성격으로 일방적인 광고나 홍보를 사용할 수 없다.) • 간호사의 외형적 모습과 태도 등을 통한 친숙하고 친절한 인상, 간호사 개개인의 전문적인 지식과 기술, 책임감 있는 행동 등을 통해 고객접점(MoT) 시 소비자 만족을 증대시킬 수 있는 간호의 전문적인 이미지를 강화 • 사회봉사적 차원의 간호활동에 대한 홍보를 통해 간호에 대한 이미지를 향상 • 공공 봉사활동을 통한 인적 접촉으로 대상자의 만족을 추구해 나간다. • 다양한 건강관리 프로그램에 대한 안내서, 소책자 발간 • 병원홍보 및 광고 : 병원보, 의료신문, 안내서, 소책자, 게시판, 강연회, 사회활동, 방송출연, 건강교실, 개원광고, 신의료기술 및 설비광고

✅ p.57 26번 PLUS 〈간호서비스 마케팅 믹스 전략(4P's)〉 참조

해설

36
〈보기〉에서 중요한 키워드는 "간호서비스의 품질에 관하여 무엇인가 인상을 얻을 수 있는"이다. 이는 고객접점 시 소비자 만족을 증대시킬 수 있는 이미지를 강화시키는 촉진전략을 말한다.

정답 36 ④

37. 다음 글에서 설명하는 의사결정 방법은? 20 지방

> A 간호관리자는 병원 감염률을 낮추기 위해 병원 감염 담당자들과 대면 회의를 소집하였다. 이때, 참석자들은 어떠한 압력도 없이 자신의 아이디어를 자유롭게 제안하고 그 내용에 대해서는 어떠한 평가나 비판도 받지 않도록 하였다. 그 결과, 병원 감염을 효과적으로 감소시킬 수 있는 창의적인 방법들이 다양하게 개발되었다.

① 델파이법
② 전자회의
③ 명목집단법
④ 브레인스토밍

해설 37
브레인스토밍은 문제해결을 위해 자주적인 아이디어 제안을 대면적(face-to-face)으로 하는 집단토의 형식이다. 제안된 어떤 아이디어에 대해서도 평가하거나 비판하지 않는다.

PLUS
창의적인 집단 의사결정방법

브레인스토밍 (Brain storming)	• 브레인스토밍은 문제해결을 위해 자주적인 아이디어 제안을 대면적(face-to-face)으로 하는 집단토의 형식. 제안된 어떤 아이디어에 대해서도 평가하거나 비판하지 않는다. • 브레인스토밍은 여러 명이 한가지의 문제를 놓고 아이디어를 무작위로 제시하고 그 중에서 최선책을 찾아내는 방법 • 자유롭고 융통성 있는 사고의 창의성을 증진시키는 데 있음
명목집단 기법 (Nominal group technique)	• 구성원들이 서로 대화나 토론 없이 종이에 아이디어를 적어서 제출하고 제출된 내용을 모아 토론 후 다수결로 의사결정을 하는 기법 • 명목집단 기법은 의사결정이 진행되는 동안에 구성원이 모이기는 하나 구두로 의사소통을 금지함 • 의사결정에 참여한 모든 구성원들은 각자 독립적으로(타인의 영향을 받지 않고) 자신의 의사를 제시할 수 있기 때문에 의사결정을 방해하는 타인의 영향력을 줄일 수 있다는 장점이 있음
델파이 기법 (Delphi technique)	• 전문가 집단의 신뢰성 높은 의사 결정을 얻어내기 위한 기법으로 다수 전문가의 독립적인 아이디어를 우편으로 수집하고, 아이디어를 분석·요약한 후 응답자들에게 다시 제공하는 방법의 반복을 통해 의사결정하는 기법 • 델파이 기법은 전문가들의 의견을 모아서 결정안을 만드는 시스템적인 방법 • 복잡하고 시간이 많이 소요되며, 집단 구성원들이 대면하여 만나지 않는다는 것을 제외하고는 명목집단 기법과 유사함
전자회의 (Electronic meetings)	• 고도의 컴퓨터 기술과 명목집단 기법을 혼합시킨 것 • 전자회의의 장점은 익명, 정직, 신속성

38. 다음 글에서 설명하는 예산 과정은? 20 지방

> • 회계연도 중, 부서의 수입과 지출의 실적을 확정적 계수로서 표시하는 행위이다.
> • 부서의 사후적 재정보고로, 재무활동을 평가할 수 있다.

① 예산 편성
② 예산 심의
③ 결산 및 보고
④ 회계 감사

38
결산 및 보고는 실제로 집행된 예산의 수입과 지출의 실적을 표시하는 과정이며 예산의 사후적 평가이다.

정답 37 ④ 38 ③

PLUS

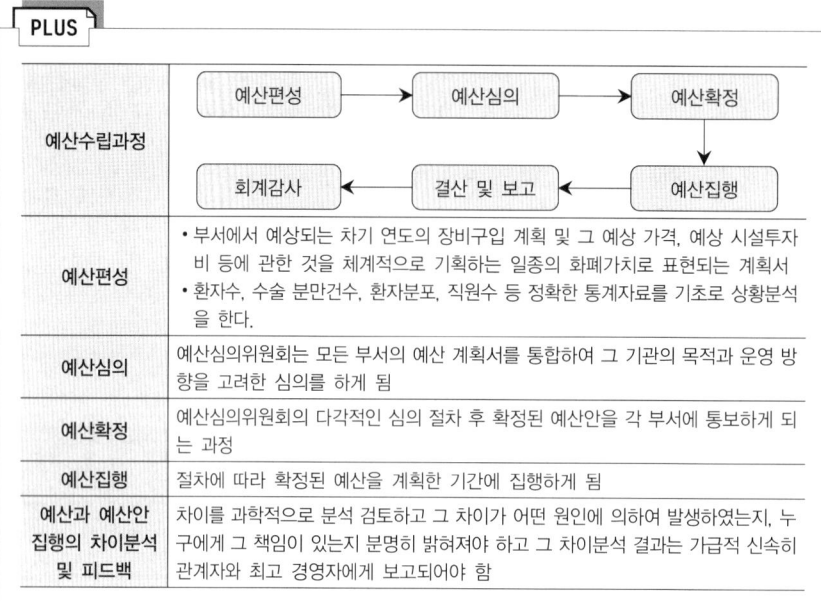

예산수립과정	
예산편성	• 부서에서 예상되는 차기 연도의 장비구입 계획 및 그 예상 가격, 예상 시설투자비 등에 관한 것을 체계적으로 기획하는 일종의 화폐가치로 표현되는 계획서 • 환자수, 수술 분만건수, 환자분포, 직원수 등 정확한 통계자료를 기초로 상황분석을 한다.
예산심의	예산심의위원회는 모든 부서의 예산 계획서를 통합하여 그 기관의 목적과 운영 방향을 고려한 심의를 하게 됨
예산확정	예산심의위원회의 다각적인 심의 절차 후 확정된 예산안을 각 부서에 통보하게 되는 과정
예산집행	절차에 따라 확정된 예산을 계획한 기간에 집행하게 됨
예산과 예산안 집행의 차이분석 및 피드백	차이를 과학적으로 분석 검토하고 그 차이가 어떤 원인에 의하여 발생하였는지, 누구에게 그 책임이 있는지 분명히 밝혀져야 하고 그 차이분석 결과는 가급적 신속히 관계자와 최고 경영자에게 보고되어야 함

39 의료서비스 마케팅에 대한 설명으로 옳은 것은? 20 지방

① 가변성은 동시성이라 불리며, 생산과 소비가 동시에 이루어지는 것을 뜻한다.
② 소멸성은 의료서비스의 저장이 불가능하여, 의료서비스를 보관할 수 없음을 뜻한다.
③ 내부마케팅은 환자를 소비자로 생각하여 환자만족을 위해 필요한 환경을 제공하는 것을 가리킨다.
④ 비분리성은 이질성으로 불리며, 서비스의 질이나 수준, 내용, 과정이 항상 같을 수 없음을 뜻한다.

PLUS

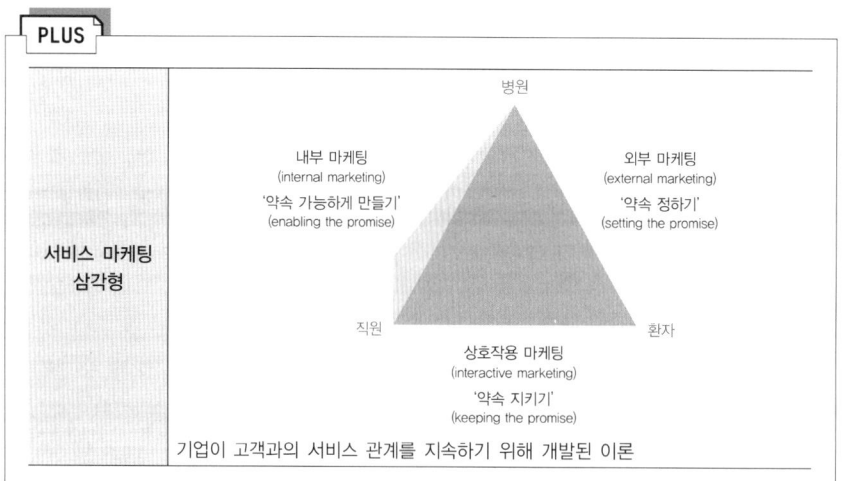

서비스 마케팅 삼각형	

기업이 고객과의 서비스 관계를 지속하기 위해 개발된 이론

해설

39
① 동시성이라 불리며, 생산과 소비가 동시에 이루어지는 것 - 비분리성
③ 내부마케팅은 만족스러운 서비스를 제공하기 위해서 조직이 조직원을 훈련시키고 동기부여시켜서 고객과 약속한 서비스를 제공할 수 있도록 하는 것
④ 이질성으로 불리며 서비스의 질이나 수준, 내용, 과정이 항상 같을 수 없다. - 가변성
✅ p.46 11번 PLUS, p.38 01번 PLUS 〈서비스 특성별 문제점과 해결전략〉 참조

정답 39 ②

외부마케팅 (external marketing) '약속 정하기'	• 의료서비스 기관과 고객(환자 및 내원객) 관계에서의 마케팅 활동 • 외부마케팅에서 가장 중요한 것은 외부소비자와의 지속적이고 강력한 커뮤니케이션(약속) 구축이다. • 조직이 외부고객(서비스를 구매하는 일반적 고객)을 위해 서비스를 준비하고, 가격을 정하고, 구분하고, 촉진하는 모든 일상적인 업무를 통해 고객과 의사소통하는 것 • 의료기관이 제공하는 대부분의 마케팅 활동이 외부마케팅이며, 소비자의 기대를 설정하고 소비자에게 제공하는 핵심 의료서비스를 포함하여 의료서비스 수가, 서비스 제공 방법, 촉진 활동, 의료서비스 체계와 관련된 것들
내부 마케팅 - 약속 가능하게 하기	• 의료서비스 기관과 종업원 관계(내부고객인 종업원을 만족)에서 필요한 마케팅 활동 • 만족스러운 서비스를 제공하기 위해서 조직이 조직원을 훈련시키고 동기부여 시켜서 고객과 약속한 서비스를 제공할 수 있도록 하는 것 • 만족스러운 서비스를 제공하기 위해 조직원을 훈련하고 동기부여하는 것. - 금전적 보상뿐아니라 종업원 간 친화적인 분위기나 문화조성, 성과에 대한 칭찬이나 표창, 승진, 쾌적한 사무공간 및 제안제도실시 등 비금전적 정책
상호작용마케팅 (interactive marketing) '약속지키기'	• 고객의 관점에서 가장 중요한 것은 '약속지키기' • 서비스 제공자는 '우수한 기술'뿐만 아니라 '우수한 인간적 접촉'도 함께 제공한다는 것으로 판매자와 구매자 간의 상호작용을 통해 향상된다는 가정에 입각한 마케팅이다. • 의료기관의 종업원은 의료기관에서 제공하는 서비스를 고객에게 전달하는 접점(MoT, moment of truth)이다. 장시간에 걸친 이익을 확보하기 위해 접점으로서의 종업원은 고객에게 고품질의 서비스 전달을 위해 강한 유대관계를 형성하고 소비자와의 대화를 창조하고 더 좋은 서비스를 제공한다.(관계 마케팅)

40 기획의 원칙 중 〈보기〉에 해당하는 원칙은? 19 서울

보기

A지역 시립병원은 병원 경쟁력을 높이기 위한 전략으로 간호간병통합서비스 병동을 신설하기로 결정하였다. 병동을 신설하기 전에 관리자는 필요한 모든 요소들을 검토하고 인적, 물적 자원과 설비, 예산 부족 등으로 차질이 생기지 않도록 모든 요소를 고려하여 충분한 사전검사를 하여야 한다.

① 경제성의 원칙
② 균형성의 원칙
③ 포괄성의 원칙
④ 장래 예측의 원칙

41 최고관리자가 기획을 수립할 때 사용하는 의사결정 유형으로 가장 옳은 것은? 19 서울

① 정형적 의사결정, 위험상황의 의사결정, 운영적 의사결정
② 비정형적 의사결정, 위험상황의 의사결정, 전술적 의사결정
③ 정형적 의사결정, 불확실한 상황의 의사결정, 전술적 의사결정
④ 비정형적 의사결정, 불확실한 상황의 의사결정, 전략적 의사결정

해설

40
문제의 사례에서 초점은 "모든 요소를 고려하여 충분한 사전검사를 하여야 한다."이다. 따라서 해당하는 원칙은 계획안의 수행 단계에서 인원, 물자, 설비, 예산의 부족 등으로 차질이 생기지 않게 포괄적으로 사전에 충분히 검사가 이루어져야 한다는 "포괄성의 원칙"이다.
✅ p.61 33번 PLUS 〈일반적인 기획의 원칙〉 참조

41
최고관리자는 전략적 의사결정, 위험하고 불확실한 상황에서의 의사결정, 비정형적인 의사결정을 특징으로 한다.
✅ p.49 17번 PLUS 〈문제의 적용수준과 범위에 따른 의사결정 유형〉 참조

정답 40 ③ 41 ④

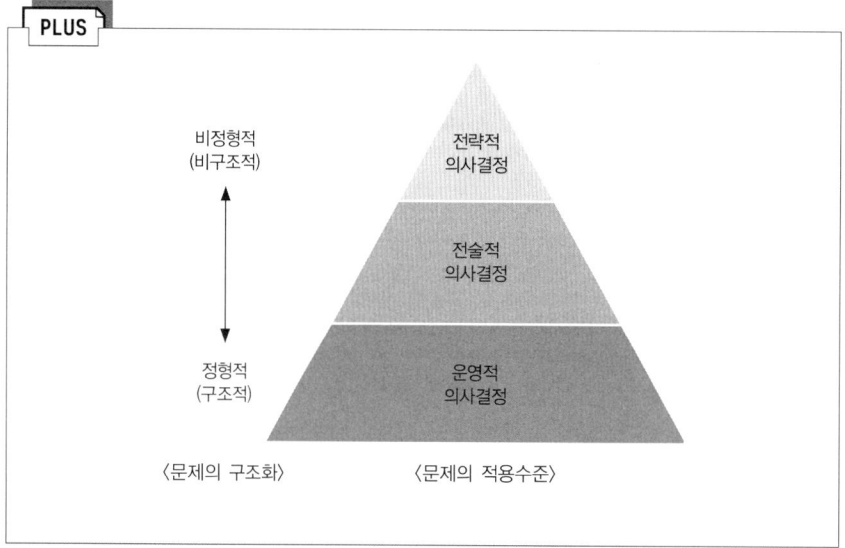

42 간호부 예산수립과 편성이 간호관리자에게 미치는 영향으로 가장 옳은 것은? 19 서울

① 간호관리자의 사고를 현재 중심적으로 변화시킨다.
② 통제를 위한 준거 수단으로 활용된다.
③ 사업의 당위성보다 안전성을 우선하여 사업을 계획하게 한다.
④ 간호관리자들이 병원 및 간호부의 목표 달성을 위해 노력할 수 있도록 안내 역할을 하는 지침을 제시해 준다.

43 우리나라의 의료비 지불제도 방식 중 현재 시범사업으로 시행 중인 신포괄수가제도에 대한 설명으로 가장 옳은 것은? 19 서울

① 신포괄수가제도의 핵심은 비용절감과 서비스 제공의 최소화이다.
② 기존의 포괄수가제에 행위별수가제적인 성격을 반영한 혼합모형지불제도이다.
③ 4대 중증질환(암·뇌·심장·희귀난치성질환)을 제외한 559개 질병군 입원환자에게 적용한다.
④ 의료자원의 효율적 사용을 더욱 증대시키기 위해 완전히 새로운 개념으로 고안된 의료비지불제도이다.

해설

42
간호관리자에게 예산수립과 편성의 가장 현실적인(궁극적인) 영향은 실제 일을 진행함에 있어 통제를 위한 근거 수단으로 활용할 수 있기 때문이다.
① 간호관리자의 사고를 미래지향적으로 변화시킨다.
③ 예산은 사업의 당위성을 제공해준다.
④ 병원 및 간호부의 목표 달성을 위해 노력할 때 구체적인 통제의 수단으로 활용할 수 있다.

43
신포괄수가제는 현재의 행위별수가제와 포괄수가제의 단점을 보완할 수 있는 개념으로, 진료에 필요한 대부분의 서비스는 포괄수가제로 묶고, 진료비 차이를 가져오는 고가 서비스와 의사시술행위 등은 행위별수가제로 별도 보상하는 제도이다.
① 신포괄수가제도의 핵심은 비용절감과 의료보험의 보장성 확대이다.
③ 4대 중증질환(암·뇌·심장·희귀난치성질환)을 포함한 2022년 기준 603개(2020년은 567개, 2019년은 559개) 질병군 입원 환자에게 적용한다.
④ 의료자원의 효율적 사용을 더욱 증대시키기 위해 기존 제도를 보완한 의료비 지불제도이다.

정답 42 ② 43 ②

PLUS	
신포괄수가제	• 포괄수가제도 개선을 위한 논의를 통하여 정부는 진료내역의 편차가 큰 질병들에 있어 의사서비스의 차별성을 어느 정도 수용할 수 있는 제도적 장치로 새로운 포괄모형(신포괄수가제)을 개발하였다. • 현재의 행위별수가제와 포괄수과제의 단점을 보완할 수 있는 개념으로 진료에 필요한 대부분의 서비스는 포괄수과제는 묶고, 진료비차이를 가져오는 고가서비스와 의사시술행위 등은 행위별수가제로 별도 보상하는 제도 • 신포괄수가제는 새로운 '의료비 정찰제'로, 진료비 산정 시 포괄수가와 행위별수가를 병행하며 의사의 직접진료, 선택진료비, 상급 병실료, 식대 등은 별도로 계산되는 방식이다. • 2009년 국민건강보험공단 일산병원에서 20개 질병군에 대한 시범사업으로 시작으로 2014년 현재 4대 중증 질환(암, 뇌, 심장, 희귀난치성 질환)과 같이 복잡한 질환까지 포함시켜 더 많은 입원환자가 혜택을 받을 수 있도록 국민건강보험공단 일산병원 및 서울의료원 등 지역거점 공공병원 40개 기관에서 시범사업으로 실시하였고, 22년 현재 98개 의료기관이 참여하여 603개 질병군 입원환자를 대상으로 실시 • 일부 비급여 서비스를 포괄항목으로 포함(일정금액 10만원 미만 비급여 항목)

44 관리자가 〈보기〉와 같이 마케팅 STP(Segmentation, Targeting, Positioning) 전략을 수립하던 중 한 가지 요소를 누락하였다. 〈보기〉에서 누락된 전략에 대한 설명으로 가장 옳은 것은? 19 서울

― 보기 ―

소비자의 욕구를 파악하기 위하여 연령, 성별과 같은 인구학적 특성과 지식, 태도, 사용 정도와 같은 행태적 특성을 고려하여 소비자 집단을 3개의 시장으로 구분하였다. 이 중 고령 여성 노인으로 지식 수준이 높고 사용 정도가 높을 것으로 기대되는 집단을 표적 시장으로 선정하였다.

① 사회계층, 라이프 스타일, 개성과 같은 소비자의 심리 분석적 특성을 조사한다.
② 소비자에게 경쟁사와 차별화되는 이미지를 인식시키기 위한 방안을 수립한다.
③ 개별 고객을 별도의 시장으로 인식하여 표적 시장을 정밀화한다.
④ 전체 시장을 대상으로 소비자의 동질적 선호패턴을 분석한다.

44
①, ④ 시장 세분화
② 포지셔닝
③ 표적 시장 선정
보기에서 빠진 내용은 "포지셔닝(어느 한 제품이 주어진 시장에서 소비자의 인식에 차지하는 위치, 장소를 의미)"이다.

정답 44 ②

PLUS

STP 전략 - 시장세분화, 표적시장 선정, 포지셔닝

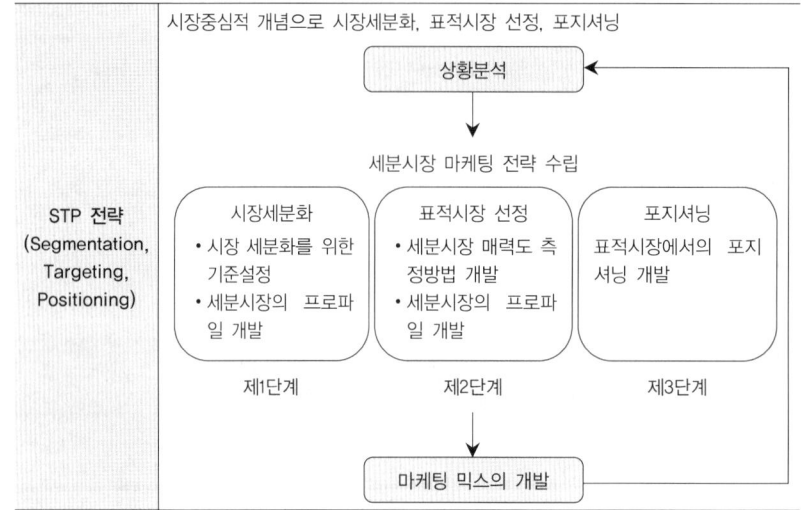

시장세분화

개념	소비자의 욕구를 분석하여 비슷한 성향을 지닌 사람들의 집단을 다른 성향의 사람들의 집단과 분리하고 하나의 집단으로 묶어가는 과정

	시장세분화의 목적 및 필요성	효과적인 시장세분화 요건
내용	① 조직의 경쟁좌표를 설정 ② 정확한 표적시장을 설정 ③ 마케팅자원의 효과적 배분 ④ 시장상황을 파악하여 변화에 대응 ⑤ 세분시장별 소비자 욕구 충족을 통한 매출액 증대 ⑥ 미충족 소비자 욕구 분석을 통한 시장기회(market opportunities) 파악	① 측정가능성(measurability): 각 세분시장의 규모나 구매력은 마케팅 관리자가 측정 가능해야 한다. ② 접근가능성(accessibility): 선정된 시장에 조직의 마케팅 활동이 효과적으로 집중될 수 있어야 한다. ③ 실질적 규모(substantiality): 선정된 시장의 규모가 크고 수익성이 커서 별도의 시장으로 개척할 가치가 있어야 한다. ④ 실행가능성(actionability): 선정된 시장에 대한 마케팅믹스 전략이 효과적으로 실행될 수 있어야 한다.

표적시장

비차별화 마케팅	잠재고객들이 '동질적 선호패턴'을 나타낸다고 가정하고 전체 시장에 대한 한 가지 마케팅 믹스 전략을 사용하는 것으로, 대량생산, 대량유통, 대량광고 등에 이용되어 대량마케팅(massive marketing)이라고도 한다.	
	장점	• 비용을 절감할 수 있다. • 가장 큰 세분시장을 표적으로 하여 상품이나 서비스가 개발된다.
	단점	불만족하는 시장규모가 발생한다.
차별화 마케팅	잠재고객들이 '군집화된 선호패턴'을 나타낸다고 간주하여 전체 시장을 몇 개의 세분시장으로 나누고 그 세분시장을 표적시장으로 선정하여 그 표적시장에 적합한 제품이나 서비스를 제공하는 것이다.	
	장점	시장점유율과 매출액이 증대된다.
	단점	차별화에 따른 경비가 증가한다

집중화 마케팅		한 개 또는 소수의 세분시장만을 표적시장으로 삼고 표적시장에서의 시장점유율을 확대하려는 전략으로, 조직의 자원이 제한적일 때 사용할 수 있다.
	장점	• 해당 시장에서 강력한 위치를 차지한다. • 차별적 마케팅보다는 비용 효과적이다.
	단점	시장이 불확실하기 때문에 수요변동에 따른 위험이 있어 표적시장이 붕괴될 수 있다.
일대일 마케팅		잠재고객들이 '확산된 선호패턴'을 나타낸다고 생각하고 고객은 누구나 개별적으로 독특하여 하나의 시장을 구성한다는 전제 아래, 개별 고객을 별도의 세분시장으로 간주하여 표적시장을 정밀하게 조정한 것이다.
	장점	고객만족도가 극대화된다.
	단점	비용이 증가한다.

45 〈보기〉와 같은 병원의 마케팅 전략은 의료서비스의 어떤 특성에 따른 문제점을 보완하기 위한 것인가? 19 서울

― 보기 ―
- 건강보험심사평가원에서 실시한 '급성기뇌졸중 환자의 입원치료' 평가결과가 1등급임을 병원 내·외에 고지하였다.
- 갑상선절제술 환자에게 자가관리를 위해 수술 후 목 운동 및 상처 관리에 대한 영상을 제작하여, 인터넷으로 보급하였다.
- 퇴원환자에게 3일 후 전화를 걸어 건강상태와 추후 관리를 모니터링하였다.

① 무형성(intangibility)
② 가변성(variability)
③ 소멸성(perishability)
④ 비분리성(inseparability)

46 기획의 원칙에 대한 설명으로 옳은 것은? 19 지방

① 기획자의 전문성이 부각될 수 있는 전문용어를 사용한다.
② 기획자의 주관이 개입되지 않도록 객관적 정보를 통해 미래를 예측한다.
③ 조직의 목적 달성을 위해 처음 의도한 기획안은 변경하지 않아야 한다.
④ 추상성이 낮은 수준에서 높은 수준으로 순차적으로 기획한다.

47 다음 글에서 설명하는 것은? 19 지방

> 전년도의 경비에 근거하여 차기 연도의 물가상승률이나 소비자물가지수 등을 추가 혹은 곱하는 방법으로 차기 연도의 예산을 세우는 방법

① 유동 예산제
② 점진적 예산제
③ 기획 예산제
④ 영기준 예산제

해설

47
예산수립방법 중에서 전년도의 경비에 근거하여 차기 연도의 물가상승률이나 소비자물가지수 등을 추가 혹은 곱하는 방법으로 차기 연도의 예산을 세우는 화폐 중심적 방법은 "점진적 예산제도"이다.
✅ p.44 10번 PLUS 〈영기준예산제도〉, 〈점진적 예산제도〉 참조

48 목표관리(MBO)에 대한 설명으로 옳지 않은 것은? 19 지방

① 구체적인 목표와 측정 방법을 계획함으로써 조직성과를 향상시킨다.
② 단기목표에 치중하여 조직의 장기목표에 지장을 초래할 수 있다.
③ 객관적인 직무수행평가와 통제 활동을 용이하게 돕는다.
④ 성과의 질적 측면을 강조함으로써 계량적 목표 측정을 소홀히 한다.

48
목표관리는 목표와 성과의 계량적인 측정을 강조한다. 따라서 가치, 질이 우선시되는 구성원의 발전과 인간관계의 개선과 같은 계량화할 수 없는 업무보다는 양을 중요시하는 경향이 있다.

PLUS

목표관리 (MBO)	조직의 상위관리자와 하위관리자들이 공동으로 목표를 설정하고, 기대되는 결과의 측면에서 개인의 능력 발휘와 책임소재를 명확히 하며, 미래의 전망과 노력에 지침을 제공하고 관리 원칙에 따라 관리하며 자기를 통제하는 과정
특성	• 목표관리의 목표설정은 하향식(top-down)과 상향식(bottom-up) 방법에 의해 상호적으로 이루어진다. • 목표관리는 자주적으로 목표를 설정하고 평가하며, 피드백하는 과정적인 자기관리 시스템 • 목표관리는 조직의 상위관리자와 하위관리자가 공동으로 목표를 설정하고 개인의 능력 발휘 및 책임소재를 명확히 하며, 자기를 통제하는 과정 • 조직의 단기적 목표를 명확하고 체계 있게 계량화 통계화가 가능하도록 설정 • 업무수행 결과를 평가 환류시켜 조직의 효율성을 제고하는 관리기법

장점	단점

• 업무의 효율성과 생산성의 향상: 명확한 목표와 수단·방법을 미리 계획하여 업무를 수행하기 때문에 업무 진행이 매우 효율적이고 업무의 양과 질도 개선됨
• 업무능력의 개발과 촉진: 목표달성을 위해 노력하는 과정에서 구성원의 능력이 향상되며 직업적 발전과 자기 계발을 촉진함
• 기획과 통제의 수단: 목표관리는 통제기준으로서 명확한 목표를 제시해줄 뿐 아니라 자기 통제를 통해 스스로 업무를 평가하고 이를 통제함으로써 객관적인 업적평가 및 효과적인 통제를 가능하게 함
• 공정한 업적 평가와 반영: 조직원 개개인의 업적을 정확하게 평가하여 그 결과를 임금, 상여금, 승진에 올바르게 반영함 → 업적평가 용이 → 처우개선
	• 목표 설정의 곤란: 조직의 목표를 명확하게 제시하는 것은 매우 어려운 일이며, 또한 최종 목표에 동의하는 경우에도 중간 목표 사이에는 이해가 상충되고 갈등이 발생하는 것이 보통임
	• 가치·질·장기적인 목표 등한시
	  – 목표관리는 목표와 성과의 계량적인 측정을 강조함으로써 가치, 질이 우선시 되는 구성원의 발전과 인간관계의 개선과 같은 계량화할 수 없는 업무보다는 양을 중요시하는 경향이 있음
	  – 조직의 미래보다는 단기 목표를 강조하는 경향이 있음
	• 비 신축성(비탄력적) 경향: 환경의 변화로 과거에 설정한 목표가 더 이상 의미가 없게 된 경우에도 관리자 또는 구성원들이 일정기간 동안 이를 변경하지 않으려는 경향이 있음

정답 47 ② 48 ④

• 조직 구성원의 활성화 : 조직 구성원 스스로가 업무계획과 효과적인 수단·방법을 결정하여 상사의 지원과 격려를 받으면서 의욕적으로 일하기 때문에 근무의욕이 향상되고 조직 구성원이 활성화됨 → 목표관리과정을 통하여 구성원들의 목표에 대한 몰입과 참여 의욕 증진 • 조직 구성원의 참여와 민주성 제고 : 구성원의 광범위한 참여와 Y이론적 인간관, 자아실현관 등을 전제로 하는 목표관리는 조직의 민주성을 제고함 • 관료제에 나타나는 경직성, 집권적 구조, 권위적 행태 등 전통적 특성 타파에 기여함 • 목표 평가 시 구성원의 훈련 수요 파악이 용이 • 부서별·개인별 목표가 기업의 목표와 일치 • 성과평가를 객관적으로 할 수 있고, 성과에 대한 책임소재를 명확하게 해줌 • 조직 구성원의 동기부여 • 관리자의 능력 향상 : 상담, 협상, 의사결정, 문제 해결 등을 포함한 관리자의 능력 향상	• 불확실한 상황에서 적용 곤란 : 불확실하고 유동적인 환경에서는 적용이 어려움 • 관료제 조직에 적용상 한계 : 인간중심주의적 또는 산출중심주의적 관리방식에 경험이 없는 조직에 목표관리를 도입하려고 하면 강한 저항에 부딪히게 되며 군대조직과 같이 계층성과 권력성이 강한 관료제 조직에는 적용상 한계가 있음 • 부서 간에 지나친 경쟁을 유발하여 조직 전체의 성과에 악영향을 미칠 수 있음 • 예측된 문제 해결로 인하여 상층 관리자의 지속적인 능력개발을 저해할 수 있음

신희원 간호관리
기출문제집

Part 03

조직

PART 03 조직

01 조직화를 위한 통솔범위의 원리에 대한 설명으로 옳은 것은? 24 지방

① 권한과 책임 수준에 따라 구성원 간 위계를 설정한다.
② 상급자와 하급자 간 명령과 보고체계를 일원화한다.
③ 관리자가 지휘하고 감독할 수 있는 구성원의 수를 제한한다.
④ 규정과 절차를 마련하여 부서 간 활동을 통합한다.

해설

01
① 계층제 원리(권한과 책임의 원리)
② 명령통일의 원리
③ 조정의 원리

PLUS

조직화의 기본원리

계층제의 원리	조직구성원들의 권한·책임, 의무 정도에 따라 상하계급이나 계층별로 배열하여 집단화한 후 각 계층 간에 권한과 책임을 배분하고 명령계통과 지휘, 감독의 체계를 확립하는 것	
통솔범위의 원리	한 사람의 통솔자가 직접 감독할 수 있는 부하직원이나 조직단위의 수 일정한 범위를 벗어나서는 안 된다는 원리	
	적정 통솔범위의 영향 요인	통솔자의 능력, 피통솔자의 자질, 전문직, 조직규범의 표준화, 지역적 분산 정도 등
명령통일의 원리	각 조직구성원은 한 사람의 상사로부터 직접 지시를 받고 보고할 책임이 있음 조직의 각 구성원이 한 사람의 직속상관으로부터만 명령과 지시를 받고 보고하는 책임을 지는 것	
분업 및 전문화의 원리	업무를 그 종류와 성질에 따라 나누어 조직구성원들에게 한 가지 주된 업무를 분담시킴으로써 조직관리상의 능률을 향상시키려는 원리	
조정의 원리	'목표통일의 원리', 조직의 공동목표를 수행하기 위하여 서로 분리되고 독립된 부서들이 집단의 노력을 통합(행동통일)하여 조직의 안정성(존속)과 효율성을 도모	

02 분권화보다 집권화가 바람직한 상황은? 24 지방

① 시장이 넓게 분포되어 있을수록
② 비일상적인 직무가 많을수록
③ 하급자의 능력이 뛰어날수록
④ 부서 간 통합과 조정이 중요할수록

02
부서 간 통합과 조정이 중요한 경우, 중앙에서 일관된 정책과 방향을 설정하는 집권화가 조직 전체의 일관성 유지를 돕는다.
① 시장이 넓게 분포되어 있을수록 지역별로 특화된 결정을 내릴 수 있는 분권화가 유리
② 비일상적인 직무가 많을수록 하급자가 신속히 대응할 수 있는 분권화가 효과적
③ 하급자의 능력이 뛰어날수록 그들에게 더 많은 권한을 부여할 수 있는 분권화가 적합

PLUS

집권화	조직 내 자원배분에 관련된 의사결정의 집중도 및 직무수행에 관계된 의사결정의 집중도를 포함하는 권한의 분배정도 • 집권화는 공식조직과 관련된 개념 • 조직의 상층부에서 결정되는 문제가 많을수록 집권화 정도가 높다.
분권화	권한이나 권한이 조직의 많은 장소에 분산되어 있음 조직의 규모가 커지고 조직환경이 급변하고 동태적일수록 분권화

정답 01 ③ 02 ④

구분	집권화	분권화
장점	• 조직의 통일성을 촉진한다. • 조직의 비용절감 • 조직위기에 신속대처 • 업무 및 의사소통의 중복과 혼란을 피함	• 대규모 조직에서 효용성이 큼 • 최고 관리층의 의사결정부담을 줄여줌 • 조직의 반응시간을 줄여 신속한 업무처리와 신속한 의사결정 • 조직 내 구성원의 참여의식을 높이고 자발적 협조를 유도 • 비공식적이며 민주적인 관리체제를 발전시키고 조직 내 의사전달을 개선 • 실정에 맞도록 창의력과 자율성을 가지고 업무 • 해당 업무에 대한 전문화가 촉진
단점	• 조직의 관료주의화, 권위주의적 성격 • 행정의 실효성에서 이탈하기 쉽다. • 창의성, 자주성, 혁신적 결여 • 조직의 탄력성 저하 • 조직의 전문화가 어렵다.	• 중앙의 지휘, 감독이 약화 • 분권된 개인이 정하기 때문에 업무의 중복을 초래 • 업무 진행 시 협동심이 감소하고 • 조직의 조정의 어려움으로 통제가 불가능할 수 있다. • 조직업무가 통합되지 않아 비용이 많이 든다.

03 직무설계 방법 중 직무확대의 장점에 해당하는 것은? 23 지방직

① 직무의 능률성이 높아진다.
② 직무에 대한 자율성이 높아진다.
③ 작업 결과에 대한 책임부담감이 감소한다.
④ 반복적인 업무에서 발생하는 단조로움이 감소한다.

PLUS

직무설계방법

직무 단순화	• 직무를 가능한 한 세분화시켜 짧은 훈련기간, 짧은 업무과정, 직원의 신속한 충원 가능성을 통해 조직의 목표를 달성하도록 하는 것 • 한 사람이 담당할 과업의 수를 줄여 직무를 단순화시키는 것으로 직무전문화, 직무세분화, 분업화, 표준화.	
	장점	단점
	• 직무의 복잡성 제거로 동일업무를 효율적으로 수행 → 비용감소 • 기술수준이 낮은 직원도 직무수행가능 • 직원 간 호환성이 높다.	• 동일업무의 반복으로 직무의 단조로움으로 지루함 • 업무가 단순한 만큼 다른 일을 더 담당함으로 직무만족도에 큰 의미 없음 • 잠재능력 개발기회가 제한되어 생산성이 감소될 수 있다.
직무 순환	• 조직 구성원을 한 직무에서 다른 직무로, 체계적으로 순환시킴으로써 한 사람의 구성원이 다양한 과업을 수행할 수 있도록 하는 것이다. • 수평적 직무 확대기법으로 조직 구성원에게 직무의 단조로움을 줄이고 새로운 지식과 기술을 습득할 수 있는 기회를 부여하는 방법이다.	

03
④ 다양한 과업을 수행하기 때문에 단조로움이 감소한다.
① 과업의 수를 줄이고 직무를 단순화하여 직무의 능률성이 높아진다. - 직무의 단순화
② 직무에 대한 자율성이 높아진다. - 직무 충실화의 장점
③ 직무의 범위가 넓어지므로 작업 결과에 대한 책임부담감이 감소한다고 보기는 어렵다.

정답 03 ④

	장점	단점
	• 다양한 경험과 자극으로 업무능률 향상 • 새로운 지식 기술을 익힌다. • 직무의 단조로움 지루함이 줄어든다. • 직무를 조직전체 관점에서 생각	• 새로운 직무에 익숙해지면 곧 흥미를 잃음 • 업무의 불연속으로 무력감 좌절감을 느낄 수 있고 직무의 계속성을 보장할 수 없다. • 새로운 업무가 익숙해질 때까지 작업진행이 어려울 수 있다.

직무 확대 (수평적)	• 분업이나 전문화에 따라 발생될 문제점을 개선하기 위해 여러 가지의 과업을 묶어서 하나의 새롭고 넓은 직무로 결합하는 것을 말한다. • 수평적 직무 확대 또는 직무 충실화의 수평적 측면이라고도 하며 흥미롭게 직무를 수행할 수 있도록 여러 가지 과업을 여러 사람이 나누어 하다가 한 사람에게 모두 맡기는 방법이다. • 개인의 과업량 증가로 직원 감축의 수단이라는 비판	
	장점	단점
	• 직무의 다양화로 구성원의 도전정신을 높일 수 있다. • 지나친 직무단순화로 인한 구성원들의 싫증해소에 효과적이다. • 결근율, 이직률이 감소	• 자존심, 자아실현욕구가 높고 성취가 강한 사람에게 적합하나 그렇지 않을 경우 직무량이 늘어났다는 불만 • 직무의 범위가 늘어나므로 별도의 교육 및 오리엔테이션과 적응기간이 필요

직무 충실화 (수직적)	• 수직적 직무의 확대로 직무의 질(quality)을 높이고자 직무내용과 환경의 재설계 • 허츠버그(Herzberg)의 2요인론(동기 - 위생 이론)에 기초하여 구성원의 동기를 유발하여 직원들이 수행하는 과업의 수와 빈도를 변화시키는 것 • 직무 충실화가 이루어지면 구성원은 직무수행에 필요한 자원과 직무 장소를 스스로 통제하고 직무수행 방법도 스스로 결정하여 직무에 대한 성취감, 인정감, 만족감을 느끼게 된다.	
	장점	단점
	• 구성원 스스로 직무수행을 한 결과 느끼는 성취감과 안정감을 통해 개인적 성장 경험 • 경제적 보상보다 심리적 만족을 얻도록 동기를 유발하거나 새로운 지식획득기회를 제공하고 근무시간 조정 및 결과에 따른 피드백을 제공하여 개인이 자아실현의 기회를 제공	• 직무담당 시 높은 수준의 지식과 기술이 요구되므로 능력이 안되는 경우 불안과 갈등 및 착취를 당한다는 느낌을 갖는다. • 관련직무를 전면적으로 검토해야 하므로 비용보다 이점이 많을 때 실시하도록 한다.

04 조직화의 기본 원리 중 〈보기〉에 해당하는 것으로 가장 옳은 것은? 23 서울

> • 위원회 및 스태프조직을 활용한다.
> • 조직의 목표를 설정하고 목표를 달성하기 위한 계획을 수립한다.
> • 조직의 모든 구성원이 따를 수 있는 규정과 절차를 마련한다.
> • 수평 부서 간의 업무활동을 구조적, 기능적으로 통합해 나간다.

① 조정의 원리
② 계층제의 원리
③ 명령통일의 원리
④ 통솔범위의 원리

정답 04 ①

PLUS	
조정의 원리	'목표통일의 원리', 조직의 공동목표를 수행하기 위하여 서로 분리되고 독립된 부서들이 집단의 노력을 통합(행동통일)하여 조직의 안정성과 효율성을 도모
조정의 방법	• 명령계통의 단일화 : 조직의 정보체계를 확립 • 조직목표 설정 및 달성계획수립 • 규정과 절차 마련 : 평소 일상적인 업무의 조정과 통합 실시 • 계층제에 의한 권한과 책임의 명확화 • 조직 수평부서 간 구조적, 기능적 통합 실시 예 위원회, 프로젝트 조직, 행렬조직 등

05 〈보기〉에 제시된 조직구조의 유형에 대한 설명으로 가장 옳은 것은? 23 서울

― 보기 ―
A병원에 입사한 간호사는 병원 내 동아리 활동에 대한 소개와 함께 소속부서에 상관없이 1개 이상의 동아리에 가입해야 함을 안내받았다.

① 조직의 생리를 파악할 수 있다.
② 기관의 목표달성을 위한 공식조직이다.
③ 조직도를 통해 계층, 의사소통 통로를 확인할 수 있다.
④ 구성원에게 구체적인 직무가 할당되는 영구적인 조직이다.

05
동아리조직은 비 공식적 조직으로 ② 목표달성과 관계가 없고, ③ 조직도를 통한 공식적 조직이 없고, ④ 직무가 할당되지 않은 자생적 조직이다.

PLUS		
구분	공식조직	비공식조직
바탕이론	• 과학적 관리론 • 합리적 경제인관(X이론)	• 인간관계론 • 사회적 인간관(Y이론)
조직의 생성	인위적·계획적 조직	자연발생적 조직
특징	• 조직의 목표 달성 : 통합, 조정 • 제도적, 외면적, 정태적 • 높은 분화, 능률성(기계적 능률)	• 조직구성원의 욕구 충족 : 다양성과 개성 • 비제도적, 내면적, 동태적 • 낮은 분화, 감정의 논리(사회적 논리)
범위	전체적 질서	부분적 질서
대인관계	구성원 간의 관계 사전에 규정	상호관계가 주로 욕구나 필요에 의존
권한부여	리더가 임명	리더가 자연 부상되거나 또는 선출
행동의 통제	상벌로 구성원의 행동을 통제	상벌이 아닌 욕구 충족을 통해 구성원 통제
근거	법령 또는 규정에 의해 공식화된 조직	인간관계를 바탕으로 한 자생적 조직

정답 05 ①

06 직무평가(job evaluation) 방법 중 서열법의 장점으로 가장 옳은 것은?

22 서울

① 직무의 등급을 신속하게 매길 수 있다.
② 직무 간의 차이를 구체적으로 밝혀주고 쉽게 이해할 수 있게 하므로 조직 내의 지위와 급료문제를 쉽게 납득시킬 수 있다.
③ 직무의 상대적 차등을 명확하게 제시할 수 있다.
④ 일단 측정척도를 설정해 놓으면 타 직무를 평가할 때 용이하게 이용될 수 있다.

PLUS

직무평가	조직의 다른 직무와 비교 특정직무가 지닌 상대적 가치를 결정(임금의 공정성, 인력배치 결정)하는 것
서열법	서열법은 각 직무를 상대적인 숙련, 노력, 책임, 작업조건 등의 요소를 기준으로 종합적으로 판단하여 전체적으로 순위(랭킹)를 정하는 가장 오래된 방법 비계량적 방법을 통해 직무기술서의 정보를 검토한 후 직무상호 간에 직무전체의 중요도를 종합적으로 비교
직무 분류법	조직의 모든 직무를 확인하고 분류하여 유사한 직무를 같은 등급으로 묶는 방법(1등급은 부장, 2등급은 과장)
요소 비교법	조직의 모든 직무를 보상요소별로 분류하여 계량화하는 양적 방법 평가요소의 기준으로는 정신적 요건, 기술적 요건, 신체적 요건, 책임, 작업조건 등이 있음 (기준직무(key job) + 정신적 요건, 기술적 요건, 신체적 요건, 책임, 작업조건 등 각 직무가 차지하는 상대적 가치를 수량적으로 판단)

직무	정신적 요건	숙련	육체적 요건	책임	작업조건
기계공	1	1	5	1	4
전기공	2	3	4	2	3
수리공	3	2	1	4	5
조립공	4	4	3	3	1
운반공	5	5	2	5	2

점수법	직무의 가치(가중치)를 점수로 계량화시켜 평가하는 것으로 먼저 각각의 평가요소에 점수를 부여하여 직무를 계량화하는 방법으로 직무의 중요성을 화폐단위로 표시하는 방법	
	신체적 노력	항상 앉아서 하는 업무 자주 앉아서 하는 업무 지속적인 신체적 노력, 거의 앉지 않고 계속 활동 많은 신체적 노력 요구, 계속 들어 올리고 움직임

해설

06
② 직무 간의 차이를 구체적으로 밝혀주고 쉽게 이해할 수 있게 하므로 조직 내의 지위와 급료문제를 쉽게 납득시킬 수 있다. – 직무분류법
③ 직무의 상대적 차등을 명확하게 제시할 수 있다. – 직무분류법
④ 일단 측정척도(key job)를 설정해 놓으면 타 직무(정신적 요건, 기술적 요건, 신체적 요건)를 평가할 때 용이하게 이용될 수 있다. – 요소비교법

정답 06 ①

07 〈보기〉에 제시된 조직에 대한 설명으로 가장 옳은 것은? 22 서울(6월)

─────── 보기 ───────

A병원 간호부는 최근 중환자실의 욕창발생률이 증가하는 것을 개선하기 위한 임시조직을 구성하였다. 해당 조직은 중환자실 소속 간호사 2인, 환자안전팀 소속 직원 1인, 욕창전문간호사 1인을 선발하여 구성되었다. 해당 조직에서는 간호사를 대상으로 욕창교육을 수행하고 자세변경 수행여부를 감시하고 관리하였다. 이를 통해 A병원 중환자실의 전반적 욕창발생률은 직전 분기 내비 50% 수준으로 감소하였고 이후 해당 조직은 해산하였다.

① 분업과 전문화가 이루어져 조직의 효율적인 관리가 가능한 조직이다.
② 전문적인 지식이나 기술이 있는 구성원을 활용하여 최고관리자를 보좌하는 조직이다.
③ 기능조직과 직계조직의 결합으로 이루어지고, 이원적 권한체계로 인해 팀 목표와 전체 목표 사이에 차이가 발생할 수 있다.
④ 환경변화에 적응성이 높고, 팀의 목표가 명확하고 조직의 기동성과 유연성이 크다.

해설

07
① 공식조직
② 직능조직
③ 매트릭스 조직

PLUS

- 프로젝트 조직 또는 태스크포스는 어떤 특정 목표 또는 과업을 달성하기 위해 비일상적으로 만들어진 임시 조직(Temporary organization)·동태적 조직 다양한 전문가들로 구성되어 있음
- 특수한 업무를 수행하기 위해 만든 일시적인 조직으로 과제가 해결되면 원래의 모조직으로 돌아가는 탄력적인 조직
- 다양한 전문가들로 팀을 구성하여 조직 구성원의 책임과 권한이 상하관계가 아닌 좌우관계(수평관계)로 지위가 독립되어 있고 과업이 구체적임

프로젝트 조직 (태스크 포스)	장점	단점
	• 프로젝트의 진행에 따라 인적자원과 물적자원을 탄력적으로 운영함 • 목적이 분명하고 조직원 각자의 정체성이 확인됨 • 조직에 기동성을 부여하고 업무를 신속·정확·효과적으로 수행할 수 있음 • 프로젝트의 목적 달성을 지향하므로 구성원이 개인이해보다는 과제 해결에 우선하여 사기를 높임 • 조직이 환경변화에 민감하게 반응하여 기술개발업무, 신규사업, 경영혁신사업 등 다양한 영역에서 활용함	• 전문가로 구성된 일시적·한정적인 혼성조직이므로 프로젝트 관리자의 관리(지휘) 능력에 의해 결과가 크게 좌우됨 • 기존 조직과의 관계에서 멤버들로 하여금 자신의 원 조직에 대한 명령통일성과 충성심을 약화시킬 수 있음 • 프로젝트 조직에 파견된 사람은 선택된 사람이라는 우월감을 갖게 되어 조직의 단결을 저해함 • 한시적 조직이므로 추진 업무의 일관성과 계속성을 유지하기가 어려움 • 리더(최고관리자)에 의존적임

정답 07 ④

08 조직구조의 구성요인에 대한 설명으로 가장 옳은 것은? 22 서울(6월)

① 단순하면서 반복적으로 수행하는 직무일수록 공식화가 어렵다.
② 대규모 조직일수록 집권화 경향이 높다.
③ 직무의 특성이 획일적이고 일상적일 경우 집권화의 경향이 높다.
④ 지리적 분산의 정도가 커질수록 조직의 복잡성은 감소한다.

해설

07
① 단순하면서 반복적으로 수행하는 직무일수록 공식화가 높다.
② 대규모 조직일수록 분권화 경향이 높다.
④ 지리적 분산의 정도가 커질수록 조직의 복잡성은 증가한다.

PLUS
조직구조의 구성요소(인)

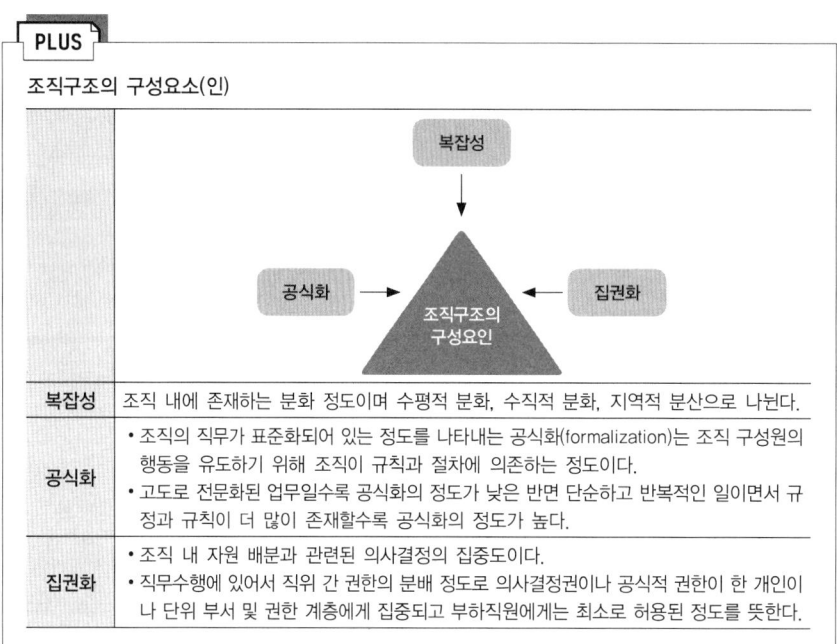

복잡성	조직 내에 존재하는 분화 정도이며 수평적 분화, 수직적 분화, 지역적 분산으로 나뉜다.
공식화	• 조직의 직무가 표준화되어 있는 정도를 나타내는 공식화(formalization)는 조직 구성원의 행동을 유도하기 위해 조직이 규칙과 절차에 의존하는 정도이다. • 고도로 전문화된 업무일수록 공식화의 정도가 낮은 반면 단순하고 반복적인 일이면서 규정과 규칙이 더 많이 존재할수록 공식화의 정도가 높다.
집권화	• 조직 내 자원 배분과 관련된 의사결정의 집중도이다. • 직무수행에 있어서 직위 간 권한의 분배 정도로 의사결정권이나 공식적 권한이 한 개인이나 단위 부서 및 권한 계층에게 집중되고 부하직원에게는 최소로 허용된 정도를 뜻한다.

09 직무를 종류와 내용으로 분할하여 조직구성원에게 분담시킴으로써 효과와 효율성을 도모하는 조직화의 원리는? 22 서울(2월)

① 계층제의 원리
② 분업 및 전문화의 원리
③ 명령통일의 원리
④ 통솔범위의 원리

09
조직 구성원들에게 한정된 활동에 대해서만 책임을 지고 수행하도록 업무를 분담하는 것을 "분업 및 전문화의 원리"라고 한다. 전문적인 지식과 기술을 습득하여 전문화되고 능률 향상을 기대할 수 있는 원리

PLUS
조직화의 기본원리

계층제의 원리	조직 구성원들의 권한, 책임, 의무 정도에 따라 상하 계급이나 계층별로 배열하여 집단화한 뒤, 각 계층 간에 권한과 책임을 배분하고 명령계통과 지휘·감독의 체계를 확립하는 것
분업 및 전문화의 원리	• 조직 구성원들에게 한정된 활동에 대해서만 책임을 지고 수행하도록 업무를 분담하는 것 • 직무를 종류와 내용으로 분할하여 조직구성원에게 분담시킴으로써 효과와 효율성을 도모
명령통일의 원리	조직의 각 구성원이 한 사람의 직속상관으로부터만 명령과 지시를 받고 보고하는 책임을 지는 것

정답 08 ③ 09 ②

통솔범위의 원리	한 사람의 관리자가 직접적이고 효율적으로 지도·감독할 수 있는 부하직원의 수는 일정한 범위를 벗어나서는 안 된다는 원리
조정의 원리 (목표통일의 원리)	조직의 공동목표를 달성하기 위해 조직 구성원들이 행동을 통일하고, 그와 관련된 집단의 노력을 통합하여 질서 있게 배열하고 조직과 환경 간의 균형을 유지함으로써 조직의 존속과 효율화를 도모하는 것

10 A조직에서는 팀 내의 모든 구성원을 동등하게 대해 주고 서로 잘 알도록 하여 집단의 결속력을 증진시키는 방법으로 조직변화를 계획하고 있다. 이에 해당하는 조직변화의 전략으로 가장 옳은 것은? 22 서울(2월)

① 학문적 전략
② 동지적 전략
③ 경험적 – 합리적 전략
④ 규범적 – 재교육적 전략

PLUS

계획적 조직변화를 위한 전략

경험적-합리적 전략 (empirical-rational strategy)	사람은 합리적으로 생각하며 자신에게 유리한 쪽으로 행동한다는 가정을 바탕에 두며, 변화로 인해서 생기는 개인과 조직의 이득을 구체적으로 보여주어야 한다.
규범적-재교육적 전략 (normative-reeducative strategy)	인간관계를 중요한 수단으로 하며, 정보를 제공하고 사람은 교육에 의해서 가치관과 태도가 변화될 수 있다고 가정
권력-강제적 전략	사람은 권력-강제력이 많은 권력자의 지시와 계획에 따른다는 것을 가정
동지적 전략 (fellowship strategy)	높은 사회적 욕구와 자존심을 필요로 하는 사람들을 변화시키는 데 효과적인 전략, 모든 구성원을 동등하게 대하고 서로 알게 하여 집단의 결속력을 증진
정책적 전략 (political strategy)	공식적·비공식적 권력구조를 확인하여 변화를 위한 정책을 결정하고 이를 실행하는 데 영향력이 있는 사람을 이용하여 변화를 유도하는 방법
경제적 전략 (economic strategy)	물품이나 자원, 자본, 금전적 보수 등과 같은 경제적 요소를 활용하여 변화를 시도하는 전략
학문적 전략 (academic strategy)	지식추구와 같은 학문적 요소가 일차적 영향 요소가 되어 변화를 유도하는 전략, 학문적 전략은 일종의 경험적 – 합리적 전략으로 불리는 것으로 변화를 유도하기 위해서 연구결과나 학문의 이론을 활용
공학기술적 전략 (engineering strategy)	환경 내의 개인을 변화시키기 위해서 환경을 변화시켜야 한다는 전략

11 일반병동에 근무하는 일반간호사의 직무분석을 하려고 한다. 시간적 압박이 있는 상황이라 되도록 많은 간호사를 대상으로 빠르게 직무에 관한 정보를 수집하고자 할 때 가장 적절한 방법은? 22 서울(2월)

① 관찰법
② 면접법
③ 질문지법
④ 작업표본방법

정답 10 ② 11 ③

PLUS

직무분석방법

질문지법 (설문지법)	\multicolumn{2}{l}{• 현장의 직무수행자에게 설문지를 배부하고 응답하게 함으로써 직무의 내용에 대해 기술하도록 하여 직무에 대한 정보를 획득하는 방법 • 직무의 모든 측면과 직무수행 환경을 파악하기 위하여 표준화된 일정한 양식에 조사대상자가 직접 직무와 관련된 내용을 기재하도록 하는 방법}	
	장점	단점
	• 가장 간단한 방법으로 시간 소모가 적고 직무활동에 관한 제대로 된 정보를 얻을 때 효과적이다. • 조사대상의 범위가 매우 넓기 때문에 많은 사람에서 직무에 관한 정보를 빠르게 획득할 수 있다. • 많은 사람들을 인터뷰(면접)하는 방법보다는 비용을 줄일 수 있다. • 관찰법으로는 얻기 어려운 사무관리 분야에서의 작업의 내용과 중요점, 그 직무에서 요구되는 고도의 기술이나 지식, 오랜 경험을 쌓아야만 할 수 있는 일의 책임 소재나 그 정도 등에 관한 자료를 얻을 수 있다.	• 질문지 개발과 테스트에 비용과 시간이 많이 소요된다. • 신뢰도 및 커뮤니케이션 문제가 발생할 수 있다. • 시간적으로 압박을 받을 경우 적당히 응답하여 정확한 정보를 얻을 수 없다. • 응답자가 자신에 대한 작업평가를 두려워하여 고의로 잘못된 정보를 줄 수 있다.
관찰법	• 가장 효과적으로 작업 정보를 얻는 방법으로 조사자가 직접 직무 담당자의 업무수행을 관찰하는 방법 → 관찰자가 풍부한 경험과 통찰력이 있을 때 유용하다. • 관찰법은 표준화되어 있거나 관찰 가능한 활동으로 구성되어 있는 직무에 적당하다. 하지만, 작업 수행에 지장을 초래하거나 정신적 작업이나 장시간 소요 작업은 적용할 수 없는 조사 방법	
	장점	단점
	• 가장 간단하고 사용하기 쉽다. • 직무의 특성을 파악하기에 적합하고 비교적 정확하고 객관적인 정보를 얻을 수 있다.	• 시간과 노력이 많이 든다. • 직무 담당자가 자신에게 유리한 방향으로 관찰을 왜곡시킬 가능성이 있으며, 직무 담당자의 업무에 방해를 줄 수 있다.
자가 보고법	자가일기법이라고도 하며 스스로의 업무를 보고하는 형식으로 일기를 쓰듯이 기술하는 방법	
	장점	단점
	질문지보다는 광범위한 작업 정보를 얻을 수 있다.	보고자에 의한 정보 왜곡이 가능하고 보고자가 보고하는 정보만 얻을 수 있다.
면접법	직무를 담당자와 직접 면담하는 방법으로, 직무분석을 위한 자료수집을 위해 가장 널리 이용되는 방법	
	장점	단점
	• 비교적 정확하고 객관적인 정보를 수집할 수 있다. • 직무의 제 특성을 파악하기에 적합하다.	• 면접자에 의해 정보가 왜곡될 수 있다. • 면접을 위한 시간과 비용이 소요되며 익명성 유지에 어려움이 있다.
중요사건방법	성공적인 직무수행에 결정적인 역할을 한 사건이나 사례를 중심으로 직무를 분석하고 조직목표 달성의 성패에 결정적인 역할을 한 사건을 중심으로 효과적인 행동 패턴을 분석하는 방법	
작업표본방법	분석자가 일정기간 동안 작업 중인 직원의 활동을 관찰하고 기록한 후 전체 근무시간과 비교하여 각 과업에 소요되는 시간을 비율로 계산하는 방법	
경험방법	직무를 직접 수행해 보는 방법	
요소분석법	각 직무마다 공통적으로 해당되는 요소를 중심으로 직무를 분류하여 분석하는 방법	
작업기록	작업일지법이라고도 하며 매일 작성하게 되는 직무수행자의 작업일지나 메모사항을 토대로 해당 직무에 대한 정보를 수집하는 방법	

해설

12 다음에서 설명하는 직무설계 방법은? 22 지방

> 구성원이 직무를 수행하는 과정에서 성취감, 인정감 및 고차원적인 동기 요인들이 발휘되도록 설계하는 방법으로 수직적으로 직무의 깊이를 늘리는 것이다.

① 직무순환
② 직무확대
③ 직무단순화
④ 직무충실화

해설

12
수직적 직무의 확대로 직무의 질(quality)을 높이고자 허츠버그(Herzberg)의 2요인론(동기-위생이론)에 기초하여 직원들이 수행하는 과업의 수와 빈도를 변화시키는 것은 "직무충실화"이다. 직무 충실화에는 더욱 높은 수준의 지식과 기술이 요구되며 직원들이 직무를 수행함에 있어 기획, 지휘, 통제에 대한 자주성과 책임감을 갖게 하여 관리적 기능도 위임되도록 직무를 질적으로 재정의·재구성하게 된다.

PLUS

직무설계
직원의 만족감을 증대시키고 조직의 생산성 향상을 위해 동기부여이론을 작업구조 설계에 응용하는 과정으로 직무내용이 직원 개개인의 능력 및 희망과 일치하도록 작업, 작업환경 및 노동조건을 조직화하는 것을 말한다.

직무 단순화	• 직무를 가능한 한 세분화시켜 짧은 훈련기간, 짧은 업무과정, 직원의 신속한 충원 가능성을 통해 조직의 목표를 달성하도록 하는 것이다. • 한 사람이 담당할 과업의 수를 줄여 직무를 단순화시키는 것으로 직무전문화, 직무세분화, 분업화라고도 불린다.
직무순환	• 조직 구성원을 한 직무에서 다른 직무로, 체계적으로 순환시킴으로써 한 사람의 구성원이 다양한 과업을 수행할 수 있도록 하는 것 • 수평적 직무 확대기법으로 조직 구성원에게 직무의 단조로움을 줄이고 새로운 지식과 기술을 습득할 수 있는 기회를 부여하는 방법.
직무확대	• 분업이나 전문화에 따라 발생될 문제점을 개선하기 위해 여러 가지의 과업을 묶어서 하나의 새롭고 넓은 직무로 결합하는 것을 말한다. • 수평적 직무 확대 또는 직무 충실화의 수평적 측면이라고도 하며 흥미롭게 직무를 수행할 수 있도록 여러 가지 과업을 여러 사람이 나누어 하다가 한 사람에게 모두 맡기는 방법이다.
직무 충실화	• 수직적 직무의 확대로 직무의 질(quality)을 높이고자 허츠버그(Herzberg)의 2요인론(동기-위생 이론)에 기초하여 직원들이 수행하는 과업의 수와 빈도를 변화시키는 것이다. • 직무 충실화가 이루어지면 구성원은 직무수행에 필요한 자원과 직무 장소를 스스로 통제하고 직무수행 방법도 스스로 결정하여 직무에 대한 성취감, 인정감, 만족감을 느끼게 된다.
직무특성 모형	• 직무특성모형은 개인 간 차이에 따른 다양성을 고려하여 직무를 설계하는 것이다. • 허즈버그(Herzberg)의 직무 충실화 개념에 기본을 두고, 그에 따른 실천전략을 제시함으로써 현재 직무를 진단하여 기존 직무설계를 수정하는 데 초점을 둔다.

13
A대학병원 간호부는 5년 이상의 경력 간호사를 대상으로 희망 부서에서 근무하도록 하고 2년 뒤에 다시 원래 부서로 복귀를 희망할 때 가능하도록 하였다. 이러한 직무설계 방법의 장점에 대한 설명으로 가장 옳은 것은?

21 서울

① 조직의 생산성이 높아진다.
② 다른 기능을 개발할 기회를 제공한다.
③ 간호업무를 기능적으로 분담시킨다.
④ 약간의 훈련과 기술로 과업을 수행할 수 있다.

13
①, ③, ④ 직무단순화

정답 12 ④ 13 ②

	PLUS	
직무 순환	• 조직 구성원을 한 직무에서 다른 직무로, 체계적으로 순환시킴으로써 한 사람의 구성원이 다양한 과업을 수행할 수 있도록 하는 것 • 수평적 직무 확대기법으로 조직 구성원에게 직무의 단조로움을 줄이고 새로운 지식과 기술을 습득할 수 있는 기회를 부여하는 방법	
	장점	단점
	• 직원들에게 다양한 경험과 자극을 줄 수 있어서 업무능률을 향상시킬 수 있다. • 직무를 순환하면서 새로운 지식과 기술을 익힐 수 있다. • 직무에 대한 지루함과 단조로움을 줄일 수 있다. • 직무를 조직 전체의 관점에서 생각할 수 있다.	• 처음에는 새로운 직무에 흥미를 느끼지만 업무에 익숙해지면 곧 흥미를 잃게 된다. • 업무에 대한 잦은 불연속성으로 인해 근무자가 무력감이나 좌절감을 느낄 수 있고 직무의 계속성을 보장할 수 없다. • 새로운 직무에 익숙해질 때까지는 작업 진행에 어려움이 있어서 조직 전체의 비용 증가를 초래할 수 있다. → 업무의 효율성 저하

14 라인-스태프 조직에 대한 설명으로 가장 옳은 것은? 21 서울

① 책임과 권한의 한계가 명확하다.
② 조직구조가 단순하여 신규 직원이 조직을 이해하기 쉽다.
③ 환경의 변화에 능동적으로 대처하기 어렵다.
④ 종합적인 의사결정을 위해 전문적인 지식과 경험을 활용할 수 있다.

14
①, ② 라인조직
③ 정태적 조직의 공통적인 단점

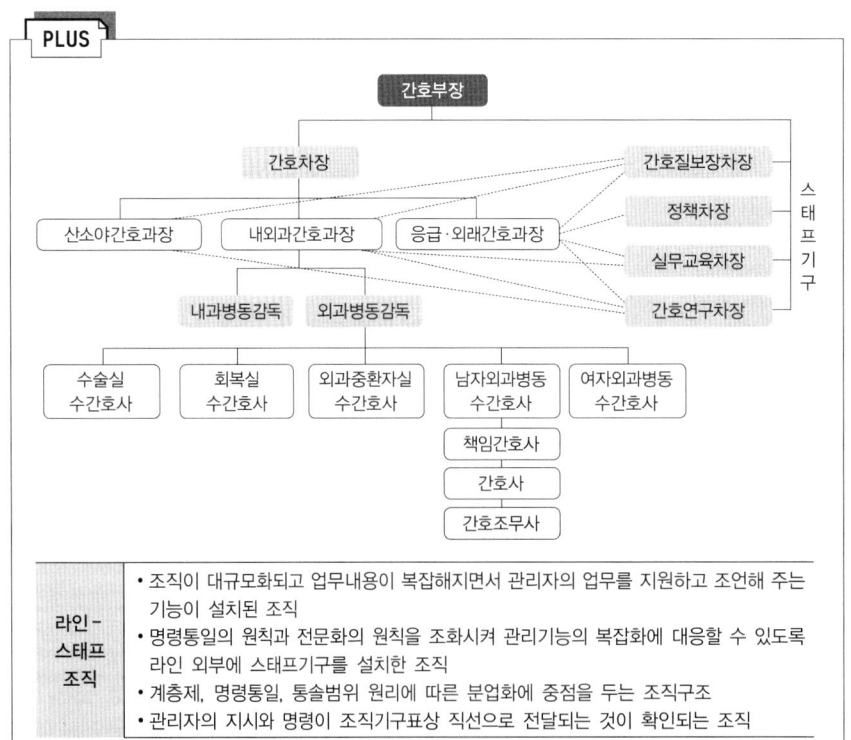

PLUS	
라인- 스태프 조직	• 조직이 대규모화되고 업무내용이 복잡해지면서 관리자의 업무를 지원하고 조언해 주는 기능이 설치된 조직 • 명령통일의 원칙과 전문화의 원칙을 조화시켜 관리기능의 복잡화에 대응할 수 있도록 라인 외부에 스태프기구를 설치한 조직 • 계층제, 명령통일, 통솔범위 원리에 따른 분업화에 중점을 두는 조직구조 • 관리자의 지시와 명령이 조직기구표상 직선으로 전달되는 것이 확인되는 조직

정답 14 ④

장점	단점
• 최고관리자의 통솔범위를 확대시킴 • 전문화 스태프(막료)의 도움으로 효과적 관리 활동 가능 • 스태프로부터 조언과 권고를 받으며, 추진 업무에 전념 할 수 있음 → 전문적인 지식과 경험을 활용 • 라인 조직이 유지되고 있어 라인 조직의 장점을 지님 • 종합적 의사결정을 위한 정보의 축적과 활용 가능 → 합리적 의사결정이 가능 • 조직활동의 조정이 비교적 용이 • 조직의 신축성을 기할 수 있음	• 라인의 명령과 스태프의 조언 계통의 혼란 가능성 • 행정이 지연되고 운영 비용 증가 • 라인과 스태프 상호 간의 의존성이 관리 활동상 지장 초래 가능성 • 라인과 스태프 간 대립, 갈등 발생 가능성 • 효율성과 생산성 증대를 위해 많은 부문과 계층이 발생, 조직의 비대(관료제화) • 관료제화는 조직의 경직화로 조직 구성원의 창의성 억제 • 안정적인 관리상황에 효과적 • 라인과 스태프 사이의 권한과 책임의 한계가 불분명할 수 있음

15 〈보기〉에서 설명하는 간호전달체계는? 21 서울

— 보기 —

• 서비스의 질과 비용효과적인 결과를 증진시키며 개인의 요구를 충족시키고자 도입되었다.
• 매니지드케어 모델이 대표적이다.
• 표준진료지침(critical pathway) 등의 도구를 활용한다.

① 팀간호 ② 모듈간호
③ 일차간호 ④ 사례관리

PLUS

사례관리		
		최적의 기간 내에 기대하는 결과에 도달할 수 있도록 환자에게 제공하는 간호의 질을 높이면서 경제적 효율성을 높일 수 있는 방법, 표준진료지침(Critical pathway)-순서에 따른 진료계획표을 이용함 표준진료지침을 사용하여 특정 기간 내 수행될 건강관리팀의 의무와 이를 통해 기대되는 환자의 결과를 미리 예상하여 건강 서비스를 제공하는 방법 사례관리는 양질의 의료서비스를 제공하고 장소의 이동에 따른 간호의 분절화를 감소시키며 환자의 삶의 질을 높이고 건강관리에 필요한 자원활용의 효율화와 비용억제에 목표
	장점	• 대상자를 보건의료체계 중심에 두고 관리하기 때문에 입원환자의 재원기간을 단축하고, 병상회전율을 높이며 비용을 절감할 수 있다. • 의료팀 간의 의사소통이 촉진되고 치료계획의 공유와 협조적인 분위기가 조성되어 직원들 간의 직무만족도가 높아진다. • 의료서비스의 지속성을 확보하고 간호의 질을 보장하며, 대상자와 가족의 자가간호 능력 향상으로 만족도가 높아진다. • 건강관리 서비스에 대한 질적 관리의 효율성 측면에서는 중재에 따른 환자의 결과를 예상할 수 있으며 계획된 환자의 결과를 보고·평가함으로써 문제 해결이 즉시 이루어질 수 있다. • 간호실무의 초점이 단순 업무에서 사례에 대한 책임으로 바뀌게 되어 간호사의 책임감과 자율성이 증가 • 사례관리의 다학제적 접근을 통해 전인간호를 제공할 수 있으며, 전문 간호사 제도의 활성화를 기대할 수 있다. 특히, 사례관리자가 환자를 지역사회로 의뢰하게 될 경우에 가정간호제도가 활성화될 수 있다.

정답 15 ④

		• 환자 간호에 대한 표준 설정의 기틀을 마련할 수 있으며, 간호표준의 실천 및 평가와 직접간호 시간의 증가를 통해서 환자중심의 간호를 적극 실현할 수 있다. • 표준진료지침은 신규간호사나 학생들의 교육을 위한 자료로 활용될 수 있다.
	단점	• 표준진료지침의 적용에 따라 진료과정이 이루어지기 때문에 진료의 자율권이 침해 될 수 있다. • 표준진료지침의 기준에 의해 환자가 정해진 기간 동안만 진료를 받을 수 있기 때문에 의료과실의 발생 위험과 의료서비스의 질 저하를 초래할 수 있다.

간호전달체계

팀 간호	• 다양한 간호인력이 팀을 이루면서 몇 명의 환자를 공동으로 간호하는 방법 • 팀 리더는 환자의 상태와 요구를 파악하여 대상자의 개별적 간호계획을 수립할 책임을 지며 전문직 간호사로서 팀을 지도하고 환자간호를 계획·수행·설명·조정·감독·평가 • 팀 리더는 팀 구성원의 업무를 돕고 직접 환자 간호를 제공하고 교육하며 의사소통을 위한 정기적인 간호집담회를 주도하고 조정하는 역할을 함
모듈 간호	• 일차간호방법을 실행할 간호사가 부족할 때 사용되며 재정난과 인원 변동이 잦아 어려움이 있는 병원에서 질적 환자간호와 전문적 간호를 증진하여 효율적인 전달체계를 제공하기 위한 방법 • 전문직원과 비전문직원이 함께 일한다는 점에서 팀 간호와 유사하고 환자의 입원에서 퇴원, 추후관리, 재입원 시 그 환자를 담당한 모듈의 간호사가 간호를 맡는 점이 일차간호방법과 유사
일차 간호	• 한 명의 간호사가 담당하는 환자 4~5명의 병원 입원에서 퇴원까지의 24시간 전체의 간호를 책임지는 방법 • 환자가 퇴원한 후나 그 기관에 다시 입원한 경우에도 그 환자의 간호를 지속적으로 책임지는 것으로 전인간호가 이루어질 수 있는 가장 확실한 방법 • 일차간호사가 주체적·주도적 역할을 수행하고, 수간호사는 조정자 역할을 수행하며 저녁과 밤번 근무 간호사들은 일차간호사가 세워놓은 간호계획에 따라서 간호(이차간호사)를 수행 • 가정간호, 호스피스간호, 그리고 그 밖의 건강간호전달체계에 매우 적합

16 조직이 분권화될수록 기대할 수 있는 효과는? 21 지방

① 구성원의 창의성과 능동성을 높일 수 있다.
② 조직 전체의 통합적 업무 조정이 용이하다.
③ 업무의 중복과 비용 낭비를 줄일 수 있다.
④ 최고관리자의 리더십 발휘가 용이하다.

17 직무분석을 위한 정보수집 방법에 대한 설명으로 옳은 것은? 21 지방

① 관찰법: 직무 수행자가 매일 자신의 직무를 관찰하여 기록한다.
② 면접법: 직무 수행자에게 설문지를 배포하여 직무 요건을 조사한다.
③ 중요사건법: 직무 수행자가 매일 작업일지에 직무 내용을 작성한다.
④ 작업표본방법: 직무 분석자가 전체 직무 활동 중 일부 작업을 표본 선정하여 관찰한다.

해설

16
②, ③, ④ 집권화 효과
☑ p.76 02번 PLUS 참조

17
① 직무 수행자가 매일 자신의 직무를 관찰하여 기록 – 자가보고법
② 직무 수행자에게 설문지를 배포하여 직무 요건을 조사한다. – 질문지법(설문지법)
③ 직무 수행자가 매일 작업 일지에 직무 내용을 작성 – 작업기록법(작업일지법)

정답 16 ① 17 ④

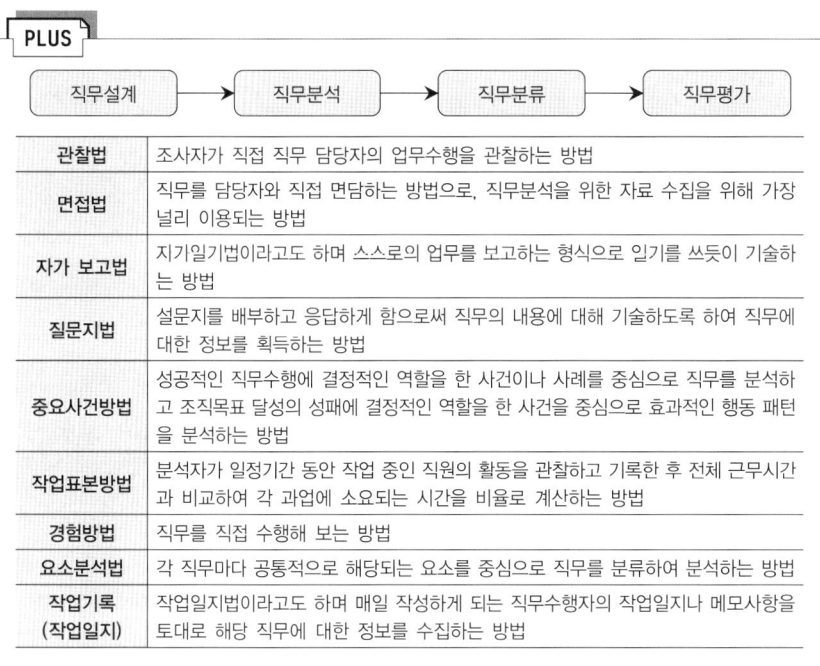

18 간호전달체계 유형에 대한 설명으로 옳지 않은 것은? 21 지방

① 팀간호 방법: 비전문직 인력을 포함해 팀이 구성되며 팀 내 의사소통이 중요하다.
② 기능적 분담방법: 총체적 간호가 이루어지지 않아 환자와 간호사의 만족도가 낮다.
③ 일차간호 방법: 환자 입원부터 퇴원까지 일차간호사가 담당하므로 책임 소재가 분명하다.
④ 사례관리: 1명의 간호사가 1~2명의 환자를 담당하여 필요한 모든 간호서비스를 제공한다.

PLUS

간호전달체계

사례방법	가장 오래된 전인적인 간호방법으로 한 명의 대상자를 돌보는 것
총체적 간호법	간호사가 지정된 특정한 근무시간에만 그 환자의 총체적 간호를 책임지는 것을 의미하며 여덟시간 근무 내에서 한 명의 대상자에 대한 책임
기능적 분담방법	간호업무를 기능별로 나누어서 각 간호인력이 전체 간호업무를 한 두가지씩 기능을 분담하게 하는 방법
팀간호방법	다양한 간호인력이 팀을 이루면서 몇 명의 환자를 공동으로 간호하는 방법

18
④ 1명의 간호사가 1~2명의 환자를 담당하여 필요한 모든 간호서비스를 제공 – 사례방법 및 총체적 간호법

정답 18 ④

일차간호	한 명의 간호사가 담당하는 환자 4~5명의 병원 입원에서 퇴원까지의 24시간 전체의 간호를 책임지는 방법 환자를 담당하는 간호사가 정해지면 환자가 퇴원한 후나 그 기관에 다시 입원한 경우에도 그 환자의 간호를 지속적으로 책임지는 것
모듈간호방법	일차간호방법을 실행할 간호사가 부족할 때 사용되며 재정난과 인원 변동이 잦아 어려움이 있는 병원에서 질적 환자 간호와 전문적 간호를 증진하여 효율적인 전달 체계를 제공하기 위한 방법 전문직원과 비전문직원이 함께 일한다는 점에서 팀 간호와 유사하고 환자의 입원에서 퇴원, 추후관리, 재입원 시 그 환자를 담당한 모듈의 간호사가 간호를 맡는 점이 일차간호방법과 유사
사례관리	표준진료지침을 사용하여 특정 기간 내 수행될 건강관리팀의 의무와 이를 통해 기대되는 환자의 결과를 미리 예상하여 건강 서비스를 제공하는 방법

19 최고관리자의 총괄 감독하에 전문화된 기능에 따른 부서를 구성하고, 권한을 부여받은 전문가 스태프가 부서를 지휘하고 감독하는 조직으로 가장 옳은 것은? 20 서울

① 라인조직　　　② 라인-스태프조직
③ 직능조직　　　④ 매트릭스조직

PLUS

직능 조직	• 기능이나 역할에 따른 전문화의 원리에 의해 설계된 조직이며 조직의 효율성을 높이기 위해 구성 • 조직이 복잡해지고 규모가 커지면서 발생했으며, 스태프기구가 단순히 충고나 조언의 기능을 넘어 라인조직에 있는 직원에게 명령할 수 있도록 조직의 직무를 기능단위별로 편성 • 최고관리자의 총괄 감독하에 전문된 기능에 따라 부서를 구성하고, 권한을 부여받은 전문가 스태프가 부서를 지휘하고 감독 → 전문적 지식 기술이 있는 구성원을 활용하여 최고관리자를 보좌 • 조직이 안정되고 확실한 환경인 경우 적용	
	장점	단점
	• 인력이나 자원이 중복되지 않고 자원이 효율적으로 이용된다. • 같은 업무의 반복으로 기술적 발전과 기능적 숙련도의 발전이 가능하다. • 중앙집권식 의사결정으로 조직의 통합성 유지가 가능하다. • 조직 기능 간에 조정력이 강화된다.	• 한 가지 직능(기능)을 초월할 때 조정력이 약화될 수 있다. • 의사결정 시 중앙집권화로 인한 시간 소모가 많고, 하부의 업무가 지연된다. • 상부의 의사결정에 따라 움직이므로 환경 변화에 효율적으로 대처하지 못한다. • 다기능적인 업무를 수행할 때 책임소재가 불분명해질 수 있다. • 조직 전체의 협조를 요청하는 외부환경의 요구에 느리게 반응한다.

정답 19 ③

20 직무관리 과정 중 직무설계의 방법에 관한 설명으로 가장 옳지 않은 것은?

20 서울

① 직무 충실화는 맥클리랜드(McClelland)의 성취동기이론을 기초로 적극적인 동기유발을 위하여 직무수행자 스스로가 그 직무를 계획하고 통제하는 기법이다.
② 직무 단순화는 과학적 관리의 원리와 산학공학 이론을 기초로 과업을 단순하고 반복적이고 표준적으로 설계하여 한 사람이 담당할 과업의 수를 줄여 직무를 단순화시키는 기법이다.
③ 직무순환은 조직 구성원들을 한 직무에서 다른 직무로 체계적으로 순환시킴으로써 다양한 과업을 수행할 수 있도록 하는 기법이다.
④ 직무확대는 과업을 수평적으로 확대하는 기법으로, 수행하는 과업의 수를 증가시켜서 과업의 단순함이 감소함으로써 직무에 대한 만족도를 높이고 결근이나 이직을 감소시키려는 기법이다.

해설

20

① 직무충실화는 수직적 직무의 확대로 직무의 질(quality)을 높이고자 허즈버그(Herzberg)의 2요인론(동기 – 위생이론)에 기초하여 직원들이 수행하는 과업의 수와 빈도를 변화시키는 것이다.

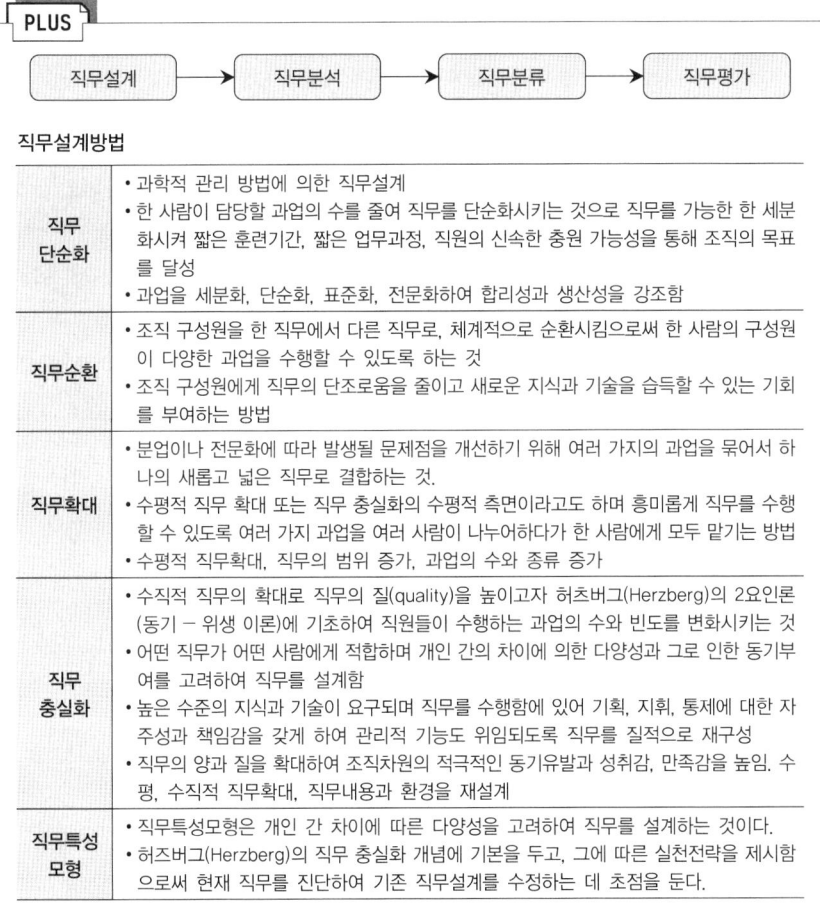

정답 20 ①

21 조직 유형을 정태적 조직과 동태적 조직으로 구분할 때 다른 유형에 속하는 것은? 20 지방

① 위원회 조직
② 매트릭스 조직
③ 프로젝트 조직
④ 라인-스태프 조직

> **PLUS**
>
> | 정태적 조직 | • 관료제라고 불리는 조직, 공식적 구조, 보수성을 띤 전통적인 조직
• 피라미드형의 구조, 표준화된 공식적인 업무, 복잡하고 계층적인 구조
• 조직의 상층: 조직의 중요한 의사결정, 권한의 집중
• 상사의 명령, 지시에 따라 하급자가 움직임
• 대규모 조직을 효과적, 효율적으로 운영하기 위해 만들어진 구조
• 조직을 둘러싸고 있는 정치, 경제, 사회적인 변화에 빠르게 적응하지 못함 |
> |---|---|
> | | 라인조직, 라인스탭조직, 직능조직, 자기통제 단위조직 |
> | 동태적 조직
(= adhocracy) | 불확실한 상황에서 특정 목표를 달성하기 위해 신축적으로 적응하려는 전문가로 구성된 임시성을 지닌 기동성이 있는 조직 형태 |
> | | 프로젝트 조직, 매트릭스 조직, 위원회 조직 |

22 다음 글에서 설명하는 조직의 구성요소는? 20 지방

• 조직 내 자원 배분과 관련된 의사결정의 집중도
• 직무수행에 있어서 직위 간 권한의 분배 정도

① 복잡성
② 공식화
③ 집권화
④ 전문화

> **PLUS**
>
> 조직의 구성요소
>
> | 복잡성 | • 조직 내에 존재하는 분화 정도이며 수평적 분화, 수직적 분화, 지역적 분산으로 나뉜다.
• 조직의 복잡성을 구성하는 수평적 분화(단위 부서간의 횡적 분리), 수직적 분화(조직구조의 깊이), 지역적 분산(공간적 분산)은 독립적으로 발생하는 것이 아니라 서로가 밀접하게 연관되면서 조직의 성격에 따라 달라진다. |
> |---|---|
> | 공식화 | • 조직의 직무가 표준화되어 있는 정도를 나타내는 공식화(formalization)는 조직 구성원의 행동을 유도하기 위해 조직이 규칙과 절차에 의존하는 정도이다.
• 고도로 전문화된 업무일수록 공식화의 정도가 낮은 반면 단순하고 반복적인 일이면서 규정과 규칙이 더 많이 존재할수록 공식화의 정도가 높다. |
> | 집권화 | • 조직 내 자원 배분과 관련된 의사결정의 집중도이다.
• 직무수행에 있어서 직위 간 권한의 분배 정도로 의사결정권이나 공식적 권한이 한 개인이나 단위 부서 및 권한 계층에게 집중되고 부하직원에게는 최소로 허용된 정도를 뜻한다. |

정답 21 ④ 22 ③

23 조직화의 원리를 적용한 설명으로 가장 옳은 것은? 19 서울

① 계층제 원리를 강조한 조직은 명확한 계층을 가지기 때문에 환경변화에 빠르고 신축적으로 대응할 수 있다.
② 부하 직원의 능력이 우수할수록, 조직의 정책과 규범 정도의 명확성이 낮을수록 관리자의 통솔범위는 넓어진다.
③ 업무를 세분화하여 한 사람이 맡게 될 업무가 단순화 되면 흥미와 창의력이 높아져 업무의 효율성과 생산성이 향상된다.
④ 구성원이 한 명의 상사로부터 지시와 명령을 받을 때, 구성원의 책임소재가 명확해지고 책임자는 전체적인 조정이 가능하다.

24 파스케일과 아토스(Pascale & Athos) 등은 조직 문화에 영향을 주는 7S 요소를 제시하였다. 이에 대한 설명으로 가장 옳지 않은 것은? 19 서울

① 구조(structure)는 조직체를 형성하고 있는 구성단위들과 이들 사이의 관계를 연결시키는 패턴을 말한다.
② 관리시스템(management system)은 의사결정제도, 경영정보시스템 등 일상적 조직체 운영과 경영과정에 관련된 모든 제도를 말한다.
③ 공유가치(shared value)는 조직이 목적을 달성하기 위해 조직의 자원을 장기간에 걸쳐 조직체의 여러 구성 요소에 배분하는 계획과 행동 패턴을 말한다.
④ 리더십 스타일(leadership style)은 리더와 구성원 간의 상호관계에 있어 기본 성격을 지배하는 요소이다.

PLUS
조직 문화에 영향을 주는 7S 요소

공유된 가치 (Shared Value)	조직체 구성원 모두가 공동으로 소유하고 있는 가치관, 이념, 전통적 가치, 기본 목적 등, 전통적인 문화가치, 인간관, 조직관, 세계관 등이 포함
전략(Strategy)	조직이 목적을 달성하기 위하여 조직의 자원을 장기간에 걸쳐 조직체의 여러 구성요소들에 배분하는 계획과 행동패턴 조직의 공유가치와 함께 조직의 운영 및 구성원들의 행위에 장기적인 방향을 제시
구조(Structure)	조직구조와 직무설계, 권한 관계와 방침 규정 등의 틀 조직이 전략을 수행하는데 필요로 하는 틀로서 구성원의 역할과 그들 상호 간의 관계를 연결시키는 패턴
관리 시스템(System)	일상적 조직체 운영과 경영과정에 관련된 모든 제도를 의미 커뮤니케이션 시스템, 의사결정 시스템, 관리정보 시스템, 보상 시스템, 목표설정 시스템, 조정과 통제 시스템 등 조직의 목표달성을 위한 제도
구성원(Staff)	조직 구성원들의 능력과 전문성, 가치관과 신념, 욕구와 동기, 지각과 태도, 그리고 그들의 행동패턴 등을 의미함

해설

23
① 계층제원리를 강조한 조직은 명확한 계층을 가지기 때문에 환경변화에 신축성 있는 대응을 어렵게 한다.
② 부하 직원의 능력이 우수할수록, 조직의 정책과 규범 정도의 명확성이 높을수록 관리자의 통솔범위는 넓어진다.
③ 업무를 세분화하여 한 사람이 맡게 될 업무가 단순화되면 흥미와 창의력이 상실되어 조직원의 능력개발을 저해한다.

✓ p.76 01번 PLUS 〈조직화의 기본원리〉 참조

24
③ 조직이 목적을 달성하기 위해 조직의 자원을 장기간에 걸쳐 조직체의 여러 구성 요소에 배분하는 계획과 행동 패턴 — 전략(Strategy)

정답 23 ④ 24 ③

기술(Skill)	기계, 장치, 컴퓨터 등의 생산 및 정보처리 분야의 하드웨어, 소프트웨어 기술 등 조직 운영에 실제로 적용되는 관리기술과 기법들 포함(동기부여, 갈등관리, 통제, 조정, 과업 수행상의 구체적인 기술과 방법)
리더십 스타일 (Leadership Style)	구성원들을 이끌어 나가는 전반적인 조직관리 스타일

25 〈보기〉의 간호부가 사용한 계획적 조직변화 전략으로 가장 옳은 것은?

19 서울

┤ 보기 ├

간호부에서는 투약과 관련된 안전사고를 감소시키기 위한 방법으로 근접오류(near miss)를 보고하고 관리할 수 있는 간호정보시스템을 개발하고 운영 중이다. 그러나 간호사들이 오류 보고 후 뒤따르는 비난과 질책이 두려워 익명화된 시스템임에도 불구하고 보고 자체를 꺼리고 있다는 문제점을 발견하게 되었다. 이에 간호부에서는 환자안전 관련 지침과 자료들을 개발·배포하고, 병동별로 변화촉진자를 선정하여 활성화될 수 있도록 노력하고 있다.

① 동지적 전략
② 규범적 – 재교육적 전략
③ 경험적 – 합리적 전략
④ 권력 – 강제적 전략

25
☑ p.83 10번 PLUS 〈계획적 조직변화를 위한 전략〉 참조

26 직무평가방법에 대한 설명으로 옳은 것은? 19 지방

① 서열법 – 표준 척도 없이 직무별 중요도와 가치를 종합적으로 비교하는 방법
② 점수법 – 중요도가 유사한 직무를 묶어서 분류 후 그룹별 특성을 기술하고 점수를 부여하는 방법
③ 직무등급법 – 기준이 되는 특정 직무를 선정하고 다른 직무를 기준 직무와 비교하여 등급을 결정하는 방법
④ 요소비교법 – 직무평가 요소별로 중요도에 따라 점수를 부여하고 직무별 총점을 산출하는 방법

26
② 중요도가 유사한 직무를 묶어서 분류 후 그룹별 특성을 기술하고 점수를 부여하는 방법 – 직무등급법
③ 기준이 되는 특정 직무를 선정하고 다른 직무를 기준 직무와 비교하여 등급을 결정하는 방법 – 요소비교법
④ 직무평가 요소별로 중요도에 따라 점수를 부여하고 직무별 총점을 산출하는 방법 – 점수법
☑ p.80 06번 PLUS 참조

정답 25 ② 26 ①

27 조직은 다양한 환경으로부터 변화의 압력을 받으며 환경변화에 적절히 대응하기 위해 노력하고 있다. 이러한 조직변화의 유형에 대한 설명으로 가장 옳은 것은? 19 서울추채

① 기술관료적 변화는 개인이나 집단이 그가 속한 사회 혹은 집단의 요구에 의해서 일어난다.
② 사회화 변화는 상관과 부하가 함께 목표를 결정하여 일어난다.
③ 상호작용적 변화는 상관과 부하가 동등한 입장에서 목표를 수립하지만, 무의식중에 다른 사람의 의견을 따를 때 일어난다.
④ 주입형 변화는 사고나 재해, 환경적인 요인 등에 의해서 이루어지고 목표 설정 없이 일어난다.

PLUS

조직변화의 유형

유형	특징
강압적 변화 (coercive change)	권력분배의 불균형으로 한쪽의 일방적인 목적 설정으로 일어나는 변화
경쟁적 변화 (emulative change)	각 조직부서 간 권력에 대한 동일시와 경쟁에 의해 촉진되는 변화
주입식(교호적) 변화 (indoctrinational change)	권력자와 피권력자가 함께 목표를 설정하면서 피권력자가 권력자의 신념을 주입받는 불균형 상태에서 이루어지는 변화
상호작용적 변화 (interactional change)	권력자와 피권력자가 상호 대등한 입장에서 목표를 수립하지만, 충분히 숙고한 뒤에 일어나는 변화라기보다는 무의식중에 다른 사람의 의견을 쫓아서 일어나는 변화
자연적 변화 (natural change)	의도적인 것이 아닌 사고나 환경변화 등 다양한 변화에 의해 이루어지는 변화로 목표 설정 없이 일어남
사회화 변화 (socialization change)	개인이나 집단이 그가 속한 사회 혹은 집단의 요구에 의해 일어나는 변화로 이때 권력자의 생각이 반영되면 주입식 변화가 됨
기술(관료)적 변화 (technocratic change)	자료를 수집하고 해석함으로써 일어나는 변화로, 변화가 일어나도록 자료분석 결과를 보고함
계획적 변화 (planned change)	권력자와 피권력자 간의 공동목표 설정, 대등한 입장, 충분한 심사숙고에 의해 일어나는 변화로, 조직의 변화를 위해 의식적이거나 계획적으로 변화를 기획·설계·이행하는 것

28 모든 조직은 자신의 존재 이유인 조직목적을 가장 잘 성취할 수 있는 형태로 조직을 구조화하는데, 이러한 조직구조의 유형에 대한 설명으로 가장 옳은 것은? 19 서울추채

① 매트릭스 조직은 생산과 기능에 모두 중점을 두는 이중적 조직이다.
② 위원회 조직은 부하에 대한 감독이나 통솔력이 증가한다.
③ 직능 조직은 조직이 작고 단순할 때 운영이 잘 된다.
④ 프로세스 조직은 인적 및 물적 자원을 탄력적으로 운영할 수 있다.

해설

27
① 개인이나 집단이 그가 속한 사회 혹은 집단의 요구에 의해서 일어난다. – 사회적 변화
② 상관과 부하가 함께 목표를 결정하여 일어난다. – 계획적 변화
④ 사고나 재해, 환경적인 요인 등에 의해서 이루어지고 목표 설정없이 일어난다. – 자연적 변화

28
② 부하에 대한 감독이나 통솔력이 증가한다. – 라인 조직
③ 조직이 작고 단순할 때 운영이 잘 된다. – 라인 조직
④ 인적 및 물적 자원을 탄력적으로 운영할 수 있다. – 프로젝트 조직

정답 27 ③ 28 ①

PLUS

구 분	내 용
라인 조직 (직계, 계선 조직)	① 조직 내의 상하의 수직적 계층구조 ② 상층의 관리자가 하층의 부하에게 지시, 명령, 감독을 할 수 있는 관계 ③ 라인 조직의 목표 : 효율성 제고와 생산성 향상
라인-스태프 조직 (계선-막료조직)	① 명령통일의 원칙(시간 절약)과 전문화 원칙(능률)의 조화로 경영관리 기능이 복잡하여도 유연성, 신축성 있게 대응할 수 있는 조직(장점) ② 명령, 조언계통의 혼란 및 갈등, 운영비용의 증대, Staff 비대화의 문제점이 있음(단점)
프로젝트 조직	① 프로젝트 조직 또는 태스크포스는 어떤 특정 목표 또는 과업을 달성하기 위해 비일상적으로 만들어진 임시 조직(Temporary organization)으로서 다양한 전문가들로 구성되어 있음 ② 특수한 업무를 수행하기 위해 만든 일시적인 조직 ③ 과제가 해결되면 원래의 모조직으로 돌아감 ④ 지위가 독립되어 있고 과업이 구체적임
매트릭스 조직 (행렬조직 혹은 그리드 조직 (Grid organization))	① 가능구조와 생산구조가 분리된 것이 아니라 두 구조가 섞인 형태로 프로젝트 조직이 계층적인 라인조직에 완전히 통합된 형태 ② 조직 환경이 불확실하고 조직의 규모가 큰 경우 부서 간 의존성이 높고 생산과 기능 모두 전문화가 필요할 때 유리 ③ 전체를 조정할 수 있는 통합가전의 필요성
위원회 조직	① 조직의 문제를 처리하는 데 개인의 경험과 능력을 바탕으로 기능적인 면을 초월하여 구성 ② 특정한 정책결정이나 과제의 합리적인 해결을 목적으로 함
직능 조직	① 업무를 비슷한 유형별로 봉합시켜 조직을 부문화한 조직 ② 스태프 조직의 구성원이 단순히 충고나 조언의 기능을 넘어 라인에 있는 직원에게 명령할 수 있도록 권한을 부여
팀 조직	① 종전의 부서 간, 계층 간, 장벽을 허물고 실무자 간, 담당자와 팀장 간의 팀워크를 강조한 조직 ② 급변하는 시장과 환경에 적응하기 위해 도입함

29 〈보기〉의 간호전달체계의 종류는? 19 서울 추채

── 보기 ──

전문직 간호사와 간호보조인력이 함께 팀을 이루어 일을 하는 것으로, 일반적으로 2~3명의 간호요원이 분담 받은 환자들의 입원에서 퇴원까지 모든 간호를 담당한다.

① 팀간호
② 모듈간호
③ 일차간호
④ 사례관리

해설

29
모듈간호방법은 전문요원과 비전문요원이 함께 팀을 이루고, 일반적으로 2~3명의 간호요원이 분담 받은 환자들이 입원하여 퇴원할 때까지의 모든 간호를 담당한다. 재정난과 인원변동이 잦아 어려움이 있는 병원에서 질적 환자간호와 전문적 간호를 증진하여 보다 효율적인 전달체계를 제공하기 위한 방법이다.

정답 29 ③

> **PLUS**
>
> 간호전달체계
>
> | | |
> |---|---|
> | 사례방법 | 가장 오래된 전인적인 간호방법으로 한 명의 대상자를 돌보는 것 |
> | 총체적 간호법 | 간호사가 지정된 특정한 근무시간에만 그 환자의 총체적 간호를 책임지는 것을 의미하며 여덟시간 근무 내에서 한 명의 대상자에 대한 책임 |
> | 기능적 분담방법 | 간호업무를 기능별로 나누어서 각 간호인력이 전체 간호업무를 한 두가지씩 기능을 분담하게 하는 방법 |
> | 팀간호방법 | 다양한 간호인력이 팀을 이루면서 몇 명의 환자를 공동으로 간호하는 방법 |
> | 일차간호 | 한 명의 간호사가 담당하는 환자 4~5명의 병원 입원에서 퇴원까지의 24시간 전체의 간호를 책임지는 방법
환자를 담당하는 간호사가 정해지면 환자가 퇴원한 후나 그 기관에 다시 입원한 경우에도 그 환자의 간호를 지속적으로 책임지는 것 |
> | 모듈간호방법 | 일차간호방법을 실행할 간호사가 부족할 때 사용되며 재정난과 인원 변동이 잦아 어려움이 있는 병원에서 질적 환자간호와 전문적 간호를 증진하여 효율적인 전달체계를 제공하기 위한 방법
전문직원과 비전문직원이 함께 일한다는 점에서 팀 간호와 유사하고 환자의 입원에서 퇴원, 추후관리, 재입원 시 그 환자를 담당한 모듈의 간호사가 간호를 맡는 점이 일차간호방법과 유사 |
> | | **장점** / **단점**
• 한 모듈에 동일한 간호사가 배치되면 간호의 일관성이 유지될 수 있다.
• 일차간호방법을 실행할 간호사가 부족하거나 재정난과 인원변동이 잦아 어려움이 있는 병원에서 질적·전문적 간호를 증진할 수 있다. / 간호 단위가 커서 환자를 돌보기 위해 모듈을 여러개로 구분할 경우 투약카드나 공급품 등의 모듈별 구매에 따른 예산이 증가될 수도 있다. |
> | 사례관리 | 표준진료지침을 사용하여 특정 기간 내 수행될 건강관리팀의 의무와 이를 통해 기대되는 환자의 결과를 미리 예상하여 건강 서비스를 제공하는 방법 |

30 조직 구성원들이 수행하는 과업의 수와 빈도를 변화시킴으로써 조직 구성원들이 직무를 수행하는 과정에서 성취감, 인정감 등의 요인을 발휘할 수 있도록 직무를 설계하고자 한다. 이때 적용할 수 있는 이론의 개념으로 가장 옳은 것은? 18 서울

① XY이론의 X론적 관점
② 2요인 이론의 동기요인
③ 욕구단계이론의 생리적 욕구
④ ERG 이론의 존재 욕구

해설

30
허츠버그(Frederick Herzberg)는 매슬로우의 욕구단계이론을 확대하여 2요인론인 동기-위생이론을 제안하였으며 인간에게는 이질적인 2가지 욕구가 동시에 존재한다고 주장했다. 동기요인은 직무내용과 관련된 만족요인으로, 이것이 충족되면 근무의욕이 향상되고 자기실현이 달성되어 장기적으로 업무 효과가 높아진다는 이론이다.

정답 30 ②

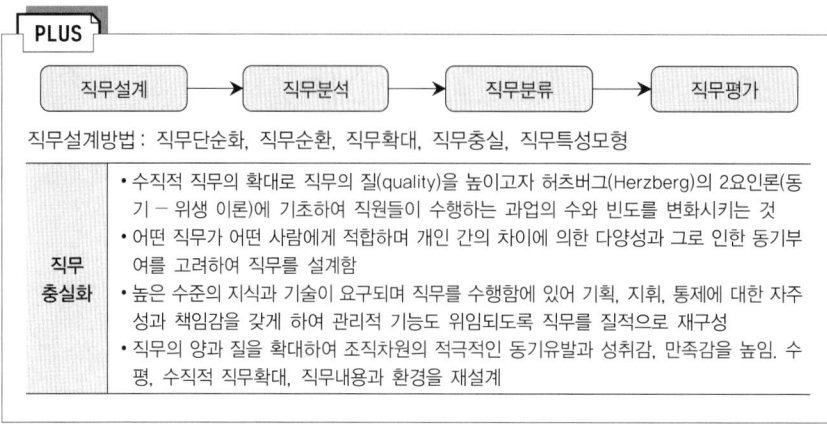

직무설계방법: 직무단순화, 직무순환, 직무확대, 직무충실, 직무특성모형

직무 충실화	• 수직적 직무의 확대로 직무의 질(quality)을 높이고자 허츠버그(Herzberg)의 2요인론(동기 – 위생 이론)에 기초하여 직원들이 수행하는 과업의 수와 빈도를 변화시키는 것 • 어떤 직무가 어떤 사람에게 적합하며 개인 간의 차이에 의한 다양성과 그로 인한 동기부여를 고려하여 직무를 설계함 • 높은 수준의 지식과 기술이 요구되며 직무를 수행함에 있어 기획, 지휘, 통제에 대한 자주성과 책임감을 갖게 하여 관리적 기능도 위임되도록 직무를 질적으로 재구성 • 직무의 양과 질을 확대하여 조직차원의 적극적인 동기유발과 성취감, 만족감을 높임. 수평, 수직적 직무확대, 직무내용과 환경을 재설계

31 〈보기〉의 설명에 해당되는 조직화의 원리로 가장 옳은 것은? 18 서울

―― 보기 ――
- 업무가 단순화되어 업무처리 시간과 비용이 절감된다.
- 업무의 효율성과 생산성이 높아진다.
- 단조로운 업무는 구성원의 흥미를 낮춘다.

① 조정의 원리
② 계층제의 원리
③ 통솔범위의 원리
④ 분업과 전문화의 원리

분업 – 전문화의 원리	업무를 그 종류와 성질에 따라 나누어 조직구성원들에게 한 가지 주된 업무를 분담시킴으로써 조직관리상의 능률을 향상시키려는 원리 업무 능률적이고 신속하게 수행하게 됨, 업무의 기계화를 통한 개인적 차이를 해결함 단순하고 단조로운 업무로 인해 흥미와 창의력이 상실되기도 한다.	
분업의 유형	• 일의 전문화: 업무를 세분화하여 반복적·기계적 업무로 단순화시키는 것 • 사람의 전문화: 사람이 교육과 훈련에 의하여 전문가가 되는 것	
	장점	단점
분업의 장·단점	• 업무의 단순화 세분화 → 업무 시간 단축 • 전문화에 의해 능률적 업무 수행이 가능해지고 시간과 비용이 절감 • 조직의 합리적 편성이 이루어지며 인간의 능력을 기계적으로 이용할 수 있다. • 특정 분야의 전문가 양성이 가능하다. • 업무가 분업 – 전문화될수록 보다 효과적 능률적으로 일할 수 있음 → 업무의 효율성과 생산성 향상	• 단순 업무의 반복으로 흥미를 상실할 우려가 있다. • 개인 간, 부서 간 할거주의가 야기되어 조정·통합을 저해할 수 있다. • 창조성이 결여되고 권태감·소외감을 느낄 수 있다. • 특정 분야에 대해서는 전문가이지만 시야가 좁고 전체적 통찰력을 지니기 어렵다. • 인간의 기계화를 초래할 우려가 있다. • 인간의 지식·기술·능력에는 한계가 있다.

정답 31 ④

32 직무충실화에 의하여 동기부여가 효과적인 사람은? 18 지방

① 존재욕구가 강한 사람
② 친교욕구가 강한 사람
③ 자아실현욕구가 강한 사람
④ 소속욕구가 강한 사람

PLUS		
직무 충실화	• 수직적 직무의 확대로 직무의 질(quality)을 높이고자 허츠버그(Herzberg)의 2요인론(동기 – 위생 이론)에 기초하여 직원들이 수행하는 과업의 수와 빈도를 변화시키는 것 • 어떤 직무가 어떤 사람에게 적합하며 개인 간의 차이에 의한 다양성과 그로 인한 동기부여를 고려하여 직무를 설계함 • 높은 수준의 지식과 기술이 요구되며 직무를 수행함에 있어 기획, 지휘, 통제에 대한 자주성과 책임감을 갖게 하여 관리적 기능도 위임되도록 직무를 질적으로 재구성 • 직무의 양과 질을 확대하여 조직차원의 적극적인 동기유발과 성취감, 만족감을 높임. • 수평, 수직적 직무확대, 직무내용과 환경을 재설계	
	장점	단점
	• 구성원 스스로 직무수행을 한 결과, 느끼는 성취감과 인정감을 통해 개인적인 성장을 경험한다. • 직무에 따른 경제적인 보상보다 심리적 만족을 얻도록 동기유발을 하거나 새로운 지식획득의 기회를 제공하고 근무시간 조정 및 결과에 따른 피드백을 제공하여 개인이 자아실현을 할 수 있는 기회를 제공한다.	• 직무를 담당할 때 높은 수준의 지식과 기술이 요구되기 때문에 능력이 안 되는 경우 구성원으로 하여금 불안과 갈등 및 착취당한다는 느낌을 갖게 할 수 있다. • 관련된 직무를 전면적으로 검토해야 하기 때문에 비용보다 이점이 많을 때 실시해야 한다.

33 다음 기준을 사전에 설정한 후 이에 따라 해당 직무의 등급을 평가하는 방법은? 18 지방

- 1등급: 높은 수준의 학습과 오랜 경험을 필요로 하고, 판단력과 독자적인 사고가 항상 요구되는 과업을 수행
- 2등급: 높은 수준의 학습을 필요로 하고, 판단력과 독자적인 사고가 자주 요구되는 과업을 수행
- 3등급: 사전에 간단한 학습을 필요로 하는 과업을 수행
- 4등급: 매우 단순하고 반복적인 과업을 수행

① 서열법
② 점수법
③ 요소비교법
④ 직무분류법

정답 32 ③ 33 ④

34 다음 설명에 해당하는 간호전달체계 유형은? 18 지방

- 비용의 절감과 질 보장을 목적으로 환자가 최적의 기간 내에 기대하는 결과에 도달할 수 있도록 고안됨
- 모든 의료팀원들의 다학제적 노력을 통합하여 환자 결과를 향상시키는 데 초점을 둠

① 사례관리 ② 팀간호방법
③ 일차간호방법 ④ 기능적 분담방법

PLUS

사례관리		
		최적의 기간 내에 기대하는 결과에 도달할 수 있도록 환자에게 제공하는 간호의 질을 높이면서 경제적 효율성을 높일 수 있는 방법, 표준진료지침(Critical pathway)-순서에 따른 진료계획표을 이용함 표준진료지침을 사용하여 특정 기간 내 수행될 건강관리팀의 의무와 이를 통해 기대되는 환자의 결과를 미리 예상하여 건강 서비스를 제공하는 방법 사례관리는 양질의 의료서비스를 제공하고 장소의 이동에 따른 간호의 분절화를 감소시키며 환자의 삶의 질을 높이고 건강관리에 필요한 자원활용의 효율화와 비용억제에 목표
	장점	• 대상자를 보건의료체계 중심에 두고 관리하기 때문에 입원환자의 재원기간을 단축하고, 병상회전율을 높이며 비용을 절감할 수 있다. • 의료팀 간의 의사소통이 촉진되고 치료계획의 공유와 협조적인 분위기가 조성되어 직원들 간의 직무만족도가 높아진다. • 의료서비스의 지속성을 확보하고 간호의 질을 보장하며, 대상자와 가족의 자가간호 능력 향상으로 만족도가 높아진다. • 건강관리 서비스에 대한 질적 관리의 효율성 측면에서는 중재에 따른 환자의 결과를 예상할 수 있으며 계획된 환자의 결과를 보고·평가함으로써 문제 해결이 즉시 이루어질 수 있다. • 간호실무의 초점이 단순 업무에서 사례에 대한 책임으로 바뀌게 되어 간호사의 책임감과 자율성이 증가 • 사례관리의 다학제적 접근을 통해 전인간호를 제공할 수 있으며, 전문 간호사 제도의 활성화를 기대할 수 있다. 특히, 사례관리자가 환자를 지역사회로 의뢰하게 될 경우에 가정간호제도가 활성화될 수 있다. • 환자 간호에 대한 표준 설정의 기틀을 마련할 수 있으며, 간호표준의 실천 및 평가와 직접간호 시간의 증가를 통해서 환자중심의 간호를 적극 실현할 수 있다. • 표준진료지침은 신규간호사나 학생들의 교육을 위한 자료로 활용될 수 있다.
	단점	• 표준진료지침의 적용에 따라 진료과정이 이루어지기 때문에 진료의 자율권이 침해될 수 있다. • 표준진료지침의 기준에 의해 환자가 정해진 기간 동안만 진료를 받을 수 있기 때문에 의료과실의 발생 위험과 의료서비스의 질 저하를 초래할 수 있다.

✅ p.00 18번 PLUS 〈간호전달체계〉 참조

35 조직화의 원리 중 '계층제의 원리'에 대한 설명으로 옳은 것은? 17 지방 추채

① 효과적으로 관리할 수 있는 부하 직원의 수를 한정한다.
② 조직의 업무를 종류와 내용별로 나누어 분담한다.
③ 관리자를 최고 - 중간 - 일선 관리자로 등급화한다.
④ 공동의 목표를 달성하기 위하여 부서 간 분쟁을 해결한다.

해설

35
① 통솔범위의 원리
② 분업전문화의 원리
④ 조정의 원리
계층제의 원리는 조직 구성원들의 권한, 책임, 의무 정도에 따라 상하 계급이나 계층별로 배열하여 집단화한 뒤, 각 계층 간에 권한과 책임을 배분하고 명령계통과 지휘·감독의 체계를 확립하는 것이다.

정답 34 ① 35 ③

PLUS		
계층제의 원리	조직구성원들의 권한·책임, 의무 정도에 따라 상하계급이나 계층별로 배열하여 집단화한 후 각 계층간에 권한과 책임을 배분하고 명령계통과 지휘, 감독의 체계를 확립하는 것	
	장점	단점
	• 조직 내 명령을 통일 • 조직의 내부통제의 통로 • 승진을 통한 사기의 증진을 도모 • 조직 내 권한과 책임의 위임 통로 • 조직의 목표 설정과 업무 배분의 수단 • 조직 내 공식적인 의사결정의 통로로 책임이 분명 • 지휘와 감독을 통한 조직의 질서유지의 통로 • 상명하복의 통솔에 의해 조직의 안정성을 유지 • 조직의 통솔, 통합, 조정 및 갈등의 해결을 위한 수단	• 업무를 위한 계층제가 비합리적으로 인간을 지배할 가능성이 있음 • 계층수가 많아짐에 따라 의사소통의 왜곡이 초래되고 환경에 신축성 있는 대응을 어렵게 함 • 조직 구성원들의 개성을 무시하고 소속감을 저하시키고 창의성을 방해 • 지나친 수직관계는 조직의 경직성을 초래하고, 융통성 있는 인간관계의 형성을 저해 • 하위층의 근무의욕을 상실시키고 특히 자율성과 전문성이 중요한 전문가를 소외시킴

36 권한위임에 대한 설명으로 옳은 것은? 17 지방 추채

① 사안이 중요할수록 위임의 정도는 높아진다.
② 조직의 규모가 클수록 위임의 정도는 낮아진다.
③ 상·하위 계층의 모든 구성원이 전문성을 살릴 수 있다.
④ 업무의 분산으로 조직 전체의 비용이 감소한다.

PLUS	
권한	다른 사람들에게 명령을 내리고 그 명령에 따르도록 요구할 수 있는 직위상의 권리, 직위에 국한된 권력
권한의 위임	조직을 부서별로 나누고 그에 맞는 권한을 하위자에게 할당하는 것(분권화에 의한 권한 위임) 조직의 규모가 커질수록 상위 계층의 관리자가 해야 할 일이 많아지는데 이럴 때는 모든 업무를 일일이 다 지시하고 감독할 수 없으므로 하위계층의 관리자가 대신 수행할 수 있도록 자신이 가지고 있는 힘의 일부를 넘겨주는 것
권한 위임할 때 고려사항	• 조직의 규모: 규모가 클수록 권한의 위임 정도가 높아진다. • 사안의 중요성: 중요할수록 권한의 위임 정도가 낮아진다. • 과업의 복잡성: 전문적 지식이 있는 사람에게 위임한다. • 조직문화: 하위자의 능력을 인정하는 조직문화일 때 권한 위임의 정도가 높아진다. • 하위자의 자질: 하위자의 능력, 기술, 동기부여 정도에 따라 다르게 위임한다.

37 조직 구조 유형에 대한 설명으로 옳은 것은? 17 지방 추채

① 라인 조직 - 특정한 과제를 달성하기 위한 임시 조직이다.
② 프로젝트 조직 - 구성원의 수직적 권한과 책임을 강조한다.
③ 매트릭스 조직 - 구성원 간 위계가 없는 자율적인 조직이다.
④ 네트워크 조직 - 고도의 분권화, 수평화, 이질성이 나타난다.

해설

36
① 사안이 중요할수록 위임의 정도는 낮아진다.
② 조직의 규모가 클수록 위임의 정도는 높아진다.
④ 업무의 분산으로 조직 전체의 비용이 증가한다.

37
① 특정한 과제를 달성하기 위한 임시 조직이다. → 프로젝트 조직
② 구성원의 수직적 권한과 책임을 강조한다. → 라인 조직
③ 매트릭스 조직 계층적인 명령계통에서 이루어지는 수직적 통합과 프로젝트팀의 구성원 사이의 상호작용으로 이루어지는 수평적인 통합 측면이 서로 보완되어 있다.

정답 36 ③ 37 ④

38 진료계획표를 적용한 입원환자 사례관리에 대한 설명으로 옳지 않은 것은?

17 지방추채

① 고위험·고비용 질병을 대상으로 한다.
② 의료서비스의 지속성을 향상시킨다.
③ 진료의 자율성을 증가시킨다.
④ 다학제 전문 분야의 협력을 유도한다.

해설

38
③ 진료계획표(진료지침서)를 적용한 사례관리는 표준진료지침의 적용에 따라 진료과정이 이루어지기 때문에 진료의 자율권이 침해될 수 있다.

PLUS

사례 관리	최적의 기간 내에 기대하는 결과에 도달할 수 있도록 환자에게 제공하는 간호의 질을 높이면서 경제적 효율성을 높일 수 있는 방법, 표준진료지침(Critical pathway)-순서에 따른 진료계획표을 이용함 표준진료지침을 사용하여 특정 기간 내 수행될 건강관리팀의 의무와 이를 통해 기대되는 환자의 결과를 미리 예상하여 건강 서비스를 제공하는 방법 사례관리는 양질의 의료서비스를 제공하고 장소의 이동에 따른 간호의 분절화를 감소시키며 환자의 삶의 질을 높이고 건강관리에 필요한 자원활용의 효율화와 비용억제에 목표
	장점: • (약속된 진료만 제공함으로써) 재원기간을 단축시킴 • 비용의 절감 • 다학제 건강관리팀 간 의사소통이 촉진되어 전인간호가 가능함 • 간호사의 책임과 자율성이 증가됨
	단점: • 조기 퇴원으로 의료과실 발생 위험이 높아짐 • 의료서비스의 질이 저하됨 • 표준진료지침의 적용에 따라 진료과정이 이루어지기 때문에 진료의 자율권이 침해

39 A병원 간호부에서는 최근 당뇨병 환자 교육을 위한 프로토콜을 준비하기 위해 간호실무교육 담당자, 내과병동 간호과장, 당뇨 환자 간호경력 5년 이상인 간호사로 조직을 구성하였다. 이 조직의 특성으로 옳은 것은?

17 서울

① 다기능적인 업무를 수행할 때 책임 소재가 분명하다.
② 환경에 빠르게 대처하기 쉽고 기동성이 높다.
③ 조직 구성원간의 책임이 상하관계로 구성된다.
④ 업무가 지연되어 혼란스러울 수 있다.

39
특수한 업무를 수행하기 위해 임시로 조직의 인적·물적 자원을 결합한 조직을 프로젝트 조직이라고 한다.
① 다기능적인 업무를 수행할 때 책임 소재가 불분명하다.
③ 라인조직, 관료제의 특성이다.
④ 프로젝트 조직, 매트릭스 조직 모두의 단점이 될 수 있다.

PLUS

• 어떤 특정 목표 또는 업무를 달성하기 위해 창설된 임시적·동태적 조직으로, 복잡하고 비일상적인 업무를 다룬다.
• 과제 중심 조직의 성격
• 달성해야 할 분명한 조직목적과 완성해야 할 분명한 마감시간이 있다.
• 목적을 달성하기 위해 각 분야의 전문가들이 함께 모여서 협력하는 조직
• 조직 내에서 구성원들은 거의 완벽한 수평관계
• 프로젝트가 완성되고 나면 해산하여 원래의 모(母)조직으로 돌아가는 탄력적인 조직
• 최고관리자가 프로젝트의 목표와 시간의 한계, 일반적 지침 등을 정하고 팀의 장을 지명

정답 38 ③ 39 ②

장점	단점
• 프로젝트의 진행에 따라 인적자원과 물적자원을 탄력적으로 운영함 • 목적이 분명하고 조직원 각자의 정체성이 확인됨 • 조직에 기동성을 부여하고 업무를 신속·정확 효과적으로 수행할 수 있음 • 프로젝트의 목적 달성을 지향하므로 구성원이 개인이 이해보다는 과제 해결에 우선하여 사기를 높임 • 조직이 환경변화에 민감하게 반응하여 기술개발업무, 신규사업, 경영혁신사업 등 다양한 영역에서 활용함	• 전문가로 구성된 일시적·한정적인 혼성조직이므로 프로젝트 관리자의 관리(지휘)능력에 의해 결과가 크게 좌우됨 • 기존 조직과의 관계에서 멤버들로 하여금 자신의 원조직에 대한 명령통일성과 충성심을 약화시킬 수 있음 • 프로젝트 조직에 파견된 사람은 선택된 사람이라는 우월감을 갖게 되어 조직의 단결을 저해함 • 한시적 조직이므로 추진 업무의 일관성과 계속성을 유지하기가 어려움 • 리더(최고관리자)에 의존적임

40 A병원 응급실에 배치된 신규 간호사는 환자들의 고통으로 인한 소음, 앰뷸런스의 경적, 각종 기구의 소음과 관련하여 불안과 두려움을 호소하였다. 간호부에서는 이를 고려하여 근무부서를 변동하기로 하였다. 이때 고려하여야 할 가장 객관적인 자료는? 17 서울

① 직무평가
② 직무기술서
③ 연공서열
④ 직무명세서

해설

40
직무가 요구하는 특성을 더욱 상세하게 기술한 것으로 특정 임무를 효과적으로 수행하는 데 필요한 개인의 여건과 능력에 대한 기록을 직무명세서라고 한다.

PLUS

직무분석	• 직무분석은 조직 내에 존재하는 직위의 본질과 기능요건을 규명하는 것(직무의 X-ray 사진과 같은 것) • 조직 내 특정 직위에서 요구되는 책임을 수행하기 위해 필요로 하는 지식, 기술, 태도, 성격 요건 등을 규명하는 것 → 직무분석을 통해 직무기술서와 직무명세서를 개발
직무기술서	• 직무에 대한 설명서로 직무분석의 결과에 따라 작성되며 직무에 대해 자세히 해설한 것 • 직무분석을 통해 얻은 직무에 관한 자료와 정보를 직무의 특성에 중점을 두고 체계적으로 정리·기록한 문서로, 직무 자체의 과업, 책임, 의무를 규명한 목록
직무명세서	특정한 직무를 수행하는 데 갖추어야 할 최소한의 인적 자격요건을 기술한 문서로, 그 직무를 수행할 사람의 성별, 연령, 신장과 체중, 성격, 지능, 경험의 정도, 지식, 기술, 기능, 행동, 체력, 교육 수준과 이해력 수준, 기타 인적 요건 등이 포함

정답 40 ④

41 현재 내과병동에서 10년째 근무 중인 A간호사는 능숙하게 근무를 수행하고 있다. 그러나 최근 업무에 대한 단조로움과 흥미상실을 호소하며 업무에 집중하지 못하는 모습을 보이고 있다. 해당 병동의 간호관리자는 A간호사에게 '직무충실화'를 적용하여 문제를 해결하려고 한다. 다음 중 간호관리자가 취할 행동으로 옳은 것은? 17 서울

① A간호사가 담당한 업무의 가짓수를 줄여주어 업무의 효율을 도모한다.
② A간호사를 외과병동에서 근무하도록 하여 새로운 직무를 배울 기회를 준다.
③ A간호사가 현재 하고 있는 업무를 세분화하여 직무에 대한 재교육을 실시한다.
④ A간호사에게 책임간호사의 업무를 위임하여 관리 능력 개발을 강화한다.

PLUS

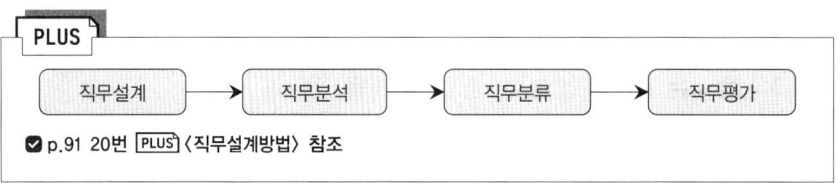

✅ p.91 20번 PLUS 〈직무설계방법〉 참조

해설

41
① 직무단순화
② 직무순환
③ 직무순환
직무충실화에는 높은 수준의 지식과 기술이 요구되며 직무를 수행하면서 기획, 지휘, 통제에 대한 자주성과 책임감을 갖게 하여 관리적 기능도 위임 되도록 직무를 질적으로 재구성하게 된다.

42 다음 글에서 설명하는 조직화의 원리는? 17 지방

- 조직의 공동 목표를 달성하기 위해 집단의 노력을 질서 있게 배열함으로써 조직의 존속과 효율화를 도모한다.
- 조직 내의 제반 활동을 통일시키는 작용으로, 분업과 전문화가 매우 심화된 현재 보건의료 조직에서 각 하부 시스템 간의 시너지 효과가 극대화 될 수 있도록 하는 원리이다.

① 통솔범위의 원리
② 분업전문화의 원리
③ 조정의 원리
④ 명령통일의 원리

42
조직의 공동목표를 위해 조직 내의 제반 활동을 통일시키는 것은 조정의 원리이다.
✅ p.82 09번 PLUS 〈조직화의 기본원리〉 참조

정답 41 ④ 42 ③

43 다음 글에서 설명하는 직무설계방법은? 17 지방

- K병원 간호부는 간호·간병통합서비스를 시행하려고 한다. 이에 따라 기능적 간호 업무 분담체계를 팀 간호체계로 전환하고자 한다.
- 이때 단순업무를 담당하는 간호사에게 난이도가 높고 보다 질적인 간호업무를 수행하도록 하여 성취감을 발휘할 수 있도록 한다.

① 직무충실화
② 직무순환
③ 직무확대
④ 직무단순화

해설

43
업무의 가짓수를 축소 또는 확대하지 않고 부서의 이동 없이 질적인 업무수행을 하여 성취감을 발휘할 수 있도록 하는 것은 직무충실화이다.

✔ p.91 20번 PLUS 〈직무설계방법〉 참조

정답 43 ①

신희원 간호관리
기출문제집

Part 04

인사관리

PART 04 인사관리(인적자원관리)

01 직무수행평가 시 피평가자의 우수한 요소에 영향을 받아 다른 요소도 높게 평가하는 오류는? 25 보건직

① 혼 효과(horn effect)
② 후광 효과(halo effect)
③ 근접 착오(recency error)
④ 중심화 경향(central tendency)

PLUS

후광효과 (현혹효과, halo effect)	평정자의 긍정적 인상에 기초하여 특정 요소가 특출하게 우수하여 다른 평가요소도 높게 평가받는 경향을 의미한다. 판단력이 좋은 것으로 인식되어 있으면 책임감과 능력도 좋은 것으로 평가하는 것
혼효과 (horn effect)	평정자가 피평정자의 부정적인 면을 보게 되어 피평자에 대해 지나치게 비평적인 경우로, 피평정자는 실제 능력보다 낮게 평가되는 것 예 부하직원의 어느 특성이 부족하다고 생각되면 다른 요소도 부족한 것으로 평가하는 경향이다.
근접 착오 (recency error)	시간적 오류(근시오류, recency error) 평가 직전에 있었던 최근의 일들이 평가에 영향을 미치는 경우를 말하며, 기억할 수 있는 최근의 실적행동이나 능력을 중심으로 평가하는 것
중심화 경향 (central tendency error)	관리자가 근무성적 평정 때 극단적인 평가를 기피하는 인간의 심리적인 경향으로 발생되는 평가자의 평점이 모두 중간에 집중되는 경향

해설

01
② 후광효과(현혹효과, halo effect)

02 다음을 포함하는 인적자원관리 활동은? 25 보건직

- 간호인력 산정
- 인력 모집 및 선발
- 인력 배치

① 직무관리
② 확보관리
③ 개발관리
④ 유지관리

정답 01 ② 02 ②

PLUS
인적자원관리

직무관리	조직구조를 구성하는 직무를 설계하여 직무체계를 형성하고 각 직무분석을 통해 과업내용과 직무를 직무관리 수행하는 구성원의 자격조건을 설정하고 그리고 직무를 평가하는 기능을 포함하며, 직무설계, 직무분석, 직무평가와 관련된 활동
확보관리	유능한 인적자원을 조직 내부로 끌어들여 확보하는 것을 말하고, 그 내용으로는 간호인력의 예측 및 계획, 모집 및 선발, 인력 배치에 관한 활동이 포함
개발관리	인적자원의 능력을 개발하여 증대시키는 것을 말하며 그 내용으로는 인력 개발, 승진 및 전보, 경력 개발, 직무수행평가에 관한 활동이 포함
유지관리	유능한 인적자원이 조직 내에 장기간 머물도록 유지하는 것을 말한다. 인적자원의 유지에는 보상관리, 직원훈육, 결근 및 이직관리, 노사관계관리, 협상과 관련된 활동이 포함

03 다음 중 인력 충원을 위한 내부 모집의 장점은? 25 보건직

① 인력 충원 비용이 절감된다.
② 기관에 대한 홍보 효과가 있다.
③ 조직 내 과도한 경쟁을 예방한다.
④ 유능한 전문가의 영입 가능성이 높아진다.

PLUS

	내부모집	외부모집
개념	• 내부모집은 간호조직 안에서 특정한 직무를 수행할 적임자를 찾아내는 것 • 내부모집은 조직 자체 내에서 승진자를 전환·배치함으로써 필요로 하는 요원을 보충하는 방법 (예 수술실, 신부전투석실 간호사 모집)	퇴직, 사고, 이직과 같은 자연적인 인력변동과 함께 조직의 성장이나 기술 변화 등으로 인해 내부 모집만으로는 불충분한 경우 조직 밖에서 필요 인력을 모집하는 것
장점	• 직원의 사기와 응집력이 향상됨 • 신속한 충원과 충원비용 절감 • 훈련과 사회화 시간의 단축 • 조직구성원의 기능을 자세히 분석할 수 있는 계기 • 고과 기록 보유로 적합한 직원을 적재적소에 배치 → 정확한 능력평가	• 모집범위가 넓어 유능한 인재확보가 가능 • 인력개발 비용이 절감 • 새로운 정보와 지식을 제공하고 조직에 활력 • 조직 홍보 효과 • 승진·이동의 연쇄효과로 인한 혼란 가능성을 차단
단점	• 모집범위 제한으로 유능한 인재의 영입에 한계 • 동창, 친족관계, 동향관 등으로 파벌 조성이 가능 • 다수 인원 채용 시 인력공급 불충분 • 승진되지 않은 구성원의 좌절감 • 인력개발비용 증가 • 창의성 결여로 조직발전에 장애 • 급속한 성장기엔 공급부족 현상이 발생할 수 있음 • 조직내부이동의 연쇄효과로 인한 혼란을 야기할 가능성 증가	• 권력에 의해 부적격자를 채용할 가능성이 있음 • 기관 내부에 파벌이나 불화 조성의 우려 • 외부모집으로 인하여 내부인력의 사기가 저하 될 수 있음 • 채용에 따르는 비용이 소요됨 • 채용된 직원의 적응기간이 장기화될 우려

해설

03
②③④ 외부모집의 장점

정답 03 ①

04 직무수행평가 시 극단적인 평점을 피하려는 평가자의 심리적 현상으로 인해 발생하는 오류는? 24 보건직

① 후광 효과
② 중심화 경향
③ 시간적 오류
④ 논리적 오류

PLUS

후광효과	피고과자의 긍정적 인상에 기초하여 평가 시 어느 특정 요소의 우수함이 다른 평가요소에서도 높이 평가받는 경향
중심화 경향	관리자가 근무성적 평정 때 극단적인 평가를 기피하는 인간의 심리적인 경향으로 발생되는 평가자의 평점이 모두 중간에 집중되는 경향
시간적 오류	평가 직전에 있었던 최근의 일들이 평가에 영향을 미치는 경우를 말하며, 기억할 수 있는 최근의 실적행동이나 능력을 중심으로 평가하는 것
논리적 오류	2가지 평정요소 간에 논리적인 상관관계가 있는 경우, 어느 한 요소가 우수하면 다른 요소도 우수하다고 쉽게 판단하는 경향

05 인적자원관리의 각 과정과 그에 포함되는 활동 내용을 옳게 짝지은 것은? 23 서울

① 확보관리 - 이직관리
② 개발관리 - 내적보상
③ 보상관리 - 모집, 선발
④ 유지관리 - 인간관계관리

PLUS

인적자원관리 과정

직무관리	• 조직구조를 구성하는 직무를 설계하여 직무체계를 형성하고 각 직무분석을 통해 과업의 내용과 직무를 수행하는 구성원의 자격조건을 설정하고 그리고 직무를 평가하는 기능 • 직무설계, 직무분석, 직무평가활동
확보관리	• 유능한 인적자원을 조직 내부로 끌어들여 확보하는 것 • 간호업무량 예측, 간호인력산정, 환자분류체계를 이용하기 • 목표 달성에 필요한 유능한 인재를 모집 선발·채용·배치(인력 수준 예측 및 조정포함)
개발관리	• 기능이 확보된 인재의 유능성을 지속적으로 유지하기 위한 교육·훈련이나 역량 개발 • 인력개발, 승진 전보, 경력개발, 직무수행평가
보상관리	• 임금체계(기본급, 부가급), 복리후생과 내적 보상
유지관리	• 유능한 인적자원이 조직 내에 장기간 머물도록 유지하는 것 • 근로조건의 개선 및 인간관계 개선 노사관계 안정, 노동 질서의 유지 발전 및 근로생활의 질(QWL, Quality of work life)의 향상 • 보상관리, 직원 훈육, 결근 및 이직관리, 노사관계관리, 협상과 관련된 활동

해설

05
① 이직관리 - 유지관리
② 내적보상 - 보상관리
③ 모집, 선발 - 확보관리

정답 04 ② 05 ④

06 인력모집 방법 중 〈보기〉에서 설명하는 유형의 장점으로 가장 옳은 것은?

23 서울

보기

〈QI실 간호사 모집〉

원내 간호사 대상으로 적정진료관리실(QI실) 간호사를 모집하오니 관심 있는 간호사들은 아래 내용을 참고하여 지원하시기 바랍니다.(담당자 연락처 : 원내 ○○○○)
- 지원서 접수기간 : 2023. 6.1~15
- 지원서 접수 사이트 : ××× . ○○○ @ ×××

---

① 인력개발 비용이 절감된다.
② 직원의 사기가 향상된다.
③ 모집범위가 넓어 유능한 인재의 확보가 가능하다.
④ 새로운 정보, 지식이 제공되고 조직에 활력을 불어넣을 수 있다.

PLUS

	내부모집	외부모집
개념	• 내부모집은 간호조직 안에서 특정한 직무를 수행할 적임자를 찾아내는 것 • 내부모집은 조직 자체 내에서 승진자를 전환·배치함으로써 필요로 하는 요원을 보충하는 방법 (**예** 수술실, 신부전투석실 간호사 모집)	퇴직, 사고, 이직과 같은 자연적인 인력변동과 함께 조직의 성장이나 기술 변화 등으로 인해 내부 모집만으로는 불충분한 경우 조직 밖에서 필요 인력을 모집하는 것
장점	• 직원의 사기와 응집력이 향상됨 • 신속한 충원과 충원비용 절감 • 훈련과 사회화 시간의 단축 • 조직구성원의 기능을 자세히 분석할 수 있는 계기 • 고과 기록 보유로 적합한 직원을 적재적소에 배치 → 정확한 능력평가	• 모집범위가 넓어 유능한 인재확보가 가능 • 인력개발 비용이 절감 • 새로운 정보와 지식을 제공하고 조직에 활력 • 조직 홍보 효과 • 승진·이동의 연쇄효과로 인한 혼란 가능성을 차단
단점	• 모집범위가 넓어 유능한 인재 확보 가능 • 인력개발 비용이 절감 • 새로운 정보·지식이 제공되고 조직에 활력 제공 • 조직 홍보 효과가 있음 • 승진·이동의 연쇄효과로 인한 혼란 가능성 차단	• 권력에 의해 부적격자를 채용할 가능성이 있음 • 기관 내부에 파벌이나 불화 조성의 우려 • 외부모집으로 인하여 내부인력의 사기가 저하 될 수 있음 • 채용에 따르는 비용이 소요됨 • 채용된 직원의 적응기간이 장기화될 우려

해설

06
① 인력개발 비용이 절감 – 외부모집(경력자채용)
③ 모집범위가 넓어 유능한 인재의 확보가 가능하다. – 외부모집
④ 새로운 정보, 지식이 제공되고 조직에 활력을 불어넣을 수 있다. – 외부모집

정답 06 ②

07 〈보기〉에서 제시하고 있는 직무수행평가 유형으로 가장 옳은 것은?

항목	대인관계
기준이하(-1점)	다른 사람과 함께 일하거나 도우려고 하지 않음
불만족(0점)	도움을 요청해야 함
만족(1점)	만족스러운 인간관계를 유지함
매우만족(2점)	원활한 인간관계를 유지하고 적극적으로 매사에 일을 찾아서 시행함

① 강제배부법
② 목표관리법
③ 체크리스트 평정법
④ 행태중심 평정척도법

해설

PLUS

행태중심(행위기준)평정척도법

개념	• 도표식 평정척도법에 중요사건 기록법이 더해진 방법 • 각 등급별로 판단의 근거가 되는 구체적인 행동기준(중요행위)을 제공
BARS 개발단계	• 피평정자 담당 업무에 대해 잘 알고 있는 사람들이 효과적인 업무수행 또는 비효과적인 업무 수행의 실제적 예(중요사건)를 열거한다 • 이 실례를 5~10개의 평정요소로 묶는다.(범주화: 문제해결을 위한 협조성, 적극성, 창의성) • 각 요소에 실례가 잘 배정되었는지 검토한다. • 한 요소에 5~9개의 사건이 최종적으로 배정된다. • 한 요소별 중요사건을 5~9점의 척도를 사용하여 등급화, 점수화한다.
사례	□ 평정대상자의 행태를 가장 잘 대표할 수 있는 난에 체크하여 주십시오. 〈평정요소: 문제해결을 위한 협조성〉 | 등급	행태유형
[ ] 7	부하직원과 상세하게 대화를 나누고 그에 대한 해결 방안을 내 놓는다.
[ ] 6	스스로 해결할 수 없는 문제는 상관에게 자문을 받아 해결책을 모색한다.
[ ] 5	스스로 해결하려는 노력은 하나 가끔 잘못된 결과를 초래한다.
[ ] 4	일시적인 해결책으로 대응하여 문제가 계속 발생한다.
[ ] 3	부하직원의 의사를 고려하지 않고 독단적으로 결정을 내린다.
[ ] 2	문제해결을 할 때 개인적인 감정을 앞세운다.
[ ] 1	어떤 결정을 내려야 할 상황인데 결정을 회피하거나 계속 미룬다.	
장점	• 흔한 행태묘사를 일상적 용어로 사용하고 장점과 개선점을 구체적으로 제시해 주므로 능력 발전에 기여할 수 있다. • 한 세트(set)의 평정표를 여러 직무에 사용하며 평정자의 주관적 판단을 줄일 수 있다. • 평가자의 객관성과 공정성이 높고, 평가오류에 자유로워 신뢰성이 높다. • 직원과 관리자들이 실제로 평가도구를 개발하기 때문에 믿을 수 있고 동기화된다.
단점	• 평정표 개발에 과다한 시간과 비용이 소요된다. • 직무별로 다른 평가기준을 새로 만들어야 하는 번거로움이 있다. • 평가기준이 되는 행동만 측정하기에 피평가자의 다른 행동을 고려하기 어렵다는 한계가 있다. • 어느 평정항목에 해당하는지 알기 어려운 경우도 있다.

정답 07 ④

08 기본급 유형 중 직무급의 임금결정요인에 해당하는 것은? 23 지방

① 직무수행능력
② 근속 연수와 학력
③ 직무의 책임성과 난이도
④ 조직에 대한 구성원의 공헌도

해설

08
① 직무수행능력 – 직능급
② 근속 연수와 학력 – 연공급
④ 조직에 대한 구성원의 공헌도 – 성과급

PLUS

연공급	간호사가 가지고 있는 외형적인 자격기준, 즉 간호사의 근속일수, 학력, 면허증, 연령 등을 고려하여 결정되는 보수이며, 일반적으로 근무연수가 많아짐에 따라 임금이 상승한다(속인적 보상체계).
직무급	각 직위의 직무가 가지고 있는 책임성과 난이도 등에 따라 직무의 상대적 가치를 분석·평가하여 직무급 그에 상응되게 결정하는 기본급 체계로 직무의 난이도라든지 위험 조건 등을 감안하여 근무연한이나 연령에 관계없이 임금을 결정하는 방법
직능급	연공급과 직무급을 절충한 방식으로 직능급은 직무의 특성에다 직무 수행능력까지 고려하여 임금 수준을 결정하는 기본급 체계
성과급	구성원의 조직에 대한 현실적 공헌도, 즉 달성한 성과의 크기를 기준으로 임금액을 결정하는 임금체계로 업적급 또는 능률급이라고도 한다. 성과급은 개인의 성과에 따라 임금액이 달라지는 변동급

09 다음 설명에 해당하는 면접 방법은? 23 지방

다수의 면접자가 한 명의 지원자를 면접하고, 면접자들 간 의견교환을 통해 지원자의 자질과 특징을 광범위하게 평가한다.

① 집단면접
② 패널면접
③ 정형적 면접
④ 스트레스 면접

PLUS

정형적 면접	구조적 혹은 지시적 면접으로 불리며, 면접자가 알아내려는 것에 대한 윤곽을 미리 잡아 두는 유형으로, 직무명세서를 기초로 미리 질문의 내용목록을 준비해 두고 이에 따라 면접자가 차례로 질문해 나간다.
비지시적 면접	지원자에게 최대한의 의사표시의 자유를 주고 그 가운데서 응모자에 관한 정보를 얻는 방법이다. 이것은 면접자가 일반적이고 광범위한 질문을 하면 이에 대해 지원자가 거리낌 없이 자기를 표현하는 방법이므로 방해하지 않고 듣는 태도가 필요하며, 고도의 질문기술과 훈련이 필요하다.
압박(스트레스)면접	면접자는 돌연 매우 공격적이며, 피면접자를 무시하여 피면접자를 방어적 그리고 좌절하게 만들어, 피면접자의 스트레스 상태에서 감정의 안정성과 조절에 대한 인내도 등을 관찰하는 방법
패널면접	이것은 다수의 면접자가 한명의 피면접자를 평가하는 방법 면접이 끝나면 다수의 면접자들이 서로의 의견을 교환함으로써 피면접자에 대해 보다 광범위하게 조사하는 방법
집단면접	지원자를 여러 명씩 그룹으로 나누어 특정 문제에 대해 자유토론하게 하고, 토론 과정에서 지원자들의 현재 행동 및 잠재적 행동을 파악한다. 다수의 피면접자를 동시에 평가할 수 있어서 시간이 절약되고 다수의 우열 비교를 통해 리더십이 있는 인재를 발견할 수 있는 장점이 있다.

정답 08 ③ 09 ②

블라인드 면접 (blind interview)	면접자의 편견을 제거하기 위한 방법으로 피면접자의 정보에 대한 기초자료 없이 면접하는 방법
행동관찰 면접	장소에 구애됨이 없이 특정한 놀이나 운동 등에서 피면접자가 취하는 행동을 관찰함으로써 표현력, 창의력, 리더십, 책임감, 성격 등을 평가하는 방법
평가센터	관리직 인력을 선발할 때 사용하는 선발도구로서 다수의 지원자를 특정장소에 일정기간 합숙시키면서 여러 종류의 선발도구를 동시에 적용하여 평가하는 방법

10 간호단위 관리자가 산업공학적 방법을 적용해 연간 필요한 간호사 수를 산정할 때, A와 B에 들어갈 말로 바르게 짝 지은 것은? 23 보건직

$$\text{연간 필요한 간호사 수} = \frac{(A \times \text{일 평균 환자 수} \times 7\text{일} \times 52\text{주}) \times \text{간호사 부담률}}{B \times \text{간호사 1인당 연간 근무 주 수}}$$

	A	B
①	환자 1인당 일 평균 간호시간	간호사 1인당 주 근무시간
②	환자 1인당 일 평균 간호시간	간호사 1인당 일 근무시간
③	간호사 1인당 주 근무시간	환자 1인당 일 평균 간호시간
④	간호사 1인당 일 근무시간	환자 1인당 일 평균 간호시간

PLUS

길리스(Gillies)의 분류

서술적 접근방법 (descriptive method)	• 간호제공자의 경험을 근거로 환자의 유형을 확인하여 간호표준을 설정하고 주관적으로 간호요원의 수와 종류를 결정하는 방법 • 우리나라의 「의료법」에 환자 대 간호사의 비율이 입원환자 5명당 간호사 2명(간호사 1명이 입원환자 2.5명을 담당), 외래환자 30명당 간호사 1명(외래환자 12명은 입원환자 1명) • 간호관리료 차등제 등급기준
산업공학적 접근방법 (industrial engineering method)	• 간호업무를 통하여 인력의 수를 결정하는 방법 • 모든 간호활동을 분석하고 각각의 활동에 소요된 간호시간을 측정하여 필요한 간호인력을 산정 • 간호업무일지, 환자간호기록 분석, 간호활동 직접 관찰 → 시간-동작 분석을 하여 간호업무량 측정 연단위 필요간호사수 = $\frac{(\text{환자1인당 일 평균 간호시간} \times \text{일평균입원환자수} \times 365\text{일}(7\text{일} \times 52\text{주})) \times \text{간호사 부담률}}{\text{간호사 1인당 연 근무시간}(\text{간호사1인당 주 근무시간}(40\text{시간}) \times 1\text{인당 연간 근무수})}$ * 간호사 부담률 = 전체 간호량 중에서 간호사가 실시해야 하는 분량을 %로 나타냄 • 양적 측면에서만 접근하는 산정방식으로, 간호의 질적 측면 즉, 전문적 특성이 반영되지 않는다.

정답 10 ①

관리공학적 접근방법 (management engineering method)	• 환자의 유형에 맞추어 간호표준을 기술한 뒤 그 표준에 따라 정해진 업무수행 빈도와 난이도를 바탕으로 간호인력의 수를 결정하는 방법 • 환자 간호요구(의존도)에 따라 분류한 후 분류군에 따라 필요한 시간을 산출하여 총 간호업무량에 따라 간호사를 모집 • 간호의 질, 돌보아야 할 환자유형, 병상수용능력 등의 정보를 분석하여 인력을 결정

11 〈보기〉에서 제시된 병동에서 관리공학적 산정방법에 따른 하루 간호사 수(간호단위 근무 간호사 실수)는? 22 서울(6월)

―― 보기 ――
- 병상수 = 40개
- 환자수 = 35명
- 간호단위 총 직접간호시간 = 78시간
- 간호단위 총 간접간호시간 = 50시간
- 간호사 1인 하루 평균 근무시간 = 8시간
- 간호사 부담률 = 100%

※ 단, 간호사의 근무시간 내에 수행하는 휴식, 식사시간 등 개인시간은 산정에서 제외함.

① 8명   ② 12명
③ 16명 ④ 20명

PLUS

관리공학적 접근방법 (management engineering method)	• 환자의 유형에 맞추어 간호표준을 기술한 뒤 그 표준에 따라 정해진 업무수행 빈도와 난이도를 바탕으로 간호인력의 수를 결정하는 방법 • 간호의 질, 돌보아야 할 환자유형, 병상수용능력 등의 정보를 분석하여 인력을 결정 $\dfrac{\text{간호단위 총 업무량}}{8(\text{일 평균 근무시간})} = \dfrac{\text{총 직접 간호 시간} + \text{총 간접 간호 시간}}{8} = \dfrac{(78+50)}{8} = 16$

12 〈보기〉에서 설명하는 활동방법으로 가장 옳은 것은? 22 서울(6월)

―― 보기 ――
- 각 집단이 경쟁하며 의사결정 결과를 비교, 평가하는 과정에서 의사결정능력을 향상시키기 위해 실시하는 방법이다.
- 몇 개의 집단으로 나누어 각 집단에게 동일한 문제를 제공한 후 각 집단별로 문제를 해결하도록 한다.

① 감수성훈련   ② 비즈니스게임법
③ 인바스켓기법   ④ 브레인스토밍

정답 11 ③ 12 ②

> **PLUS**
>
> 인력개발 교육방법
>
> | | |
> |---|---|
> | 감수성훈련 | 관리자의 능력개발을 위해 가장 많이 이용되며, 피훈련자를 외부환경과 차단시킨 상황에서 스스로를 들여다보고, 자신의 경험을 교환하고 비판하게 함으로써 타인에 대한 이해와 감수성을 높이고 스스로 바람직한 행동을 찾게 하는 현대적 훈련방법 |
> | 비즈니스게임법 | 조직내 의사결정과 관련된 중요한 부분을 더욱 간단한 형식으로 표현함으로써 훈련 참가자들이 조직상황을 쉽게 이해하고 올바른 의사결정을 하게 하는 조직관리 모의 연습 |
> | 인바스켓기법 | 관리자의 의사결정 능력을 향상시키기 위한 모의훈련 방법으로 조직의 정보를 미리 준 상태에서, 발생가능한 여러 문제들을 종이쪽지에 적어 바구니(in-basket) 속에 넣고, 학습자가 그중 하나를 꺼내면 사전에 받은 조직의 기존 자원을 활용하여 이 문제를 해결하도록 한다. 이 과정이 끝나면 다시 바구니에서 다음 쪽지를 꺼내어 문제를 해결하게 하는 방법 |
> | 브레인스토밍 | 문제 해결을 위해 자주적인 아이디어 제안을 대면적(face-to-face)으로 하는 집단 토의 형식의 브레인스토밍으로, 5~10명의 참여자가 개방적 분위기에서 자유롭게 아이디어를 발표하고, 구성원이 제안한 아이디어를 모아서 합의하고 수정하는 과정을 거쳐 실행 가능한 방안을 도출하는 방법. |

13 A보건소의 보건소장은 보건인력들의 효과적인 인력배치를 위해 〈보기〉와 같은 인력배치 원칙을 준용하였다. 〈보기〉의 설명에 해당하는 인력배치의 원칙으로 가장 옳은 것은? 22 서울(6월)

---- 보기 ----
보건소의 목적을 효율적으로 달성하고 보건소 내 구성원들의 능력과 잠재력을 최대한으로 발휘할 수 있도록 구성원들의 능력과 직무의 특성을 동시에 고려하여 적합성을 최대화하도록 노력하였다.

① 균형의 원칙
② 적재적소의 원칙
③ 능력주의의 원칙
④ 인재육성의 원칙

> **PLUS**
>
> 인적자원이 적정 배치 및 이동의 4가지 원칙
>
> | | |
> |---|---|
> | 적재적소주의 | 개인이 가지고 있는 능력, 성격 등의 면에서 최적의 지위에 배치하여 최고의 능력을 발휘
예 신입간호사가 부서 업무에 잘 적응하지 못한다면 그 간호사의 능력과 성격 등을 고려하여 적합한 곳으로 재배치하는 것 |
> | 실력주의 | 능력을 발휘할 수 있는 곳에 배치하고, 평가에 대해 만족할 수 있는 대우하는 것 |
> | 인재육성주의 | 개인의 동기(욕망)와 부서의 특성을 고려하여 구성원의 성장 의욕을 육성하고 개발
• 직무를 통하여 직원을 성장시키면서 또한 직원 개인의 의사와 욕망을 중심으로 자기 개발을 하도록 힘 복돋아 주는 것을 의미 |
> | 균형주의 | 직장 전체의 능력향상과 사기앙양을 위한 전체와 개인의 조화를 고려
본인의 적재적소뿐 아니라 상하좌우의 모든 사람에게 평등하게 적재적소를 고려해야 한다. |

정답 13 ②

14 직무수행평가를 실시할 때 고려해야 할 사항으로 가장 옳은 것은?
22 서울(2월)

① 구성원의 강점이 아닌 약점을 평가한다.
② 기대되는 수행 표준이나 목표를 평가 과정 중에 생성한다.
③ 1차 평가자는 피평가자와 직접적인 접촉을 하지 않는 사람으로 한다.
④ 적어도 두 사람 이상의 평가자가 한 사람의 피평가자를 평가하도록 한다.

해설

14
① 구성원의 약점에 대한 인식뿐만 아니라, 강점에 대한 부분도 강조되어야 한다.
② 기대되는 수행 표준이나 목표는 사전에 결정한다.
③ 1차 평가자는 피평가자와 직접적인 접촉을 하는 직속상관으로 한다.

PLUS

직무수행 평가 시 주의사항	(1) 개인평가와 조직목표를 위한 기준 간에 적합성이 있어야 한다. (2) 직원들의 직무수행 요구와 관심사에 대한 피드백이 되어야 한다. (3) 평가자는 평가과정을 이해하고 절차를 효과적으로 활용한다. (4) 직원들의 직무수행을 개선시키기 위한 예방책, 교정활동, 조정을 위한 준비를 한다. (5) 평가는 약점에 대한 인식뿐만 아니라, 강점에 대한 부분도 강조되어야 한다. (6) 평가 업무 내용은 기대된 수행표준이나 목표에 직접 적용되어 사전에 결정된 것들이어야 한다. (7) 일반적으로 1차 평가자는 피평가자와 직접적인 접촉을 하는 직속상관으로 한다.

15 시간-동작 분석 기술을 활용하여 모든 간호활동을 분석하고 각각의 활동에 소요된 간호시간을 측정하여 각 업무에 필요한 간호인력을 산정하는 방법은?
22 서울(2월)

① 서술적 방법
② 관리공학적 방법
③ 산업공학적 방법
④ 원형평가체계 방법

PLUS

길리스의 간호인력산정방법

서술적 접근방법	• 간호제공자의 경험을 근거로 환자의 유형을 확인하여 간호표준을 설정하고 주관적으로 간호요원의 수와 종류를 결정하는 방법이다. • 간호업무를 수행하기 위해 필요한 간호사 대 환자의 비율을 결정하는 방법으로 우리나라의 「의료법」에 적용되어 있다.
산업공학적 접근방법	• 간호업무를 통하여 인력의 수를 결정하는 방법으로 모든 간호활동을 분석하고 각각의 활동에 소요된 간호시간을 측정하여 필요한 간호인력을 산정하는 방법이다. • 생산성 향상을 위해 시간-동작 분석과 같은 기술을 이용하며, 환자당 간호시간 × 환자 수(=총 간호시간)를 구한 후 근무시간을 나누어주어, 필요한 간호사 수를 구할 수 있다. • 간호업무일지 및 환자간호기록을 분석하고 간호활동을 직접 관찰하여 시간-동작 분석을 하여 간호업무량을 측정한다.
관리공학적 접근방법	• 간호부서를 위한 행동목표를 기술하고 환자의 유형에 맞추어 간호표준을 기술한 뒤, 그 표준에 따라 정해진 업무수행 빈도와 난이도를 바탕으로 간호인력의 수를 결정하는 방법이다. • 환자를 간호요구에 따라 분류한 후 각 분류군에 따라 필요한 시간을 산출하여 총 간호업무량에 따라 간호사를 모집하고 선발·배치한다. • 간호의 질, 돌보아야 할 환자유형, 병상수용능력 등의 정보를 분석하여 인력을 결정한다.

정답 14 ④ 15 ③

16 〈보기〉에서 설명하는 인력개발 프로그램은? 22 서울(2월)

> **보기**
> - 신규간호사가 담당할 구체적인 직무를 효과적으로 수행할 수 있도록 한다.
> - 일반적으로 3~6개월까지 교육기간이 다양하다.
> - 교육 내용은 간호표준, 투약 관리, 검사물 관리, 간호 과정 적용, 환자교육, 인수인계, 간호기록 등이다.

① 실무교육
② 보수교육
③ 유도교육
④ 직무 오리엔테이션

PLUS

인력개발의 유형 – 대상자에 의한 분류

예비교육		• 신규 채용자가 조직 환경에 빠르게 적응할 수 있게 기존의 작업환경을 소개하는 과정 • 신규 채용자에게 기초적인 정보를 제공하고 조직에 맞도록 사회화하는 과정
	유도훈련 (교육)	• 예비교육의 첫 번째 과정으로 신규 간호사가 근무하는 조직에 잘 적응하며 새로운 환경으로 편안하고 부드럽게 유도되도록 정보를 제공하는 것 • 취업 후 처음 2~3일 동안 조직의 역사, 철학, 목적, 규칙, 규정, 정책, 절차 및 고용조건, 직원의 혜택 등을 소개하는 것으로 직원에게 일반적으로 표준화된 사항을 가르치는 것
	직무 오리엔테이션	• 유도훈련이 끝난 후 신규 직원이 해야 할 특정 업무에 대한 교육 및 훈련 • 신규 간호사가 배치된 각자의 위치에서 담당할 구체적인 직무를 효과적으로 수행할 수 있도록 준비시키는 것 • 교육 내용은 간호표준, 투약 관리, 검사물 관리, 간호 과정 적용, 환자교육, 인수인계, 간호기록 등
실무교육		• 직원의 직무수행을 강화하기 위해 기관에서 제공하는 모든 현장 교육 • 직원의 자질을 높이고 부족한 점을 교정하기 위해 실시
보수교육		• 전문직 자격을 취득한 후에 임상실무를 강화하기 위한 목적으로 지식·기술 및 태도를 향상시키기 위해 계획하여 제공하는 학습활동 • 교육 내용은 새로운 질병의 출현, 만성질환과 인구의 노령화, 새로운 의약품이나 기계사용법, 간호기술에 대한 시범과 보고, 새로운 이론과 지식 등

17 협상의 원칙에 대한 설명으로 옳은 것은? 22 지방

① 항상 승자와 패자가 있다.
② 이익을 극대화하기 위해 경쟁을 촉진한다.
③ 합의점에 도달하도록 양측이 노력해야 한다.
④ 해당 문제보다는 자신의 입장을 확고히 한다.

해설

17
① 분배적 협상은 제로섬(zero-sum)의 가정에 기초하나, 통합적 협상은 공동이익(상호이익)을 도출하는 협상전략이다.
② 상호이익이 되는 대안을 개발하고, 경쟁보다는 협력을 촉진한다.
④ 자신의 입장보다는 이슈에 초점을 맞춘다.

정답 16 ④ 17 ③

PLUS

협상의 원칙(히버레드와 카일 Hibbered & Kyle)

| 협상의 원칙 | • 개인이나 개인의 행동보다는 문제에 초점을 둠
• 관계를 형성하고 커뮤니케이션을 유지
• 신뢰를 형성
• 관심사를 탐색하고 정보를 수집
• 창의적인 대안을 탐색하기 위해 열린 마음을 유지
• 자신의 입장을 확고히하기 보다는 이슈에 초점
• 사실과 객관적인 표준을 사용하여 해결책을 구체화
• 자신의 가치와 동기를 인식하고 상대방의 관점을 이해하기 위해 노력
• 비용 측면에서 대안에 대한 상호이익을 강조
• 상대방을 비난하는 말을 삼가야 함, 경쟁보다는 협력을 촉진
• 비난은 방어적인 행동을 초래하므로 상대방을 비난하는 말을 삼간다.
• 자기입장을 근거로 협상하지 말아야 한다. 자기입장을 내세우기보다는 상대방도 함께 할 수 있는 공통분모를 찾는다.
• 시간적 여유를 두고 협상을 시작한다. 침착하게 행동할 적기를 파악하고, 마감시간을 상대에게 드러내지 않아야 한다.
• 선택할 수 있는 대안을 많이 만든다.
• 상대의 이해에 초점을 맞추어야 한다. 상대방이 진정으로 원하는 것이 무엇인지 간파한다. |

18 신규 간호사 대상 유도훈련(induction training)의 교육 내용으로 적절한 것은? 22 지방

① 인수인계 방법
② 조직의 이념
③ 업무분담 방법
④ 환자간호 방법

PLUS

예비교육		신규 채용자가 조직 환경에 빠르게 적응할 수 있게 기존의 작업환경을 소개하는 과정
	유도훈련	• 예비교육의 첫 번째 과정으로 신규간호사가 근무하는 조직에 잘 적응하며 새로운 환경으로 편안하고 부드럽게 유도되도록 정보를 제공하는 것 • 취업 후 처음 2~3일 동안 조직의 역사, 철학, 목적, 규칙, 규정, 정책, 절차 및 고용조건, 직원의 혜택 등을 소개
	직무 오리엔테이션	유도훈련이 끝난 후 신규 직원이 해야 할 특정 업무에 대한 교육 및 훈련 • 공동으로 사용되는 간호행위 : 투약, 주사, 간호회진, 검사물 관리, 간호과정 적용방법, 면담방법, 환자교육, 인수인계 방법, 업무분담 방법에 대한 내용 등

해설

18
①, ③, ④ 직무오리엔테이션
② 유도훈련

정답 18 ②

19 〈보기〉의 간호조직에서 사용한 인적자원 확보 방법으로 가장 옳은 것은?

21 서울

― 보기 ―

지원자를 여러 명씩 그룹으로 나누어 특정 문제에 대해 자유토론하게 하고, 토론 과정에서 지원자들의 현재 행동 및 잠재적 행동을 파악한다.

① 정형적 면접
② 스트레스 면접
③ 패널 면접
④ 집단 면접

PLUS

면접시험의 유형

정형적 면접 (patterned interview)	구조적 혹은 지시적 면접으로 불리며, 면접자가 알아내려는 것에 대한 윤곽을 미리 잡아 두는 유형 / 직무명세서를 기초로 미리 질문의 내용 목록을 준비해 두고 이에 따라 면접자가 차례로 질문하는 것으로 구조적 또는 지시적 면접
비지시적 면접	지원자에게 최대한의 의사표시의 자유를 주고 그 가운데서 응모자에 관한 정보를 얻는 방법, 고도의 질문기술과 훈련이 필요하다.
압박면접 (stress interview)	면접자는 돌연 매우 공격적이며, 피면접자를 무시하여 피면접자를 방어적 그리고 좌절하게 만들고, 피면접자의 스트레스 상태에서 감정의 안정성과 조절에 대한 인내도 등을 관찰
패널면접 (panel interview)	이것은 다수의 면접자가 한명의 피면접자를 평가하는 방법 면접이 끝나면 다수의 면접자들이 서로의 의견을 교환함으로써 피면접자에 대해 보다 광범위하게 조사하는 방법
집단면접 (group interview)	집단별로 특정 문제에 대해 자유토론을 할 수 있는 기회를 부여하고 토론과정에서 개별적으로 적격 여부를 심사 판정하는 유형 다수의 피면접자를 동시에 평가할 수 있어서 시간이 절약되고 다수의 우열 비교를 통해 리더십이 있는 인재를 발견할 수 있는 장점
블라인드 면접	면접자의 편견을 제거하기 위한 방법으로 피면접자의 정보에 대한 기초자료 없이 면접하는 방법
행동관찰 면접	장소에 구애됨이 없이 특정한 놀이나 운동 등에서 피면접자가 취하는 행동을 관찰함으로써 표현력, 창의력, 리더십, 책임감, 성격 등을 평가하는 방법
평가센터 (assessment center)	관리직 인력을 선발할 때 사용하는 선발도구로서 다수의 지원자를 특정장소에 일정 기간 합숙시키면서 여러 종류의 선발도구를 동시에 적용하여 평가하는 방법

20 직장 내 훈련(on-the job training)으로 가장 옳은 것은? 21 서울

① 대학원 강의를 원내에서 원격교육으로 이수하였다.
② 전문교육기관의 전문강사로부터 CS향상전략 교육을 수강했다.
③ 프리셉터로부터 암환자의 화학약물요법 간호 실무기술을 배웠다.
④ 투석환자간호의 최신 경향이라는 8시간의 보수교육을 수강하였다.

해설

19
지원자에 대한 모든 정보를 심사할 수 있는 유일한 방법으로, 필기시험으로는 측정하기 곤란한 개인의 성격과 행태상의 특성을 측정하는 데 유용한 방법이 면접시험이다.

20
직장내 교육훈련은 훈련방법 가운데 가장 보편적으로 사용되는 방법으로 직속상관이 부하직원에게 직접적으로 개별지도를 하고 교육훈련을 시키는 방식이다.
①, ②, ④ 직장 외 훈련
③ 직장 내 훈련
* CS(Customer Satisfaction) 향상전략 – 고객의 소리와 니즈를 파악해 불만 요인을 개선하고 고객 만족을 높이는 경영 기법

정답 19 ④ 20 ③

PLUS

인력개발 - 장소에 의한 분류

	직장 내 훈련 (on-the job training)	직장 외 훈련 (Off-JT; Off-the Job Training)
개념	• 훈련방법 가운데 가장 보편적으로 사용되는 방법으로 직속상관이 부하 직원에게 직접적으로 개별지도를 하고 교육훈련을 시키는 방식이다. • 일을 하는 과정에서 직무에 관한 구체적인 지식과 기술을 습득하게 하는 방식으로 프리셉터(preceptor)를 이용한 교육훈련이 대표적이다.	• 직원을 직무 현장으로부터 분리시켜 일정 기간 교육에만 전념하는 것으로 교육훈련을 담당하는 전문 스태프의 책임 아래 이루어진다. • 직장 내 교육훈련 이외의 모든 교육훈련을 말하며 연수원 등의 교육이나 전문기관에의 위탁, 강연 등이 해당되며 대표적인 것으로 신규 오리엔테이션을 들 수 있다.
장점	• 교육훈련이 현실적이고 실제적이며, 비용이 적게 든다. • 훈련과 생산이 직결되어 경제적이다. • 직원의 개인적 능력에 따른 적절한 지도가 가능하다. • 상급자와 동료 간의 협동심이 강화된다. • 훈련과 일을 함께 할 수 있다. • 교육방법의 개선이 용이하다.	• 다수의 직원에게 통일적이며 조직적인 교육이 가능하다. • 전문가 밑에서 집중적으로 교육과 훈련을 받을 수 있다. • 직무 부담에서 벗어나 훈련에만 전념할 수 있다. • 다른 부서에 종사하는 사람들과 더불어 지식이나 경험을 교환할 기회가 된다. • 목표에 대한 단체적인 노력을 꾀할 수 있다.
단점	• 한꺼번에 많은 직원을 교육하기 곤란하다. • 작업과 훈련이 모두 철저하지 못할 가능성이 있으며, 업무수행에 지장을 초래한다. • 내용이 통일된 훈련이 어렵다. • 지도자나 환경이 반드시 훈련에 적합할 수 없다. • 지도자의 능력에 따라 성과가 좌우된다. • 원재료의 낭비를 초래한다. • 전문적인 고도의 지식과 기술을 가르칠 수 없다.	• 작업시간의 감소와 훈련시설의 설치로 경제적 부담이 크다. • 훈련 결과를 현장에서 활용하기가 어렵다.

21 〈보기〉의 간호조직에서 제공한 보상의 종류로 가장 옳은 것은? 21 서울

―― 보기 ――
간호조직에서는 직원의 근속연수, 학력, 연령 등을 기준으로 임금을 차별화하는 제도를 도입해서 운영하고 있다.

① 성과급제도 ② 직능급제도
③ 연공급제도 ④ 직무급제도

22 직무수행 평가 결과 한쪽으로 점수가 치우치는 관대화 경향을 해결하기 위해 적용하면 좋을 방법은? 20 광주 추채

① 서열법 ② 강제배분법
③ 중요사건기록법 ④ 체크리스트평정법

해설

21
간호사가 가지고 있는 외형적인 자격기준, 즉 간호사의 근속연수, 학력, 면허증, 연령 등을 고려하여 결정되는 보수이며, 일반적으로 근무연수가 많아짐에 따라 임금이 상승하는 것은 연공급이다.
☑ p.113 08번 PLUS 참조

22
강제배분법은 일정한 평가 단위에 속한 피평가자들의 평가 성적이나 등급을 사전에 정해진 비율에 따라 강제로 할당하는 방법으로 강제할당법이라고도 한다.

정답 21 ③ 22 ②

PLUS

직무수행평가 방법

도표식 평정척도법	평정요소마다 우열의 등급을 나타내는 연속적인 척도를 도식하여 평정자가 해당되는 곳에 표시하는 방법으로 세계적으로 가장 많이 사용하는 방법
일화기록법	백지나 소정양식에 행위에 대한 객관적인 서술을 기록하는 방식
서열법	피평정자를 최고부터 최저 순위까지 상대 서열을 결정하는 방법 • 쌍대비교법: 두 사람씩 짝을 지어 비교를 반복 • 대인비교법: 평정요소별 표준인물을 선정하여 그를 기준으로 서열을 매김
체크리스트법	표준업무수행 목록을 미리 작성해 두고 이 목록에 단순히 가부 또는 유무를 표시하는 평정방법으로 직무상의 행동을 구체적으로 표현하여 평가하는 방법
강제배분법	일정한 평가 단위에 속한 피평가자들의 평가성적이나 등급을 사전에 정해진 비율에 따라 강제로 할당하는 방법
중요사건 기록법	조직목적달성의 성패에 영향이 큰 주요 사건을 중점적으로 기록, 검토하는 방법
목표관리법	결과중심적 평정방법으로 조직구성원을 목표설정에 참여시켜 업무수행 목표를 명확 하고 체계적으로 설정하고, 그 결과를 공동으로 평가·환류시키는 목표관리방식을 근무성적에 활용한 평정방법
행태중심 평정척도법	직무분석에 기초하여 주요 과업 분야를 선정하고, 바람직한 또는 바람직하지 않은 행태의 유형과 등급을 구분·제시한 뒤 각 등급마다 중요 행태를 명확하게 기술하여 점수를 부여하는 방법

23 간호기록을 매번 누락하는 A간호사가 최근 1주일 동안은 빼먹지 않고 기록을 잘하였다. 수간호사가 A간호사를 대상으로 현재 직무수행평가를 할 경우 범할 수 있는 오류는? 20 광주 추채

① 혼효과
② 후광효과
③ 근접착오
④ 논리적 착오

해설

23
과거 실수를 하던 간호사가 최근에는 개선된 모습을 보여준다. 이럴 경우 현재 시점에서 그 간호사를 긍정적으로 보아 더 좋게 여기게 되는 것으로 근접착오(오류)에 해당된다.

PLUS

직무수행평가상의 오류

후광효과	피고과자의 긍정적 인상에 기초하여 평가 시 어느 특정 요소의 우수함이 다른 평가요소에서도 높이 평가받는 경향
혼 효과	평정자가 지나치게 비평적인 성향일 때, 피평정자는 실제 능력보다 더 낮게 평가됨
관대화 경향	평정자가 평정에서 지나치게 관대하여 피평정자는 그의 실적과 상관없이 높은 점수를 받게 되는 것
가혹화 경향	평정자가 평정에서 지나치게 가혹하여 피평정자는 그의 실적과 상관없이 낮은 점수를 받게 되는 것
근접착오	시간적 오류로 볼 수 있으며 평정자가 평정을 할 때 최근의 실적이나 능력 중심으로 평정하는 데서 발생하는 오류
규칙적 착오	평정자의 평정기준이 일정하지 않아서 관대화, 엄격화 경향이 불규칙하게 나타나는 현상으로 언제나 후한 점수 또는 나쁜 점수를 주는 경향
선입견에 의한 착오	사람에 대한 경직된 편견이나 선입견 또는 고정관념에 의한 오차를 뜻하며 성별, 종교, 연령, 출신학교, 출신지 등에 따라 판단하는 경우
논리적 오류	2가지 평정요소 간에 논리적인 상관관계가 있는 경우, 어느 한 요소가 우수하면 다른 요소도 우수하다고 쉽게 판단하는 경향
대비오류	뛰어난 업무 수행자와 비교되어 낮게 평가되거나, 과거의 낮은 성과가 개선된 경우 실제로는 중간 정도 달성한 것이라도 그 이상으로 평가받는 경우

정답 23 ③

24 환자분류체계의 목적으로 가장 옳지 않은 것은? 20 서울

① 간호수가의 산정을 위한 정보를 제공한다.
② 간호인력의 배치에 활용한다.
③ 병원표준화 실현에 활용한다.
④ 간호사의 승진체계 책정에 활용한다.

PLUS

환자분류체계(PCS ; Patient Classification System)

개념	환자의 간호요구도(의존도)에 따라 효율적인 간호인력을 투입하여 질 적인 간호를 제공하기 위해 간호의 시간과 양, 복잡성에 따라 분류하는 방법 환자를 상병, 시술 등을 기준으로 자원소모나 임상적 측면에서 유사한 그룹으로 분류하는 체계
목적	• 합리적인 간호인력 산정 및 배치 • 병원표준화 실현에 활용 • 차등화된 간호수가 산정 • 간호비용분석, 예산수립 및 간호의 질 평가 등 간호행정 관리의 중요 정보의 원천

해설

25 목표관리법(MBO)에 의한 간호사의 직무수행평가에 대한 설명으로 가장 옳은 것은? 20 서울

① 직무를 수행하는 간호사 당사자의 자율성을 강조하는 평가방법이다.
② 조직이 정한 목표에 따라 간호사가 자신의 직무업적과 성과를 통제하고 관리하도록 유도한다.
③ 간호사가 수행한 실적이 아닌 자질에 대한 평가가 이루어진다.
④ 직선적이고 권위적인 간호관리자가 선호하는 평가 방법이다.

25
목표관리법은 태도와 근무과정보다는 결과중심적 평정방법으로 조직 구성원을 목표설정에 참여시켜 업무수행 목표를 명확하고 체계적으로 설정하고, 그 결과를 공동으로 평가·환류 시키는 목표관리방식을 근무성적에 활용한 평정방법이다. 이 방법은 구성원의 참여가 활발하면서 간호사 당사자의 자율성을 강조하는 평가방법이다.

PLUS

직무평가방법

도표식 평정 척도법	① 평정요소마다 우열의 등급을 나타내는 연속적인 척도를 도식하여 평정자가 해당되는 곳에 표시하는 방법으로 세계적으로 가장 많이 사용하는 방법 ② 한 편에 근무실적, 능력, 태도 등을 나타내는 평정요소를 나열하고 다른 편에는 우열을 나타내는 등급을 문구나 숫자로 표시한다. 열심 : 직무수행을 위한 열의와 태도 100　　80　　60　　40　　20　　0　(점수) ｜｜｜｜｜｜｜｜｜｜｜｜｜｜｜｜｜｜｜｜｜｜｜ 극히 열심　상당히 열심　열심　다소 태만　태만　극히 태만　(평가)

정답 24 ④　25 ①

	장점	단점
	• 작성이 간단하고 평정이 용이하다. • 상벌의 목적에 이용하는 데 편리하다.	• 평정요소의 합리적 선정이 어렵다. • 평정요소에 대한 등급 간 비교의 기준이 모호하다. • 연쇄효과(halo effect), 중심화 경향, 관대화 경향이 나타나기 쉽다.

일화 기록법	백지나 소정양식에 행위에 대한 객관적인 서술을 기록하는 방식

장점	단점
• 경직된 구조를 강제적으로 적용하지 않는다. • 객관적인 기록이나 사실에 의한 평정으로 도표식 평정척도법의 임의성을 보완할 수 있다.	• 관찰에 시간이 많이 걸린다. • 체계적으로 관찰하여 기록하는 것이 어렵다. • 평가를 받기 위해 형식적인 근무에 집착하게 될 위험성이 있다.

서열법	① 피평정자를 최고부터 최저 순위까지 상대 서열을 결정하는 방법 ② 업무를 종합적·포괄적으로 평가하는 것으로, 비교적 규모가 작은 집단에서 사용하기에 좋다.

장점	단점
• 등급을 신속하게 매길 수 있다. • 비교적 간단하고 신속하게 수행할 수 있는 방법이다. • 일반적으로 평가가 용이하고, 서열에 따라 결정되기 때문에 관대화 경향이나 중심화 경향을 제거할 수 있다.	• 비교적 규모가 작은 집단에서만 사용할 수 있고 규모가 큰 집단에는 부적합하다. • 특정 집단 내의 서열을 알려줄 수 있으나 다른 집단과 비교할 수 있는 객관적 자료를 제시할 수 없다.

체크 리스트 평정 방법	어떤 문제에 관한 의견과 태도를 긍정적·부정적·소극적 등의 평정항목으로 나열하고 각 항목에 등급을 매긴 후 피평정자에게 이를 선택하게 하여 전체 점수를 환산하는 평정방법

장점	단점
• 의견이나 태도 조사에 유리하다. • 평정요소가 명확하게 제시되어 있고 가부 또는 유무만을 판단하기 때문에 평정하기가 비교적 쉽다.	• 평정요소에 대한 항목을 만들기 힘들고 평정항목이 많을 때 평정자가 곤란을 겪을 수 있다.

강제 분배법	일정한 평가 단위에 속한 피평가자들의 평가성적이나 등급을 사전에 정해진 비율에 따라 강제로 할당하는 방법

10% 20% 40% 20% 10%
수   우   미   양   가

장점	단점
• 절대평가의 단점인 집중화·관대화 경향을 막을 수 있다.	• 평정대상이 많을 때는 평정의 객관성·신뢰성을 보장할 수 있으나, 평정대상이 적거나 특별히 우수한 자 또는 열등한 자들로 구성된 조직에는 부적합하다.

중요 사건 기록법	조직목적 달성의 성패에 영향이 큰 주요 사건을 중점적으로 기록, 검토하는 방법
	〈미리 만들어 놓은 중요사건의 예〉 1. 일하면서 불쾌감을 표시하거나 화를 낸다. 2. 동료 직원 돕기를 거부한다. 3. 작업 방법의 개선을 제안한다. 4. 훈련 받는 것을 거부한다. 5. 동료직원이 상부 지시를 받아들이도록 설득한다.

	장점	단점
	• 피평정자와의 상호작용을 촉진하는 데 유용하고, 사실에 초점을 두고 있어 객관적이다. • 능력개발과 승진에 중요한 자료를 제공해 준다.	• 이례적인 행동을 지나치게 강조하여 평균적인 행동이나 전형적인 행동을 무시하게 되는 위험이 있다. • 평가기준이 감독자에 의해서 일방적으로 설정 되고 평가결과의 피드백이 지연된다.
목표 관리법	① 태도와 근무 과정보다는 결과중심적 평정방법으로 조직 구성원을 목표 설정에 참여시켜 업무수행 목표를 명확하고 체계적으로 설정하고, 그 결과를 공동으로 평가·환류시키는 목표관리방식을 근무성적에 활용한 평정방법 ② 목표관리법은 단기적인 목표를 위주로 하여 정량적인 평가기준을 주로 활용 ③ 직무를 수행하는 간호사 당사자의 자율성을 강조하는 평가방법	

목표 항목	목표치	결과	달성률	가중치	점수
고객만족도	4.5/5				
일 처리 정확성	4.5/5				
업무 혁신	4.5/5				
고객 컴플레인	연 10회 이하				

장점	단점
• 상·하 구성원 간에 의사소통이 원활해진다. • 특히 하위 구성원들의 동기부여와 책임감이 증대된다. • 측정 및 평가에 주관성을 배제할 수 있다. • 방어적 자세를 제거할 수 있다. • 자질보다는 실적과 성과를 평가할 수 있다.	• 목표 설정이 참여와 합의를 통해 이루어지므로 소요 시간이 많이 걸린다. • 단기적 목표를 강조하고, 장기적 목표를 등한시한다.

에세이	에세이(essays)는 평가자들이 시간의 경과에 따라 구성원들 행위의 강한 면과 약한 면을 기술함으로써 성과를 평가하는 방법
행태 중심 (행위 기준) 평정 척도법	① 도표식 평정척도법에 중요사건 기록법이 더해진 방법으로 평정의 임의성과 주관성을 배제하기 위하여 실제로 관찰될 수 있는 행태를 서술적 문장으로 평정척도에 표시하여 사용 ② 고과자가 피고과자의 행위나 업적에 대하여 등급을 매길 때, 각 등급별로 판단의 근거가 되는 구체적인 행동기준(중요행위)을 제공

□ 평정대상자의 행태를 가장 잘 대표할 수 있는 난에 체크하여 주십시오.
〈평정요소 : 문제해결을 위한 협조성〉

등급	행태유형
[ ] 7	부하직원과 상세하게 대화를 나누고 그에 대한 해결 방안을 내 놓는다.
[ ] 6	스스로 해결할 수 없는 문제는 상관에게 자문을 받아 해결책을 모색한다.
[ ] 5	스스로 해결하려는 노력은 하나 가끔 잘못된 결과를 초래한다.
[ ] 4	일시적인 해결책으로 대응하여 문제가 계속 발생한다.
[ ] 3	부하직원의 의사를 고려하지 않고 독단적으로 결정을 내린다.
[ ] 2	문제해결을 할 때 개인적인 감정을 앞세운다.
[ ] 1	어떤 결정을 내려야 할 상황인데 결정을 회피하거나 계속 미룬다.

직무 분류법 (직무 등급법)	① 서열법에서 발전한 것으로 직무에 대한 등급 기술서를 작성하는 것 ② 직무의 수, 복잡도에 따라 직무를 등급으로 판정하여 나누는 방법 ③ 유사한 성질을 가진 직무를 묶어서 분류하고 등급으로 구분하여 평가하는 방법	
	장점	단점
	• 비교적 간단하고 간편하며 이해하기 쉽다. • 서열법보다는 직무 차이를 구체적으로 밝혀주고 쉽게 이해할 수 있게 하므로 조직의 지위와 급료문제를 쉽게 이해시킬 수 있다.	• 조직에 존재하는 직무가 많을 경우에는 모든 직무를 다 확인하고 등급을 매기기가 매우 어렵기 때문에 실제에 적용하기가 힘들다. • 평가자끼리 같은 직무를 놓고도 각기 다른 등급으로 평가할 수 있어 평가결과에 일관성을 부여하기가 어렵다.
요소 비교법	① 서열법에서 발전된 기법으로서 조직의 모든 직무를 보상 요소별로 분류하여 계량화하는 방법 ② 요소비교법은 우선 조직 내의 가장 중심이 되는 직무(key job)를 선정한 뒤 직무를 평가할 수 있는 요소를 선정하고 이것을 기준으로 직무들을 비교함으로써 조직에서 각 직무가 차지하는 상대적 가치를 수량적으로 판단한다. ③ 요소비교법은 직무의 상대적 가치를 임금액으로 평가하는 것이 특징이며, 사무직, 기술직, 감독직 등 상이한 직무 간에도 비교평가가 가능하다.	
	장점	단점
	• 기준이 되는 척도를 설정해 놓으면 다른 직무를 평가하는 데 비교적 용이하다. • 직무에 지급되는 급료의 합리적인 평가가 가능하다. • 보상 요인별 급료와 실제 급료 체계 안에서 세세한 직무를 가능하게 한다. • 임금액으로 표현되기 때문에 임금 결정과 직결되고, 병원에서는 현재 임금액이나 그 결정방법의 적합성을 검토하는 데 활용될 수 있다.	• 지급되는 실제급여와 요소비교법에 따라 산출되는 급여 간에 차이가 나는 경우에는 급여를 조정하기보다 요소별 금액 배분을 조정할 수 있다. • 요소비교법의 기준을 측정하는 데 시간과 노력이 많이 요구되며 실제로 이를 적용하기가 매우 어렵다.
점수법	① 직무를 계량화하는 방법 중의 하나로 직무의 중요성을 화폐 단위로 표시하는 방법 ② 직무를 구성하는 요소를 확인하고 분류한 다음, 직무에서의 상대적 중요도에 따라 점수를 부과해 해당 직무를 화폐 단위로 산출하게 되며, 가장 높은 금액의 직무가 상대적으로 가치가 큰 직무이다.	
	장점	단점
	• 분석을 통해 기준을 설정하므로 신뢰할 수 있다. • 직무 간의 상대적 차이를 비교적 쉽고 다양한 관점으로 제시할 수 있다. • 현존하는 임금률을 아는 전문가가 분석하면 상대적 가치에 부여되는 급여 수준이 왜곡될 우려가 적다. • 급여율은 각 직무의 절대적 가치보다는 노조의 협상력에 따라 영향을 더 받는다.	• 적절한 평가요소의 선정과 가중치 결정이 어렵고 시간과 비용이 많이 소요된다. • 실제로 직무의 상대적 가치 결정은 매우 어려우며 고도의 숙련된 기술이 요구된다. • 점수법은 다른 방법들과는 달리 준비단계가 필요하므로 상당한 시간을 요한다. • 다른 방법보다 시간과 비용이 많이 든다.

26 〈보기〉의 상황에서 간호관리자가 수행해야 할 간호사도 훈육 진행과정에 대한 설명으로 가장 옳은 것은? 20 서울

---- 보기 ----
내과병동 간호관리자는 병동에 배치된 지 1달 된 신규 간호사가 아무런 연락 없이 결근하여 면담을 시행하였다. 그러나 면담 1주일 후 신규간호사는 사전 연락 없이 낮번 근무 출근을 하지 않았다.

① 면담 후에도 규칙을 위반하였기 때문에 일정 기간 동안 정직시킨다.
② 무단 결근 문제뿐만 아니라 평상시 행동에도 문제가 있다는 점을 포함해서 훈육한다.
③ 규칙을 위반하는 행동이 또 다시 발견되었기 때문에 신규 간호사에게 구두로 경고한다.
④ 면담을 했음에도 불구하고 간호사의 행동이 개선되지 않았기 때문에 다른 부서로 이동시킨다.

PLUS
훈육의 과정
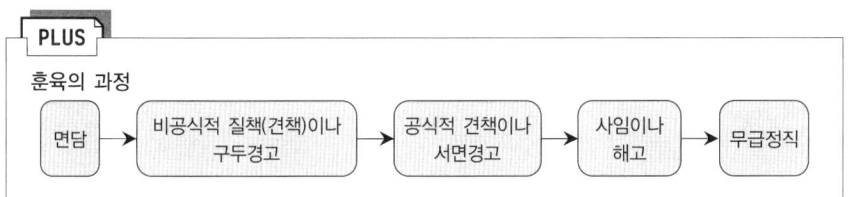

해설

26
〈보기〉에서는 이미 면담을 시행하였으나 개선되지 않았으므로 구두경고로 이어진다.

27 간호사가 수행하는 간접간호활동은? 20 지방

① 투약   ② 산소투여
③ 인수인계   ④ 섭취량 및 배설량 측정

27
환자를 위해서 제공되기는 하지만 간호계획서 작성하는 일, 동료에게 환자 상태를 보고하는 일 등으로 환자가 없는 상황에서도 이루어질 수 있으며 환경적·사회적·경제적 안녕과 관련하여 제공하는 간호 행위를 "간접간호활동"이라 한다.
①, ②, ④ 직접간호활동
③ 간접간호활동

28 다음 글에서 설명하는 직무수행평가 오류는? 20 지방

A 간호관리자는 간호사의 직무수행을 평가하면서 정해진 시간보다 일찍 출근하는 간호사가 업무를 더 잘 수행한다고 판단하여 직무수행능력을 '우수'로 평가하였다.

① 혼효과   ② 근접오류
③ 규칙적 착오   ④ 논리적 오류

28
2가지 평정요소 간에 논리적인 상관관계가 있는 경우, 어느 한 요소가 우수하면 다른 요소도 우수하다고 쉽게 판단하는 경향을 "논리적 착오(오류)"라고 한다.

정답 26 ③ 27 ③ 28 ④

> **PLUS**
>
> 직무수행평가상의 오류
>
> | 혼 효과 | 평정자가 지나치게 비평적인 성향일 때, 피평정자는 실제 능력보다 더 낮게 평가됨 |
> |---|---|
> | 근접착오 | 시간적 오류로 볼 수 있으며 평정자가 평정을 할 때 최근의 실적이나 능력 중심으로 평정하는 데서 발생하는 오류 |
> | 규칙적 착오 | 평정자의 평정기준이 일정하지 않아서 관대화, 엄격화 경향이 불규칙하게 나타나는 현상으로 언제나 후한 점수 또는 나쁜 점수를 주는 경향 |
> | 논리적 오류 | 2가지 평정요소 간에 논리적인 상관관계가 있는 경우, 어느 한 요소가 우수하면 다른 요소도 우수하다고 쉽게 판단하는 경향 |

29 신입간호사의 새로운 역할 습득과 성공적인 조직사회화를 도와주는 프리셉터(preceptor)에 대한 설명으로 가장 옳은 것은? 19 서울

① 신입간호사의 선택에 따라 프리셉터가 결정된다.
② 프리셉터는 신입간호사와 비공식적인 관계를 맺고 보이지 않게 심리적 지원을 한다.
③ 신입간호사의 '현실충격(reality shock)'을 인정하고 1:1 교육으로 가장 효과적인 학습기회를 제공한다.
④ 신입간호사가 새로운 역할을 습득하여 독립적으로 업무 수행을 할 수 있을 때까지 프리셉터가 지속적으로 교육한다.

> **PLUS**
>
> 프리셉터십
> - 임상간호 현장에서 숙련된 간호사가 학습자와의 1:1 상호작용으로 간호활동을 지도, 감독, 평가함으로써 간호교육에서 학생이나 신입간호사의 실습교육에 활용되는 방법
> - 신입간호사의 '현실충격(reality shock)'을 인정하고 1:1교육으로 가장 효과적인 학습기회를 제공
> - 프리셉터(preceptor)란 제한된 시간 동안 신입간호사의 새로운 역할 습득과 성공적인 사회화를 이루도록 도와주고 가르치며 상담하고, 신입간호사의 성장과 발달을 도모하고 고양시키는 역할을 담당하는 경력간호사를 말한다.

30 다음 글에서 설명하는 환자분류방법은? 19 지방

> 간호서비스 유형과 양을 결정하는 환자군별 특징을 광범위하게 기술하고 이를 기준으로 유사성에 기초하여 환자를 분류한다.

① 요인평가법
② 원형평가법
③ 점수평가법
④ 서술평가법

해설

29
① 기관에서 자격과 경력을 갖춘 이를 프리셉터로 결정하고 배정한다.
② 프리셉터는 신입간호사와 공식적인 관계를 맺고 신입간호사의 새로운 역할 습득과 성공적인 사회화를 이루도록 도와주고 가르치며 상담을 한다.
④ 신입간호사가 새로운 역할을 습득하여 독립적으로 업무 수행을 할 수 있을 때까지 프리셉터가 제한된 시간 동안 교육한다.

30
환자 특성에 따른 간호행위의 유사성에 따라 환자를 순위척도로 분류하는 방법은 "원형평가체계"이다.

정답 29 ③ 30 ②

PLUS

환자분류체계(PCS ; Patient Classification System)

개념	환자의 간호요구도(의존도)에 따라 효율적인 간호인력을 투입하여 질 적인 간호를 제공하기 위해 간호의 시간과 양, 복잡성에 따라 분류하는 방법 환자를 상병, 시술 등을 기준으로 자원소모나 임상적 측면에서 유사한 그룹으로 분류하는 체계		
목적	• 합리적인 간호인력 산정 및 배치 • 병원표준화 실현에 활용 • 차등화된 간호수가 산정 • 간호비용분석, 예산수립 및 간호의 질 평가 등 간호행정 관리의 중요 정보의 원천		
원형평가 체계 (주관적)	• 전형적인 환자의 특성을 간호행위의 유사성에 따라 환자를 3~4군의 같은 범주로 나누어 분류 • 한계 : 범주별 환자 특성 자체가 광범위하고 포괄적 이므로 어느 범주에 넣어야 할지 애매모호, 분류 기준이 주관적이고 신뢰성에 한계가 있음		
	범주 I	• 돌연히 급성질환이 걸린 환자(회복될 수 있는 환자)	
	범주 II	• 급성질병 + 만성질병을 함께 가진 환자(기능 회복 가능성이 있는 환자)	
	범주 III	• 만성질병이나 불구를 가진 환자(회복이 어렵지만 기능수준 증진 가능성이 있는 환자)	
	범주 IV	• 만성질병이나 불구를 가진 환자(기관의 도움이 필요한 환자)	
	범주 V	• 말기 질병환자(안위를 도모, 품위유지)	
요인평가 체계 (객관적)	• 직접 간호요구의 대표적 지표를 설정하여 평가하는 방식(객관적지표) • 간호에 대한 환자의 간호 요구(간호의존도)를 점수화하여 총점 분류 예 8개의 간호영역 (위생, 영양, 운동 및 활동, 측정 및 관찰, 의사소통 및 의식상태, 투약, 검사 및 특수치료, 교육 및 정서적지지 등)의 요구도에 따라 I군 : 12~17점(경환자), II군 : 18~29점(아중환자), III군 : 30~41점(중환자), IV군 : 42~48점(위독환자)으로 구분		
	3. 배설	스스로 배뇨 배변가능	4
		일시적 도움으로 배뇨 배변 가능(일시적 관장, 일시적 단수도뇨 등)	3
		장기적인 도움으로 배뇨(유치도뇨)	2
		완전배뇨가 불가능하여 전적인 도움이 필요	1

31 조직 내 간호인력 수요예측에 관한 설명으로 옳지 않은 것은? 19 지방

① 간호업무량을 파악하기 위해 시간-동작 분석 결과를 활용한다.
② 간호인력 수요는 환자 수, 환자 요구도, 병상점유율의 영향을 받는다.
③ 사전에 직무분석을 통해 직무 내용 및 해당 인력의 자격요건을 결정한다.
④ 간호업무의 난이도와 중요도를 반영하기 위해 서술적 방법으로 인력을 산정한다.

해설

31
④ 간호업무의 난이도와 중요도를 반영 - 관리공학적 방법으로 인력을 산정

정답 31 ④

PLUS

길리스의 간호인력산정방법

서술적 접근방법	• 환자의 유형을 확인하여 간호표준을 설정하고 주관적으로 간호요원의 수와 종류를 결정하는 방법(간호사 대 환자의 비율을 결정)
산업공학적 접근방법	• 간호업무분석으로 인력의 수 결정 – 간호활동에 소요된 간호시간을 측정하여 필요한 간호인력을 산정(시간-동작 분석, 환자당 간호시간 × 환자 수(= 총 간호시간)을 구한 후 근무시간을 나누어, 필요한 간호사 수 구함.
관리공학적 접근방법	• 간호부서를 위한 행동목표를 기술하고 환자의 유형에 맞추어 간호표준을 기술한 뒤, 그 표준에 따라 정해진 업무수행 빈도와 난이도를 바탕으로 간호인력의 수를 결정하는 방법 • 환자를 간호요구에 따라 분류 – 필요한 간호시간을 산출하여 총 간호업무량에 따라 간호사를 모집하고 선발·배치함 • 간호의 질, 돌보아야 할 환자유형, 병상수용능력 등의 정보를 분석하여 인력을 결정한다.

32 직무수행평가에서 강제배분법을 사용함으로써 감소시킬 수 있는 평가상의 오류 유형은? 19 서울 추채

① 후광 효과
② 논리적 오류
③ 규칙적 오류
④ 관대화 경향

32
강제배분법은 직무수행평가에서 흔히 발생하는 집중화, 관대화 경향을 제한하기 위해 사용된다.

PLUS

직무수행평가상의 오류

후광효과	피고과자의 긍정적 인상에 기초하여 평가 시 어느 특정 요소의 우수함이 다른 평가요소에서도 높이 평가받는 경향
관대화 경향	평정자가 평정에서 지나치게 관대하여 피평정자는 그의 실적과 상관없이 높은 점수를 받게 되는 것
규칙적 착오	평정자의 평정기준이 일정하지 않아서 관대화, 엄격화 경향이 불규칙하게 나타나는 현상으로 언제나 후한 점수 또는 나쁜 점수를 주는 경향
논리적 오류	2가지 평정요소 간에 논리적인 상관관계가 있는 경우, 어느 한 요소가 우수하면 다른 요소도 우수하다고 쉽게 판단하는 경향

정답 32 ④

33 직무수행평가는 구성원이 가지고 있는 능력, 근무성적, 자질 및 태도 등을 객관적으로 평가하는 것이다. 직무 수행평가 유형에 대한 설명으로 가장 옳은 것은? 19 서울 추채

① 도표식 평정척도법(graphic rating scale)은 최고부터 최저 순위까지 상대서열을 결정하는 방법이다.
② 강제배분법(forced distribution evaluation)은 각 평정 요소마다 강약도의 등급을 나타내는 연속적인 척도를 도식하는 방법이다.
③ 중요사건기록법(critical incident method)은 논술형태로 조직 구성원의 성과에 관해 강점과 약점을 기술하는 방법이다.
④ 행위기준고과법(BARS, behaviorally anchored rating scale)은 전통적인 인사고과시스템이 지니고 있는 한계점을 극복·보완하기 위해 개발된 평가기법이다.

해설

33
① 최고부터 최저 순위까지 상대서열을 결정하는 방법 – 서열법
② 각 평정 요소마다 강약도의 등급을 나타내는 연속적인 척도를 도식하는 방법 – 도표식평정척도법
③ 논술 형태로 조직 구성원의 성과에 관해 강점과 약점을 기술하는 방법 – 일화기록법

PLUS

직무평가방법

도표식 평정 척도법	① 평정요소마다 우열의 등급을 나타내는 연속적인 척도를 도식하여 평정자가 해당되는 곳에 표시하는 방법 ② 장점: 작성이 간단하고 평정이 용이하고, 상벌의 목적에 이용하는 데 편리하다. ③ 단점: 평정요소에 대한 등급 간 비교의 기준이 모호하다.
일화 기록법	백지나 소정양식에 행위에 대한 객관적인 서술을 기록하는 방식
서열법	① 피평정자를 최고부터 최저 순위까지 상대 서열을 결정하는 방법 ② 업무를 종합적·포괄적으로 평가하는 것으로, 비교적 규모가 작은 집단에서 사용하기에 좋다. ③ 등급을 신속하게 매길 수 있다. ④ 쌍대비교법: 두 사람씩 짝을 지어 비교를 반복 ⑤ 대인비교법: 평정요소별 표준인물을 선정하여 그를 기준으로 서열을 매김
체크리스트 평정방법	① 어떤 문제에 관한 의견과 태도를 긍정적·부정적·소극적 등의 평정항목으로 나열하고 각 항목에 등급을 매긴 후 피평정자에게 이를 선택하게 하여 전체 점수를 환산하는 평정방법 ② 의견이나 태도 조사에 유리하다. ③ 평정요소가 명확하게 제시되어 있고 가부 또는 유무만을 판단하기 때문에 평정하기가 비교적 쉽다.
강제 분배법	① 일정한 평가 단위에 속한 피평가자들의 평가성적이나 등급을 사전에 정해진 비율에 따라 강제로 할당하는 방법 ② 절대평가의 단점인 집중화·관대화 경향을 막을 수 있다.
중요사건 기록법	① 조직목적 달성의 성패에 영향이 큰 주요 사건을 중점적으로 기록, 검토하는 방법 ② 피평정자와의 상호작용을 촉진하는 데 유용하고, 사실에 초점을 두고 있어 객관적이다.
목표관리법	① 태도와 근무 과정보다는 결과중심적 평정방법으로 조직 구성원을 목표 설정에 참여시켜 업무수행 목표를 명확하고 체계적으로 설정하고, 그 결과를 공동으로 평가·환류시키는 목표관리방식을 근무성적에 활용한 평정방법 ② 목표관리법은 단기적인 목표를 위주로 하여 정량적인 평가기준을 주로 활용 ③ 직무를 수행하는 간호사 당사자의 자율성을 강조하는 평가방법
에세이	에세이(essays)는 평가자들이 시간의 경과에 따라 구성원들 행위의 강한 면과 약한 면을 기술함으로써 성과를 평가하는 방법

정답 33 ④

행태중심 (행위기준) 평정척도법	① 도표식 평정척도법에 중요사건 기록법이 더해진 방법으로 평정의 임의성과 주관성을 배제하기 위하여 실제로 관찰될 수 있는 행태를 서술적 문장으로 평정척도에 표시하여 사용 ② 고과자가 피고과자의 행위나 업적에 대하여 등급을 매길 때, 각 등급별로 판단의 근거가 되는 구체적인 행동기준(중요행위)을 제공

34 보상제도에 대한 설명으로 가장 옳은 것은? 19 서울 추채

① 성과급은 직무내용, 근무조건 등의 특수성에 따라 지급된다.
② 복리후생은 임금 외 부가적으로 지급되며, 보험·퇴직금 등이 포함된다.
③ 직능급은 직원의 근속 연수, 학력 등을 기준으로 지급된다.
④ 임금은 근로에 대한 대가를 말하며, 기본급 외에 수당과 상여금은 제외된다.

해설

34
① 직무내용, 근무 조건 등의 특수성에 따라 지급 – 직무급
③ 직원의 근속 연수, 학력 등을 기준으로 지급 – 연공급
④ 임금 = (기본급) + (수당, 상여금, 퇴직금) 등을 모두 포함

PLUS

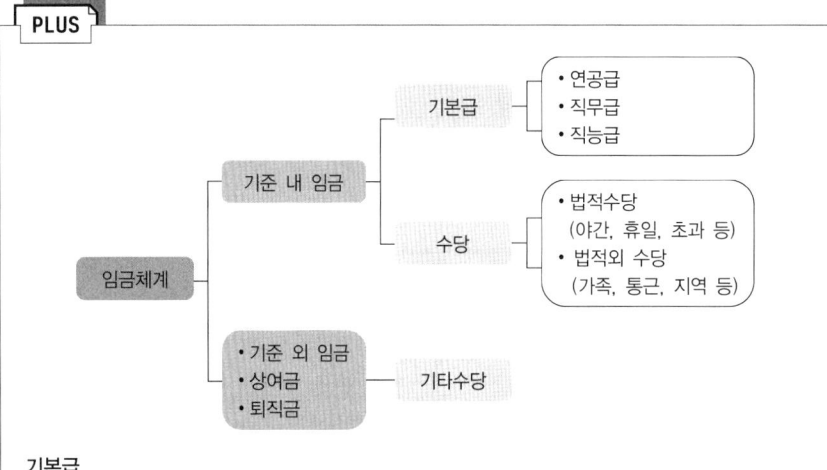

기본급

연공급	간호사가 가지고 있는 외형적인 자격기준, 즉 간호사의 근속일수, 학력, 면허증, 연령 등을 고려하여 결정되는 보수이며, 일반적으로 근무연수가 많아짐에 따라 임금이 상승한다(속인적 보상체계).
직무급	각 직위의 직무가 가지고 있는 책임성과 난이도 등에 따라 직무의 상대적 가치를 분석·평가하여 직무급 그에 상응되게 결정하는 기본급 체계로 직무의 난이도라든지 위험 조건 등을 감안하여 근무연한이나 연령에 관계없이 임금을 결정하는 방법
직능급	연공급과 직무급을 절충한 방식으로 직능급은 직무의 특성에다 직무 수행능력까지 고려하여 임금 수준을 결정하는 기본급 체계
성과급	구성원의 조직에 대한 현실적 공헌도, 즉 달성한 성과의 크기를 기준으로 임금액을 결정하는 임금체계로 업적급 또는 능률급이라고도 한다. 성과급은 개인의 성과에 따라 임금액이 달라지는 변동급
종합결정급	간호사의 생계비, 연령, 자격, 근무연한, 능력, 직무 등의 여러 가지 요소를 종합적으로 고려하여 결정되는 기본급

정답 34 ②

35 직무수행 평가 시 발생 가능한 오류로서 평가자가 피평가자의 특정 요소가 부족하다는 인상을 받으면, 피평가자의 다른 요소들까지 실제보다 낮게 평가하는 오류는? 18 서울

① 혼 효과(horns effect)
② 자기확대 효과
③ 근접 착오(recency error)
④ 논리적 착오(logical error)

PLUS

혼 효과	평정자가 지나치게 비평적인 성향일 때, 피평정자는 실제 능력보다 더 낮게 평가됨
근접착오	시간적 오류로 볼 수 있으며 평정자가 평정을 할 때 최근의 실적이나 능력 중심으로 평정하는 데서 발생하는 오류
논리적 오류	2가지 평정요소 간에 논리적인 상관관계가 있는 경우, 어느 한 요소가 우수하면 다른 요소도 우수하다고 쉽게 판단하는 경향

36 다음과 같이 실시하는 인사고과방법으로 가장 옳은 것은? 18 서울

항목	불만족 (2)	기준 이하 (4)	기준 만족 (6)	기준 초과 (8)	탁월함 (10)
간호 지식	최소한의 지식조차 없음	제한된 지식 보유	만족스러운 간호 지식과 능력을 갖춤	평균 이상의 지식 보유함	간호 지식과 능력이 탁월하여 이를 발휘하고 있음

① 목표관리법(MBO)
② 중요사건 서술법(Critical incident method)
③ 체크리스트(Checklist)
④ 행위기준 평정척도법(BARS)

36
행위기준 평정척도법은 직무 분석에 기초하여 주요 과업 분야를 선정하고, 바람직한 또는 바람직하지 않은 행태(행위)의 유형과 등급을 구분·제시한 뒤 각 등급마다 중요 행태(행위)를 명확하게 기술하여 점수를 부여하는 방법이다.
✓ p.112 07번 해설 PLUS 〈행태 중심(행위기준)평정척도법〉 참조

37 내부모집과 외부모집의 일반적인 특징의 비교로 바르게 연결한 것은? 18 지방

		내부모집	외부모집
①	모집 범위	넓다	좁다
②	모집 비용	많다	적다
③	인력개발비용	적다	많다
④	신규직원 적응 기간	짧다	길다

정답 35 ① 36 ④ 37 ④

PLUS

내부모집 vs 외부모집

구분	내부모집	외부모집
모집 범위	좁다	넓다
모집 비용	적다	많다
인력 개발 비용	많다	적다

38 직무급에 대한 설명으로 옳은 것은? 18 지방

① 근속연수에 따라 임금을 결정한다.
② 개인의 조직 공헌도에 따라 임금을 결정한다.
③ 직무의 책임성과 난이도 등에 따라 임금을 결정한다.
④ 직무특성과 근로자의 직무수행능력에 따라 임금을 결정한다.

해설

38
① 연공급
② 성과급
④ 직능급
☑ p.132 34번 PLUS 〈기본급〉 참조

39 「근로기준법」으로 상정하고 있는 수당만을 모두 고른 것은? 17 지방 추채

ㄱ. 연장근로 수당	ㄷ. 직책수당
ㄴ. 휴일근로 수당	ㄹ. 특수 작업 수당

① ㄱ, ㄴ
② ㄷ, ㄹ
③ ㄱ, ㄴ, ㄹ
④ ㄱ, ㄴ, ㄷ, ㄹ

PLUS

연장·야간 및 휴일 근로(「근로기준법」제56조)

법정수당		
	• 근로기준법에서 명시된 각종 근로조건과 관련하여 지급사유가 발생하면 반드시 지급해야 하는 수당 • 종류: 퇴직수당, 휴업수당, 야간근무수당, 유급휴일수당, 연장근무수당, 연차유급수당 생리수당, 산전·산후수당 등	
	연장근무수당	소정근로시간(1주일에 40시간, 1일 8시간 초과)을 초과하여 근무한 경우 5인 이상 사업장이라면 통상임금의 100분의 50 이상을 가산
	야간근무수당	야간근로(오후 10시부터 다음 날 오전 6시 사이의 근로)에 대해서는 통상임금의 100분의 50 이상을 가산
	휴일근무수당	• 8시간 이내의 휴일근로: 통상임금의 100분의 50 • 8시간을 초과한 휴일근로 통상임금의 100분의 100
	중복사유 발생 시 가산임금	연장근로, 야간근로, 휴일근로가 중복되어 가산임금을 중복하여 지급

정답 38 ③ 39 ①

정상근무수당	
직책수당	• 직무와 관계되는 직무수행상의 난이도와 책임감을 고려하여 지급하는 수당 • 책임수당, 직무수당, 관리적 수당 같은 형태
특수작업수당	표준 작업환경보다 열악한 작업환경에서 근무하는 구성원을 위한 수당
특수근무수당	• 주로 야간에 업무를 담당하고 있는 구성원에게 지급 • 업무내용상 초과근무수당, 교대근무수당으로 반영하기 곤란한 경우 지급
기능수당	조직 내 구성원들이 가지고 있는 특별한 자격, 면허에 대해 지급하는 수당

40 간호업무량을 측정하기 위해서는 직접간호활동, 간접간호활동, 개인시간을 확인한다. 다음 중 직접간호활동에 해당하는 것은? 17 서울

① 대상자와 관련된 간호기록, 검사기록 등을 확인하고 점검하는 것
② 대상자의 상태를 점검하고 의사에게 보고하는 것
③ 대상자에게 활력징후를 측정하는 것
④ 대상자의 상태를 다음 근무번에게 인수인계하는 것

해설

40
①, ②, ④ 간접간호활동
직접간호활동은 간호사가 대상자에게 직접적인 간호를 제공하는 것으로 환자 곁에 머무르면서 신체적·정신적 요구와 관련된 간호를 말한다.

PLUS

간호업무량 측정요소
환자분류제도를 이용하여 분류군별 간호시간을 직접간호활동, 간접간호활동, 개인시간으로 구분하여 측정한다.

직접간호활동	• 간호직원이 환자 집(곁)에 머무르면서 제공하는 환자에게 직접 제공되는 간호활동 • 영양, 위생, 운동, 측정 및 관찰, 의사소통, 투약, 처치, 배설, 흡인, 산소투여, 열요법 등 11개 간호영역의 59항목의 간호활동에 소요되는 시간 등 • 신체사정, 식사제공, 활력징후 측정 등 직접 제공하는 것
간접간호활동	• 직접간호를 준비하거나 수행하기 위해 일어나는 일련의 활동. • 환경적, 사회적, 경제적 안녕과 관련하여 제공되는 간호행위 • 기록, 확인, 물품관리, 의료팀 또는 관련 부서와의 의사소통, 각종 교육 및 훈련, 식사배선 참여, 의사지시 확인 등 7개 영역의 간호활동에 소요되는 시간 등 • 간호계획서 작성, 환자상태 보고, 다학문 간 집담회 개최, 간호순회, 업무인수인계 확인 등
개인시간	• 근무시간 내에 수행하는 직접간호활동과 간접간호활동을 제외한 시간 • 휴식시간, 식사시간, 대기시간 등

41 인적자원관리에서 능력별 보상관리의 장점으로 옳지 않은 것은? 17 서울

① 구성원들에게 동기부여를 함으로써 의욕적인 근무가 가능하다.
② 장유유서를 존중하고 조직의 안정성을 유지한다.
③ 전문직, 특수기능 소유자 등 필요한 우수인력 확보가 용이하다.
④ 연봉 결정을 위한 면접이나 평가를 통해 의사소통이 원활해지고 조직이 활성화 된다.

정답 40 ③ 41 ②

> **PLUS**
>
> **능력별 보상제도(성과급 제도)**
> 구성원의 노력과 업무성과 조직체에 기여하는 정도를 평가하여 임금결정의 기준으로 삼는 능력 중심의 보상제도
>
> | 장점 | 단점 |
> | --- | --- |
> | • 구성원의 동기부여 요인으로 조직의 활성화와 사기양양을 유도한다.
• 적절한 생산량을 유지하기 위한 감독의 필요성이 줄어든다.
• 과감한 인재기용이 가능하다.
• 고급 노동력의 부족, 임금의 급격한 상승, 기술혁신 등의 여건변화에 대응할 수 있다.
• 구성원의 직무수행능력 개발과 효율적인 활용이 가능하다. | • 장유 서열관이 존중되는 기업에서 조직의 안정성을 해칠 염려가 있다.
• 능력평가의 객관성과 신뢰성이 부족하여 이에 대한 수용도가 약하고 공정성의 지각이 작아질 위험성이 있다.
• 비인간적, 기계적인 조직 생활과 노동착취의 수단으로 왜곡되어 통제지향의 인사관리가 될 가능성이 커진다. |

42 다음 글에서 설명하는 직무수행평가의 오류 유형은? 17 지방

> 수간호사는 우연하게 A간호사의 부정적인 면을 보게 되었다. 수간호사는 그 일로 인하여 A간호사에 대하여 불신을 하게 되었고, 다른 업무요소도 부족하다고 판단하여 직무수행평가 점수를 실제 능력보다 낮게 주었다.

① 후광 효과
② 혼 효과
③ 중심화 경향
④ 관대화 경향

> **PLUS**
>
> **직무수행평가상의 오류**
>
> | | |
> | --- | --- |
> | 후광효과 | 피고과자의 긍정적 인상에 기초하여 평가 시 어느 특정 요소의 우수함이 다른 평가요소에서도 높이 평가받는 경향 |
> | 혼 효과 | 평정자가 지나치게 비평적인 성향일 때, 피평정자는 실제 능력보다 더 낮게 평가됨 |
> | 관대화 경향 | 평정자가 평정에서 지나치게 관대하여 피평정자는 그의 실적과 상관없이 높은 점수를 받게 되는 것 |
> | 중심화 경향 | 관리자가 근무성적 평정 때 극단적인 평가를 기피하는 인간의 심리적인 경향으로 발생되는 평가자의 평점이 모두 중간에 집중되는 경향 |

정답 42 ②

43 다음 글에서 설명하는 길리스(Gillies)의 간호인력 산정에 대한 접근 방법은? 17 지방

> K병원의 간호부장은 환자분류체계에 따른 환자유형별 간호표준을 정하고, 그 표준에 따라 정해진 업무수행 빈도와 난이도를 기초로 하여 필요한 간호인력의 수요를 예측 하였다.

① 서술적 접근방법
② 원형적 접근방법
③ 산업공학적 접근방법
④ 관리공학적 접근방법

PLUS

길리스의 간호인력산정방법

서술적 접근방법	환자의 유형을 확인하여 간호표준을 설정하고 주관적으로 간호요원의 수와 종류를 결정하는 방법(간호사 대 환자의 비율을 결정)
산업공학적 접근방법	간호업무분석으로 인력의 수 결정 – 간호활동활동에 소요된 간호시간을 측정하여 필요한 간호인력을 산정(시간 – 동작 분석, 환자당 간호시간 × 환자 수(= 총 간호시간)을 구한 후 근무시간을 나누어, 필요한 간호사 수 구함
관리공학적 접근방법	• 환자유형별 간호표준을 정하고 업무수행의 빈도와 난이도 바탕으로 간호인력의 수를 결정하는 방법 • 환자를 간호요구에 따라 분류 – 필요한 간호시간을 산출하여 총 간호업무량에 따라 간호사를 모집하고 선발·배치함 • 간호의 질, 돌보아야 할 환자유형, 병상수용능력 등의 정보를 분석하여 인력을 결정한다.

44 간호부 규정을 위반한 간호사의 훈육원칙으로 옳은 것은? 17 지방

① 간호사의 문제행동에 초점을 둔다.
② 훈육 규칙은 유동적으로 적용한다.
③ 훈육은 가능한 한 시간을 갖고 천천히 처리한다.
④ 훈육은 처음부터 공개적으로 시행하여 재발을 예방한다.

해설

44
② 훈육 규칙은 일관성 있게 적용한다.
③ 훈육은 가능한 한 신속하고 주의깊게 처리한다.
④ 훈육은 비공개적으로 시행하여 프라이버시를 지켜주며 실시한다.

정답 43 ④ 44 ①

신희원 간호관리
기출문제집

Part 05

지휘

PART 05 지휘

01 다음에 해당하는 동기부여 이론은? 25 보건직

- 자신이 받은 보상이 비교 대상보다 과다하다고 지각하여 더 많은 업무를 맡으려고 한다.
- 자신이 받은 보상이 비교 대상보다 과소하다고 지각하여 추가적인 보상 기회를 찾는다.

① 브룸(Vroom)의 기대이론
② 아담스(Adams)의 공정성이론
③ 로크(Locke)의 목표설정이론
④ 맥클리랜드(McClelland)의 성취동기이론

PLUS

기대이론 브룸 (Victor H. Vroom)	레빈(Lewin)의 장이론에 근거하며 행동의 결정에서 여러 가지 가능한 행동대안을 평가하여 자기 자신이 가장 중요하고 가치 있는 결과를 가져올 것이라는 믿음이 행동을 결정짓게 한다고 주장 • 기대이론의 변수
공정성 이론 아담스 (J. Stacy Adams)	직무에 대한 만족은 업무상황의 지각된 공정성에 따라 결정된다고 보는 이론 개인 자신의 노력과 그 결과로 얻어지는 보상의 관계를 다른 사람과 비교했을 때 자신이 느끼는 공정성에 따라 행동동기가 영향을 받는다고 제시
목표 설정 이론 로크 (Edwin A. Lock)	불명확한 목표와 명확한 목표가 성과에 미치는 영향에 관해 연구한 이론 목표가 어떻게 설정되고 목표달성이 어떻게 추구되느냐에 따라 구성원의 동기행동이 달라지며 동기 행동에 따라 과업의 성과가 달라진다.

내용이론 : 무엇이 사람을 동기부여하는가를 다루는 것으로 인간의 행동을 유발하게 하는 인간의 욕구나 만족에 초점을 둠

맥클리랜드 (David C. McClelland)의 성취동기이론	• 발전적인 직무수행을 할 수 있게 하는 동기유발의 요인은 성취욕구로 보았다. 성취욕구가 높을수록 성취를 통해 조직과 개인이 성장할 수 있다는 것이 성취동기이론이다. • 조직의 성공에서 중요한 요소는 성취욕구가 높은 사람들로 조직을 구성하고 그들에게 성취동기를 높게 유지하게 하는 것으로 보았다.

해설

01
과정이론 : 사람들은 어떻게 동기부여되는가를 밝히는 데 중점을 두며 동기부여가 일어나는 과정을 다루는 이론

정답 01 ②

02 다음 사례에 나타난 의사소통 네트워크 유형은? 25 보건직

- 간호부는 '환자경험평가'에 대비하여 각 병동 파트장이 참여하는 팀을 구성하였다.
- 팀원 모두가 자유롭게 정보를 교환하고 의사소통하고 있다.

① Y형
② 사슬형
③ 수레바퀴형
④ 완전연결형

PLUS

유 형	사슬형	Y형	수레바퀴형(윤형)	원형	완전연결형
의사소통 속도	빠름	빠름	• 단순과업 ↑ • 복잡한 과업 ↓	• 모여 있는 경우 ↑ • 떨어져 있는 경우 ↓	빠름
의사소통의 정확성	문서↑ 구두↓	높음	• 단순과업 ↑ • 복잡한 과업 ↓	• 모여 있는 경우 ↑ • 떨어져 있는 경우 ↓	중간
구성원 만족도	낮음	중간	중간	높음	높음
의사결정 수용도	낮음	중간	낮음	높음	높음

쇠사슬형 (연쇄형)	• 상사와 부하 간에 의사전달이 이루어지는 수직적인 전달 형태로 비능률적인 모형 • 명령과 권한의 명확한 공식조직에서 사용 • 최고관리자의 의사가 말단직원까지 전달 • 사슬이 길수록 정보왜곡의 가능성이 높다.
수레바퀴형 (윤형)	• 집단 내 중심적 리더가 존재하는 형 • 구성원 간의 의사전달이 중심에 있는 리더에게 집중되는 형태 • 가장 신속하고 능률적인 모형 • 과업이 단순할 때는 의사소통의 속도는 빠르지만, 과업이 복잡할 때는 속도가 느림 • 구성원들 사이의 정보공유가 이루어지지 않으며, 집단구성원의 만족도는 낮다.
원형	• 집단구성원 간에 서열이나 지위가 불분명하여 동등한 입장에서 의사전달이 이루어지는 형태 • 분위기가 자유스럽고 구성원 상호작용이 편중되지 않아 위원회나 태스크 포스팀 같은 공식적 리더나 의장은 있지만, 권력의 집중이나 지위의 상하가 없이 특정문제해결을 위해 구성된 조직에서 흔히 나타남 • 수평적 의사소통이 이루어짐
Y자형 (자유경로형)	• 집단 내에서 중심적 위치를 차지하고 있는 리더가 존재하지 않지만 비교적 다수의 집단구성원을 대표할 수 있는 경우에 이루어지는 형태 • 서로 다른 집단의 구성원들이 서로 의사소통할 때 조정자가 필요한 경우 사용 • 연쇄형(쇠사슬형)과 수레바퀴형이 혼합된 형태로 라인과 스태프의 혼합집단에서 찾아 볼 수 있음

정답 02 ④

개방형 (완전 연결형)	• 집단 내의 모든 구성원들이 자유롭게 정보를 교환하는 형태 • 팀리더가 없거나 공식적 구조가 없어 구성원 누구나 의사소통을 주도할 수 있음 • 집단의 만족도가 높음 • 브레인스토밍 등에서 사용됨	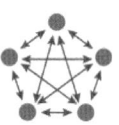

03 피들러(Fiedler)의 상황적합성 이론에 근거할 때, 다음 설명에서 상황 호의성과 효과적인 리더를 바르게 연결한 것은? 25 보건직

- 간호관리자와 구성원 간의 관계는 좋다.
- 간호업무의 구조화 정도가 높다.
- 간호관리자의 직위 권한이 약하다.

   상황 호의성   효과적인 리더
① 비호의적 상황 과업지향적 리더
② 비호의적 상황 관계지향적 리더
③ 호의적 상황   과업지향적 리더
④ 호의적 상황   관계지향적 리더

PLUS

상황 적합성이론 (피들러) (F. Fiedler)	\multicolumn{2}{l|}{• 효과적인 리더십은 지도자와 구성원 간의 상호작용 유형과 상황과의 관계에 따라서 결정된다. • 모든 상황에서 이상적인 리더십은 없음. 상황에 따라 효과적인 리더십 유형은 달라짐 • 피들러는 '상황의 호의성'이란 개념을 강조하였는데 '상황의 호의성'이란 '그 상황이 리더로 하여금 자기 집단에 대하여 자신의 영향력을 행사할 수 있게 하는 정도를 말한다'고 하였다. 이러한 상황의 호의성은 3가지 상황변수에 의해 결정된다고 보았다. • 상황 호의성 = 과업의 구조화 + 리더와 구성원 간의 관계 + 리더의 직위권력}	
	LPC 점수	• 싫어하는 동료를 관대하게 평가 → LPC 점수가 높음(관계지향형 리더) • 싫어하는 동료를 부정적으로 평가 - LPC 점수가 낮음(과업지향형 리더)
	상황과 리더의 관계	관계지향형 리더	상황의 호의성이 중간 정도일 때 가장 과업수행이 우수함
		과업지향형 리더	상황의 호의성이 아주 낮거나 아주 높은 상황에서 과업수행이 우수함

정답 03 ③

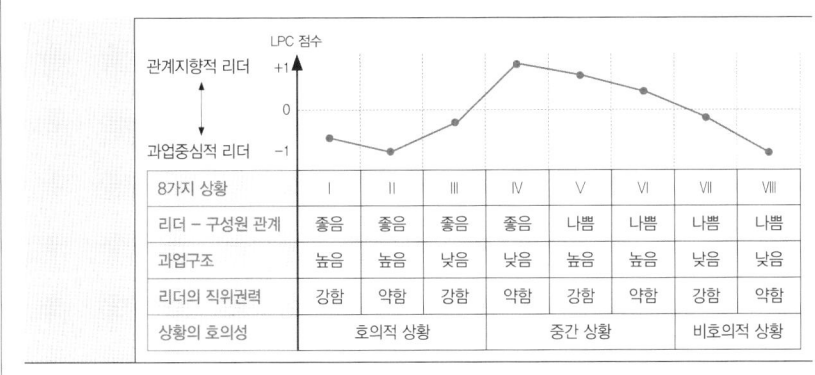

04 허츠버그(Herzberg)의 동기-위생이론에 대한 설명으로 옳은 것은?

24 보건직

① 동기부여가 이루어지는 인지적 과정을 설명한다.
② 동기 요인은 작업 조건 등 외적 요인을 가리킨다.
③ 위생 요인에 집중할 때 직무성과가 향상된다.
④ 직무 불만족을 줄이려면 위생 요인을 개선해야 한다.

PLUS

허츠버그의 2요인론(이원적 욕구충족이론)

개념	• 조직 구성원에게 불만을 주는 요인(위생요인)과 만족을 주는 요인(동기요인)은 상호 독립되어 있음을 제시(동기-위생이론) • 만족의 반대는 불만족이 아닌 만족이 없는 상태이며, 불만족의 반대는 만족이 아닌 불만족이 없는 상태
욕구의 이원적 구조	인간의 기본적 욕구는 불유쾌한 것을 피하려는 욕구(위생욕구)와 개인적 성장을 추구하는 욕구(동기욕구)가 두 개의 평행선과 같이 이원화
동기요인 (만족요인 Y이론)	직무 자체와 관련된 심리적 욕구로써 성취감, 안정감, 승진, 직무 자체에 대한 만족감, 보람 있는 일, 능력 신장 등 정신적 측면을 언급하는 아브라함 본성과 관련된다. 아울러 Herzberg는 조직의 생산 제고와 직결되는 것은 위생 요인이 아니라 만족 요인의 충족이라고 언급하고 이에 근거한 동기 부여를 역설하였다. → 충족 시 생산성 향상
위생 요인 (불만족 요인, X이론)	작업자의 환경범주와 관련된 것으로써 정책과 관리, 감독 기술, 근무 조건, 개인상호 간의 관계, 임금, 인간관계, 안전 문제 등을 들고 있으며, 인간의 본능적 측면과 관련된 아담의 본성을 말한다 → 미충족 시 불만

정답 04 ④

구분		위생요인(불만요인)	동기요인(만족요인)
동기요인과 위생요인의 구별	성격	직무외적 또는 근무환경적요인	직무 자체와 관련되어 있고 개인에게 성취감을 줄 수 있는 요인
	예시	조직의 정책과 관리 감독 보수 대인관계 작업조건	직무상의 성취(승진 등) 직무에 대한 타인으로부터의 인정 보람 있는 직무 직무상의 책임 성장 및 발전(자아개발)
	매슬로의 욕구	생리적, 안전, 사회적 욕구	존중, 자아실현 욕구
두요인 충족의 상이한 효과		위생요인의 충족(또는 불만요인의 제거)은 불만을 줄여 주는 소극적 효과이며 직무행태에는 단기적 영향에 불과하지만, 동기요인(만족요인)의 증대는 자기실현 욕구에 자극을 주고 직무수행의 동기를 유발한다.	
한계		개인차에 대한 고려가 없음(위생요인이나 동기요인이 개인에게 미치는 영향은 개인의 연령이나 직위에 따라 상이) 전문직에 종사하는 사람을 연구대상으로 하였으므로 일반화가 곤란함 연구자료가 중요사건기록법을 근거로 수집되어 동기요인이 과대평가함 직무요소와 동기 및 성과 간 관계가 충분히 분석되지 않고 개인의 만족도와 동기수준의 관계에 대해서도 제대로 설명 못함	

05 다음 사례에서 간호본부장이 가진 권력의 유형은? 24 보건직

> 간호본부장이 간호학술제 수상자들에게 해외여행 기회를 제공하기로 결정함

① 보상적 권력 ② 강압적 권력
③ 준거적 권력 ④ 전문적 권력

PLUS

조직적 권력	합법적 권력 (legitimate power)	권력행사자가 보유하는 지위(직위)에 바탕을 둔 권력으로, 이를 권한이라 한다. 합법적 권력은 공식적 지위가 높을수록 더욱 높아지는 경향이 있다.
	보상적 권력 (reward power)	권력의 근원으로서 타인이 원하는 것을 보상해줄 수 있는 자원과 능력을 가진 경우 (임금, 업무할당, 새로운 설비의 제공, 칭찬, 충고나 조언 등)
	강압적 권력 (coercive power)	요청이나 요구들에 따르지 않는 상대방을 처벌할 수 있을 때 성립하는 권력 (해고, 징계, 봉급제한)

정답 05 ①

06 리더십이론을 특성이론, 행동이론, 상황이론으로 구분하였을 때, 그 분류가 다른 것은? 23 보건직

① 관리격자이론
② 경로-목표이론
③ 배려-구조주의 리더십
④ 전제형-민주형-자유방임형 리더십

PLUS

특성론적 접근방법 (1940~1950년대)	행태론적 접근방법 (1950~1960년대)	상황론적 접근방법 (1970년 현대)
리더와 리더가 아닌 사람을 구별할 수 있는 특성이 반드시 존재	가장 중요한 것은 리더의 특성이 아니라 리더가 여러 상황에서 수행하는 행위	리더의 유효성은 상황에 의해서 좌우
유전적 입장, 자질론, 요소론, 속성론	Blake & Mouton의 오하이오 주립대학의 배려-구조주도 리더십 이론(관리격자이론)	• 피들러(Fiedler)의 상황 적합적 리더십이론 • 허쉬와 블랜챠드의 리더쉽 상황이론 (Hersey와 Blanchard) • 하우스와 에반스의 경로-목표 이론 등

1차원적 리더십	과업 중심	권위형(X이론), 민주형(Y이론), 방임형(Z이론)
2차원적 리더십	과업 중심 + 인간 중심	Black & Mouton, 오하이오(Ohio)대학의 연구
3차원적 리더십	과업 중심 + 인간 중심 + 상황	Fledler의 상황 이론, Robert House의 리더십, Hersey & Blanchard의 3차원 리더십

07 브루스 터크만(Bruce Tuckman)의 팀 발전단계 중 〈보기〉의 상황에 해당하는 것은? 23 보건직

― 보기 ―
E병원은 새로운 인사평가제도를 마련하기 위하여 프로젝트 팀을 구축하였다. 이 프로젝트 팀의 구성원은 각자의 의견과 생활방식의 차이로 혼란을 겪고 있다.

① 규범기
② 형성기
③ 갈등기
④ 성취기

정답 06 ② 07 ③

PLUS

터크만의 팀 발전 5단계 모델(Tuckman model) : 형성기 – 격동기 – 규범기 – 성과기 – 해체기

단계	내용	특징	리더십스타일
형성기 (Forming)	• 팀이 처음 결성되는 단계 • 목표설정, 관계형성이 시작되는 단계 • 팀의 미션이나 목표에 대한 명확한 공감대가 형성되지 않았음 • 개개인의 역할이나 책임이 불분명 • 팀 구성원의 리더에 대한 의존도 높음	혼돈, 불확실성, 우려와 공감 부족	지시형 리더십
갈등기(격동기) (Storming)	• 본격적으로 일을 시작하는 단계 • 개성이 표출되고 긴장이 고조되는 단계 • 에너지와 생산성이 최저 • 팀의 내부적인 갈등이 높은 시기	대립, 갈등, 의견 불일치	코치형 리더십
규범기 (Norming)	• 팀의 규범 / 가치 / 정체성이 형성되는 단계 • 서로를 수용하고 공감대가 형성되는 단계 • 응집력(결속력)이 높아지며 구성원의 역할과 권한관계가 정해짐	조화, 합의, 의견일치, 신뢰형성 시작	참여형 리더십
성과기(성취) (Performing)	• 팀이 하나의 기능 단위로 동작하는 단계(팀 구성원이 가장 협력적으로 일하는 시기) • 업무집중, 높은 성과를 창출하는 단계	견고한 신뢰, 문제해결, 자신감, 성과	위임형 리더십
해지기(해체기) (Adjourning)	과제완료, 팀해체단계	과업정리, 자체평가, 상실감	–

08 〈보기〉의 이론에 대한 설명으로 가장 옳은 것은? 22 서울(6월)

― 보기 ―

팔로워십은 켈리(Kelly)가 주장한 이론으로 리더와 상호보완적인 차원에서 팔로워가 조직의 목표 달성을 위해 역량을 키워나가고 적극적인 참여를 통해서 주어진 역할에 최선을 다하는 과정으로 볼 수 있다.

① 실무형은 리더를 비판하지 않고 리더가 지시하는 일은 잘 수행하지만 그 이상의 모험을 하지 않는 유형이다.
② 수동형은 독립적이고 비판적인 사고를 하지만 적극적으로 역할 수행을 하지 않는 유형이다.
③ 소외형은 독립적이고 비판적인 사고가 미흡하여 리더의 판단에 의존하고 리더의 권위에 순종하지만 열심히 참여하는 유형이다.
④ 순응형은 깊이 생각하지 않고 열심히 참여하지 않는 유형으로 팔로워십의 진정한 의미를 새롭게 배워야 하는 유형이다.

해설

08
② 독립적이고 비판적인 사고를 하지만 적극적으로 역할 수행을 하지 않는 유형 – 소외형
③ 독립적이고 비판적인 사고가 미흡하여 리더의 판단에 의존하고 리더의 권위에 순종하지만 열심히 참여하는 유형 – 순응형
④ 깊이 생각하지 않고 열심히 참여하지 않는 유형으로 팔로워십의 진정한 의미를 새롭게 배워야 하는 유형 – 수동형

정답 08 ①

> **PLUS**
>
> 팔로워십(Followership) - 켈리(R. E. Kelly)
> 팔로워의 행동이 "수동적인가, 적극적인가", 팔로워의 사고방식이 "의존적·무비판적인가, 독립적·비판적인가"로 양분하여 수동형·순응형·소외형·실무형·모범형의 5가지 유형으로 분류하였다.
>
> | | |
> |---|---|
> | 모범형 | • 모범형 팔로워는 스스로 생각하고 알아서 행동하는 유형
• 맡은 일에 집중하고 헌신, 일 추진, 자신의 가치를 높이는 노력 등 본보기 |
> | 소외형 | • 독립적이고 비판적인 사고를 하지만 역할수행에서는 적극적이지 않은 유형 |
> | 순응형 | • 리더의 판단에 지나치게 의존하려는 성향을 띠지만 열심히 참여하는 유형 |
> | 실무형
(실용적 생존형) | • 별로 비판적이지 않으며 리더가 시키는 일은 잘 수행하지만 그 이상의 모험을 하지 않는 유형 |
> | 수동형 | • 깊이 생각도 하지 않고 열심히 참여도 하지 않는 유형 |

09
동기부여이론 중 아담스(Adams)의 공정성 이론에 근거하여 자신이 비교대상보다 과소 보상을 받는다고 인식할 때 지각된 불공정성을 감소시키기 위해 취하는 행동으로 가장 옳지 않은 것은? 22 서울(6월)

① 자신의 업무량을 줄인다.
② 비교대상을 바꾼다.
③ 타부서로의 이동을 건의하거나 결근 및 이직을 고려하면서 그 상황을 벗어나려고 한다.
④ '내가 더 중요하고 가치 있는 일을 했으니까'하고 위안한다.

> **PLUS**
>
> 불공정성 감소방안
>
> | | |
> |---|---|
> | 투입의 변경 | 업무과다 및 급여부족 시 투입을 줄여 생산성을 감소시킴
→ 보상을 잘 받는다고 느끼면 업무수행증진을 위해 노력할 것 |
> | 산출(결과)의 변경 | 노조의 압력 등으로 임금인상이나 작업조건을 개선하는 경우 |
> | 투입과 산출의 인지적 왜곡 | 인지적으로 자신의 기여와 보상에 대해 중요성 및 가치를 왜곡하여 동일한 결과를 얻을 수 있다고 믿음(내가 하는 일이 중요하니까 보상을 더 받아도 돼)
타인이 실제보다 열심히 일하므로 보상을 많이 받는 것은 당연하다는 믿음 |
> | 직장의 이동 | 극히 불공정이 없는 한 조직을 쉽게 떠나지 않지만 한계에 도달 시 직장을 떠남 |
> | 준거인물의 변경 | 자신과 비교하는 대상을 변경함으로써 불공정을 줄임 |

해설

09
④ '내가 더 중요하고 가치 있는 일을 했으니까'하고 다른 사람들보다 보상을 더 많이 받아도 된다."
문제에서의 초점은 "자신이 비교대상보다 과소 보상을 받는다고 인식할 때 지각된 불공정성을 감소시키기 위해"이다. 따라서 "과소보상"에 대한 대처 행동이 중요하다.
→ '내가 더 중요하고 가치 있는 일을 했으니까'하고 위안한다는 "과대보상"과 관련이 있다.

아담스(J. Stacy Adams)의 공정성이론은 직무에 대한 만족은 업무상황의 지각된(주관적) 공정성에 따라 결정된다고 보는 과정이론이다. 공정성이론은 개인 자신의 노력과 그 결과로 얻어지는 보상과의 관계를 동일조건에 있는 다른 사람과 비교했을 때 자신이 느끼는 공정성에 따라 행동동기가 영향을 받는다고 하였다.

정답 09 ④

10 간호관리 기능 중 조정에 대한 설명으로 가장 옳지 않은 것은? 22 서울(6월)

① 조정은 구성원의 자발적 참여가 기반이 된다.
② 업무과정과 산출을 표준화하는 것은 효과적인 조정방법이다.
③ 조직의 공통목표를 달성하기 위하여 구성원이 해야 할 업무를 체계적으로 분담하는 과정이다.
④ 비공식적 의사소통을 통해 조직구성원 간의 개별적 조정이 이루어진다.

해설

10
조정은 공동목표를 달성하기 위하여 행동의 통일을 기할 수 있도록 집단적 노력을 질서 있게 배열하는 것으로 정의할 수 있다. 조정은 조직을 유지하고 발전시키는 데 매우 중요한 역할을 하므로 조정에 대한 권한과 책임은 전통적으로 각 조직 단위의 최고책임자에게 부여되어 왔다.
→ 구성원의 자발적 참여보다는 관리자의 지도 감독 등이 더 부각된다.

PLUS

조정	• 공동목표를 달성하기 위하여 행동의 통일을 기할 수 있도록 집단적 노력을 질서 있게 배열하는 것(공동목표의 달성이라는 한 방향으로 집중되도록 통합)
필요성	• 조정은 분업 전문화와 계층제가 세분화될수록, 조직환경의 변화가 심할수록, 업무 간의 상호관련성이 높을수록 더욱 필요하다.
조정기제	• 직접적 감독: 구성원들에게 지시를 내리고 그들의 행동을 감시하여 조정하는 것 • 업무수행과정의 표준화: 작업방법 등을 표준화하여 조정해 나가는 것 • 업무기술의 표준화: 직업교육을 통해 기술의 표준화를 추구하여 조정하는 것 • 산출의 표준화: 부서별로 산출의 양과 질을 표준화함으로써 조정해 나가는 것 • 상호조절: 단절되지 않는 비공식적 의사전달을 통해 구성원들이 행동을 서로 조정하는 것
조정방법	• 권한과 책임의 명확화에 의한 조정 • 목표의 명확화와 참여촉진에 의한 조정 • 계획 및 피드백에 의한 조정 • 정형화 및 표준화에 의한 조정 • 계층제, 위원회나 조정기구에 의한 조정 • 구조적 개편에 의한 조정 • 재집권화 • 공정하고 객관적인 인사관리 • 새로운 아이디어 • 자율적 자기조정

11 허쉬와 블랜차드(Hersey & Blanchard)의 상황대응 리더십이론을 적용할 때, A 간호사의 간호 관리자에게 적합한 리더십 유형은? 22 지방

A 간호사는 간호에 대한 지식, 기술이 뛰어나며 동료들로부터 신임도 받고 있다. 하지만 간호관리자와 면담에서 자신의 간호업무 수행에 대한 자신감과 의지가 없다고 호소하고 있다.

① 지시형 리더
② 설득형 리더
③ 참여형 리더
④ 위임형 리더

11
문제에서 제시된 사례 속 A간호사는 "능력은 있지만 자신감과 의지가 없다"는 부분이 초점으로, 이는 참여적 리더십을 필요로 한다.

정답 10 ① 11 ③

> **PLUS**
>
> 상황대응 리더십 이론
>
> | 리더십 유형 | 과업 - 관계 | | 구성원 특징 | |
> |---|---|---|---|---|
> | | 과업지향 | 관계지향 | 직무수행능력 | 직무수행의지 |
> | 지시적 리더십 | 고지 시 | 저협력 | 낮음 | 낮음 |
> | 설득적 리더십 | 고지 시 | 고협력 | 낮음 | 높음 |
> | 참여적 리더십 | 저지 시 | 고협력 | 높음 | 낮음 |
> | 위임적 리더십 | 저지 시 | 저협력 | 높음 | 높음 |

12 명령과 권한의 체계가 명확한 공식적인 조직에서 사용되며 일원화된 경로를 통해서 최고관리자의 지시나 명령이 말단 구성원에게까지 전달되어 권한의 집중도가 높고 의사소통의 속도가 비교적 빠른 의사소통 네트워크의 유형은? 22 서울(2월)

① Y형
② 원형
③ 사슬형
④ 수레바퀴형

해설

12
문제에서 주요 초점은 "공식적인 조직에서 사용되며 일원화된 경로를 통해서 최고관리자의 지시나 명령이 말단 구성원에게까지 전달"이다. 이는 의사소통 네트워크 유형 중 "사슬형"에 해당된다.

> **PLUS**
>
> 의사소통 네트워크의 특성 비교
>
> | 특성 \ 유형 | 연쇄형 (쇠사슬형) | 수레바퀴형 (윤형, X형) | 원형 | Y형 | 완전연결형 (개방형) |
> |---|---|---|---|---|---|
> | 권한의 집중 | 높음 | 매우 높음 | 낮음 | 중간 이상 | 매우 낮음 |
> | 의사소통의 속도 | 중간 | • 단순과업: 빠름
• 복잡과업: 느림 | • 집합: 빠름
• 개별: 느림 | 빠름 | 빠름 |
> | 의사결정의 수용 | 낮음 | 중간 | 높음 | 중간 | 높음 |
> | 의사소통 정확도 | • 서면: 높음
• 언어: 낮음 | • 단순과업: 높음
• 복잡과업: 낮음 | • 집합: 높음
• 개별: 낮음 | • 단순과업: 높음
• 복잡과업: 낮음 | 중간 |
> | 구성원의 만족도 | 낮음 | 낮음 | 높음 | 중간 | 높음 |
> | 의사결정에 대한 집단의 몰입 | 낮음 | 중간 | 높음 | 낮음 | 높음 |
> | 조직구조의 형태 | 길다 | 평면구조 | 평면구조 | 길다 | 평면구조 |
> | 리더의 등장 | 보통 | 높음 | 리더가 있되 권한 집중× | 보통 | 없음 |

정답 12 ③

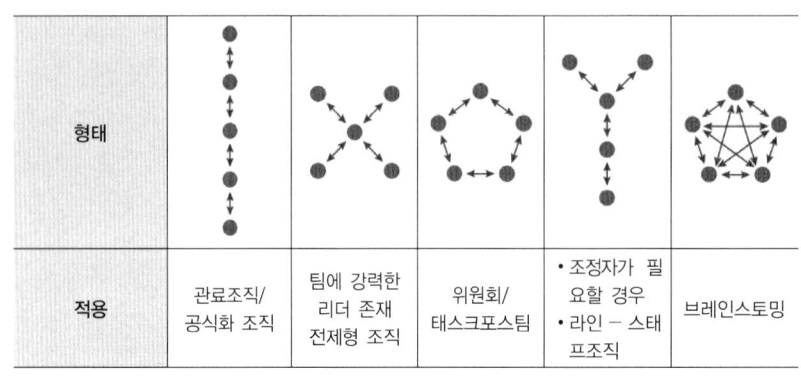

13 전문직 간 협력에 대한 설명으로 가장 옳은 것은? 22 서울(2월)

① 전문직 간 협력 관계 유지를 위해서는 전문직에 맞는 교육이나 연수에 참여하여 전문성을 향상시켜야 한다.
② 최근 보건의료기관은 효율적 관리를 위해 전통적 구조인 계층을 강조하여 부서별 업무를 추진하는 추세이다.
③ 전문직 간 협력은 구성원 간의 갈등을 완화하고 직무 만족을 향상시키지만 보건의료비용 효과와는 관련이 없다.
④ 조직의 목표 달성을 위하여 모든 부분의 활동을 통합하는 것이다.

14 맥클리랜드(McClelland)의 성취동기이론을 간호실무의 인적자원관리에 적용한 사례로 가장 옳은 것은? 22 서울(2월)

① 성취욕구에 따른 업무 분담 및 배치
② 좌절－퇴행의 요소를 고려한 보상
③ 성과와 보상의 연계
④ 사회적 비교과정을 고려한 대우

해설

13
② 최근 보건의료기관은 효율적 관리를 위해 전통적인 구조인 계층을 강조하여 부서별 업무를 추진하던 것에서 다학제적인 팀을 구성하여 활용하는 추세로 변하고 있다.
③ 전문직 간 협력은 구성원 간의 갈등을 완화하고 직무 만족을 향상시키고 보건의료비용의 부담도 줄일 수 있다.
④ 조정의 기본 개념

협력	• 두 사람 이상이 모여 공동목표 달성을 위해 상호 유기적으로 활동하는 조직체를 조직이라 하는데, 이 조직에서 상호유기적인 활동이 협력 • 협력이란 공동의 이익을 위해 두 사람 이상이 목표활동을 분담하여 함께 수행하면서 서로 돕는 조직 활동이다

14
① 성취욕구에 따른 업무 분담 및 배치 － 성취동기이론
② 좌절－퇴행의 요소를 고려한 보상 － 앨더퍼의 ERG이론
③ 성과와 보상의 연계 － 브롬의 기대이론
④ 사회적 비교과정을 고려한 대우 － 아담스의 공정성 이론

정답 13 ① 14 ①

> **PLUS**

맥클리랜드의 성취동기이론(McClelland's basic needs theory)

성취동기 이론	매슬로우의 욕구 중 상위 욕구만을 대상으로 관찰, 3가지 욕구(성취욕구, 친화(친교)욕구, 권력욕구)가 인간행동의 80%를 설명한다고 주장 모든 사람이 비슷한 욕구와 계층을 가지고 있다는 매슬로 욕구 계층 이론을 비판 개인의 동기(욕구)는 선천적인 것보다 사회문화와 상호작용하는 과정에서 취득되고 학습되는 것으로 개인마다 욕구의 계층에 차이가 있음을 설명 ∴ 관리자는 개인적 욕구에 적절하게 업무를 할당해야 한다.
성취 욕구	무엇을 이루어 내고 싶은 욕구, 높은 기준을 설정하고 이를 달성하고자 하는 욕구
권력욕구	남을 통제하는 위치에서 타인을 행동하도록 만들려는 욕구
친교욕구	대인관계에서 밀접하고 친밀한 관계를 맺고자 하는 욕구

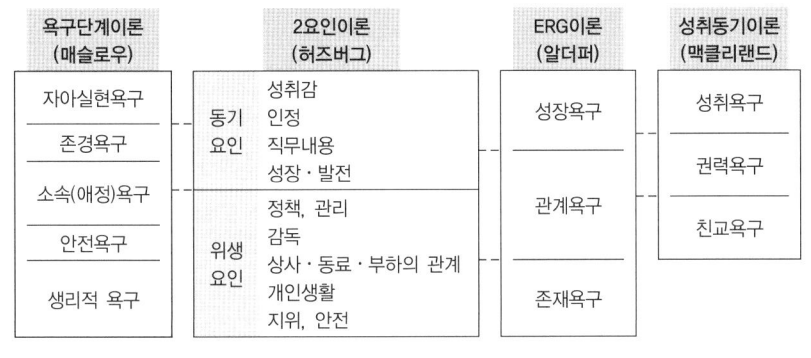

---

15 거래적 리더십을 보이는 관리자 유형으로 가장 옳은 것은? 22 서울(2월)

① 간호사들이 보다 창의적인 관점을 개발하도록 격려한다.
② 간호사들이 무엇을 해야 그들이 원하는 보상을 받을 수 있는지를 알려준다.
③ 간호사들이 개인적 성장을 할 수 있도록 알맞게 임무를 부여한다.
④ 간호사들에게 자신감을 심어주고 비전을 제시한다.

해설

15
①, ③, ④ 변혁적 리더십
② 거래적 리더십

> **PLUS**

거래적 리더십 vs 변혁적 리더십

구분	거래적 리더십	변혁적 리더십
목표	안전 지향	변화 지향
현상	현상을 유지하기 위해 노력함	현상을 변화시키고자 노력함
목표지향성	현상과 너무 괴리되지 않은 목표 지향	보통 현상보다 매우 높은 이상적인 목표 지향
시간	• 단기적인 전망 • 기본적으로 즉각적, 가시적인 보상으로 동기부여	• 장기적인 전망 • 부하들에게 장기적 목표를 위해 노력하게 동기부여

정답 15 ②

동기부여 전략	즉각적이고 가시적인 보상으로 동기부여	자아실현과 같은 높은 수준의 목표를 동기부여
행위표준	부하들은 규칙과 관례를 따르기를 좋아함	변환적이고도 새로운 시도에 도전하게 부하를 격려함
문제 해결	부하들을 위해 문제를 해결하거나 해답을 찾을 수 있는 곳을 알려줌	질문을 하여 부하들이 스스로 해결책을 찾을 수 있도록 격려하거나 함께 일함

16 피들러의 상황적합이론에서 리더십의 유효성을 결정하는 상황 조절 변수에 해당하지 않는 것은? 21 서울

① 부하의 능력과 의지 정도
② 리더에게 부여된 공식적인 영향력 정도
③ 구성원들이 리더를 신뢰하고 존경하는 정도
④ 과업의 목표가 분명하고 달성 수단이 명백한 정도

해설

16
피들러(F. Fiedler)는 효과적인 리더십은 지도자와 구성원 간의 상호작용 유형과 상황과의 관계에 따라서 결정된다고 보았고 모든 상황에서 이상적인 리더십은 존재하지 않음을 언급함으로써 상황에 따라 효과적인 리더십 유형은 달라짐을 강조하였다.
✦ 상황 호의성 = 과업의 구조화 + 리더와 구성원 간의 관계 + 리더의 직위 권력
✅ p.142 03번 PLUS 표 참조

17 브루스터크만(Bruce Tuckman)의 '터크만 모델(Tuckman model)'에서 팀의 형성기에 대한 설명으로 가장 옳은 것은? 21 서울

① 구성원 간의 갈등과 혼란이 빈번하게 발생하고, 리더의 팀 운영 방식에 대해 불만을 갖는 팀 구성원이 생기기도 한다.
② 팀 구성원 개개인의 역할이 불분명하고, 팀 구성원은 리더에 대한 의존도가 높다.
③ 팀 구성원 사이에서 공동의 목표에 대한 공감대가 형성된다.
④ 팀 내에 문제가 발생해도 스스로 해결할 수 있는 힘이 있다.

17
① 격동기
② 형성기
③ 규범기
④ 성과기
✅ p.146 07번 PLUS 〈터크만의 팀 발전 5단계 모델(Tuckman model) : 형성기-격동기-규범기-성과기-해체기〉 참조

정답 16 ① 17 ②

18 〈보기〉에 해당하는 대학병원 5년 차 간호사에게 허츠버그의 이론에 따라 동기요인을 충족시킨 것으로 가장 옳은 것은? 21 서울

― 보기 ―
- 대학원 진학을 희망한다.
- 동료애가 부족하다고 생각한다.
- 타 병원보다 급여가 적다.
- 경력 간호사를 위한 복지정책이 미흡하다.

① 대학원 진학의 기회를 제공하고 근무표를 조정해준다.
② 동료들 간에 친교활동을 위해 동아리 지원비를 책정한다.
③ 본 병원의 급여 정책을 비교 분석하여 알리고 비전을 제시한다.
④ 경력에 따른 복지혜택의 요구도를 수렴하여 전략을 수립한다.

해설

18
②, ③, ④ 위생요인 충족

허츠버그의 동기요인은 직무 내용과 관련된 만족요인으로, 이것이 충족되면 근무의욕이 향상되고 자기실현이 달성되어 장기적으로 업무효과가 높아진다고 보았다. 〈보기〉에서 제시된 내용들은 대부분 위생요인(환경과 관련된 불만요인으로 환경의 개선을 통해 불만을 감소시키거나 방지 할 수 있다 - 동료상호 간의 관계, 급여, 복지 등)에 해당되고, 직무와 관련된 전문성 향상을 위한 교육의 기회는 동기요인이 된다.

PLUS

구분	위생요인(불만요인, 아담적 욕구)	동기요인(만족요인, 아브라함적 욕구)
성격	• 직무환경과 관련된 불만요인 • 환경의 개선을 통해 불만을 감소시키거나 방지할 수 있다는 이론	• 직무자체(직무내용), 성취감 • 충족되면 근무의욕이 향상되고 자기실현이 달성되어 장기적으로 업무효과가 높아진다는 이론
예시	정책과 관리, 임금(보수), 지위, 안전, 감독, 기술, 작업조건(근무조건, 조직의 방침과 관행, 개인상호간의 관계 (감독자와 부하, 동료 상호 간의 관계, 대인관계 등)	성취감(자아계발), 전문적 성장(자기개발), 도전감, 책임감, 안정감, 인정감, 승진, 직무(일) 자체에 대한 보람, 직무충실, 성장 및 발전 등 심리적 요인
효과	• 단기효과 불만요인의 제거는 단기적 변화만 초래하고 장기적인 태도변화의 효과를 기대하기는 어려우며 근무만족을 위한 필요조건이지 충분조건은 아니다.	• 장기적 성과 → 생산성 향상 • 동기요인은 직무내용과 관련된 만족요인으로, 이것이 충족되지 못하면 만족을 느끼지 못하나 불만이 발생하지는 않는다.
매슬로의 욕구	생리적, 안전, 사회적 욕구	존중, 자아실현 욕구

정답 18 ①

19 만츠와 심스(Manz & Sims)의 셀프리더십을 훈련하기 위한 인지전략은? 21 지방

① 자기 스스로 목표를 설정하고 우선순위를 결정하여 실행한다.
② 바람직한 행동을 하도록 업무 환경에 단서(cues)를 배치한다.
③ 어려운 상황을 장애물이 아닌 기회로 인식하는 건설적 사고 습관을 갖는다.
④ 과업을 성공적으로 수행했을 때 자신이 가치 있게 여기는 보상을 스스로 제공한다.

해설

19
①, ②, ④ 행동지향적 전략
③ 인지(건설적 사고) 전략

PLUS

셀프리더십

개념	• 자기관리 개념을 확장하여 맨츠(C. Manz)가 최초로 제안한 개념이다. • 리더가 구성원에게 영향을 미치는 일반적 리더십과는 달리 셀프리더십은 구성원 각자가 변화와 성장을 위해 자신에게 스스로 동기부여하면서 영향력을 행사하는 새로운 관점의 리더십 • 처음에는 셀프리더십을 슈퍼리더십이론의 하부 이론으로 보는 경향이었으나 최근에는 셀프리더십 이론 자체에 대한 관심이 증가하고 있다. • 셀프리더십은 X이론이 아닌 Y이론의 관점에서 인간을 본다.

만츠와 심스(Manz & Sims)의 셀프 리더십의 3가지 전략

개념	• 셀프리더십은 자신에게 스스로 영향력을 행사하기 위해 행동전략과 인지전략을 사용한다. • 행동전략은 행동에 초점을 맞춘 전략 • 인지전략은 정보를 인식하고 처리하는 방식으로 자연적 보상과 건설적 사고전략이 이에 속함
행동지향적 전략 (behavior focused strategies)	• 자신이 수행하는 일(업무)에 가치를 추구함으로써 스스로 동기부여, 보상을 얻는 전략 • 업무수행으로 보람을 느껴 자연적으로 보상을 발견하고 강화-자기효능감과 자기통제감 증진 • 자기관찰(self-observation), 자기목표 설정(self-goal setting), 자기 단서 관리(자기 임시), 자기연습, 자기보상(self-rewards), 자기비판이 포함 된다.
자연적 보상 전략 (natural rewards strategies)	• 자신이 수행하고 있는 일이나 업무 자체에서 가치를 추구함으로써 스스로 동기를 부여하고 보상을 얻는 전략 • 자기효능감(self-efficacy)과 자기 통제감을 증진시킴으로써 성과 향상에 기여
건설적 사고 전략 (constructive thought pattern strategies)	• 성과에 긍정적인 영향을 미치도록 자신의 사고와 습관을 건설적인 방향으로 수정하고 확립하는 것 → 바람직한 사고패턴을 확립하는 데 초점을 두는 전략 • 자신과의 긍정적인 대화(positive self talks), 자신에 대한 긍정적 심상의 이미지화, 건설적인 자기암시로 부정적 신념이나 가정을 긍정적으로 변화

---

20 터크만(Tuckman)의 팀 발전 과정을 순서대로 바르게 나열한 것은? 21 지방

① 형성기 – 갈등기 – 규범기 – 성취기 – 해체기
② 형성기 – 성취기 – 규범기 – 갈등기 – 해체기
③ 형성기 – 규범기 – 갈등기 – 성취기 – 해체기
④ 형성기 – 갈등기 – 성취기 – 규범기 – 해체기

20
☑ p.146 07번 PLUS 〈터크만의 팀 발전 5단계 모델(Tuckman model) : 형성기 - 격동기 - 규범기 - 성과기 - 해체기〉 참조

정답 19 ③   20 ①

21 다음 표는 동기부여 이론 간 유사한 욕구나 관점을 비교한 것이다. (가)~(라)에 들어갈 말로 옳은 것은? 21 지방

욕구단계이론 (Maslow)	성취동기이론 (McClelland)	XY 이론 (McGregor)
자아실현 욕구	(가)	(다)
존경 욕구	(나)	
사회적 욕구	친화욕구	
안전 욕구		(라)
생리적 욕구		

	(가)	(나)	(다)	(라)
①	권력욕구	성취욕구	X 이론	Y 이론
②	성취욕구	권력욕구	X 이론	Y 이론
③	성장욕구	권력욕구	Y 이론	X 이론
④	성취욕구	권력욕구	Y 이론	X 이론

PLUS

동기부여 이론의 구분

욕구단계이론 (Maslow)	성취동기이론 (McClelland)	XY 이론 (McGregor)
자아실현 욕구	성취욕구 (가)	Y이론 (다)
존경 욕구	권력욕구 (나)	
사회적 욕구	친화욕구	
안전 욕구		X이론 (라)
생리적 욕구		

욕구단계이론 (매슬로우)	2요인이론 (허즈버그)		ERG이론 (알더퍼)	성취동기이론 (맥클리랜드)
자아실현욕구	동기 요인	성취감 인정 직무내용 성장·발전	성장욕구	성취욕구
존경욕구				권력욕구
소속(애정)욕구	위생 요인	정책, 관리 감독 상사·동료·부하의 관계 개인생활 지위, 안전	관계욕구	친교욕구
안전욕구				
생리적 욕구			존재욕구	

정답 21 ④

22 다음에서 설명하는 권력 유형은? 21 지방

A 간호팀장은 공정하고 성실한 업무처리와 상대방을 배려하는 인간관계로 평소에 팀은 물론 간호부 내에서도 간호사들의 존경을 받는다.

① 강압적 권력
② 합법적 권력
③ 준거적 권력
④ 전문적 권력

해설

22
문제에서 제시된 내용에서의 핵심은 "팀은 물론 간호부 내에서도 간호사들의 존경을 받는다"라는 문장이다. 이는 준거적 권력으로 개인이 갖는 특별한 자질에 기반을 둔 권력으로 다른 사람들이 호감과 존경심을 갖고 권력행사자를 닮으려고 할 때 생기는 권력이다.

PLUS
권력의 유형

조직적 권력	합법적 권력 (legitimate power)	권력행사자가 보유하는 지위(직위)에 바탕을 둔 권력으로, 이를 권한이라 한다. 합법적 권력은 공식적 지위가 높을수록 더욱 높아지는 경향이 있다.
	보상적 권력 (reward power)	권력의 근원으로서 타인이 원하는 것을 보상해줄 수 있는 자원과 능력을 가진 경우 (임금, 업무할당, 새로운 설비의 제공, 칭찬, 충고나 조언 등)
	강압적 권력 (coercive power)	요청이나 요구들에 따르지 않는 상대방을 처벌할 수 있을 때 성립하는 권력 (해고, 징계, 봉급제한)
개인적 권력	준거적 권력 (referent power)	집단구성원들이 권력 소지자와 일체감으로 그에게 호감을 느끼거나 또는 존경하는 것을 기반으로 하는 권력(개인적인 선호, 존경, 기호, 매력 등에서 발생 / 종교지도자, 영화배우, 유명 스포츠맨 등)
	전문적 권력 (expert power)	전문성, 기술, 지식 등에 기반을 둔 권력으로 특정 분야나 상황에 대하여 높은 지식을 가질 때 인정되는 권력 (의사의 지시에 환자가 그대로 믿고 따르는 전문적 지식과 경험 등에 의한 권력)
	정보적 권력 (informative power)	권력행사자가 유용한 정보에 쉽게 접근할 수 있다거나 희소가치와 중요성이 있는 정보를 소유하고 있다는 사실에 기반을 둔다.
	연결적 권력 (관계적 권력, connective power)	중요한 인물이나 조직 내의 영향력 있는 사람과 연줄을 갖고 있다는 사실에 기반을 둔다.

23 다음 상황에서 브룸(Vroom)의 기대이론에 따른 기대감과 수단성의 수준은?
21 지방

A 간호팀사는 질 향상(QI) 팀 리더를 맡게 된다면 최고의 성과를 거둘 자신이 있으나, 이 성과가 본인이 기대하는 승진평가에 영향을 주지 않을 것으로 판단하여 리더 역할 맡는 것을 주저하고 있다.

	기대감	수단성
①	높음	높음
②	높음	낮음
③	낮음	높음
④	낮음	낮음

23
브룸(Victor H. Vroom)의 기대이론에서는 레빈(Lewin)의 장이론(field theory)에 근거하며 행동의 결정에서 여러 가지 가능한 행동 대안을 평가하여 자기 자신이 가장 중요하고 가치 있는 결과를 가져올 것이라는 믿음이 행동을 결정짓게 한다고 주장하였다.

정답 22 ③ 23 ②

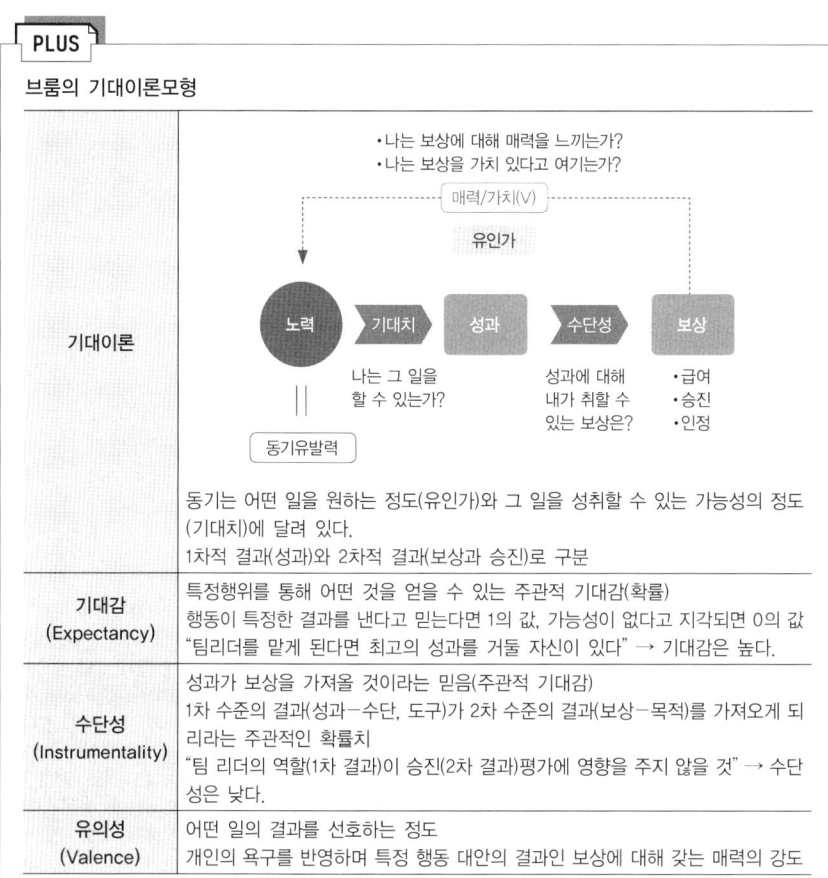

24 맥클리랜드의 성취동기이론에 대한 설명으로 옳지 않은 것은? 20 광주 추채

① 구성원을 선발하고 직무를 배정할 때 구성원의 욕구를 고려한다.
② 성취욕구가 높은 사람은 쉬운 업무보다 어려운 업무를 맡으려 한다.
③ 성취욕구가 높은 사람은 어딘가에 소속되고 존경받기를 원한다.
④ 성취욕구가 가장 높은 구성원에게 리더 역할을 부여하며 성과가 좋다.

PLUS

성취동기이론의 3가지 욕구

욕구	내용
성취 욕구	• 표준을 달성하고 나아가 표준을 능가하려는 욕구 • 조직에 공헌하고 성공하고자 하는 욕구 • 높은 성취욕구를 가진 사람은 도전받기를 원함 • 높은 성취욕구를 가진 사람은 어려운 목표를 설정하고 위험에 대해 현실적인 입장을 취함 • 강한 책임감, 성공에 대한 욕구, 행동에 대해 평가받고자 함(성취와 발전에 대한 피드백 중요시함) • 오랜 시간 동안 즐겨 일하며, 실패했을 때 지나치게 걱정하지 않음 • 성취욕구가 강한 사람은 과업지향성, 결과에 대한 높은 관심도 및 미래지향적 태도를 가짐 • 조직에서 훌륭한 직무수행을 가져올 수 있는 동기유발의 요인

해설

24
맥클리랜드(David C. McClelland)는 매슬로우의 상위욕구만을 다시 3개의 범주인 성취욕구, 권력욕구, 친교욕구로 구분하여 이 욕구들이 인간행동의 80%를 설명한다고 주장하였다. 성취동기이론을 조직의 관리에 적용하여 개인적 욕구에 적합한 업무를 할당하고, 구성원을 선발하고 직무를 배치할 때 신중하게 구성원의 욕구를 고려한다.
→ 조직이나 집단에 소속되어 존경받기를 원하는 것은 친교욕구를 지닌 사람의 특성이다.

정답 24 ③

권력 욕구	• 다른 사람을 통제하고 영향력을 행사하는 것을 원함 • 리더로 나서기를 원하고 권력에 의해 동기부여됨 • 효율적 업무수행보다 개인의 위신과 권력에 관심이 많아 지도자의 일을 찾음 • 자기본위적이고 남을 가르치는 것을 좋아함 • 강압적이고 거리낌 없이 말하고 완고함 • 권력욕구가 가장 높은 구성원에게 대규모 프로젝트의 리더 역할을 부여함
친교 (친화) 욕구	• 인간적 환경에서 일하고 싶어 하고 우정을 중시함 • 조직이나 집단에 소속되어 다른 사람과 상호관계를 맺고 존경받기 원함 • 집단의 규범에 반대되는 결정이나 행동을 피함 • 생산성보다 윤리성에 더 관심이 있음 • 종종 비공식조직을 구성하는 데 참여하거나 조직 내에 신뢰와 협력적 분위기를 형성하는 데 중요한 역할을 함

25 피들러의 상황적합성이론에 대한 내용으로 옳은 것은? 20 광주 추채

① 전제형, 민주형, 자유방임형으로 리더를 구분한다.
② 상황호의성이 낮은 사람은 과업지향적 리더가 좋다.
③ 상황호의성이 높은 사람은 관계지향적 리더가 좋다.
④ 상황호의성이 중간 정도인 상황에서 가장 좋은 리더는 과업지향적 리더이다.

해설

25
피들러의 상황적합성 이론은 집단의 성과가 리더의 유형과 리더에 대한 상황의 호의 정도에 따라 달라진다는 것을 보여 준다.
① 피들러의 상황적합성이론에서는 관계지향적 리더와 과업지향적 리더로 구분된다.
③ 상황호의성이 높은 사람은 과업지향적 리더가 좋다.
④ 상황호의성이 중간 정도인 상황에서 가장 좋은 리더는 관계지향적 리더이다.

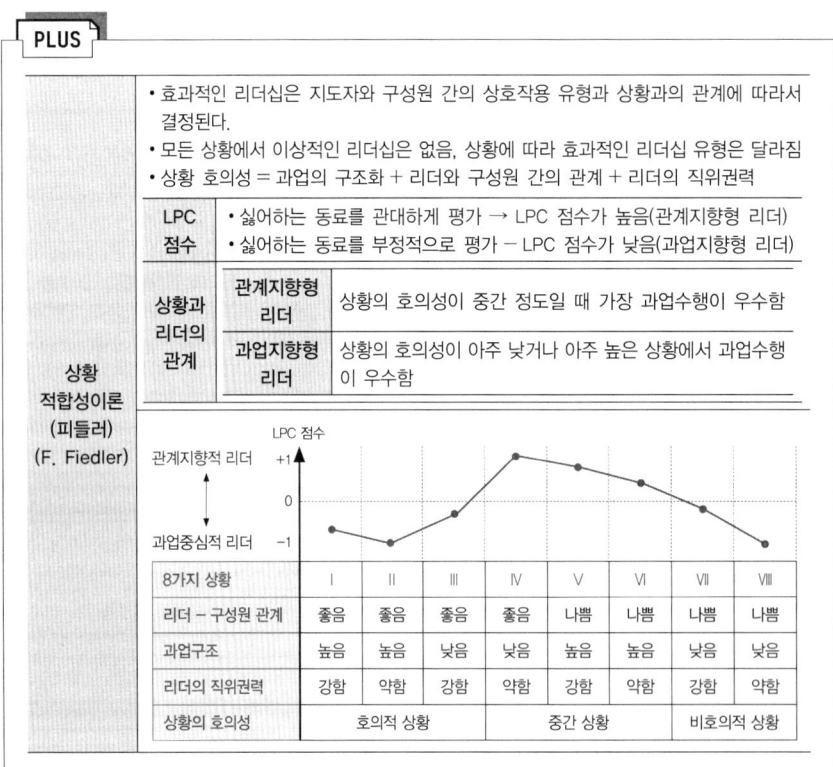

정답 25 ②

26 일 처리가 빠른 5년차 중환자실 A간호사는 병원 사정으로 인해 COVID-19 전담 부서에 차출되어 현장에 투입될 상황이다. 하지만 관련 부서에 대한 정보를 접할 때마다 자신과 맞지 않다고 느껴 관리자에 대한 불만이 많아지고 갈등 속에 있다. 부서 이동 면담에서 COVID-19 전담 부서에는 감염내과 간호사를 투입하고 본인은 감염내과로 가는 방법을 간호부장과 상의하였다. 현 상황에 해당하는 갈등 대처 방법은? 20 광주 추채

① 협력 ② 수용
③ 회피 ④ 타협

PLUS

개인 간 갈등의 관리 유형

[토마스 – 킬만의 갈등 해결 유형]

갈등의 대처 유형

대처유형	효과적인 상황
협력형	• 양측의 관심사가 모두 중요하며 통합적 해결방안이 필요할 때 • 양측의 참여나 합의가 절대적으로 필요할 때
수용형	• 논제가 자신에게 사소하고 상대방에게 더 중요할 때 • 향후 발생할 문제를 위해 상대방과 신뢰를 쌓는 것이 중요한 상황일 때
강압형 (강요)	• 자신의 주장에 대해 상대방의 동의와 무관하게 신속하고 결단성 있는 행동이 요구되는 상황일 때 • 비용절감이나 규칙 강요와 같은 인기 없는 조직의 시행이 요구될 때 • 조직 전체에 영향을 주는 긴급한 사안일 경우
회피형	• 논제가 사소하고 다른 논제의 해결이 더 급할 때 • 사람들을 진정시키고 생각을 가다듬게 할 필요가 있을 때 • 원하는 바를 이룰 수 있는 기회가 전혀 없을 때 • 냉각기를 가지고 긴장을 감소시킬 필요가 있을 때 • 다른 사람이 그 갈등을 보다 효과적으로 해결할 수 있을 때
타협형	• 권력이 비슷한 개인 간의 복잡한 문제에 대해 임기응변적인 해결이 요구되는 상황일 때 • 시간이 촉박하여 임시해결책이 필요한 경우 • 복잡한 문제에 대해 잠정적 해결이 필요한 경우 • 상호배타적인 목표를 가지면서 자신의 입장을 강력하게 주장하는 상황일 때

해설

26
갈등의 대처 유형에서 타협형은 상호 교환과 상호 양보를 통해 자신과 상대방의 관심사를 부분적으로 만족시키는 형으로 갈등 상황 처리에 가장 보편적으로 사용되는 방법이다. 사례에서 A간호사는 관리자와 부서 이동에 대해 조율을 시도하여 갈등을 해결하려 하고 있다. 따라서, 부서 이동에는 동의하면서 COVID 전담 부서에는 감염내과 간호사를 보내고 자신은 감염내과로 가는 방법을 통해 상호교환과 양보를 하고 있다.

정답 26 ④

27 〈보기〉에서 설명하는 간호관리과정의 기능으로 가장 옳은 것은? 20 서울

― 보기 ―

미래에 대한 비전을 제시하고 직원에게 동기를 부여하며 갈등을 해결한다. 이 과정에 의사소통, 조정, 협력 등의 집단관리 기술이 요구될 수 있다.

① 조직
② 지휘
③ 기획
④ 통제

[PLUS]

지휘	지휘(Directing)는 구성원들이 바람직한 행동(과업)을 하도록 하여 조직의 목표를 달성하도록 동기를 부여하고 이끄는 것(지시(지도)와 조정)
지휘의 기능	• 업무를 구체적으로 지시하고 방향을 제시하는 기능 • 조직의 목적달성을 위해 지도하고 조정하는 관리활동 • 목적을 효과적으로 실현하기 위한 집단 전체행동을 통솔하는 기능 • 생산성 향상을 위해 상호작용하여 조직을 이끌어가는 기능으로 리더가 구성원에게 지시 및 강요를 하지 않는다. → 직원에게 동기를 부여하여 갈등을 해결(의사소통, 조정, 협력 등의 기술이 요구됨) • 리더십, 동기부여, 의사소통, 주장행동, 갈등관리, 직무스트레스 관리 등이 포함됨

28 갈등은 둘 이상의 개인, 집단 또는 조직이 상호작용하는 과정에서 발생할 수 있다. 갈등의 원인에 대한 설명으로 가장 옳지 않은 것은? 20 서울

① 갈등은 둘 이상의 서로 다른 행동 주체가 양립될 수 없는 목표를 동시에 추구할 때 발생할 수 있다.
② 갈등은 의사결정의 과정에서 집단 간에 정보의 교환이나 의사소통이 충분히 이루어지지 않을 때 발생할 수 있다.
③ 갈등은 후배가 상관으로 승진하는 경우, 업무나 기술적인 면에서 앞서가는 부하의 지시를 받게 되는 경우 발생할 수 있다.
④ 작업의 상호의존성이 작을수록 과업수행 과정에서 갈등이 발생할 위험이 커진다.

해설

28
한 집단의 업무가 다른 집단의 성과에 따라 좌우될 때 상호의존성이 크고, 상호의존성이 클 경우에 두 집단 간 갈등이 유발될 가능성이 커진다.

갈등	• 인간활동이나 관계형성 과정에서 발생하는 대립·분쟁 및 불일치 상태에서 유발되는 심리적 좌절이나 욕구좌절의 총체 • 상반되는 2개 이상의 욕구 혹은 동기가 동시에 존재하여 한쪽을 만족시키고자 하면 다른 한 쪽이 만족하지 않는 상태 • 개인 또는 집단 사이의 생각, 태도, 느낌, 행위에 차이가 있을 때 일어나는 과정 • 의사결정의 표준 메커니즘에 고장이 생겨 행동대안의 선택에 있어 개인이나 집단이 겪는 심리적 현상 • 갈등은 의사결정과정에서 집단 간에 정보의 교환이나 의사소통이 충분히 이루어지지 않을 때 발생

정답 27 ② 28 ④

29 〈보기〉와 같은 상황에서 주로 나타나는 의사소통네트워크의 특성으로 가장 옳은 것은? 20 서울

---- 보기 ----
병원 감염을 예방하고 환자안전을 위하여 창의적인 방안을 모색하기로 하고, 병원 내 모든 부서의 모든 구성원이 자유롭게 의견을 교환하고 아이디어를 제시하도록 하였다.

① 권한의 집중도가 높다.
② 구성원의 만족도가 높다.
③ 정보전달이 특정 리더에 집중되는 경향이 있다.
④ 구성원 간의 상향적, 하향적 의사소통 가능하다.

30 블레이크와 모튼(R. Blake and J. Mouton)의 관리격자 리더십이론 중 〈보기〉에 해당하는 리더십 유형으로 가장 옳은 것은? 20 서울

---- 보기 ----
인간과 생산성에 관한 관심이 모두 높으며, 구성원들에게 공동목표와 상호의존 관계를 강조하고 상호신뢰와 상호존중의 관계 속에서 구성원들의 몰입을 통하여 과업을 달성한다.

① 팀형
② 타협형
③ 과업형
④ 인기형

PLUS

생산에 관심 (X축)	9등급, 9는 생산에 높은 관심을, 1은 낮은 관심 과업중심, 임무완수
인간에 관심 (Y축)	9등급, 9는 인간에 대한 높은 관심을, 1은 낮은 관심 갈등을 피하고, 우호적관계
과업형 관리자 (9, 1)	권위 – 복종형 인적 요인의 개입을 최소한 줄이는 방향으로 작업 조건을 마련함으로써 운영 능률을 확보 지도자는 한마디로 생산 극대화에 관심이 높다.
친목형 관리자 (1, 9)	인기형(컨트리클럽 경영형) 인간관계를 만족시키기 위하여 사람들의 욕구에 대하여 주의를 함으로써 편안하고 우정 있는 조직 분위기와 작업 속도가 이루어진다. 이 지도자는 동료와 부하 사이의 좋은 감정을 가장 강조
빈약형() 관리자 (1, 1)	무관심형 (무기력한 경영형) 요구되는 작업을 수행하는 데 최소한의 노력을 하는 것이 조직 구성원의 자격 유지에 적절
중도형 관리자 (5, 5)	타협형(중도형, 조직-인간 경영형) 작업상의 필요와 만족 수준의 직원 사기를 유지하려는 욕구 간의 균형을 취함으로써 적절한 조직 성과가 가능

해설

29
〈보기〉에서 제시된 상황에서 키워드는 "모든 구성원이 자유롭게 의견을 교환하고"이다. 의사소통 네트워크에서 집단의 모든 구성원들이 다른 모든 구성원들과 자유롭게 정보를 교환하는 의사전달형태는 "완전연결형"이다.
①, ③ 수레바퀴형
④ 연쇄형(쇠사슬형)
✔ p.149 12번 PLUS 〈의사소통 네트워크의 특성 비교〉 참조

30
블레이크(R. R. Blake)와 무턴(J. S. Mouton)은 오하이오 주립대학의 배려-구조주도 리더십이론을 확대하여 리더가 갖는 2개의 관심; 즉, 생산(과업)에 대한 관심을 X축, 인간(종업원)에 대한 관심을 Y축으로 하고 그 관심 정도를 9등급으로 나누어 81가지의 리더십 유형이 존재하며, 이 중 기본적인 형태로 5가지 리더십 유형을 소개하였다.

정답 29 ② 30 ①

| 팀형 관리자 (9, 9) 11 서울, 20 서울 | 헌신적 사랑을 통해 작업이 이루어진다. 조직 목표에 있어서 공동 이해관계를 통한 상호 의존성 때문에 상호 신뢰하고 존경하는 관계가 형성된다. 이 지도자는 집단구성원의 광범한 참여를 통해 질과 양에 있어서 높은 결과를 얻기 위하여 목표중심 접근을 취한다. |

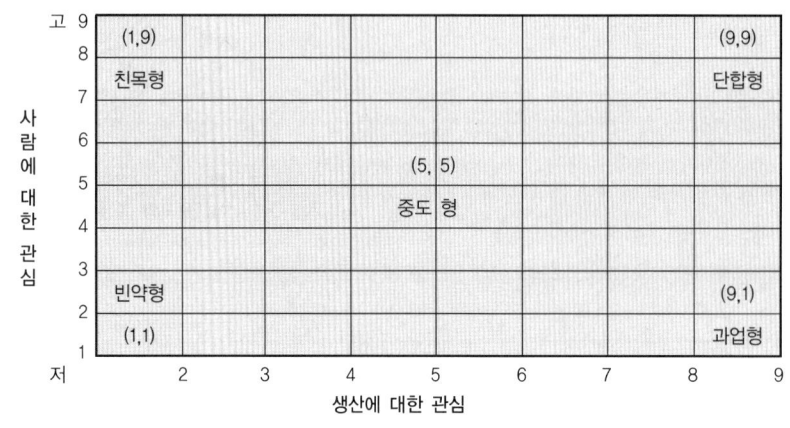

31 다음 글에서 설명하는 리더십 이론은? 20 지방

- 소수의 사람은 위대해질 수 있는 자질을 가지고 태어난다는 이론
- 리더십이란 타고난 것이지 개발될 수 없는 것으로 간주하는 이론

① 행동이론 ② 특성이론
③ 상황이론 ④ 거래적 리더십이론

32 A병동 간호사들은 업무에 대한 능력은 낮고, 의지가 높은 상태이다. 이 경우, 허쉬와 블랜차드(Hersey & Blanchard)의 상황적 리더십이론(situational leadership theory)을 적용할 때, A병동 간호관리자의 효과적인 리더십 유형과 리더십 행동 유형으로 옳은 것은? 20 지방

	리더십 유형	리더십 행동 유형	
		관계지향 행동	과업지향 행동
①	설득형 리더	높음	높음
②	설득형 리더	높음	낮음
③	참여형 리더	낮음	낮음
④	참여형 리더	낮음	높음

해설

31
특성이론은 소수의 사람들은 위대해 질 수 있는 특성을 가지고 태어난다는 위인이론(great man theory)으로, 리더는 특정 자질을 지녔으며 리더의 고유한 특성을 가지면 상황이나 환경에 관계없이 항상 리더가 될 수 있다고 생각하는 이론이다.

32
허쉬와 블랜차드(Hersey & Blanchard)는 오하이오 대학의 리더십 연구를 바탕으로 리더의 행위를 과업행위(task behavior)와 관계행위(relationship behavior)의 2차원을 축으로 하여 4분면으로 분류 → 상황적 요인으로 구성원의 성숙도를 추가하여 리더십에 관한 3차원 모형을 제시하였다.

정답 31 ② 32 ①

PLUS 허쉬와 블랜차드의 리더쉽 유형 요약

사분면	리더십 유형	과업-관계		구성원 특징		구성원의 성숙도
		과업 지향	관계 지향	직무수행능력	직무수행의지	
S1	지시적 리더십	고지 시	저협력	낮음	낮음	M1(하)
S2	설득적 리더십	고지 시	고협력	낮음	높음	M2(중하)
S3	참여적 리더십	저지 시	고협력	높음	낮음	M3(중상)
S4	위임적 리더십	저지 시	저협력	높음	높음	M4(상)

33 권력의 유형에 대한 설명으로 가장 옳은 것은? 19 서울

① 다른 사람에게 가치가 있다고 인정되는 상을 주거나 보상을 할 수 있는 능력은 보상적 권력이다.
② 지식, 전문성과 경험 등에 의해 얻어지며 특정 전문분야에 한정되는 권력은 준거적 권력이다.
③ 해고, 징계와 같은 처벌에 대한 두려움에 근거하여 발생되는 권력은 합법적 권력이다.
④ 특별한 자질을 갖고 있거나 다른 사람들이 권력 행사자를 닮고자 할 때 발생하는 권력은 전문가 권력이다.

해설

33
② 지식, 전문성과 경험 등에 의해 얻어지며 특정 전문 분야에 한정되는 권력은 전문가 권력이다.
③ 해고, 징계와 같은 처벌에 대한 두려움에 근거하여 발생되는 권력은 강압적 권력이다.
④ 특별한 자질을 갖고 있거나 다른 사람들이 권력 행사자를 닮고자 할 때 발생하는 권력은 준거적 권력이다.
☑ p.156 22번 PLUS 〈권력의 유형〉 참조

34 간호사와 의사 간 업무에 대한 의견 차이로 인해 갈등이 발생했을 때, 대상자의 결과 향상을 위해 할 수 있는 최선의 일이 무엇인지 생각하고, 문제의 근본 원인을 규명하여 통합적 대안을 도출함으로써 갈등을 해결하고자 하는 방법은? 19 서울

① 회피
② 수용
③ 타협
④ 협력

34
갈등의 대처 유형 중 협력이 효과적인 경우는 다음의 상황이다.
• 양측의 관심사가 모두 중요하며 통합적 해결방안이 필요할 때
• 양측의 참여나 합의가 절대적으로 필요할 때
☑ p.159 26번 PLUS 참조

정답 33 ① 34 ④

35 동기부여 이론을 적용한 관리자의 수행으로 가장 옳은 것은? 19 서울

① 맥그리거(McGregor)의 XY이론에 따라 이론 관점을 가진 관리자가 구성원들에게 성장과 발전의 기회로 자율성을 확대하였다.
② 매슬로우(Maslow)의 욕구단계이론에 따라 구성원의 '안정과 안전욕구' 충족을 위해 '사회적 욕구'를 먼저 충족시켜 주었다.
③ 허츠버그(Herzberg)의 동기-위생이론에 따라 구성원의 동기요인을 충족시키기 위해 작업조건을 향상시켜 주었다.
④ 아담스(Adams)의 공정성 이론에 따라 구성원의 조직 몰입을 위해 업무성과에 대한 평가를 객관화하고, 성과와 보상을 합치시키려고 노력하였다.

해설

35
① 맥그리거(McGregor)의 XY이론에 따라 X이론 관점을 가진 관리자가 구성원들을 통제하고 집권·권위주의적 리더십을 발휘한다.
② 매슬로우(Maslow)의 욕구 단계이론에 따라 구성원의 '안정과 안전욕구' 충족을 위해 '생리적 욕구'를 먼저 충족시켜 주었다.
③ 허츠버그(Herzberg)의 동기-위생이론에 따라 구성원의 위생요인을 충족시키기 위해 작업조건을 향상시켜 주었다.

36 〈보기〉에서 제시된 간호관리자의 리더십 유형은? 19 서울

― 보기 ―

중환자실에 간호관리자가 새로 부임하였다. 이 간호 관리자는 병동회의에서 앞으로 모든 간호사가 병동 운영 시 의사결정에 함께 참여하고 병동이 나아가야 할 목표를 함께 만들어 가야한다고 제시하였다.

① 민주적 리더십
② 전제적 리더십
③ 상황적합적 리더십
④ 자유방임적 리더십

36
민주적 리더십을 가진 리더는 조직의 계획과 운영방침 결정을 하위자와 협의를 통해 결정하며, 사람들의 업무수행 능력을 향상시키는 분위기를 조성하지만, 업적과 상벌은 객관적 자료에 따라 평가하고 수여한다.

PLUS

행동이론에서의 리더십(아이오와 대학 연구)

구분	전제형	민주형	자유방임형
특성	• 집단에 대해 강한 통제 • 강제로 구성원의 동기 부여 • 명령조로 지시 • 상의하달식 의사소통 • 독단적 의사결정 • 직위의 차이 강조 • 처벌을 목적으로 비판	• 집단에 대한 통제를 최소화 • 경제적 보상, 자아보상 부여 → 동기부여 • 제안과 안내로 지시 • 상의하달식과 하의상달식 의사소통 • 구성원 참여의 의사결정 • '우리' 강조 • 건설적 비평	• 허용적이고 통제가 전혀 없음 • 동기 구성원의 요청이 있을 때까지 → 동기부여 • 지시를 거의 하지 않음 • 의사소통 통로 다양 • 의사결정에 구성원 참여 • 집단을 강조 • 비평하지 않음
장점	• 예측 가능한 안정된 집단 활동 • 혼돈완화로 생산성 증가 위기상황 시, 신규직원이 많은 곳, 군대와 같은 관료집단에 효과적	• 구성원 간 협동과 조정이 필요함	• 모든 구성원이 동기부여 되고 자기 지시적일 때 가장 많은 창의성, 생산성 산출 • 문제규명이 어렵고 대안적 해결 필요시 효과적
단점	• 창의성↓, 자기동기화↓, 자율성↓	• 시간 소요가 많음 • 신속한 결정 시 혼돈 야기	• 비지시적 → 혼돈 초래 • 무감동, 무관심 야기

정답 35 ④ 36 ①

37 〈보기〉에서 설명하는 의사소통 네트워크 방법에 해당하는 것은? 19 서울

― 보기 ―
- 권한의 집중도는 낮음
- 의사결정의 수용도가 높음
- 의사소통의 속도가 빠름
- 구성원의 만족도가 높음

① 사슬형 ② Y형
③ 수레바퀴형 ④ 완전연결형

해설

37
완전연결형(개방형)은 팀에 리더가 없거나 공식적인 구조가 없어 구성원 누구라도 의사소통을 주도할 수 있으며 집단의 모든 구성원들이 다른 모든 구성원들과 자유롭게 정보를 교환하는 의사전달 형태이다. 권한의 집중은 낮으나 의사소통의 속도가 빠르고 구성원의 만족도와 수용도가 높다.

☑ p.149 12번 **PLUS** 〈의사소통 네트워크의 특성 비교〉 참조

38 변혁적 리더십(transformational leadership)의 구성 요소만을 모두 고르면? 19 지방

ㄱ. 개별적 배려 ㄷ. 보상 연계
ㄴ. 영감적 동기부여 ㄹ. 지적 자극

① ㄱ, ㄴ ② ㄱ, ㄹ
③ ㄱ, ㄴ, ㄹ ④ ㄴ, ㄷ, ㄹ

38
변혁적 리더십의 4가지 특성
(1) 리더의 카리스마 : 리더는 추종자에게 존경과 신뢰를 받고 비전과 사명감, 긍지를 심어준다.
(2) 고무적(영감적) 동기부여 : 리더는 추종자들에게 중요한 목표를 간단명료하게 표현하고, 높은 기대치를 심어주며, 추종자의 노력을 집중시키기 위해 상징기법을 사용한다.
(3) 지적 자극 : 리더는 추종자들의 지식, 합리성, 신중한 문제해결을 장려한다.
(4) 개별적 배려(개별적 관심) : 리더는 추종자 개인에게 관심을 가지고 주목하고, 개별 추종자를 개인적으로 상대하며 조언과 지도를 아끼지 않는다.

39 허츠버그(Herzberg)의 동기-위생 이론에 대한 설명으로 옳은 것은? 19 지방

① 직무수행을 향상시키기 위해 위생요인을 개선한다.
② 위생요인을 개선하면 직무만족이 높아진다.
③ 작업조건 향상을 통해 동기요인을 개선한다.
④ 직무충실화를 통해 동기요인을 개선한다.

39
허츠버그가 강조하고 싶은 것은 관리자에게 동기부여의 수단으로서 중요한 것은 위생요인이 아니라 동기요인이므로 동기요인의 충족에 힘써야 한다고 주장한다.
① 직무수행을 향상시키기 위해 동기요인을 개선한다.
② 위생요인을 개선하면 불만이 낮아진다.
③ 작업조건 향상을 통해 위생요인을 개선한다.

정답 37 ④ 38 ③ 39 ④

40 다음 글에서 설명하는 의사소통 네트워크의 유형은? 19 지방

- 구성원들 간 의사소통에 대한 만족도가 낮다.
- 조직 내 강력한 리더가 있고 모든 구성원이 그 리더와 의사소통한다.
- 구성원의 과업이 복잡할 경우에 의사소통 속도가 느리고 정보 공유가 어렵다.

① 원형
② 사슬형
③ 수레바퀴형
④ 완전연결형

41 관리자와 리더의 특성에 대한 설명 중 가장 옳은 것은? 19 서울 추채

① 관리자는 직위에 따르는 권한과 합법적인 권력을 갖는다.
② 리더는 주로 시간과 비용, 급여, 재고물품에 대한 통제를 강조한다.
③ 관리자는 수평적인 관점을 갖고, 리더는 수직적인 관점을 갖는다.
④ 관리자는 신뢰로 이끌어 가고, 리더는 통제하려고 한다.

PLUS

관리자 vs 리더

관리자	리더
• 공식적 조직 내의 직위를 갖는다. • 지위에 수반되는 권한에 기초한 합법적 권력을 갖는다. • 특정 기능, 의무, 책임을 수반한다. • 조직의 목적을 달성하기 위해 인간, 환경, 돈, 시간, 다른 자원들을 다루게 된다. • 지도자보다 합리성과 통제를 위한 더 큰 공적 책임을 지닌다. • 자발적 추종자뿐 아니라 비자발적 추종자도 지휘한다.	• 위임된 권한은 없지만 영향력(power)과 같은 다른 의미의 권력을 지닌다. • 추구하는 목적에 조직의 목적이 반영될 수도 있고 반영되지 않을 수도 있다. • 공식 조직의 부분이 아닐 수도 있다. • 관리자보다 더 폭넓고 다양한 역할을 지닌다. • 그룹과정, 정보수집, 피드백, 힘 부여하기 등에 초점을 둔다. • 대인관계를 강조한다. • 자발적 추종자를 지휘한다.

42
A간호사는 간호학과 졸업 후 중소규모의 재활병원에 취업하여 3년째 근무 중으로, 최근에 상급종합병원 경력직 간호사 모집에 지원하여 합격하였다. 그러나 현재 근무하는 재활병원 수간호사와 면담 후, A간호사는 상급종합병원 입사를 포기하고 그대로 재활병원에 남아 있기로 하였다. ERG이론에 근거하여 볼 때, 이후 A간호사의 욕구변화로 가장 옳은 것은?

19 서울 추채

① 존재욕구 충족으로 인하여 관계욕구 증대
② 관계욕구 충족으로 인하여 성장욕구 증대
③ 성장욕구 좌절로 인하여 관계욕구 증대
④ 관계욕구 좌절로 인하여 존재욕구 증대

43 조직 구성원 간의 반복적인 상호작용 패턴으로 의사소통 경로의 구조를 의미하는 의사소통 네트워크(의사소통망)에 대한 설명으로 가장 옳은 것은?

19 서울 추채

① 사슬형은 집단 내에 특정 리더가 있는 것은 아니지만 집단을 대표할 수 있는 인물이 있는 경우에 나타난다.
② Y형은 특정 리더에 의해 모든 정보가 전달되기 때문에 리더에게 정보가 집중되는 현상을 보인다.
③ 수레바퀴형(윤형)은 공식적인 리더나 팀장은 있지만 지위나 신분의 서열이 뚜렷하지 않고 특정 문제의 해결을 위한 조직에서 나타난다.
④ 원형은 구성원 간의 상호작용이 한곳에 집중되지 않고 널리 분산되어 있어서 수평적 의사소통이 가능하다.

해설

43
① Y형은 집단 내에 특정 리더가 있는 것은 아니지만 집단을 대표할 수 있는 인물이 있는 경우에 나타난다.
② 수레바퀴형(윤형)은 특정 리더에 의해 모든 정보가 전달되기 때문에 리더에게 정보가 집중되는 현상을 보인다.
③ 원형은 공식적인 리더나 팀장은 있지만 지위나 신분의 서열이 뚜렷하지 않고 특정 문제의 해결을 위한 조직에서 나타난다.
☑ p.149 12번 PLUS 〈의사소통 네트워크의 특성 비교〉 참조

---

44 간호관리자 스스로가 셀프리더(self-leader)의 역할 모델이 되어 구성원들이 셀프리더가 되도록 동기부여하는 리더는? 18 서울

① 거래적 리더
② 강자형 리더
③ 슈퍼 리더
④ 섬기는 리더

44
슈퍼리더십이란 구성원들을 스스로 리더(self leader)가 되게 가르치고 이끄는 과정으로 슈퍼리더는 구성원을 셀프리더로 키운다.

PLUS

슈퍼리더십

정의	부하로 하여금 자발적으로 리더십을 발휘할 수 있도록 부하의 능력 개발 및 이를 발휘할 수 있는 여건을 조성하는 리더의 행위를 강조하는 리더십	
유형	강자형 리더	1940년대 미국을 중심으로 등장한 리더십 이론으로, 신체적 조건(신장, 체력), 지식, 언변, 출신 성분과 같은 사회적 신분에 있어 강점을 가진 자가 리더가 될 수 있다는 이론
	거래적 리더	리더는 목표를 달성할 수 있도록 적절한 유인을 제공하고 종업원은 기여를 제공함으로써 경영자와 종업원 간에 유인과 기여의 교환 관계가 존재한다.
	비전 제시형 리더	부하들로 하여금 자신의 능력을 뛰어넘는 능력을 발휘할 수 있도록 미래에 대한 비전을 제시하고 그 비전에 몰입시킴으로써 조직의 목적을 달성시키는 리더이다.
	슈퍼 리더	가장 각광받는 현대적 리더로 부하들이 스스로 리드할 수 있도록 돕는 리더 슈퍼 리더 밑에는 스스로 잘 훈련된 슈퍼 추종자들이 양성되는데, 이 부하들은 Self-Leadership을 통해 훌륭한 리더로 육성된다.

정답 43 ④　44 ③

45 A간호부장은 '임상간호사들이 간호하기 위하여 투입하는 노력에 비하여 급여와 근무조건이 비임상영역보다 나빠서 이직하겠다'는 이야기를 많이 듣고 있다. A간호 부장이 임상간호사들의 동기와 행동을 예측하는 데 가장 도움이 되는 동기부여 이론은? 18 서울

① 공정성이론
② 욕구단계이론
③ 기대이론
④ 성취동기이론

해설

45
이 사례에서 투입에 비해 급여와 근무조건이 나쁘다고 여기는 것은 불공정성을 인지한 것으로, 개인 자신의 노력과 그 결과로 얻어지는 보상의 관계를 다른 사람과 비교했을 때 자신이 느끼는 공정성에 따라 행동동기가 영향을 받는 것은 "공정성이론"이다.

46 리더십 이론에 대한 설명들 중 시기적으로 가장 최근에 등장한 이론에 대한 설명으로 가장 옳은 것은? 18 서울

① 모든 상황에 적합한 유일한 리더십 유형은 없다.
② 효과적인 리더는 그렇지 못한 리더와는 다른 일련의 특성을 지닌다.
③ 리더의 행동 유형을 기준으로 리더십을 3가지 유형으로 구분하였다.
④ 구조화와 배려라는 리더십의 개념을 기초로 리더의 행동 유형을 더욱 구체화하였다.

46
리더십이론은 특성이론 - 행동이론 - 상황이론 순서로 발전하였다.
① 상황이론
② 특성이론
③, ④ 행동이론

47 피들러의 상황적합성 이론에서 제시한 리더십 상황에 따른 효과적인 리더십 행동유형의 연결이 옳은 것은? 18 지방

	리더십 상황			리더십 행동유형
	리더-구성원관계	과업구조	리더의 직위권력	
①	나쁨	높음	강함	과업지향적 리더십
②	나쁨	낮음	약함	과업지향적 리더십
③	좋음	높음	강함	관계지향적 리더십
④	좋음	높음	약함	관계지향적 리더십

47
리더와 구성원의 관계가 좋지 못하고, 과업 구조와 리더의 직위권력이 약하면 과업지향적 리더십이 적용된다.
☑ p.142 03번 PLUS 표 참조

정답 45 ① 46 ① 47 ②

48 동기부여이론을 두 가지 군으로 분류할 때, 다음 설명에 해당하는 군에 속하는 이론은? 18 지방

- 무엇이 조직 구성원들의 동기를 불러 일으키는가를 다룬다.
- 조직 구성원들의 행동을 유발시키는 인간의 욕구나 만족에 초점을 맞춘다.

① 공정성 이론
② ERG 이론
③ 기대이론
④ 목표설정 이론

해설

48
동기부여 이론은 크게 내용이론과 과정이론으로 나눌 수 있다. 내용이론은 "무엇이 사람들을 동기부여 하는가"를 다루는 것으로, 인간의 행동을 유발하게 하는 인간의 욕구나 만족에 초점을 둔다.
② 내용이론
①, ③, ④ 과정이론

49 동기부여 이론에 따른 관리 전략의 설명으로 옳은 것은? 17 지방 추채

① 동기 위생 이론 – 조직의 정책, 복리후생제도, 작업조건을 개선함으로써 구성원의 동기를 부여한다.
② 기대이론 – 구성원이 기대하는 명확하고 구체적인 목표를 설정하게 하고, 직무 수행에 대해 즉각적인 피드백을 제공한다.
③ 공정성 이론 – 구성원이 공정하다고 인식할 수 있는 직무수행평가 과정과 보상 체계를 마련한다.
④ 성취동기 이론 – 친화 욕구가 가장 높은 구성원에게 대규모 프로젝트의 리더 역할을 부여한다.

49
① 동기 위생 이론: 관리자에게 동기부여의 수단으로 중요한 것은 위생요인이 아니라 동기요인(직무내용적 요소)이다.
② 목표설정 이론: 구성원이 기대하는 명확하고 구체적인 목표를 설정하게 하고, 직무 수행에 대해 즉각적인 피드백을 제공한다.
④ 성취동기 이론: 성취 욕구가 가장 높은 구성원에게 대규모 프로젝트의 리더 역할을 부여한다.

50 거래적 리더십을 발휘하는 리더의 특성으로 옳은 것은? 17 지방 추채

① 주변 사람의 의견에 귀를 기울이고 새로운 업무에 도전하여 배움의 기회로 활용한다.
② 구성원의 욕구나 능력 수준에 따라 개별적으로 배려하여 높은 차원의 욕구를 갖도록 한다.
③ 구성원이 목표를 달성하면 원하는 보상을 얻는다는 확신을 갖게 함으로써 동기를 부여한다.
④ 구성원에게 자율과 책임을 부여하여 스스로 책임지고 행동하게 한다.

50
거래적 리더십은 부하들의 역할과 보상을 명확히 하고, 성과에 대한 확실한 보상을 한다.
①, ②, ④ 변혁적 리더십
p.151 15번 PLUS 〈거래적 리더십 vs 변혁적 리더십〉 참조

정답 48 ② 49 ③ 50 ③

51 간호관리 과정 중 지휘기능에 대한 설명으로 옳은 것은? 17 서울

① 구성원이 달성해야 할 목표를 제시해 주는 기능이다.
② 조직목표를 성취할 수 있도록 업무, 권한, 책임, 자원을 배당하는 기능이다.
③ 목표 달성을 위해 일을 세분화하여 구성원들에게 배분하는 기능이다.
④ 구성원들을 동기를 부여하고 지시하며 지도하고 조정하는 기능이다.

해설

51
① 기획
②, ③ 조직
☑ p.160 27번 PLUS 표 참조

52 다음 중 동기부여에 대한 전략으로 옳지 않은 것은? 17 서울

① 구성원 개개인의 특성과 욕구의 차이를 고려하여 차별화된 동기부여 전략을 적용한다.
② 보상과 성과에 대한 보너스에 관하여 구성원에게 비밀을 유지한다.
③ 구성원들에게 도전하는 경험과 성장의 기회를 제공한다.
④ 금전적 보상의 중요성을 간과하지 않는다.

52
관리자들은 동기부여를 위해 구성원들에게 보상의 가시성을 증가시킬 필요가 있고, 보상과 성과에 대한 보너스를 모든 구성원들에게 알려야 한다.

53 A병원의 중환자실은 대부분 중환자 전문 간호사로 구성되어 있다. 그러나 업무를 하면서 다른 사람의 눈치를 보고 있어 일의 능률이 오르지 않고 있다. 이에 허시와 블랜차드의 상황적 리더십이론에 따르면 간호관리자가 발휘해야 하는 리더십 유형으로 가장 적절한 것은? 17 서울

① 참여형   ② 설득형
③ 위임형   ④ 지시형

53
중환자 전문간호사라면 직무 수행능력은 높다는 것을 알 수 있으나 다른 사람의 눈치를 보고 있다는 것은 직무수행의지가 낮음을 보여줌으로 참여형 리더십이 필요하다.
☑ p.163 32번 PLUS 〈허쉬와 블랜차드의 리더쉽 유형 요약〉 참조

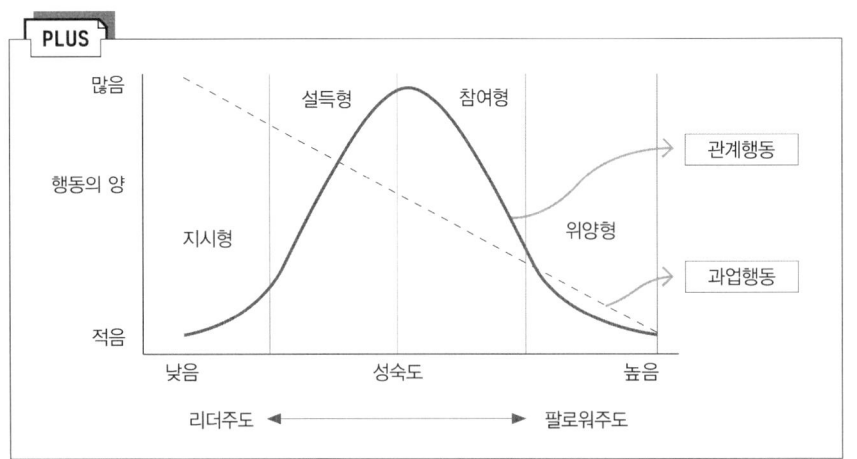

정답 51 ④ 52 ② 53 ①

54 다음 글에서 설명하는 간호사의 권력 유형에 해당하지 않는 것은? 17 지방

- A간호사는 신경외과 중환자실 20년 경력의 중환자 전문 간호사로서 유용하거나 희소가치가 있는 정보를 소유하고 있다.
- A간호사는 임상수행능력이 탁월하여 임상수행에 어려움을 겪는 신규간호사에게 도움을 주고 동료간호사들로부터 닮고 싶다는 얘기를 많이 듣는다.

① 전문적 권력
② 정보적 권력
③ 준거적 권력
④ 연결적 권력

해설

54
① 20년 경력의 전문 간호사 → 전문적 권력
② A간호사가 가지고 있는 유용하고 희소가치가 있는 정보 → 정보적 권력
③ 동료간호사들로부터 닮고 싶다 → 준거적 권력

✅ p.156 22번 [PLUS] 〈권력의 유형〉 참조

정답 54 ④

신희원 간호관리
기출문제집

Part 06

통제

PART 06 통제

01 다음에서 설명하는 환자안전 접근방법은? 25 지방

> 환자 안전사고의 가시적 오류와 잠재적 오류를 규명하기 위해 사고 발생 후 후향적으로 조사한다.

① 균형성과표(BSC)
② 6시그마(6sigma)
③ 근본원인분석(RCA)
④ 오류유형과 영향분석(FMEA)

PLUS

근본원인분석 (RCA) (root cause analysis) 후향적 조사	• 사건의 원인을 밝혀내고자 사건의 발생과 전개(가시적, 잠재적 오류)를 후향적으로 조사하는 구조화된 접근법 • '무슨(what) 사고가, 왜(why) 발생하였는지, 어떻게(how) 발생하였는지, 재발방지를 위해 무엇을 해야 하는지'에 초점 • 근본원인 분석은 사람에 초점을 두는 것이 아니라 시스템과 프로세스에 초점을 둔다.(사고 발생 시 '누가(who) 하였는가?'에 초점을 두는 것이 아님) • 위해사건, 근접오류발생 시 기여 원인을 규명하기 위한 방법(후향적 조사) • 사건의 숨어 있는 원인을 이해하고 앞으로의 시스템과 프로세스 변화에 초점을 둠

균형성과표(BSC : Balanced score card)의 4가지 관점

재무적 관점	• 매출이나 수익성 측면에서 조직이 어느 정도의 성과를 달성했는지를 나타내는 것 • 대표적인 측정지표(성과지표)로는 투자수익률, 경제적 부가가치, 수익성, 의료손익, 환자 1인당 수익, 투자 수익률, 직원 1인당 수익, 수익 증가율 등
고객 관점	• 목표로 삼은 고객과 세부시장을 규명한 후, 고객과 세부시장에 대한 목표와 측정지표를 규명해야 한다. • 대표적인 측정지표(성과지표)로 시장점유율, 고객 확보율, 고객 수익성, 고객 유지율, 고객만족도, 고객만족도 조사, 모니터링 접수, 초진율, 외부 의뢰환자 비율, 일평균 환자수 등
내부 비즈니스 관점 (프로세스 관점)	• 내부 비즈니스 프로세스는 조직체 내의 투입요소(원재료, 정보, 사람 등)를 산출요소(제품, 서비스 등)로 변환시키는 과업이나 활동 • 대표적인 측정지표(성과지표)로는 프로세스 타임, 프로세스 품질, 프로세스 원가, 재원일수, 병상가동률, 예약부도율, 외래진료대기, 초진 예약대기, 검사 소요시간 등이 있다. 성과목표는 연구실적, 의료의 질, 효율성, 시간관리 등.
학습과 성장 관점	• 장기적인 성장과 가치 창조를 위해 필요한 목표와 측정지표를 개발 • 앞의 세 가지 관점에서 설정한 목표를 성취하는 데 필요한 조직의 학습과 성장 역량을 촉진 • 측정지표 : 직원의 역량, 정보시스템 역량, 조직 역량

해설

01
균형성과표(BSC : Balanced score card)
BSC는 캐플란(Robert S. Kaplan)과 노턴(David P. Norton)이 제안한 것으로 조직의 성과관리시스템을 재무적성과지표와 비재무적 성과지표(고객만족도, 병원접근성, 직원만족도 등)를 통한 균형적인 성과 측정 도구
조직의 성과관리 시스템을 재무적, 고객, 내부 비즈니스 프로세스, 학습과 성장의 4가지 관점으로 현재 성과를 모니터링하는 방법

정답 01 ③

6시그마 (six sigma, 6σ)	• 결함을 발견, 제거해 현재의 공정, 제품 또는 서비스를 개선함 → 완벽에 가까운 제품이나 서비스 개발 및 제공하는 품질경영 기법 또는 철학 마이클해리에 의해 모토로라 품질향상을 고안하면서 창안 • 그리스문자, 통계학에서 산포를 나타내는 지표인 표준편차를 의미 • 시그마(σ)는 정규분포에서 6 표준편차인 100만 개 중 3.4개의 불량률(Defects per million opportunities, DPMO)을 추구한다는 의미→불량 제로(무결점)를 추구

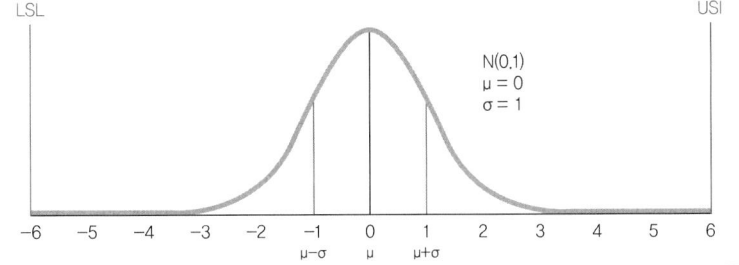

오류유형과 영향분석 (전향적검토)	• 오류가 발생할 가능성이 있다고 가정하고 모든 가능성을 예측하여 전향적으로 검토하는 방법 • 전체적인 시스템을 단계적으로 분석하여 각 단계별로 자주 발생하거나 빈번하게 발생하지 않은 위험요인을 제거하여 환자안전과 의료의 질을 향상시키는 것 • 근접오류나 위해사건을 예방하는 방법으로, 사건이 일어나기 전 예방방법							
	오류 유형	영향	심각성	발생 가능성	발견 가능성	우선 순위	치명도	순위
	#1	영향1a	3	6	7	126	322	1
	#2	영향2a	3	3	2	18	60	3
	#3	영향3a	10	5	3	150	195	2

02 다음에서 설명하는 데밍(Deming)의 PDCA 단계는? 25 보건직

> 문제를 규명하고 개선 가능 분야를 검토한 후 해결 방안을 모색하고 선택한다.

① Plan(계획) ② Do(실행)
③ Check(검증) ④ Act(개선)

PLUS

계획(Plan) - 실행(Do) - 평가(검증, 점검, Check) - 개선(조치, 실행, Act)

PDCA 사이클	지속적인 개선을 시도하고자 할 때, 프로세스나 서비스, 산출물의 설계 개선이나 개발 시
계획(Plan)	문제를 발견하고, 이를 해결하고 개선하기 위해 변화계획을 세우는 단계
실행(Do)	변화를 검증하는 단계로 소규모 시범적용 단계
평가 (검증, 점검, Check)	선별된 변화업무 프로세스를 검토하고, 변화수행을 관찰하는 단계
개선 (조치, 실행, Act)	변화로부터 최대의 이익을 얻고자 수행하는 단계로 소규모 시범적용 단계에서 획득한 결과를 기초로 수행과정을 결정하고 일상 업무활동이 되도록 적용

해설

02
PDCA cycle
1920년대에 월터 슈하트(Walter A. Shewhart)가 고안하고 에드워즈 데밍(Edwards Deming)이 일본에 소개하면서 유명해졌다. 반복적인 업무 프로세스(Plan-do-check-action)를 통하여 질 개선
문제의 우선순위나 근본원인을 확인하기 위한 자료수집 및 분석을 계획할 때 활용

정답 02 ①

03 간호의 질을 평가하는 과정적 측면의 지표는? 24 지방

① 욕창 및 낙상 발생률
② 환자 대비 간호사 수
③ 간호사 직무기술서의 구비
④ 간호기록 수행 비율

해설

03
① 욕창 및 낙상 발생률 – 결과 측면의 지표
② 환자 대비 간호사 수 – 구조 측면의 지표
③ 간호사 직무기술서의 구비 – 구조적측면의 지표

PLUS

도나베디안의 질 관리 접근방법

	개념	평가지표
구조적 평가	간호가 수행되는 환경이나 사회적 수단을 평가 바람직한 간호행위의 수행에 필요로 하는 모든 환경, 기구의 사용, 직원의 자격과 관련된 기준과 표준	물리적 구조, 시설·장비, 인력, 소비품 그 기관의 간호철학, 목표, 행동, 간호지침 (정책, 절차, 직무기술서) 조직구조(기관의 면허) 간호인력의 배치(환자 간호사 비율), 업무량 교육훈련 지침
과정적 평가	간호사 지향적이며, 간호가 시행되는 과정이나 간호사가 환자와 상호작용을 하는 간호활동을 평가	환자간호계획의 수행, 절차편람 간호제공자의 행위, 태도(관심, 열정, 인간존중, 친절, 개인의 권리존중), 의사소통, 전문적 간호지식과 기술의 능숙성과 임상적 판단력 관리와 지도성, 간호기록 간호부서와 타부서의 상호작용 검사, 투약, 수술, 의뢰
결과적 평가	간호 수행 후 나타나는 건강상태 변화와 환자가 간호서비스를 이용한 결과에 만족하는 정도를 평가	사망률, 이환률, 재발률, 환자의 만족도, 자가 간호수준, 비용, 치료계획 순응 여부

04 투약 전 두 가지 지표를 이용해 환자 확인을 할 때 사용할 수 있는 것만을 모두 고르면? 24 지방

| ㄱ. 병실 호수 | ㄴ. 환자 이름 |
| ㄷ. 등록 번호 | ㄹ. 병상 번호 |

① ㄱ, ㄴ
② ㄱ, ㄹ
③ ㄴ, ㄷ
④ ㄷ, ㄹ

정답 03 ④ 04 ③

PLUS

환자안전 향상 활동(환자안전지표관리)

(1) 정확한 환자확인

의료기관인증평가 기준의 정확한 환자확인 방법	• 확인과정의 환자 참여 : 확인과정에서 개방형 질문을 사용하여 환자를 참여시킨다. • 최소한 두 가지 이상의 지표(indicator) 사용 : 환자 이름, 생년월일, 등록번호 등을 사용한다. • 환자의 병실 호수나 위치를 알리는 지표는 환자인 지표로 사용이 불가하다. • 환자확인용 팔찌를 착용한 경우라도 팔찌를 통한 정보를 확인한 후 환자가 직접 말하게 하여 환자확인을 해야 환자확인 오류를 예방할 수 있다. • 모든 상황과 장소에서 일관된 환자확인 방법을 적용한다. • 환자가 의식이 없거나 의사표현이 어려운 경우에는 별도의 환자확인 방법을 적용한다.
환자확인이 필요한 시점	의약품 투여 전, 혈액제제 투여 전, 검사시행 전, 진료 처치 및 시술 전 두 가지 이상의 지표를 사용하여 환자를 확인하여야 한다.
수혈과정에서의 환자확인 방법	• 수혈 시작 전 처방 오더와 혈액·혈액제제의 일치를 확인한다. • 환자와 혈액·혈액제제의 일치를 확인한다. • 담당의사(담당간호사)와 다른 간호사(수혈 실시자와 확인과정에 참여하도록 자격을 갖춘 자) 두 사람이 확인한다.

(2) 환자안전지표관리

환자확인	• 의약품 투여 전, 혈액제제 투여 전, 검사시행 전, 진료 처치 및 시술 전 두 가지 이상의 지표를 사용하여 환자를 확인하여야 한다. • 최소한 2가지 지표를 사용하여 환자를 확인(환자의 이름, 생년월일을 동시에 사용하여 환자 확인)
구두처방	구두 또는 전화처방 절차 : 정확한 환자확인 → 받아 적기 → 되읽어 확인하기 → 처방한 지시자가 정보의 정확성 확인하기 → 의사의 구두처방에 대한 24시간 이내 처방
수술/시술전 확인	타임아웃(time out) 시행 - 수술 시작 직전 수술에 참여하는 모든 팀원들이 다같이 환자명, 수술 부위, 수술명 등을 확인하는 것, 수술 팀 간의 적극적인 의사소통
수혈	• 수혈 시작 전 처방 오더와 혈액·혈액제제의 일치를 확인한다. • 환자와 혈액·혈액제제의 일치를 확인한다.
낙상	낙상 위험 사정도구를 활용하여 사정한 후 예방적 중재 침대난간 올림 낙상 고위험 대상자의 경우 매 근무시마다 낙상기록 1회 이상 낙상발생 시 환자의 의식과 손상상태를 정확히 사정 후 응급조치 → 의사에게 보고

05 환자안전법령상 보건복지부장관에게 환자안전사고를 보고할 수 있는 사람만을 모두 고르면? 24 지방

ㄱ. 보건의료기관의 장	ㄴ. 환자안전 전담인력
ㄷ. 보건의료인	ㄹ. 환자 보호자

① ㄱ
② ㄴ, ㄷ
③ ㄱ, ㄴ, ㄷ
④ ㄱ, ㄴ, ㄷ, ㄹ

정답 05 ④

PLUS

환자안전법 14조 및 시행규칙 12조 : 환자안전사고의 보고

주요내용	환자안전사고를 발생시켰거나 발생한 사실을 알게 된 또는 발생할 것이 예상된다고 판단한 보건의료인이나 환자 등 보건복지부령으로 정하는 사람은 보건복지부장관에게 그 사실을 보고할 수 있다. • 보건의료인 • 보건의료기관의 장 • 전담인력 • 환자 • 환자보호자
보고사항	보건복지부령으로 정하는 일정 규모 이상의 병원급 의료기관에서 다음의 어느 하나에 해당 하는 환자안전사고가 발생한 경우 그 의료기관의 장은 보건복지부장관에게 그 사실을 지체 없이 보고하여야 한다. 1 「의료법」에 따라 설명하고 동의를 받은 내용과 다른 내용의 수술, 수혈, 전신마취로 환자가 사망하거나 심각한 신체적·정신적 손상을 입은 환자안전사고가 발생한 경우 2 진료기록과 다른 의약품이 투여되거나 용량 또는 경로가 진료기록과 다르게 투여되어 환자가 사망하거나 심각한 신체적·정신적 손상을 입은 환자안전사고가 발생한 경우 3 다른 환자나 부위의 수술로 환자안전사고가 발생한 경우 4 의료기관 내에서 신체적 폭력으로 인해 환자가 사망하거나 심각한 신체적·정신적 손상을 입은 경우 ✦ **심각한 신체적·정신적 손상** 1. 1개월 이상의 의식불명 2. 장애의 정도가 심한 장애인(자폐성장애인은 제외한다)이 된 경우 3. 그 밖에 건복지부장관이 심각한·신체적·정신적 손상에 해당한다고 안정하는 경우
자율보고	• "자율보고"를 환자안전사고를 발생시킨 사람이 한 경우에는 「의료법」 등 보건의료 관계 법령에 따른 행정처분을 감경하거나 면제할 수 있다. • 자율보고 및 "의무보고"에 포함되어야 할 사항과 보고의 방법 및 절차 등은 보건복지부령으로 정한다.
보고의 절차	• 환자안전사고를 보고하려는 사람은 환자안전사고 보고서를 보고·학습 시스템을 통하여 보건복지부장관에게 제출하여야 한다. • 환자안전 사건보고는 의료인들의 자발적인 보고에 의존하고, 이러한 자가보고시스템은 익명화된 보고시스템, 비밀이 보장된 보고시스템, 공개보고시스템의 3가지 유형으로 나누어진다. • 적신호사건과 같이 환자에게 사망이나 심각한 위해를 가져온 경우에 대해서는 의무적(강제적)으로 보고하도록 하고 있다. 지방 2017.12 • 국제의료기관 평가위원회(JCI)에서 적신호사건은 5일 이내에 보고하고 사건보고 후 30일 이내 근본원인분석 결과보고서를 작성하고 개선계획을 마련하여 보고하도록 하고 있다.

06 리즌(Reason)의 '스위스 치즈 모형'에 대한 설명으로 옳지 않은 것은?

24 지방

① 안전사고가 발생하지 않도록 여러 단계에 방어벽을 마련해야 한다.
② 안전사고는 개별적 요인이 아니라 복합적 요인으로 인해 발생한다.
③ 안전사고를 예방하려면 개인행동보다 조직 시스템을 바꾸어야 한다.
④ 안전사고를 유발하는 근본적인 원인을 '가시적 오류'라고 한다.

해설

06
④ 안전사고를 유발하는 근본적인 원인은 '잠재적 오류'

정답 06 ④

PLUS	
스위스 치즈모형	• 영국의 심리학자 제임스 리즌(James Reasen)이 제시한 사고원인과 결과에 대한 모형 이론 • 여객기나 해발전소 같은 분야의 대형 사고에 대한 조사로부터 유도된 것으로, 복잡한 조직에서 단일한 최전방 오류가 위해를 야기하는 오류는 드물며, 오류가 파괴적인 결과로 이어지려면 여러 불완전한 방어층(스위스 치즈의 여러 층)을 통과해야만 한다는 점을 강조한 모형 • 사고나 재난은 여러 위험요소(hazard)가 중첩될 때 발생하게 되며, 이러한 위험요소 중 하나라도 제대로 대비된다면(잠재적 오류를 최소화한다면) 재난이 발생하거나 대형화되는 것은 예방할 수 있음을 알 수 있다. → 시스템적 접근(System Approach) • 사건발생으로부터 가시적오류, 영향요인 방향으로 원인을 규명하고 여러 구멍을 관리할 수 있는 방안을 마련하여 오류가 구멍을 통과할 수 없도록 해야 함(후향적 조사) • 사고가 발생된 날카로운 쪽(sharp end)의 오류를 가시적 오류(실재적 오류, active error)라고 하고, 사고 발생에 기여하는 보다 근본적인 원인들이 위치한 무딘쪽(blunt end)의 오류를 잠재적 오류(Intent error)라고 하였다. 결국 사고의 근본원인은 조직의 시스템 구멍(잠재적 오류)에 있다고 하였다. • 적신호 하나인 "잘못된 환자 수술"은 가시적 오류이지만, 그 이면(기저)에는 환자확인 등의 시술 프로토콜의 부재, 전문의 한명에게 할당된 과중한 시술량, 환자안전문화의 부재, 엄격한 위계구조 등의 시스템적 구멍이라는 잠재적 오류가 있다는 것이다. • 인간 행위의 완벽성을 추구하는 불가능한 목표 대신 스위스 치즈 구멍과 같은 잠재적 오류를 최소화하는 데 초점을 두고 여러 방어벽을 겹쳐 놓아 오류가 구멍을 통과할 가능성을 감소시키기 위해 노력하는 것 • 후향적 조사

07 〈보기〉에 해당하는 질 관리 자료 분석도구는? 23 서울

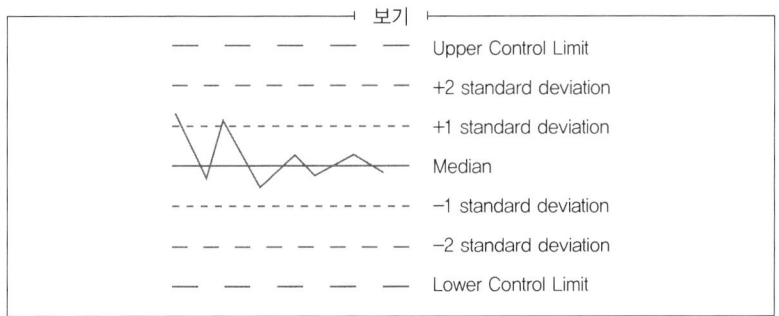

① 관리도(control chart)
② 런차트(run chart)
③ 파레토 차트(pareto chart)
④ 원인결과도(cause effect diagram)

정답 07 ①

> **PLUS**

관리도(control chart)

개념	• 런차트의 기본자료 위에 통계적인 방법으로 도출된 상한선과 하한선을 표시하여 변이의 의미 파악 • 통계적으로 관리한계선을 결정하기 위한 단순한 방향도표 • 관리한계선 밖에 위치한 경우는 관리범위를 벗어난 경우로 인식하여 변이의 원인을 파악할 필요가 있음을 보여준다. • 변이와 원인을 조사함으로써 업무수행 과정에서 발생되는 문제를 지속적으로 관찰하고 조정하여 이를 향상시킬 목적으로 사용

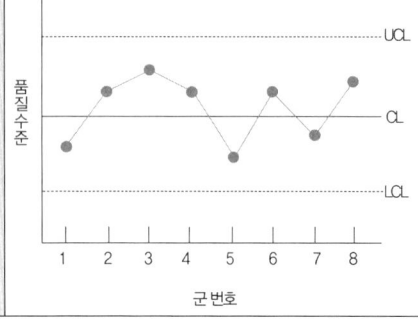

관리선
▶ 중심선 : CL (Center Line)
▶ 관리한계 (Control Limit)
  – 관리 상한 : UCL(Upper Control Limit)
  – 관리 하한 : LCL(Lower Control Limit)

질 향상 분석 방법(질 관리 분석 도구)

구분	내용
흐름도	특정업무과정에 필요한 모든 단계를 도표로 표시하거나 미리 정의된 기호와 그것들을 연결하는 선을 사용하여 그린 것
런차트	시간의 경과에 따른 추이를 보기 위한 도표 일정 기간 동안 업무과정의 성과를 측정한 관찰치를 통해 업무의 흐름이나 경향을 조사하는 방법
관리도	런차트의 기본자료 위에 평균과 관리상한선, 관리하한선을 표시한다. 변이와 원인을 조사함으로써 업무수행 과정에서 발생되는 문제를 지속적으로 관찰하고 조절하여 이를 향상시킬 목적으로 사용
원인결과도 (인과관계도)	• 일의 결과(특성)와 그것에 영향을 미치는 원인(요인)을 계통적으로 정리한 것 • 인과관계도, 특성요인도, 물고기 등뼈 그림, fish bone diagram, 어골도
파레토 차트	• 막대그래프의 특별한 형태로 빈도, 비용, 시간 등 측정결과를 높은 순에서 낮은 순, 즉 내림차순으로 나열한 그래프 • 하향막대그래프에서 상대빈도나 크기를 보여줌으로써 개선가능성이 높은 문제에 노력의 초점을 맞추도록 하는데 목적이 있음
유사성 다이어그램	작은 범주별로 아이디어를 논리적으로 그룹화하는 집중적 사고의 한 형태이며 아이디어를 유사그룹으로 묶기 위한 접근법
레이더 차트	여러 측정치에 대한 실제적인 수행 정도뿐 아니라 기대되는 수행 정도 간의 차이를 보여주는 질 관리 분석도구
산점도	변수 간의 상관관계를 확인하는 데 사용하는 대표적인 질 관리 분석도구
우선순위 매트릭스	질 향상 또는 제안된 해결책을 위한 이슈, 문제, 기회들 간의 우선순위를 부여하기 위해 사용되는 일반적인 방법

08 제임스 리즌(James Reason)의 스위스 치즈 모형(swiss cheese model)에 따르면 〈보기〉에 해당하는 오류로 가장 옳은 것은? 23 서울

― 보기 ―
환자 확인 절차 및 방법에 대한 프로토콜의 부재

① 가시적 오류
② 잠재적 오류
③ 근접오류
④ 의료 오류

PLUS

오류(Error)	계획된 활동을 의도대로 수행하지 못했거나 잘못된 계획의 수행
의료오류 (Medical error)	의료제공 과정에서 계획된 활동을 의도한 대로 성취하지 못했거나 목표달성을 위한 계획이 잘못 수립되어 환자에게 위해를 입혔거나 입히지 않은 모든 결과
의료과오 / 의료과실 (Medical malpractice / negligence)	현재의 표준 진료에 충실하지 못하여 환자에게 손상을 유발하는 과실 사회적이고 법적인 판단이 필요하기 때문에 사례에 대한 판단이 지역마다 다름
실수 (mistake)	경험이나 훈련의 부족, 불충분한 지식 등으로 인해 정보를 올바르게 해석하지 못하거나 잘못된 인지적 문제해결 방법이나 규칙을 적용하여 옳지 않은 행동 절차를 수행하여 발생하는 것
근접오류 (Near miss)	• 의료오류 발생으로 환자에 대한 위해(harm)의 가능성이 있지만 우연히 또는 의료진의 회복조치에 의해서 원하지 않는 결과가 예방된 경우 • 의료오류가 있었음에도 의료사고(위해)로 이어지지 않은 사건(아차사고, 위기일발)
위해사건 (adverse events)	• 환자가 본래 가지고 있었던 상태가 아니라 의학적 조치에 의해 생긴 손상 • 환자의 치료과정 중 환자에게 관찰 가능한 위해가 발생한 경우 예 낙상, 투약오류, 중대한 사고발생. 입원기간의 연장, 중환자실로의 이동 등을 포함한 예상하지 못한 좋지 않은 상황 등
적신호사건 (Sentinel event)	사망 혹은 심각한 신체적, 정신적 손상을 동반하거나 그러한 위험을 동반한 기대하지 않은 사건 • 강제적 보고의 대상이 되는 환자안전사건들

09 세계보건기구(WHO)에서 제시한 성공적인 환자안전보고시스템의 특징에 대한 설명으로 가장 옳지 않은 것은? 23 서울

① 비 처벌성은 보고로 인하여 자신이나 다른 사람이 처벌을 받을지 모른다는 두려움이 없어야 한다는 것이다.
② 적시성은 보고서를 신속하게 분석하여 알아야 할 사람들에게 권고사항을 빠르게 알려야 한다는 것이다.
③ 독립성은 보고시스템이 보고자 또는 기관을 처벌할 권한을 가진 당국으로부터 독립되어야 한다는 것이다.
④ 시스템 지향성은 보고받은 기관이 권고사항을 확산할 수 있어야 하며, 참여기관들은 권고사항을 구축할 책임이 있어야 한다는 것이다.

해설

08
보기의 내용은 잠재적 오류(사고 발생에 기여하는 보다 근본적인 원인들이 위치한 무딘쪽(blunt end)의 오류)에 해당한다.
① 가시적 오류: 사고가 발생된 날카로운 쪽의 오류, 실재적 오류
③ 근접오류: 의료오류가 발생하여 환자에 대한 위해의 가능성이 있을 수 있지만 회복조치에 의해서 원하지 않는 결과가 예방된 경우
④ 의료오류: 현재의 의학적 지식수준에서 예방 가능한 위해사건 혹은 근접오류를 포함한다.
📖 p.179 06번 PLUS 표 참조

09
④ 보고받은 기관이 권고사항을 확산할 수 있어야 하며 참여기관들은 권고사항을 구축할 책임이 있어야 한다 - 반응성 시스템지향성 - 권고안은 개인의 행위보다는 시스템, 프로세스 또는 제품의 변화에 초점을 맞추어야 한다는 것이다.

정답 08 ② 09 ④

PLUS

성공적인 안전사고 보고시스템의 특징(WHO)

비처벌성	보고로 인해 자신이나 다른 사람이 처벌을 받을지도 모른다는 두려움이 없어야 함 보고에 대한 비난이나 망신, 불이익을 준다면 보고를 저해하게 된다.
기밀성(비밀보장)	환자, 보고자, 기관의 정보를 식별할 수 없어야 함 보고의 내용을 공개하는 시스템은 그 성공 가능성이 낮다.
보고시스템의 독립성	보고가 각종 처벌권한을 가진 당국 및 부서가 아닌 독립적 부서로 이루어져야 함
전문적 분석	임상적 상황을 이해하고 있으며, 시스템에 내재되어 있는 원인을 인식하는 훈련을 받은 전문가가 보고서를 분석해야 함(전문가에 의한 근접오류 등의 개선책이 개발되어야 함)
적시성	보고서를 신속하게 분석하여 알아야 할 사람들에게 권고안을 빨리 알려야 함. 특히 심각한 위해인 경우 더욱 그러함
시스템지향성	보고를 취합하여 권고안은 개인의 행위보다는 시스템 프로세스의 변화에 초점을 맞추어야 함. 사건발생에 시스템이 기여하는 부분은 80% 정도를 차지
반응성	보고서를 받는 기관은 권고안을 전파할 능력을 갖추고 있어야 하며, 보고에 참여하는 기관들은 가능한 경우 언제나 권고안을 실행할 의지가 있어야 함 보고를 받는 기관의 경우 이를 분석하여 권고안을 작성하고, 이를 필요한 사람에게 배포할 수 있어야 하고, 보고를 한 기관이나 부서, 개인은 보고시스템의 운영기관으로부터 제공받은 권고안을 실제 진료업무에 적용할 수 있어야 함
접근가능성	보고를 할 수 있는 기관이나 개인의 범위를 가급적 확대하는 것이 필요하다. 보고시스템에 접근할 수 있는 사람을 최대한 넓게 설정한다면, 사건 발생의 경향을 파악하기가 더 쉬워진다.

10 세계보건기구(WHO)에서 제시한 성공적인 환자안전사고 보고시스템의 특징이 아닌 것은? 23 지방

① 사건 보고자와 해당 기관의 정보를 대중에게 공개해야 한다.
② 위해 사건을 보고받는 기관은 환자안전 권고안을 전파할 능력이 있어야 한다.
③ 환자안전 권고안은 개인 행위의 변화보다 시스템, 프로세스 또는 제품의 변화에 초점을 두어야 한다.
④ 보고시스템은 사건 보고자·기관을 처벌할 권한이 있는 기관으로부터 독립적으로 운영되어야 한다.

해설

10
① 사건 보고자와 해당 기관의 정보를 식별할 수 없어야 한다. - 기밀성(비밀보장)
② 위해 사건을 보고받는 기관은 환자안전 권고안을 전파할 능력이 있어야 한다. - 반응성
③ 환자안전 권고안은 개인 행위의 변화보다 시스템, 프로세스 또는 제품의 변화에 초점을 두어야 한다. - 시스템지향성
④ 보고시스템은 사건 보고자·기관을 처벌할 권한이 있는 기관으로부터 독립적으로 운영되어야 한다 - 독립성
✅ p.182 09번 PLUS 〈성공적인 안전사고 보고시스템의 특징(WHO)〉 참조

정답 10 ①

11. 균형성과표(Balanced Score Card, BSC)를 이용하여 병원 경영 성과를 향상시키고자 할 때, '내부 업무프로세스 관점'을 직접적으로 평가하는 지표에 해당하는 것은? 23 지방

① 재원일수 단축률
② 환자 만족도
③ 간호실무표준 개발 건수
④ 간호사의 직무역량 교육 참여도

해설

PLUS

균형성과표 (BSC)	BSC는 캐플란(Robert S. Kaplan)과 노턴(David P. Norton)이 제안한 것으로 조직의 성과관리시스템을 재무적 성과지표와 비재무적 성과지표(고객만족도, 병원접근성, 직원만족도 등)를 통한 균형적인 성과 측정도구	
	재무적 관점	• 매출이나 수익성 측면에서 조직이 어느 정도의 성과를 달성했는지를 나타내는 것 • 성과지표: 투자수익률, 경제적 부가가치, 수익성, 의료손익, 환자 1인당 수익, 투자 수익률, 직원 1인당 수익, 수익 증가율 등
	고객 관점	• 목표로 삼은 고객과 세부시장에 대한 목표와 측정지표를 규명 • 성과지표: 시장점유율, 고객 확보율, 고객 수익성, 고객 유지율, 고객만족도, 고객만족도 조사, 모니터링 접수, 초진율, 외부 의뢰 환자 비율, 일평균 환자수 등
	내부 비즈니스 관점 (프로세스 관점)	• 조직체 내의 투입요소(원재료, 정보, 사람 등)를 산출요소(제품, 서비스 등)로 변환시키는 과업이나 활동 • 성과지표: 프로세스 타임, 프로세스 품질, 프로세스 원가, 재원일수, 병상가동률, 예약부도율, 외래진료대기, 초진 예약대기, 검사 소요시간 등 • 성과목표는 연구실적, 의료의 질, 효율성, 시간관리 등.
	학습과 성장 관점	• 장기적인 성장과 가치 창조를 위해 필요한 목표와 측정지표를 개발 • 측정지표: 직원의 역량, 정보시스템 역량, 조직 역량

BSC의 개발 사례: 관점별 목표 및 성과지표

관점	목표	성과지표
재무적 관점	수익성	진료비 수익
	성장성	전년대비 수익증분
고객 관점	진료서비스	진료 대기시간, 직원 친절도, 의사의 명성
	입원서비스	병실 위생상태, 편의시설수, 직원친절도
	고객과의 관계	차후 고객서비스 노력
내부 비즈니스 프로세스 관점	특정 분야의 경쟁력	타병원 대비 안과진료 환자수
	정보 통합 및 공유	의무기록 내용의 분석 및 이용 정도
학습 및 성장 관점	기술기반	• 장비사용 연수, 최신 의료장비 보유 대수 • 의사의 수술 횟수
	연구·교육기반	• 직원 1인당 교육훈련 비용 • 연구논문 발표건수, 워크숍 개최 횟수

정답 11 ③

12 6시그마 기법에 대한 설명으로 옳지 않은 것은? 23 지방

① 1 : 29 : 300 법칙에 따른 오류 발생을 의미한다.
② 구성원들 간 직무 수행 결과의 편차를 줄인다.
③ 일명 3시그마 기법보다 더 우수한 수준의 품질을 추구한다.
④ DMAIC(정의 - 측정 - 분석 - 개선 - 관리)이 대표적인 수행절차이다.

해설

12
① 1(대형사고) : 29(작은사고) : 300(사소한 징후) 법칙에 따른 오류 발생 - 환자안전사건의 이해(하인리히법칙)

PLUS

6시그마	1987년 모토로라(Motorola)의 마이클 해리(Mikel Harry)에 의해 6-시그마 경영이라는 것이 창안되었다. 그 이후 더욱 발전되어 여러 기업으로 확산되어 갔고 국내에서도 삼성, LG, 현대, 포스코 등 여러 기업과 일부 의료기관에서 도입하였다. 불량품(고객 불만족)을 최소화하기 위한 지속적인 관리 • 모든 서비스와 상품의 불량률이나 결함을 줄이고 고객 만족을 높이기 위한 품질 향상 활동 방법 • 시그마(σ)는 원래 정규분포에서 표준편차를 나타내며 6 표준편차인 100만 개 중 3, 4개의 불량률(Defects per million opportunities, DPMO)을 추구한다는 의미 • 실제로 ±6 시그마 수준은 10억 개 중 2개의 불량(0.002ppm 불량률)으로써, 6 시그마는 불량 제로(무결점)를 추구 • 드매익(DMAIC)이라고 불리는 '(요구사항)정의 - (현재수준)측정 - (원인과 요인을) 분석 - 개선 - 개선활동 및 관리'의 프로세스과정을 통해서 실시됨

6시그마 수행절차(드매익 DMAIC)

정의(Define)	개선하고자하는 문제가 무엇인가, 추진목표가 무엇인가를 결정
측정(Measure)	• 실제 문제를 추출하는 단계로 결함빈도가 어느 정도인지를 파악하는 단계 • 측정된 결과를 숫자로 표현해야 통계적 분석기법의 적용이 가능함
분석(Analyze)	• 통계적 해석단계로 데이터 분석을 통해 의료의 질적 문제의 요인을 규명 • 개선의 대상, 즉 문제가 발생하는 원인과 형태 등을 분석
개선(Improve)	• 분석단계에서 밝혀진 의료의 질적 문제의 요인을 실제적으로 개선하는 단계 • 의료의 질 향상을 위해 구체적으로 개입하는 단계라고 할 수 있으며, 개선결과를 확인하기 위해 시그마 점수를 산출함
관리(Control)	의료의 질 향상 활동을 평가하고, 지속적 질 향상이 이루어지도록 관리하는 단계
하인리히법칙	• 대형의료사고나 산업재해와 같은 심각한 사고는 우연히 또는 어느 순간 갑자기 발생하는 것이 아니라 그 이전에 그와 관련된 수많은 경미한 사고와 징후들이 반드시 존재한다는 것을 실증적·통계적으로 밝힌 법칙 • 하인리히 법칙은 1 : 29 : 300 법칙이라고도 부른다. 즉, 심각한 사고와 사소한 사고, 사고로는 이어지지 않았지만 사고 발생이 가능한 오류들의 발생 비율이 1(대형사고) : 29(작은 사고) : 300(사소한 징후)이다.

정답 12 ①

13 「의료법」상 사람의 생명 또는 신체에 중대한 위해를 발생하게 할 우려가 있는 수술을 하는 경우 환자에게 설명하고 동의를 받아야 하는 사항만을 모두 고르면? 23 지방

> ㄱ. 환자에게 발생하거나 발생 가능한 증상의 진단명
> ㄴ. 수술의 필요성, 방법 및 내용
> ㄷ. 수술에 따라 전형적으로 발생이 예상되는 후유증 또는 부작용
> ㄹ. 수술 전후 환자가 준수하여야 할 사항

① ㄱ, ㄹ
② ㄱ, ㄴ, ㄷ
③ ㄴ, ㄷ, ㄹ
④ ㄱ, ㄴ, ㄷ, ㄹ

14 도나베디안(Donabedian)에 의한 보건의료의 질(quality) 구성요소 중 적정성(optimality)에 대한 설명으로 가장 옳은 것은? 22 서울(6월)

① 건강 개선과 그 건강 개선을 위한 비용 간의 균형. 즉, 비용에 대한 상대적인 보건의료서비스 효과 및 편익
② 보건의료서비스 제공 시 자원이 불필요하게 소모되지 않고 효율적으로 활용되었는지의 정도
③ 보건의료의 분배와 주민에 대한 혜택에서의 공정성을 결정하는 원칙에 대한 순응
④ 보건의료서비스가 기대되는 결과를 나타내는 능력으로 건강수준의 향상에 기여한다고 인정된 보건의료서비스 결과의 산출 정도

해설

14
① 적정성
② 효율성
③ 형평성
④ 효과성

PLUS

의료의 질 구성요소

효과성 (effectiveness)	건강수준의 향상에 기여한다고 인정된 의료서비스의 수행 정도이며, 업무가 인간에게 미치는 영향, 목표의 적절성, 장기적 결과 및 인간주의적이며 이상적인 가치 등 올바른 산출과 관련된 개념
효율성 (efficacy)	의료서비스의 제공 시 자원이 불필요하게 소모되지 않고 효율적으로 활용되었는지에 대한 정도, 최소 자원의 투입으로 최대의 건강수준을 얻을 수 있는 정도
기술수준 (technical quality)	의료서비스의 기술적인 수준으로 과거 서비스의 질은 이 부분만을 강조함
접근성 (accessibility)	시간이나 거리, 비용 등의 요인에 의해 의료서비스의 이용에 제한을 받는 정도, 지리·경제 등의 측면에서 쉽게 의료서비스를 이용할 수 있는 정도
가용성 (availability)	필요한 서비스를 제공할 수 있는 여건의 구비 정도
적정성 (optimality)	건강개선과 그 건강개선을 얻는 비용 간의 균형

정답 13 ④ 14 ①

합법성 (legitimacy)	윤리적 원칙, 가치, 규범, 풍속, 법과 규제에서 표현된 사회의 선호도에 대한 순응
지속성 (연속성continuity)	의료서비스의 시간적, 지리적으로 상관성을 갖고 연결되는 정도 보건의료서비스의 제공이 예방, 진단 치료, 재활에 이르기까지 포괄적으로 이루어지는 것.(폐질환 환자의 산소치료)
적합성 (adequacy)	대상 인구 집단의 요구에 부합하는 정도(노인환자 → 노인질환서비스)
형평성 (equity)	보건의료의 분배와 주민 혜택에서 공정성을 결정하는 원칙에 대한 순응
이용자만족도 (consumer satisfaction)	의료서비스에 대한 이용자의 판단
쾌적한 환경 (amenitis of care)	편안하고 안락한 의료환경을 제공하는 정도

15 간호의 질관리를 위한 접근방식에 대한 설명으로 가장 옳지 않은 것은?

22 서울(6월)

① 과정적 접근방식의 평가기준으로 환자와의 관계에서 비롯되는 간호제공자의 행위, 태도, 치료적인 상호작용 등이 있다.
② 결과적 접근방식은 환자 주변의 상황 및 환경적인 부분에 대한 정확한 측정이 가능하다.
③ 구조적 접근방식은 물적 자원과 인적자원 확보를 위한 비용이 많이 든다.
④ 과정적 접근방식은 정확한 간호표준이 없는 경우 평가가 어려운 단점이 있다.

15
결과적 접근방식은 환자의 정신 사회적 인지적인 것과 환자 주변의 상황적·환경적인 것이 많기 때문에 객관적이고 정확한 측정이 어렵다.

PLUS

도나베디안의 간호의 질 향상 접근 방법

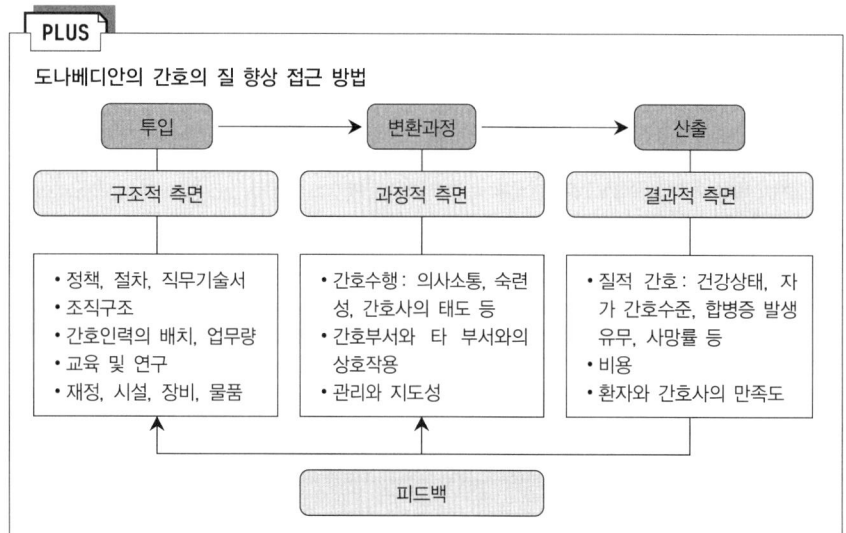

정답 15 ②

도나베디안의 질 관리 접근방법

	개념	평가지표
구조적 평가	간호가 수행되는 환경이나 사회적 수단을 평가 바람직한 간호행위의 수행에 필요로 하는 모든 환경, 기구의 사용, 직원의 자격과 관련된 기준과 표준	물리적 구조, 시설·장비, 인력, 소비품 그 기관의 간호철학, 목표, 행동, 간호지침 직무기술서, 교육훈련 지침
과정적 평가	간호사 지향적이며, 간호가 시행되는 과정이나 간호사가 환자와 상호작용을 하는 간호활동을 평가	의사소통, 환자간호계획, 절차편람 간호제공자의 행위, 태도(관심, 열정, 인간존중, 친절, 개인의 권리존중), 전문적 간호지식과 기술의 능숙성과 임상적 판단력
결과적 평가	간호 수행 후 나타나는 건강상태 변화와 환자가 간호서비스를 이용한 결과에 만족하는 정도를 평가	사망률, 이환률, 재발률, 환자의 만족도, 자가간호수준, 비용

	장점	단점
구조적 평가	병원경영진의 관심과 관리로 적정 이상의 물적 자원과 환경 개선, 적정 이상의 전문인력 확보와 전문인력의 계속적인 교육과 연구가 되어 간호의 질에 간접적 영향을 끼치며, 병원경영을 효율적으로 유도	물적 자원과 인적자원 확보를 위한 비용이 많이 들고 간호가 제공될 수 있는 환경이나 시설 및 인적자원 등의 간접적인 것을 평가하며 시설 및 장비 등은 설치 후 시설변경이 어렵다.
과정적 평가	과정표준들은 환자의 간호계획과 활동지침서 또는 간호지침서 내에 문서화될 수 있다.	과정을 수행할 충분한 인력이 있어야 하고 정확한 간호표준이 없는 경우 평가가 어렵다.
결과적 평가	환자변화를 객관적인 수치로 평가함으로써 간호중재의 중요성에 대해 재인식시켜 간호의 질적 향상을 가져오며, 간호생산성에 대한 비용-효과적인 면도 측정할 수 있음	환자결과변수에는 환자의 정신 사회적·인지적인 것과 환자 주변의 상황적·환경적인 것이 많기 때문에 객관적이고 정확한 측정이 어렵다. 또한, 환자 결과에 대한 측정시기의 적절성에 대한 기준을 정하기 어려우며 환자의 결과에서 간호의 결과를 분리해 내기 어렵다.

16 의료의 질 향상을 위한 방법으로 조직성과에 대한 평가가 필요하다. 성과평가의 방법인 균형성과표 관점에 대한 설명으로 가장 옳은 것은? 22 서울(6월)

① 고객 관점의 성과지표는 의료손익, 환자 1인당 수익, 투자 수익률, 직원 1인당 수익, 수익 증가율 등이다.
② 재무적 관점의 성과지표는 고객만족도 조사, 모니터링 접수, 초진율, 외부 의뢰환자 비율, 일평균 환자수 등이다.
③ 프로세스 관점의 성과지표는 재원일수, 병상가동률, 예약부도율, 외래 진료대기, 초진 예약대기, 검사 소요시간 등이다.
④ 학습과 성장 관점의 성과목표는 연구실적, 의료의 질, 효율성, 시간 관리 등이다.

16
① 의료손익, 환자 1인당 수익, 투자수익률 직원 1인당 수익, 수익 증가율 등 - 재무적 관점
② 고객만족도 조사, 모니터링 접수, 초진율, 외부 의뢰 환자 비율, 일평균 환자수 등 - 고객 관점
④ 연구실적, 의료의 질, 효율성, 시간관리 등 - 프로세스 관점

정답 16 ③

PLUS

관점별 목표 및 성과지표

관점	목표	성과지표
재무적 관점	수익성	진료비 수익
	성장성	전년대비 수익증분
고객 관점	진료서비스	진료 대기시간, 직원 친절도, 의사의 명성
	입원서비스	병실 위생상태, 편의시설수, 직원친절도
	고객과의 관계	차후 고객서비스 노력
내부 비즈니스 프로세스 관점	특정 분야의 경쟁력	타병원 대비 안과진료 환자수
	정보 통합 및 공유	의무기록 내용의 분석 및 이용 정도
학습 및 성장 관점	기술기반	• 장비사용 연수, 최신 의료장비 보유 대수 • 의사의 수술 횟수
	연구·교육기반	• 직원 1인당 교육훈련 비용 • 연구논문 발표건수, 워크숍 개최 횟수

의료의 질 향상을 위한 방법 : 균형성과표(BSC; Balanced Score Card)
캐플란(Robert S. Kaplan)과 노턴(David P. Norton)이 제안한 것으로 조직의 성과관리시스템을 재무적, 고객, 내부 비즈니스 프로세스, 학습과 성장의 4가지 관점으로 현재 성과를 모니터링하는 방법

재무적 관점 (financial perspective)	• 매출이나 수익성 측면에서 조직이 어느 정도의 성과를 달성했는지를 나타내는 것 • 대표적인 측정지표(성과지표)로는 투자수익률, 경제적 부가가치, 수익성, 의료손익, 환자 1인당 수익, 투자 수익률, 직원 1인당 수익, 수익 증가율 등
고객 관점 (customer perspective)	• 목표로 삼은 고객과 세부시장을 규명한 후, 고객과 세부시장에 대한 목표와 측정지표를 규명해야 한다. • 대표적인 측정지표(성과지표)로 시장점유율, 고객 확보율, 고객 수익성, 고객 유지율, 고객만족도, 고객만족도 조사, 모니터링 접수, 초진율, 외부 의뢰환자 비율, 일평균 환자수 등
내부 비즈니스 관점 (프로세스 관점, internal business perspective)	• 내부 비즈니스 프로세스는 조직체 내의 투입요소(원재료, 정보, 사람 등)를 산출요소(제품, 서비스 등)로 변환시키는 과업이나 활동 • 대표적인 측정지표(성과지표)로는 프로세스 타임, 프로세스 품질, 프로세스 원가, 재원일수, 병상가동률, 예약부도율, 외래진료대기, 초진 예약 대기, 검사 소요시간 등이 있다. 성과목표는 연구실적, 의료의 질, 효율성, 시간관리 등
학습과 성장 관점 (learning and growth perspective)	• 장기적인 성장과 가치 창조를 위해 필요한 목표와 측정지표를 개발 • 앞의 세 가지 관점에서 설정한 목표를 성취하는 데 필요한 조직의 학습과 성장 역량을 촉진 • 측정지표 : 직원의 역량, 정보시스템 역량, 조직 역량

17 JCI(Joint Commission International)에서 요구하는 환자 안전 목표에 대한 설명으로 가장 옳지 않은 것은? 22 서울(6월)

① 환자를 정확하게 확인하라.
② 정확한 위치, 정확한 시술, 정확한 수술을 제공하라.
③ 자살예방교육을 시행하라.
④ 의사소통의 효과를 향상시켜라.

17
국제 환자안전 목표(JCI의 권고)
(1) 환자를 정확하게 확인하라.
(2) 의사소통의 효과를 향상시켜라.
(3) 고 주의(high-alert) 약물의 안전을 향상시켜라.
(4) 정확한 위치, 정확한 시술, 정확한 수술을 제공하라.
(5) 병원감염 위험을 감소시켜라.
(6) 낙상위험을 감소시켜라.

정답 17 ③

18 「환자안전법」에 따른 중대한 환자안전 사건으로 의무 보고의 대상에 해당하지 않는 것은? 22 서울(2월)

① 성인 입원 환자가 손목 골절이 발생하여 입원 기간이 2일 연장되었다.
② 백혈병 치료를 받고 있는 환자에게 정맥주사제인 빈 크리스틴을 척수강 내로 투여하였다.
③ 조현병을 진단받은 환자가 같은 병동에 입원해 있던 다른 환자에게 갑작스럽게 달려들어 얼굴 부위를 가격하였다.
④ 수술 시 지혈을 위해 복부 피하조직 및 자궁 부위에 두었던 거즈 패드 2개를 복부 안에 둔 채로 절개 부위를 봉합하였다.

PLUS	
환자안전사고의 보고 등 「환자안전법」 제14조	① 환자안전사고를 발생시켰거나 발생한 사실을 알게 된 또는 발생할 것이 예상된다고 판단한 보건의료인이나 환자 등 보건복지부령으로 정하는 사람은 보건복지부장관에게 그 사실을 보고할 수 있다. ② 보건복지부령으로 정하는 일정 규모 이상의 병원급 의료기관에서 다음 각 호의 어느 하나에 해당하는 환자안전사고가 발생한 경우 그 의료기관의 장은 보건복지부장관에게 그 사실을 지체 없이 보고하여야 한다. (의무보고) 22 서울(2월) 1. 「의료법」 제24조의2제1항에 따라 설명하고 동의를 받은 내용과 다른 내용의 수술, 수혈, 전신마취로 환자가 사망하거나 심각한 신체적·정신적 손상을 입은 환자안전사고가 발생한 경우 2. 진료기록과 다른 의약품이 투여되거나 용량 또는 경로가 진료기록과 다르게 투여되어 환자가 사망하거나 심각한 신체적·정신적 손상을 입은 환자안전사고가 발생한 경우 3. 다른 환자나 부위의 수술로 환자안전사고가 발생한 경우 4. 의료기관 내에서 신체적 폭력으로 인해 환자가 사망하거나 심각한 신체적·정신적 손상을 입은 경우

19 〈보기〉에서 설명하는 환자안전 접근법으로 가장 옳은 것은? 22 서울(2월)

――― 보기 ―――
• 가시적, 잠재적 오류의 원인을 후향적으로 조사하는 방법이다.
• 수술 중 환자의 몸에 이물질이 들어간 경우에 적용될 수 있다.
• 원인-결과도(fishbone diagram)나 PDCA 등이 활용되기도 한다.

① 스위스 치즈 모형
② 하인리히 법칙
③ 오류유형과 영향분석
④ 근본원인분석

> **PLUS**
>
> 환자안전 접근
>
> | 스위스 치즈모형 | • 영국의 심리학자 제임스 리즌(James Reasen)이 제시한 사고원인과 결과에 대한 모형이론
• 사고나 재난은 여러 위험요소(hazard)가 중첩될 때 발생하게 되며, 이러한 위험요소 중 하나라도 제대로 대비된다면(잠재적 오류를 최소화한다면) 재난이 발생하거나 대형화되는 것은 예방할 수 있음을 알 수 있다. → 시스템적 접근(System Approach) |
> |---|---|
> | 하인리히법칙 | • 대형의료사고나 산업재해와 같은 심각한 사고는 우연히 또는 어느 순간 갑자기 발생하는 것이 아니라 그 이전에 그와 관련된 수많은 경미한 사고와 징후들이 반드시 존재한다는 것을 실증적·통계적으로 밝힌 법칙
• 하인리히 법칙은 1 : 29 : 300 법칙이라고도 부른다. 즉, 심각한 사고와 사소한 사고, 사고로는 이어지지 않았지만 사고 발생이 가능한 오류들의 발생 비율이 1 : 29 : 300이다. |
> | 오류유형과 영향분석 | • 인간의 지식과 신중함에도 불구하고 일부 상황에서 오류가 발생할 가능성이 있다고 가정하고, 오류발생 가능성을 예측하여 개선 계획을 전향적으로(사전에) 검토하는 체계적인 방법
• 오류유형과 영향분석은 전체적인 시스템을 단계적으로 분석하여 각 단계별로 자주 발생하거나 빈번하게 발생하지 않은 위험요인을 제거하여 환자안전과 의료의 질을 향상시키는 것 |
> | 근본원인분석 | • 사건의 원인을 밝혀내고자 사건의 발생과 전개(가시적, 잠재적 오류)를 후향적으로 조사하는 구조화된 접근법
• 근본원인 분석은 사람에 초점을 두는 것이 아니라 시스템과 프로세스에 초점을 둔다. |

20 우리나라 의료기관 인증제도에 대한 설명으로 가장 옳은 것은? 22 서울(2월)

① 요양병원은 자율적으로 인증을 신청할 수 있다.
② 인증기준 충족 여부에 따른 상대평가의 성격을 가진다.
③ 병원급 이상의 의료기관을 대상으로 하며 인증유효 기간은 3년이다.
④ 전문병원으로 지정을 받고자 하는 병원급 의료기관은 인증을 받아야 한다.

> **PLUS**
>
> 의료기관 인증(의료법 제58조)
>
> | 의료기관 인증 | 보건복지부장관은 의료의 질과 환자 안전의 수준을 높이기 위하여 병원급 의료기관 및 대통령으로 정하는 의료기관에 대한 인증(이하 "의료기관 인증"이라 한다)을 할 수 있다. | |
> |---|---|---|
> | 의료기관인증제도 도입목적 | 2010년 6월 의료서비스 질 향상 및 환자 안전 수준 제고를 위해 도입
의료의 질과 환자안전 수준을 제고함으로서 국민건강의 유지·증진에 기여하기 위함 | |
> | 인증대상 | 병원급 이상 의료기관(자율적인 인증 신청) | |
> | | 의무 인증대상 | 요양병원(의료 서비스의 특성 및 환자의 권익보호를 위해 인증신청 해야 함) |

해설

20
① 요양병원은 의무적으로 인증을 신청하여야 한다.
② 인증기준 충족 여부에 따른 절대평가의 성격을 가진다.
③ 병원급 이상의 의료기관을 대상으로 하며 인증유효 기간은 4년이다.
→ 전문병원, 상급종합병원 등의 지정을 받기 위해서는 기본적으로 의료기관 인증부터 받아야 한다.

정답 20 ④

인증등급	인증	인증기준의 세부 내용은 보건복지부장관이 정한다.
		인증의 유효 기간은 4년으로 한다
	조건부인증	조건부 인증의 경우에는 유효 기간을 1년으로 한다. 조건부 인증을 받은 의료기관의 장은 유효기간(1년) 내에 재인증을 받아야 함
	불인증	

의료기관 인증 기준 (법 제58조의3)
1. 환자의 권리와 안전
2. 의료기관의 의료서비스 질 향상 활동
3. 의료서비스의 제공 과정 및 성과
4. 의료기관의 조직·인력 관리 및 운영
5. 환자 만족도

의료기관 인증 틀 (4주기 급성기병원 인증기준: 2023~)

4주기 인증기준(2023~2027)
1. 기본가치체계
2. 환자진료체계
3. 조직관리체계
4. 성과관리체계

① 환자안전보장활동
② 진료전달체계와 평가
③ 환자진료
④ 의약품관리
⑤ 수술 및 마취진정관리
⑥ 환자권리존중 및 보호
⑦ 질 향상 및 환자안전 활동
⑧ 감염관리
⑨ 경영 및 조직운영
⑩ 인적자원관리
⑪ 시설 및 환경관리
⑫ 의료정보/의무기록 관리
⑬ 성과관리

기본가치체계	의료기관이 마땅히 갖추어야 할 환자안전과 질 향상을 기본가치로 제시 (정확한 환자확인, 의료진간 정확한 의사소통, 수술 및 시술의 정확한 수행, 낙상예방활동, 손위생 수행)
환자진료체계	환자진료의 전 과정을 추적 가능하도록 구성
조직관리체계	양질의 환자진료를 지원하기 위한 기능과 조직의 전문성 추구
성과관리체계	진료결과지표의 관리를 통한 질 향상

---

21 〈보기〉에 해당하는 의료의 질 구성요소로 가장 옳은 것은? 22 서울(2월)

─── 보기 ───
- 건강수준의 향상에 기여한다고 인정된 의료서비스의 수행 정도
- 업무가 인간에게 미치는 영향, 목표의 적절성, 장기적 결과 등으로 산출

① 효율성(efficiency)
② 접근성(accessibility)
③ 가용성(availability)
④ 효과성(effectiveness)

해설

21
효과성은 건강수준의 향상에 기여한다고 인정된 의료서비스의 수행정도를 말하며 바람직한(기대되는) 의료서비스 결과의 산출 정도이다. 이는 업무가 인간에게 미치는 영향, 목표의 적절성, 장기적 결과 및 인간주의적이며 이상적인 가치 등 올바른 산출과 관련된 개념이다.

정답 21 ④

PLUS

의료의 질 구성요소

효과성 (effectiveness)	건강수준의 향상에 기여한다고 인정된 의료서비스의 수행 정도이며, 업무가 인간에게 미치는 영향, 목표의 적절성, 장기적 결과 및 인간주의적이며 이상적인 가치 등 올바른 산출과 관련된 개념
효율성 (efficacy)	의료서비스의 제공 시 자원이 불필요하게 소모되지 않고 효율적으로 활용되었는지에 대한 정도, 최소 자원의 투입으로 최대의 건강수준을 얻을 수 있는 정도
기술수준 (technical quality)	의료서비스의 기술적인 수준으로 과거 서비스의 질은 이 부분만을 강조함
접근성 (accessibility)	시간이나 거리, 비용 등의 요인에 의해 의료서비스의 이용에 제한을 받는 정도, 지리·경제 등의 측면에서 쉽게 의료서비스를 이용할 수 있는 정도 • 재정적·지리적·사회문화적 측면(시간과 공간적인 접근의 용이성) • 보건진료소 설치 • 국민건강보험 도입 • 원격의료제도 도입
가용성 (availability)	필요한 서비스를 제공할 수 있는 여건의 구비 정도
적정성 (optimality)	건강개선과 그 건강개선을 얻는 비용 간의 균형
합법성 (legitimacy)	윤리적 원칙, 가치, 규범, 풍속, 법과 규제에서 표현된 사회의 선호도에 대한 순응
지속성(연속성) (continuity)	의료서비스의 시간적, 지리적으로 상관성을 갖고 연결되는 정도 보건의료서비스의 제공이 예방, 진단 치료, 재활에 이르기까지 포괄적으로 이루어지는 것.(폐질환 환자의 산소치료) • 육체적인 치료와 더불어 정신적인 안도감을 갖게 하는 전인적 의료(Person-Centered Care)가 지속적- 예방, 치료, 사회로의 복귀가 연결 • 한 병원에서 진료를 받다가 다른 상급병원으로 이송될 경우 중복된 서비스를 배제하고 신속히 다음 단계의 서비스가 진행될 수 있도록 의료기관 간에 긴밀한 협조가 이루어져야 하는 특성
적합성 (adequacy)	대상 인구 집단의 요구에 부합하는 정도(노인환자 → 노인질환서비스)
형평성 (equity)	보건의료의 분배와 주민 혜택에서 공정성을 결정하는 원칙에 대한 순응
이용자만족도 (consumer satisfaction)	의료서비스에 대한 이용자의 판단
쾌적한 환경 (amenitis of care)	편안하고 안락한 의료환경을 제공하는 정도

22 전통적 질관리(QA)와 비교하여 총체적 질 관리(TQM)의 특징으로 가장 옳은 것은? 22 서울(2월)

① 특정범위를 벗어난 결과를 초래한 개인과 특별한 원인을 규명한다.
② 문제의 해결보다는 지속적인 질 향상에 목적을 둔다.
③ 활동범위의 참여자는 의료진으로 제한한다.
④ 환자 진료의 질 향상에 목표를 둔다.

해설

22
①, ③, ④는 질 보장(QA)
총체적 질 관리는 환자와 고객을 위한 모든 서비스와 진료에 대한 지속적인 질 향상(CQI; Continuous Quality Improvement) 관리과정이다.

정답 22 ②

> **PLUS**
>
> 질 보장(QA)과 총체적 질 관리(TQM)의 비교
>
> | 구분 | 질 보장(QA) | 총체적 질 관리(TQM) |
> |---|---|---|
> | 목표 | 환자진료의 질 향상 | 환자와 고객을 위한 모든 서비스와 진료에 대한 질 향상 |
> | 범위 (영역) | • 임상적 의료의 과정 및 결과
• 환자에게 취해진 활동 | • 임상·비임상을 포함한 조직 전반
• 진행과정 향상을 위해 취해진 모든 활동 |
> | 리더십 | 의사 및 임상부서 리더: 임상 각 과장, QA 위원회 | 모든 임상과 비임상 부서의 리더 |
> | 목적 | • 문제해결
• 특정 범위를 벗어난 결과를 초래한 개인과 특별한 원인을 규명 | • 지속적인 질 향상
• 특별한 것과 일반적인 원인 모두 강조, 대부분 일상적인 원인에 주의를 더 기울임 |
> | 중점 (초점) | • 임상진료과별로 수직적인 검토: 각 임상과 자체 QA프로그램
• 표준에 미달하는 사람들을 교육
• 감사
• 결과중심적 | • 결과에 영향을 주는 모든 진행과정과 사람을 향상시키도록 수평적으로 초점을 두고 검토
• 모든 사람의 업무수행을 개선
• 과정을 향상시키기 위한 예방과 계획
• 과정과 결과를 모두 중시 |
> | 고객의 요구사항 | • 고객은 전문의료인과 감시기구
• 환자가 대상
• 전문의료인에 의해 설정된 기준과 표준 | • 고객은 환자, 전문의료인, 감시기구
• 모든 사람이 고객
• 고정된 표준은 없으며 고객과 전문의료인에 의해 지속적으로 향상되는 기준 설정 |
> | 참여자 | • QA프로그램, 임명된 위원회 멤버 및 담당자
• 제한된 참여 | • 과정에 관여하는 모든 사람
• 전체 직원 참여 |
> | 결과 | • 측정과 모니터링 포함
• 지적된 소수 개인의 업무수행 개선
• 방어적 자세 | • 측정과 감시
• 과정에 참여한 모든 개인의 성과 향상
• 과정 개선에 초점, 팀 정신 강조 |
> | 지속적 활동 | • 역치/표준에서 이탈한 것 감시
• 특별한 원인에 의해 이탈이 있을 경우 계속 | • 지속적으로 표준을 개선
• 특별한 원인 또는 공통된 원인의 이탈이 있을 때 계속 |

23 다음에 해당하는 의료 질의 구성요소는? 22 지방

> 병동에서 수술 후 제공된 간호서비스가 환자의 요구에 부합되는지를 평가한다.

① 적합성(adequacy)
② 효율성(efficiency)
③ 지속성(continuity)
④ 접근성(accessibility)

해설

23
문제에서의 초점은 "환자의 요구에 부합되는지"이다. 이는 적합성에 해당된다.
☑ p.192 21번 PLUS 〈의료의 질 구성요소〉 참조

정답 23 ①

24 다음 상황에서 사용한 질 관리 자료 분석 도구는? 22 지방

- A 간호과장은 최근 B병동 내 투약사고의 핵심원인을 파악하고자 한다.
- 가장 큰 비중을 차지하는 요인부터 가장 작은 비중을 차지하는 요인 순으로 막대그래프를 만들고, 각 요인의 누적량을 연결한 꺾은선 그래프를 제시하였다.

① 흐름도(flow chart)
② 히스토그램(histogram)
③ 파레토차트(Pareto chart)
④ 원인-결과도(cause-effect diagram)

PLUS

파레토차트(pareto chart)

구분	내용
개념	• 막대그래프(히스토그램)의 특별한 형태 • 왼쪽부터 가장 큰 영향을 주는 순서로 나열 • 각 요인의 누적 양을 연결한 꺾은선 그래프를 활용하는 차트 • 80%의 대부분의 문제는 20% 정도의 적은 요소에 의해 발생한다는 이론을 이용해 효과적 질 관리를 하는 방법
목적	하향 막대그래프에서 상대빈도나 크기를 보여줌으로써 개선 가능성이 높은 문제에 초점을 맞추도록 하는 데 목적

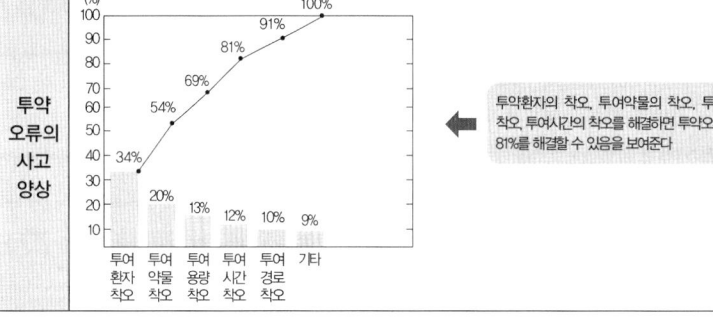

투약환자의 착오, 투여약물의 착오, 투여용량의 착오, 투여시간의 착오를 해결하면 투약오류 사고의 81%를 해결할 수 있음을 보여준다

질 향상 분석 방법(질 관리 분석 도구)

구분	내용
흐름도	특정업무과정에 필요한 모든 단계를 도표로 표시하거나 미리 정의된 기호와 그것들을 연결하는 선을 사용하여 그린 것
런차트	시간의 경과에 따른 추이를 보기 위한 도표
관리도	변이와 원인을 조사함으로써 업무수행 과정에서 발생되는 문제를 지속적으로 관찰하고 조절하여 이를 향상시킬 목적으로 사용
원인결과도 (인과관계도)	• 일의 결과(특성)와 그것에 영향을 미치는 원인(요인)을 계통적으로 정리한 것 • 인과관계도, 특성요인도, 물고기 등뼈 그림, fish bone diagram, 어골도
파레토 차트	• 막대그래프의 특별한 형태로 빈도, 비용, 시간 등 측정결과를 높은 순에서 낮은 순, 즉 내림차순으로 나열한 그래프 • 하향막대그래프에서 상대빈도나 크기를 보여줌으로써 개선가능성이 높은 문제에 노력의 초점을 맞추도록 하는데 목적이 있음

해설

24

파레토차트는 막대그래프의 특별한 형태로 빈도, 비용, 시간 등 측정결과를 높은 순서 낮은순, 즉 내림차순으로 나열한 그래프이다. 하향막대그래프에서 상대빈도나 크기를 보여줌으로써 개선가능성이 높은 문제에 노력의 초점을 맞추도록 하는 데 목적이 있다. 따라서, 문제를 해결하기 위해 영향력이 큰 요인에 팀이 초점을 맞출 수 있도록 도와주며, 문제의 상대적 중요성을 간결하고 신속하게 해석할 수 있도록 시각적 형태로 제시한다.

정답 24 ③

유사성 다이어그램	작은 범주별로 아이디어를 논리적으로 그룹화하는 집중적 사고의 한 형태이며 아이디어를 유사그룹으로 묶기 위한 접근법
레이더 차트	여러 측정치에 대한 실제적인 수행 정도뿐 아니라 기대되는 수행 정도 간의 차이를 보여주는 질 관리 분석도구
산점도	변수 간의 상관관계를 확인하는 데 사용하는 대표적인 질 관리 분석도구
우선순위 매트릭스	질 향상 또는 제안된 해결책을 위한 이슈, 문제, 기회들 간의 우선순위를 부여하기 위해 사용되는 일반적인 방법

25 환자안전을 위한 표준화된 의사소통 방식 중 SBAR의 단계를 순서대로 바르게 나열한 것은? 22 지방

① 배경설명 → 사정·평가 → 상황설명 → 추천
② 상황설명 → 배경설명 → 추천 → 사정·평가
③ 사정 평가 → 상황설명 → 배경설명 → 추천
④ 상황설명 → 배경설명 → 사정·평가 → 추천

해설

25
SBAR는 환자의 현재 상황(situation), 기본임상 정보 및 배경(background), 현 상태의 평가(assessment), 환자 치료에 대한 보고자의 제안(recommendation)을 포함 하는 구조화된 의사소통 도구로 짧은 시간 동안 빠르고, 명확한 의사소통을 가능하게 해 준다.

PLUS

환자안전을 위한 표준화된 의사소통 방식
SBAR(Situation-Background-Assessment-Recommendation)의 4가지 요소 및 단계

상황 설명 Situation	알려야 할 환자의 상황이나 문제에 대해 불필요한 정보 없이 간략하게 말한다. 말하는 자의 이름, 부서명, 환자의 이름에 대해 알리고, 문제가 무엇인지, 언제 시작되었는지, 얼마나 심각한지를 설명한다.
배경설명 background	상황 또는 문제의 배경 정보를 말한다. 진단명, 과거력, 날짜, 투약력, 가장 최근의 활력징후, 관련된 의사명, 그 밖의 임상적 정보가 포함될 수 있다.
사정평가 Assessment	상황 또는 문제에 대해 평가한 정보를 말한다. lab 검사 결과를 고려할 수도 있다. 만일 명확한 평가를 할 수 없을 경우, 그냥 상황과 문제에 대해 이야기한다.
추천(권고) Recommendation	상황 또는 문제를 해결하기 위한 권고 또는 요청 사항을 명확하게 말한다. 제안 사항과 시간에 대해 구체적으로 말한다. 환자 입원 통지, 환자를 지금 볼 필요가 있음, 지시(Order) 변경 등의 내용이 있을 수 있다. 구두 의사소통에서, 지시사항을 반복해 말하여 확인하는 것이 정확성을 높이는 데에 중요하다.

SBAR	SBAR적용을 통한 의사소통 개선활동	
상황설명 Situation	What is going on with the patient? 소속부서와 이름을 밝힘 환자명을 말하고 현재 호소하는 증상에 대해 말함	○○○선생님 ICU 간호사 ○○○입니다 ○○○님의 BP 170/120mmHg Notify 하겠습니다
배경설명 Background	What is the clinical background? 진단명, 입원목적, 수술명, underlying disease질환과 관련된 최근 medication	당뇨환자로 기저질환으로 신부전증이 있습니다
사정평가 Assessment	What do I think the problem is? Assessment 환자의 최근 상태에 대해 관찰하고 평가한 내용	BP140/ 90mmHg, HR : 89회/min Headache, 항고혈압제(Thiazide계 이뇨제 및 ACE 억제제) 투약중
추천(권고) Recommendation	What would I do to correct it? 상황 또는 문제를 해결하기 위한 권고 또는 요청사항을 명확하게 말한다.	그냥 observation하시겠어요? anti-HTN drug 처방하시겠어요? 두통약을 처방하시겠어요?

정답 25 ④

26 다음에 해당하는 환자안전과 관련된 용어는? 22 지방

- 사망, 심각한 신체적·심리적 상해 또는 그러한 결과를 초래할 수 있는 위험성을 포함한 기대하지 않았던 사건
- 발생 시 강제적(mandatory)으로 보고해야 하는 사건

① 실수
② 근접 오류
③ 잠재적 오류
④ 적신호 사건

해설

26
적신호 사건은 의료 대상자의 사망이나 심각한 신체적·심리적 손상과 관련된 예측되지 않은 사건의 발생과 이를 초래할 위험이 있는 사건을 의미한다. 강제적(의무적) 보고의 대상이 되는 환자안전사건들이 적신호사건에 포함된다.

PLUS

의료오류 (의료과오, medical error)	오류 (error)	• 바람직하지 못한 결과를 가져오거나 그럴 가능성이 높은 것으로, 잘못된 것을 행하거나 해야 할 것을 하지 않은 것 • 계획한 행동을 의도한 대로 완료하지 못한 것 또는 목적달성을 위한 계획을 잘못 세운 것
		• 의료제공과정에서 계획된 활동을 의도한 대로 성취하지 못했거나 목표달성을 위한 계획이 잘못 수립된 경우로, 환자에게 위해를 입혔거나 입히지 않은 모든 결과를 포함하는 포괄적 의미 • 현재의 의학적 지식수준에서 예방 가능한 위해 사건 혹은 근접 오류를 포함
	빠뜨림 (slips, lapse)	주의가 산만하거나 피로, 스트레스 등으로 올바른 행동자의 부정확한 수행에서 비롯된 것
	실수 (mistake)	경험이나 훈련의 부족, 불충분한 지식 등으로 인해 정보를 올바르게 해석하지 못하거나, 잘못된 인지적 휴리스틱(heuristics) 혹은 규칙을 적용하여 옳지 않은 행동절차를 수행하여 발생하는 것
근접오류 (near miss)		• 의료오류 발생으로 환자에 대한 위해(harm)의 가능성이 있지만 우연히 또는 의료진의 회복조치에 의해서 원하지 않는 결과가 예방된 경우 • 의료오류가 있었음에도 의료사고(위해)로 이어지지 않은 사건(아차사고, 위기일발)
위해사건 (adverse events)		• 환자가 본래 가지고 있던 상태가 아니라 의학적 조치에 의해 생긴 손상 • 치료과정 중 의료대상자에게 위해를 가져온 사건. • 환자의 치료과정 중 환자에게 관찰 가능한 해가 발생한 경우 예 낙상, 투약오류, 중대한 사고발생, 입원기간의 연장, 중환자실로의 이동 등을 포함한 예상하지 못한 좋지 않은 상황 등
적신호사건 (sentinel events) 16 국시 18 국시 22 지방		• 의료대상자에게 장기적이고 심각한 위해를 가져온 위해사건 • 부서장에게 즉시 구두보고한 후 서면보고는 24시간 이내 작성하여 QI실에 제출한다. • JCI에서는 적신호사건은 5일 이내 보고하고, 사건보고 후 30일 이내 근본원인분석 결과 보고서를 작성하며 개선계획을 마련하여 보고하도록 하고 있다. • 강제적 보고의 대상이 되는 환자안전사건들이 포함된다. 예 잘못된 부위나 잘못된 환자 수술, 수술·시술 후 의도하지 않은 이물질 잔존, 잘못된 약물투여로 인한 환자 사망이나 심각한 장애 발생, 입원환자의 자살이나 영아유괴 등

정답 26 ④

27 〈보기〉를 확인하기 위한 질 향상 분석 방법으로 가장 옳은 것은? 21 서울

---- 보기 ----
병동에서 근무시간대와 낙상 건수는 관계가 있는가?

① 인과 관계도(fishbone diagram)
② 산점도(scatter diagram)
③ 파레토 차트(Pareto chart)
④ 흐름도(flow chart)

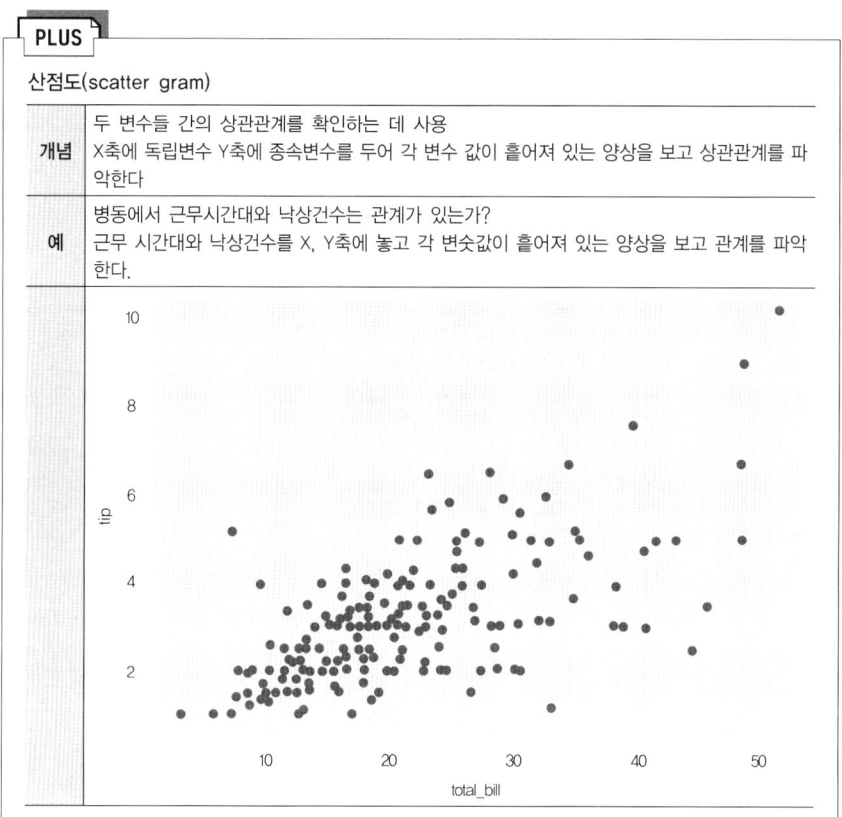

PLUS

산점도(scatter gram)

개념	두 변수들 간의 상관관계를 확인하는 데 사용 X축에 독립변수 Y축에 종속변수를 두어 각 변수 값이 흩어져 있는 양상을 보고 상관관계를 파악한다
예	병동에서 근무시간대와 낙상건수는 관계가 있는가? 근무 시간대와 낙상건수를 X, Y축에 놓고 각 변숫값이 흩어져 있는 양상을 보고 관계를 파악한다.

28 질 관리 접근방법 중 결과적 접근방법으로 가장 옳은 것은? 21 서울

① 간호절차 마련
② 정책이나 규정 구비
③ 환자에 대한 태도
④ 병원 감염률

해설

27
☑ p.194 24번 PLUS 〈질 향상 분석 방법(질 관리 분석 도구)〉 참조

28
결과적 접근방법은 간호 수행 후 나타나는 건강상태 변화와 환자가 간호서비스를 이용한 결과에 만족하는 정도를 평가한다.
①, ② 구조적 접근방법
③ 과정적 접근방법
④ 결과적 접근방법
결과적 접근방식은 환자의 정신 사회적 인지적인 것과 환자 주변의 상황적·환경적인 것이 많기 때문에 객관적이고 정확한 측정이 어렵다.

정답 27 ② 28 ④

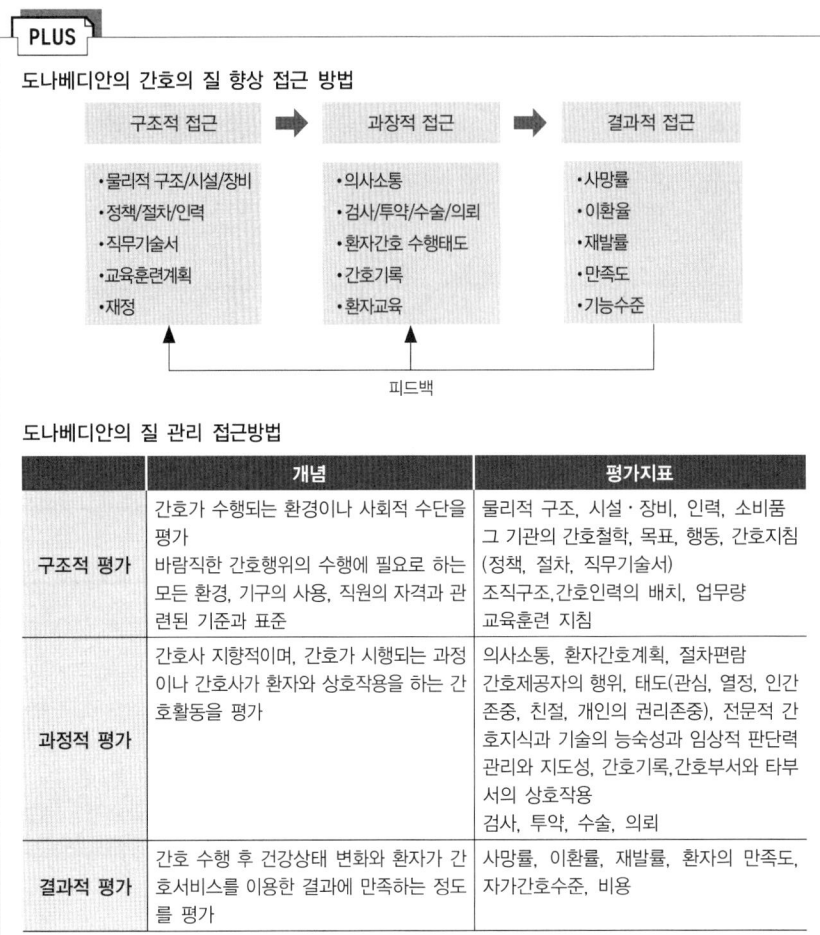

29 간호서비스의 과정적 측면을 평가하는 지표는? 21 지방

① 환자 확인 절차 준수율
② 수술 후 합병증 발생률
③ 자가간호 실천율
④ 질병군별 재원일수

30 데밍(Deming)의 PDCA 사이클 중 문제해결을 위해 변화 계획을 소규모로 시범 적용하여 검증하는 단계는? 21 지방

① Plan
② Do
③ Check
④ Act

29
① 과정적 접근방법
②, ③, ④ 결과적 접근방법
간호과정의 운영상황을 측정하는 기준을 설정하고 그에 따른 평가결과를 반영하는 것으로 과정적 접근방법은 간호의 실제 수행, 즉 간호사가 환자와 상호작용을 하는 간호활동을 평가한다.
☑ p.198 28번 PLUS 참조

정답 29 ① 30 ②

PLUS	
PDCA 사이클	지속적인 개선을 시도하고자 할 때, 프로세스나 서비스, 산출물의 설계 개선이나 개발 시, 반복적인 업무 프로세스를 분명히 하고자 할 때, 문제의 우선순위나 근본원인을 확인하기 위한 자료수집 및 분석을 계획할 때 활용
계획(Plan)	문제를 발견하고, 이를 해결하고 개선하기 위해 변화계획을 세우는 단계
실행(Do)	변화를 검증하는 단계로 소규모 시범적용 단계
평가(검증, 점검, Check)	선별된 변화업무 프로세스를 검토하고, 변화수행을 관찰하는 단계
개선(조치, 실행, Act)	변화로부터 최대의 이익을 얻고자 수행하는 단계로 소규모 시범적용 단계에서 획득한 결과를 기초로 수행과정을 결정하고 일상 업무활동이 되도록 적용

31 환자안전법령상 병상수가 200병상 이상인 병원급 의료 기관의 환자안전사고 보고에 대한 설명으로 옳지 않은 것은? 21 지방

① 의무보고 대상인 환자안전사고가 발생한 경우, 그 의료기관의 장이 보고하여야 한다.
② 진료기록과 다른 의약품이 투여되어 환자에게 경미한 신체적 손상이 발생한 경우, 자율 보고할 수 있다.
③ 의무보고 대상인 환자안전사고를 지체 없이 보고한 경우, 보건의료 관계 법령에 따른 행정처분을 감경할 수 있다.
④ 다른 부위의 수술로 환자안전사고가 발생한 경우, 심각한 신체적·정신적 손상의 발생 여부와 관계없이 의무보고 한다.

32 관리과정에서 "조직의 목표 달성을 위한 활동을 수행한 후 점검하고 재평가하는 것과 관련된 기능은? 20 광주 추채

① 기획
② 조직
③ 지휘
④ 통제

33 질 관리 접근 방법 중 구조적 평가에 해당하는 것은? 20 광주 추채

① 진통제 투여
② 퇴원교육자료
③ 환자 재원일수
④ 수술 후 24시간 후 장음 청진

해설

31
환자안전사고를 발생시킨 사람이 자율보고한 경우에는 「의료법」 등 보건의료 관계법령에 따른 행정처분을 감경하거나 면제할 수 있다(환자안전법 제14조제3항).
✅ p.178 05번 PLUS 〈환자안전법 14조 및 시행규칙 12조〉 참조

32
일반적인 관리과정의 주요기능에서 문제에서 제시된 기능은 "통제"에 해당된다. 통제는 조직목표 달성을 위한 활동이 계획대로 진행되는지 확인하고 피드백을 통해 교정하는 과정(의료와 간호의 질 관리, 간호 표준 설정, 업무수행 평가, 정보관리, 환자안전 관리 등)이다.

33
①, ④ 과정적 평가
② 구조적 평가
③ 결과적 평가
구조적 접근방법은 간호가 수행되는 환경이나 사회적 수단을 평가하는 것으로 바람직한 간호행위의 수행에 필요로 하는 모든 인력, 시설, 소비품, 그 기관의 간호철학, 목표, 행동, 간호지침이 이에 속한다.
✅ p.198 28번 PLUS 참조

정답 31 ③ 32 ④ 33 ②

34 질향상 활동방법 중 린(Lean)에 대한 설명으로 옳지 않은 것은? 20 광주 추채

① 고객의 목소리에 응대한다.
② 조직 전체의 절차를 최적화한다.
③ 낭비를 제거하고 가치있는 활동만 유지한다.
④ 재무적 지표와 비재무적 지표를 함께 반영한다.

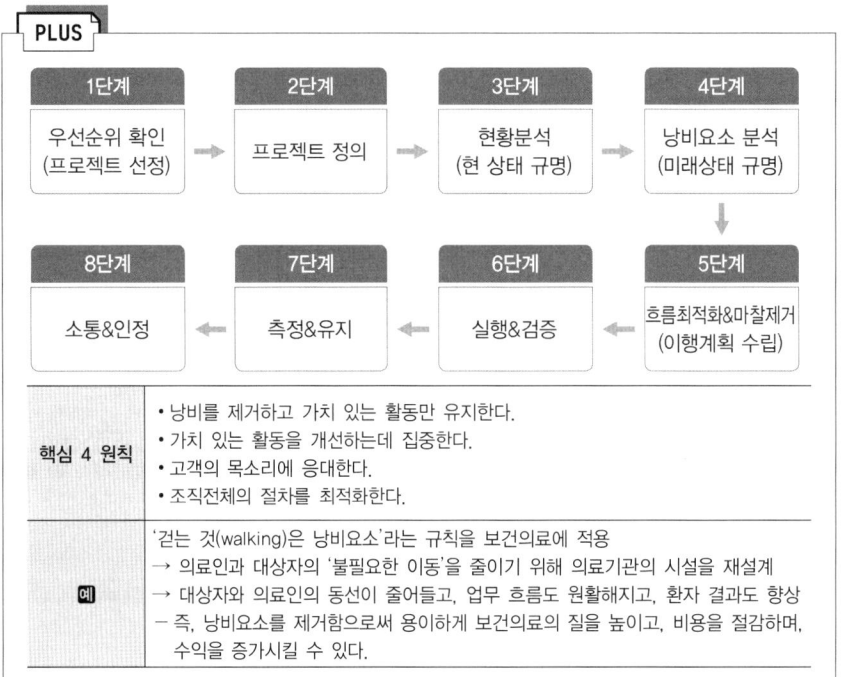

해설

34
④ 재무적 지표와 비재무적 지표를 함께 반영한다.

| 균형성과표 (BSC) | 조직의 성과관리시스템을 재무적성과지표와 비재무적 성과지표 (고객만족도, 병원접근성, 직원만족도 등)를 통한 균형적인 성과 측정도구 |

질 향상 활동 방법 중 린(LEAN)은 프로세스에서 낭비를 유발하는 요소를 철저히 제거하여 최소한의 자원만으로 더 간결하고 가치 있는 프로세스를 개선하기 위한 프로세스 개선체계이다.

35 질 관리도구 중 "개선가능성이 가장 높은 문제를 찾아 중점적인 노력을 기울일 경우 대부분의 문제가 해결될 수 있다"고 보고 이를 관리하기 위해 사용하는 것은? 20 광주 추채

① 런차트
② 흐름도
③ 인과관계도
④ 파레토차트

36 간호조직에서 통제기능의 필요성으로 가장 옳지 않은 것은? 20 서울

① 권한위임과 분권화의 확대
② 조직 구성원들의 실수 및 오류 발생 가능성
③ 간호인력의 업무수행 능력 개발
④ 외부평가의 강화

35
파레토차트는 막대그래프의 특별한 형태로 빈도, 비용, 시간 등 측정 결과를 높은 순에서 낮은 순, 즉 내림차순으로 나열한 그래프이다. 관리력이 일정한 경우 가급적 효과가 높은 부분에 중점적으로 투입하기 위한 분석방법으로, 개선가능성이 가장 높은 문제를 찾아 중점적인 노력을 기울일 경우 대부분의 문제가 해결될 수 있다.
☑ p.194 24번 PLUS 〈파레토차트(pareto chart)〉 참조

정답 34 ④ 35 ④ 36 ③

PLUS	
통제의 필요성	• 급변하는 조직환경의 불확실성(기후성 재난발생, 코로나 19 발생 등) • 조직규모의 증대(조직의 목표와 구성원들의 목표가 일치하지 않을 수 있음 – 일정한 기준을 통하여 조직의 목표달성) • 인간능력의 한계(조직 구성원들의 실수 및 오류 발생 가능성) • 권한 위임과 분권화의 증대(하부구성원의 통제를 위해 일정한 표준이 필요) • 비용 효과적인 관리의 필요성 증대 • 외부평가의 강화(의료기관평가제도 등 외부의 평가)

37 질관리 자료분석도구 중 작은 범주별로 아이디어를 논리적으로 그룹화하기 위한 방법으로, 만족스러운 수준에 도달할 때까지 아이디어를 생각해 내고 평가하는 방법은? 20 서울

① 런차트
② 파레토 차트
③ 우선순위 매트릭스
④ 유사성 다이아그램

해설

37
☑ p.194 24번 PLUS 〈질 향상 분석 방법(질 관리 분석 도구)〉 참조

PLUS	
유사성 다이어그램(affinity diagram)	
개념	• 유사한 아이디어들끼리 한 그룹으로 묶는 방법 • 여러 주제에 관해 브레인스토밍이나 다양한 접근법을 통해 많은 아이디어를 내고 평가 • 많은 아이디어를 작은 범주별로 논리적으로 그룹화하는 집중적 사고의 한 형태
방법	참여자들은 조용히 항목을 재배열하고, 항목은 테이블에 있는 카드에 기록되거나, 빅 차트에 붙일 수 있는 형태로 기록 그룹의 아이디어가 만족할 만한 수준에 도달할 때까지 누구나 개별적으로 참여하고 이동을 계속함

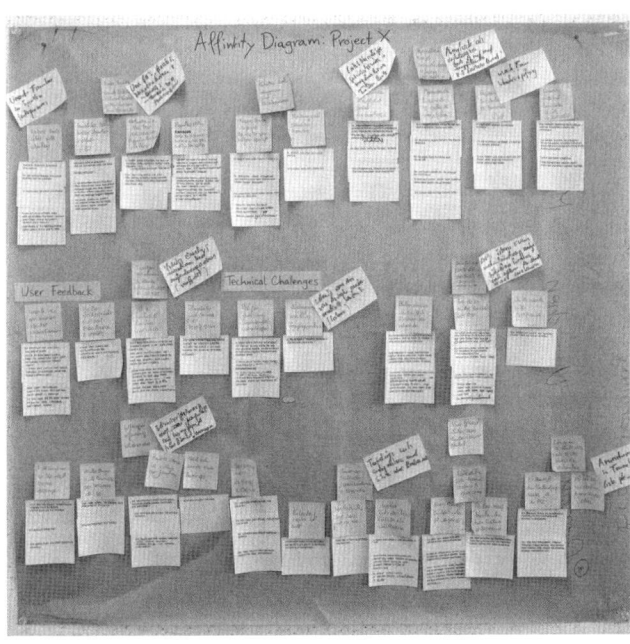

정답 37 ④

38 도나베디언(Donabedian)의 간호업무 질 관리 접근방법에서 고려될 수 있는 평가항목을 과정적 측면과 결과적 측면 순서대로 바르게 나열한 것은?

20 서울

	과정적 측면	결과적 측면
①	직무기술서 구비	경력개발프로그램 유무
②	경력개발프로그램 유무	낙상 위험요인 사정 여부
③	낙상 위험요인 사정 여부	환자의 기능수준
④	환자의 기능수준	직무기술서 구비

PLUS

①	직무기술서 구비 – 구조	경력개발프로그램 유무 – 구조
②	경력개발프로그램 유무 – 구조	낙상 위험요인 사정 여부 – 과정
③	낙상 위험요인 사정 여부 – 과정	환자의 기능수준 – 결과
④	환자의 기능수준 – 결과	직무기술서 구비 – 구조

해설

38
☑ p.198 28번 PLUS 〈도나베디안의 간호의 질 향상 접근 방법〉, 〈도나베디안의 질 관리 접근방법〉 참조

39 「의료법」에 따라 의료기관 인증의 기준에 포함하여야 할 사항으로 가장 옳지 않은 것은? 20 서울

① 의료서비스의 제공과정 및 성과
② 의료인과 고객의 만족도
③ 환자의 권리와 안전
④ 의료기관의 의료서비스 질 향상 활동

39
1. 환자의 권리와 안전
2. 의료기관의 의료서비스 질 향상 활동
3. 의료서비스의 제공 과정 및 성과
4. 의료기관의 조직·인력 관리 및 운영
5. 환자 만족도
☑ p.190 20번 PLUS 〈의료기관 인증(의료법 제58조)〉 참조

40 다음 글에서 설명하는 의료의 질 평가 방법은? 20 지방

- 환자의 입장에서 진료 및 치료경로를 따라 의료진 및 환자와의 대화, 기록검토, 관찰 등을 통합적으로 살펴보는 방법
- 환자가 의료기관에 도착해서 퇴원할 때까지 환자에게 제공되는 실제 경로를 조사하는 방법
- 개별 환자뿐만 아니라 조직 시스템을 대상으로 함

① 추적조사방법
② 국가고객만족도조사
③ BSC(Balanced Score Card) 기법
④ PDCA(Plan-Do-Check-Act) 방식

정답 38 ③ 39 ② 40 ①

PLUS

의료의 질 평가 방법

추적조사	환자가 의료기관에 도착해서 퇴원할 때까지 환자에게 제공되는 실제 경로를 조사하는 방법은 추적조사방법이다. 추적조사방법은 3주기 의료기관인증의 대표 조사방법으로 개별환자 추적조사방법과 시스템 추적조사방법 2가지로 나누어 실시한다.		
국가고객 만족도조사	제품과 서비스의 질적인 만족도가 실제 소비자의 구매로 이어지기 때문에 실질적인 경쟁력 측정지표로서의 의미를 부여하기 위해 한국생산성본부가 고객이 해당 제품 및 서비스를 직접 평가하는 일종의 품질지표인 고객만족지수를 개발한 것이 국가고객만족도(National Customer Satisfaction Index, NCSI)이고 이를 측정하는 것이 국가고객만족도 조사이다.		
BSC (Balanced Score Card) 기법 균형성과표 (BSC)	캐플란(Robert S. Kaplan)과 노턴(David P. Norton)이 제안한 것으로 조직의 성과관리 시스템을 재무적, 고객, 내부 비즈니스 프로세스, 학습과 성장의 4가지 관점으로 현재 성과를 모니터링하는 방법		
	재무적 관점	• 매출이나 수익성 측면에서 조직이 어느 정도의 성과를 달성했는지를 나타내는 것 • 성과지표: 투자수익률, 경제적 부가가치, 수익성, 의료손익, 환자 1인당 수익, 투자 수익률, 직원 1인당 수익, 수익 증가율 등	
	고객 관점	• 목표로 삼은 고객과 세부시장에 대한 목표와 측정지표를 규명 • 성과지표: 시장점유율, 고객 확보율, 고객 수익성, 고객 유지율, 고객만족도, 고객만족도 조사, 모니터링 접수, 초진율, 외부 의뢰환자 비율, 일평균 환자수 등	
	내부 비즈니스 관점 (프로세스 관점)	• 조직체 내의 투입요소(원재료, 정보, 사람 등)를 산출요소(제품, 서비스 등)로 변환시키는 과업이나 활동 • 성과지표: 프로세스 타임, 프로세스 품질, 프로세스 원가, 재원일수, 병상가동률, 예약부도율, 외래진료대기, 초진 예약대기, 검사 소요시간 등 • 성과목표는 연구실적, 의료의 질, 효율성, 시간관리 등.	
	학습과 성장 관점	• 장기적인 성장과 가치 창조를 위해 필요한 목표와 측정지표를 개발 • 측정지표: 직원의 역량, 정보시스템 역량, 조직 역량	
PDCA방식	지속적인 품질 개선을 위한 변화를 수행하는 과정모델로 P(Plan) − D(Do) − C(Check) − A(Act)의 단계로 반복 • 계획(Plan): 문제를 발견하고, 이를 해결하고 개선하기 위해 변화계획을 세우는 단계 • 실행(Do): 변화를 검증하는 단계로 소규모 시범적용 단계 • 평가(검증, 점검, Check): 선별된 변화업무 프로세스를 검토하고, 변화수행을 관찰하는 단계 • 개선(조치, 실행, Act): 변화로부터 최대의 이익을 얻고자 수행하는 단계로 소규모 시범적용 단계에서 획득한 결과를 기초로 수행과정을 결정하고 일상 업무활동이 되도록 적용		

41 의료의 질(quality)을 구성하는 요소에 대한 설명으로 옳은 것은? 20 지방

① 접근성(accessibility) − 6시간 걸리던 병원 방문시간을 원격진료를 통하여 단축하였다.
② 효율성(efficiency) − 의료자원의 분배는 공정성에 입각하여 지역별 균형을 맞추었다.
③ 지속성(continuity) − 입원환자 1인당 간호서비스 투입 비용을 전년 대비 10% 감소시켰다.
④ 형평성(equity) − 환자를 전원하면서 의료정보를 공유하여 환자에게 제공되는 진료와 간호를 일관성 있게 하였다.

해설

41
② 의료자원의 분배는 공정성에 입각하여 지역별 균형을 맞추었다. − 형평성(equity)
③ 입원환자 1인당 간호서비스 투입비용을 전년대비 10% 감소시켰다. − 효율성(efficiency)
④ 환자를 원하면서 의료정보를 공유하여 환자에게 제공되는 진료와 간호를 일관성 있게 하였다. − 지속성(continuity)
☑ p.192 21번 PLUS〈의료의 질 구성요소〉참조

정답 41 ①

42 질 관리 정도를 평가하기 위해 각 영역별 실제 수행 정도와 기대되는 수행 정도를 점선, 실선 등으로 표시하여 그 차이까지도 볼 수 있는 도구는? 20 지방

① 산점도(scatter gram)
② 레이더 차트(radar chart)
③ 파레토 차트(Pareto chart)
④ 원인 결과도(fishbone diagram)

PLUS

질 관리 분석도구
레이더차트(radar chart) = 거미줄 차트(spider chart)

개념	여러 측정치에 대한 실제적인 수행 정도뿐 아니라 기대되는 수행 정도 간의 차이를 보여준다. 점선은 기대되는 수행정도를, 실선은 실제 수행결과를 나타내어 기대와 실제 간의 차이점을 확인할 수 있는 차트가 된다.
적용	각 항목별로 원의 중심에서 멀수록 평가점수가 높다.
예	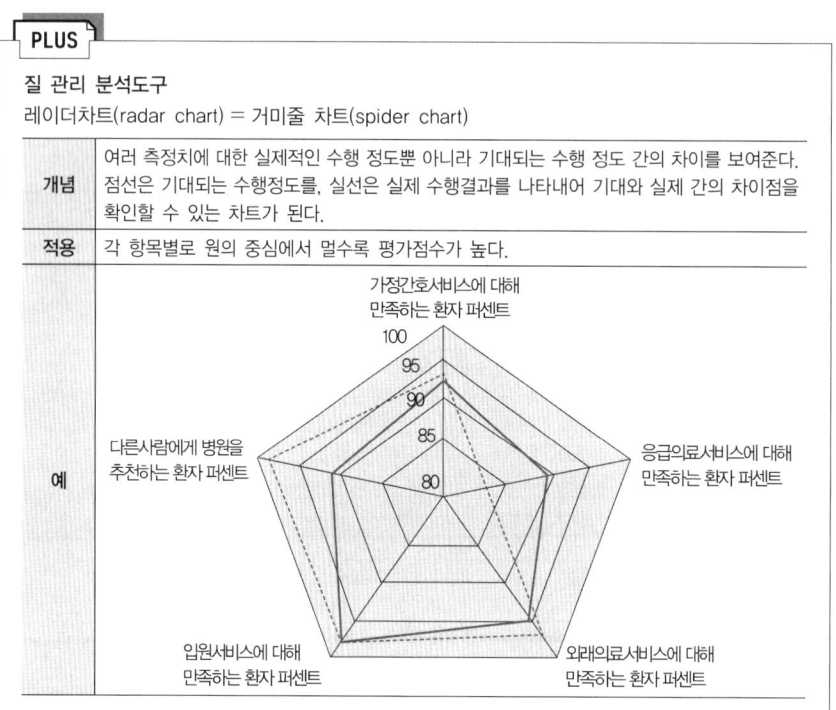

해설

42
☑ p.194 24번 PLUS 〈질 향상 분석 방법(질 관리 분석 도구)〉 참조

43 간호업무의 질을 평가하기 위한 접근방법 중 과정적 측면을 평가하는 항목으로 가장 옳은 것은? 19 서울

① 간호기록
② 직무기술서
③ 정책과 절차
④ 환자 만족도

43
과정적 접근방법은 간호과정의 운영상황을 측정하는 기준을 설정하고 그에 따른 평가결과를 반영하는 것으로 간호의 실제 수행, 즉 간호사가 환자와 상호작용을 하는 간호활동을 평가한다.
②, ③ 구조적 접근방법
④ 결과적 접근방법
☑ p.198 28번 PLUS 〈도나베디안의 질 관리 접근방법〉 참조

정답 42 ② 43 ①

44 의료서비스 수준의 평가를 통해 의료서비스 질 향상을 도모하고자 실시하는 우리나라의 의료기관인증제의 인증을 받기 위한 필수 기준으로 반드시 충족하여야 하는 기준이 아닌 것은? 19 서울

① 환자안전
② 직원안전
③ 진료지침 관리체계
④ 질 향상 운영체계

해설

44
우리나라의 의료기관인증제도는 의료서비스 질 향상 및 환자 안전 수준 제고를 위해 도입되었다. 따라서 환자 및 직원안전과 질 향상 관련 내용은 반드시 충족해야 하는 부분이다.

PLUS

4주기 급성기병원 인증기준에 따르면 병원, 종합병원, 상급병원에서 해당 사항을 필수적으로 충족해야 하는 것은 다음과 같다.

I. 기본가치체계		
1. 환자안전 보장활동	1.1	정확한 환자 확인
	1.2	의료진간 정확한 의사소통
	1.3	수술·시술의 정확한 수행
	1.4	낙상예방활동
	1.5	손위생 수행
III. 조직관리체계		
7. 질향상 및 환자안전활동	7.1	질 향상 및 환자안전 운영체계
	7.3	환자안전사건 관리
8. 감염관리	8.1	감염예방·관리체계
	8.3	감염예방·관리 교육
10. 인적자원관리	10.7	직원안전 관리활동
11. 시설 및 환경관리	11.4	보안관리(상급종합병원만 해당)
	11.6	화재안전 관리 활동

45 통제 활동에 대한 설명으로 옳은 것은? 19 지방

① 근본원인분석(root cause analysis) – 적신호 사건을 예방하기 위하여 근본 원인을 전향적으로 파악한다.
② 린(Lean) – 지속적인 질 향상을 위해 업무성과의 변이를 최소화한다.
③ 6-시그마(6-sigma) – 업무 프로세스에서 낭비 요소를 제거하고 고객에게 가치 있는 요소를 강조한다.
④ 오류유형과 영향분석(failure mode and effect analysis) – 업무 프로세스에서 발생할 수 있는 사건 유형을 사전에 파악하고 체계적으로 분석한다.

45
① 근본원인분석(root cause analysis) – 적신호 사건을 예방하기 위하여 근본 원인을 후향적으로 파악한다.
② 지속적인 질 향상을 위해 업무성과의 변이를 최소화한다. – 임상지표 또는 관리도의 사용으로 가능
③ 린(Lean) – 업무 프로세스에서 낭비 요소를 제거하고 고객에게 가치 있는 요소를 강조한다.

정답 44 ③ 45 ④

PLUS

환자안전접근방법	내용
위험관리	병원내 발생가능한 위험을 발견하고 개선방안을 마련함으로써 예방
근본원인분석(RCA) (root cause analysis)	위해사건, 근접오류발생시 기여원인을 규명하기 위한 방법 후향적 조사 사건의 숨어 있는 원인을 이해하고 앞으로의 시스템과 프로세스변화에 초점을 둠
오류유형과 영향분석	오류가 발생할 가능성이 있다고 가정하고 모든 가능성을 예측하여 전향적으로 검토하는 방법

질 향상 활동방법

PDCA cycle	1920년대에 월터 슈하트(Walter A. Shewhart)가 고안하고 에드워즈 데밍(Edwards Deming)이 일본에 소개하면서 유명해졌다. 반복적인 업무 프로세스(Plan-do-check-action)를 통하여 질 개선 분명히 하고자 할 때, 문제의 우선순위나 근본원인을 확인하기 위한 자료수집 및 분석을 계획할 때 활용 계획(Plan) - 실행(Do) - 평가(검증, 점검, Check) - 개선(조치, 실행, Act)	
	PDCA 사이클	지속적인 개선을 시도하고자 할 때, 프로세스나 서비스, 산출물의 설계 개선이나 개발 시
	계획(Plan)	문제를 발견하고, 이를 해결하고 개선하기 위해 변화계획을 세우는 단계
	실행(Do)	변화를 검증하는 단계로 소규모 시범적용 단계
	평가 (검증, 점검, Check)	선별된 변화업무 프로세스를 검토하고, 변화수행을 관찰하는 단계
	개선 (조치, 실행, Act)	변화로부터 최대의 이익을 얻고자 수행하는 단계로 소규모 시범적용 단계에서 획득한 결과를 기초로 수행과정을 결정하고 일상 업무활동이 되도록 적용
6시그마	1987년 모토로라(Motorola)의 마이클 해리(Mikel Harry)에 의해 6-시그마 경영이라는 것이 창안되었다. 그 이후 더욱 발전되어 여러 기업으로 확산되어 갔고 국내에서도 삼성, LG, 현대, 포스코 등 여러 기업과 일부 의료기관에서 도입하였다. 불량품(고객 불만족)을 최소화하기 위한 지속적인 관리 • 모든 서비스와 상품의 불량률이나 결함을 줄이고 고객 만족을 높이기 위한 질 향상 활동 방법 • 100만건당 3.4개의 결함(무결함)을 의미하는 품질경영 활동 • 드매익(DMAIC)이라고 불리는 '(요구사항)정의 - (현재수준)측정 - (원인과 요인을) 분석개선 - 개선활동 및 관리'의 프로세스과정을 통해서 실시됨	
균형성과표 (BSC)	BSC는 캐플란(Robert S. Kaplan)과 노턴(David P. Norton)이 제안한 것으로 조직의 성과관리시스템을 재무적성과지표와 비재무적 성과지표(고객만족도, 병원접근성, 직원만족도 등)를 통한 균형적인 성과 측정도구	
	재무적 관점	• 매출이나 수익성 측면에서 조직이 어느 정도의 성과를 달성했는지를 나타내는 것 • 성과지표: 투자수익률, 경제적 부가가치, 수익성, 의료손익, 환자 1인당 수익, 투자 수익률, 직원 1인당 수익, 수익 증가율 등
	고객 관점	• 목표로 삼은 고객과 세부시장에 대한 목표와 측정지 표를 규명 • 성과지표: 시장점유율, 고객 확보율, 고객 수익성, 고객 유지율, 고객만족도, 고객만족도 조사, 모니터링 접수, 초진율, 외부 의뢰환자 비율, 일평균 환자수 등

	내부 비즈니스 관점 (프로세스 관점)	• 조직체 내의 투입요소(원재료, 정보, 사람 등)를 산출요소(제품, 서비스 등)로 변환시키는 과업이나 활동 • 성과지표 : 프로세스 타임, 프로세스 품질, 프로세스 원가, 재원일수, 병상가동률, 예약부도율, 외래진료대기, 초진 예약대기, 검사 소요시간 등 • 성과목표는 연구실적, 의료의 질, 효율성, 시간관리 등
	학습과 성장 관점	• 장기적인 성장과 가치 창조를 위해 필요한 목표와 측정지표를 개발 • 측정지표 : 직원의 역량, 정보시스템 역량, 조직 역량
CQI		CQI는 고객중심의 통합된 노력으로 볼 수 있으며, 지속적인 개선을 추구하고, 조직원의 적극적 참여와 창의성을 중시한다.
서비스 품질 갭 모형		파라슈만(Parasuraman) 서비스 품질 갭(차이) 모형을 통해 고객이 기대한 서비스(품질)와 실제 인지된 서비스(품질)의 차이(gap)를 없앰으로써 고객만족(질향상) 창출하는 모형
벤치마킹		조직성과의 표준을 확인하기 위한 도구로, 최상의 성과를 낸 조직과의 비교를 통해 생산, 시스템, 서비스를 측정하는 과정
린(Lean)		업무 프로세스에서 낭비 요소를 제거하고 최소한의 자원으로 고객에게 가치 있는 서비스를 생산하기 위한 지속적인 비용절감과 자원의 관리

46 의료법상 의료기관 인증에 대한 설명으로 옳은 것은? 19 지방

① 인증등급은 인증 또는 조건부인증으로 구분하고, '인증' 유효기간은 4년이다.
② 이의신청은 평가결과 또는 인증등급을 통보받은 날부터 60일 이내에 하여야 한다.
③ 조건부인증을 받은 의료기관의 장은 1년의 유효기간 내에 보건복지부령에 정하는 바에 따라 재인증을 받아야 한다.
④ 의료기관인증위원회의 위원은 인증전담기관의 장이 임명하거나 위촉한다.

47 요통환자가 많은 지역사회에서 요통전문병원을 개원하였다면, 의료의 질(quality) 구성요소 중 어느 것에 해당 하는가? 19 서울추채

① 가용성(availability)
② 적합성(adequacy)
③ 적정성(optimality)
④ 효율성(efficiency)

해설

46
① 인증등급은 인증 또는 조건부인증, 불인증으로 구분하고, '인증' 유효기간은 4년이다.
② 이의신청은 평가결과 또는 인증등급을 통보받은 날부터 30일 이내에 하여야 한다.
④ 의료기관인증위원회의 위원은 보건복지부 장관이 임명하거나 위촉한다.
☑ p.190 20번 PLUS 〈의료기관 인증(의료법 제58조)〉 참조

47
의료의 질 구성요소 중 대상 인구집단의 요구에 부합하는 정도를 "적합성"이라 한다. 문제의 사례에서 요통환자가 많다는 요구에 부합하여 요통전문병원이 개원된 것이다.
☑ p.185 14번 PLUS 〈의료의 질 구성요소〉 참조

정답 46 ③ 47 ②

48 효과적인 통제 전략에 대한 설명으로 가장 옳은 것은? 19 서울 추채

① 통제는 활동의 특성이나 상황과 무관하게 원칙에 근거하도록 한다.
② 모니터링 체계는 업무수행을 완료한 후 확인되어야 한다.
③ 수행의 표준은 업무수행을 완료한 후 정한다.
④ 통제는 조직문화에 알맞아야 한다.

해설

48
① 통제는 활동의 특성을 반영하고 특수한 상황에 맞게 설계되어야 한다.
② 모니터링 체계는 초기와 중요시점에서 확인되어야 한다.
③ 수행의 표준은 통제의 첫 단계에서 정한다.

PLUS

역기능을 방지하기 위한 효과적인 통제의 원칙	(1) 통제는 미래지향적이어야 한다. (2) 통제는 목적적·객관적이어야 한다. (3) 융통성 있는 대안의 선택으로 유연한 통제가 되어야 한다. (4) 활동의 특성을 반영할 수 있도록 특수한 상황에 맞게 설계되어야 한다. (5) 모니터링이 초기와 중요 시점에서 확인되어야 한다. (6) 통제는 경제적으로 적절성을 갖추어야 한다. (7) 업무의 책임소재를 확인하여 교정행동이 가능하여야 한다. (8) 교정활동을 효과적으로 착수하기 위해서는 잠재적·실제적 차이를 신속하게 보고해야 한다. (9) 조직의 패턴을 반영하여, 통제체계는 조직문화에 알맞아야 한다. (10) 조직 구성원이 이해할 수 있어야 한다. (11) 수행의 표준은 업무수행 이전에 정해야 한다.

49 의료의 질 향상 방법으로 제시되는 FOCUS-PDCA에서 〈보기〉의 단계에 해당하는 것은? 19 서울 추채

― 보기 ―
개선하고, 자료수집 및 분석을 한다.

① 계획(Plan)   ② 시행(Do)
③ 점검(Check) ④ 실행(Act)

49
에드워드 데밍의 접근을 미국병원법인에서 보완·적용한 질 향상 과정의 9단계로 구분되는 접근방법

PLUS

Find	개선이 필요한 과정을 발견	Plan	개선과 자료수집을 명확히 하는 것 변화계획을 세우는 단계
Organize	과정을 파악하고 있는 팀을 조직	Do	개선, 자료수집, 자료분석을 실행 변화검증, 소규모 시범적용
Clarity	과정에 대한 현재의 지식을 명확히	Check	실행을 통한 개선과정의 자료를 점검 변화업무 프로세스검토, 변화수행관찰
Understand	과정의 변화가 필요한 이유를 이해	Act	이익을 유지하면서 개선을 지속
Select	과정의 개선사항을 명확히		

정답 48 ④   49 ②

50 의료시장 개방에 따른 의료시장 내 경쟁심화, 고객의 알 권리 및 소비자 보호의 강화 등으로 간호의 질 관리가 중요한 사안이 되고 있다. 간호의 질 관리와 관련된 용어 정의로 가장 옳은 것은? 19 서울 추채

① 결과표준은 의사소통, 환자간호계획, 절차편람, 환자 교육실시와 관련된 기준과 표준들이다.
② 구조표준은 수행되는 간호활동과 관련된 기준과 표준들이다.
③ 과정표준은 환경, 기구의 사용, 직원의 자격과 관련된 기준과 표준들이다.
④ 간호표준은 간호의 구조, 과정 및 결과적 측면의 질을 평가할 수 있는 간호에 대한 기대수준으로 달성 가능한 질의 정도, 목표를 말한다.

51 〈보기〉와 같은 질 향상 활동 방법의 종류는? 19 서울 추채

┤ 보기 ├

• 모든 서비스와 상품의 불량률이나 결함을 줄이고 고객 만족을 높이기 위한 질 향상 활동 방법이다.
• 드매익(DMAIC)이라고 불리는 '정의 – 측정 – 분석개선 – 관리'의 절차로 프로세스의 개선을 수행한다.

① PDCA 사이클
② 린(lean)
③ 6시그마
④ 균형성과표(BSC ; Balanced Score Card)

52 의료조직에서 총체적 질 관리(Total quality management, TQM)에 대한 설명으로 가장 옳은 것은? 18 서울

① 의무기록감사 방법을 이용한다.
② 임상진료과별 수직적 검토, 표준미달 인력 교육, 감사, 결과에 초점을 둔다.
③ 의료서비스의 질을 평가하고 그 문제점을 개선하여 질을 향상시키는 관리기법이다.
④ 전 직원의 참여를 유도하고 의료이용자 중심의 서비스를 제공하는 것이다.

해설

50
간호표준은 업무 수행 모델을 포함하는 우수한 수준이나 기본조건을 의미하며, 간호의 구조, 과정 및 결과적 측면의 질을 평가할 수 있는 간호에 대한 기대수준으로 달성 가능한 질의 정도, 목표를 말한다.

• 구조표준 : 의료기관에서 간호가 행해지는 조직적 구조와 다른 부서들 간의 바람직한 관계에 관한 기준
• 과정표준 : 간호중재에 대한 바람직한 방법을 구체적으로 만들어 놓은 기준
• 결과표준 : 바람직한 환자관리의 결과에 대한 설명적인 진술로서 간호중재의 결과

✓ p.187 15번 PLUS 〈도나베디안의 질 관리 접근방법〉 참조

51
✓ p.184 12번 PLUS 참조

52
총체적 질 관리는 전체 직원이 참여하는 환자와 고객을 위한 모든 서비스와 진료에 대한 질 향상이다.

①, ②, ③ 질보장

✓ p.193 22번 PLUS 〈질 보장과 총체적 질 관리의 비교〉 참조

정답 50 ④ 51 ③ 52 ④

53 다음에서 설명하고 있는 질 관리 분석 도구로 가장 옳은 것은? 18 서울

- 막대그래프의 상대빈도와 크기를 보여줌으로써 문제 해결을 위해 영향력이 큰 요인에 초점을 맞추는 데 유용하다.
- 빈도, 비용, 시간 등 측정결과를 내림차순으로 나열한다.
- 왼쪽 세로축은 빈도, 오른쪽 세로축은 누적 빈도선으로 표현한다.

① 흐름도(flow chart)
② 인과관계도(fishbone diagram)
③ 히스토그램(histogram)
④ 파레토차트(pareto chart)

해설

53
☑ p.194 24번 PLUS 〈파레토차트(pareto chart)〉, 〈질 향상 분석 방법(질 관리 분석 도구)〉 참조

54 균형성과표의 4가지 관점 중 다음의 내용에 해당하는 것으로 가장 옳은 것은? 18 서울

- 미래에도 지속적으로 가치를 창출하기 위해 어떤 능력을 길러야 하는가?
- 비전을 달성하기 위해, 변화하고 개선하는 능력을 어떤 방법으로 길러야 하는가?

① 고객 관점
② 재무적 관점
③ 학습과 성장 관점
④ 내부 비즈니스 관점

PLUS

균형성과표 (BSC)	BSC는 캐플란(Robert S. Kaplan)과 노턴(David P. Norton)이 제안한 것으로 조직의 성과관리시스템을 재무적성과지표와 비재무적 성과지표(고객만족도, 병원접근성, 직원만족도 등)를 통한 균형적인 성과 측정도구	
	재무적 관점	• 매출이나 수익성 측면에서 조직이 어느 정도의 성과를 달성했는지를 나타내는 것 • 성과지표 : 투자수익률, 경제적 부가가치, 수익성, 의료손익, 환자 1인당 수익, 투자 수익률, 직원 1인당 수익, 수익 증가율 등
	고객 관점	• 목표로 삼은 고객과 세부시장에 대한 목표와 측정지 표를 규명 • 성과지표 : 시장점유율, 고객 확보율, 고객 수익성, 고객 유지율, 고객만족도, 고객만족도 조사, 모니터링 접수, 초진율, 외부 의뢰환자 비율, 일평균 환자수 등
	내부 비즈니스 관점 (프로세스 관점)	• 조직체 내의 투입요소(원재료, 정보, 사람 등)를 산출요소(제품, 서비스 등)로 변환시키는 과업이나 활동 • 성과지표 : 프로세스 타임, 프로세스 품질, 프로세스 원가, 재원일수, 병상가동률, 예약부도율, 외래진료대기, 초진 예약대기, 검사 소요시간 등 • 성과목표는 연구실적, 의료의 질, 효율성, 시간관리 등
	학습과 성장 관점	• 장기적인 성장과 가치 창조를 위해 필요한 목표와 측정지표를 개발 • 측정지표 : 직원의 역량, 정보시스템 역량, 조직 역량

정답 53 ④ 54 ③

55 다음 설명에 해당하는 것은? 18 지방

> 대형의료사고나 산업재해와 같은 심각한 사고는 우연히 발생하는 것이 아니라 그 이전에 경미한 사고나 징후들이 반드시 존재한다.

① 적신호 사건
② 하인리히 법칙
③ 근본원인 분석
④ 스위스 치즈 모형

PLUS

하인리히법칙	• 대형의료사고나 산업재해와 같은 심각한 사고는 우연히 또는 어느 순간 갑자기 발생하는 것이 아니라 그 이전에 그와 관련된 수많은 경미한 사고와 징후들이 반드시 존재한다는 것을 실증적·통계적으로 밝힌 법칙 • 하인리히 법칙은 1 : 29 : 300 법칙이라고도 부른다. 즉, 심각한 사고와 사소한 사고, 사고로는 이어지지 않았지만 사고 발생이 가능한 오류들의 발생 비율이 1(대형사고) : 29(작은 사고) : 300(사소한 징후)이다.
적신호사건 (Sentinel event)	• 사망 혹은 심각한 신체적, 정신적 손상을 동반하거나 그러한 위험을 동반한 기대하지 않은 사건 • 강제적 보고의 대상이 되는 환자안전사건들
스위스 치즈모형	• 영국의 심리학자 제임스 리즌(James Reasen)이 제시한 사고원인과 결과에 대한 모형이론 • 사고나 재난은 여러 위험요소(hazard)가 중첩될 때 발생하게 되며, 이러한 위험요소 중 하나라도 제대로 대비된다면(잠재적 오류를 최소화한다면) 재난이 발생하거나 대형화되는 것은 예방할 수 있음을 알 수 있다. → 시스템적 접근(System Approach) • 인간 행위의 완벽성을 추구하는 불가능한 목표 대신 스위스 치즈 구멍과 같은 잠재적 오류를 최소화하는 데 초점(후향적 조사)

해설

55
① 적신호 사건: 사망 혹은 심각한 신체적, 정신적 손상을 동반하거나 그러한 위험을 동반한 기대하지 않은 사건
③ 근본원인 분석: 사건의 원인을 밝혀내고자 사건의 발생과 전개를 후향적으로 조사하는 구조화된 접근법)
④ 스위스 치즈 모형: 하나의 사건이나 사고, 재난은 한 두 가지의 위험요소(hazard)로 발생하는 것이 아니라 여러 위험요소가 동시에 존재해야 한다는 것

정답 55 ②

56 지난 5년간 분기별 입원환자의 병원감염 발생 추이를 살펴보는 데 적절한 분석도구는? 18 지방

① 런차트
② 레이더차트
③ 유사성다이어그램
④ 원인결과도

PLUS

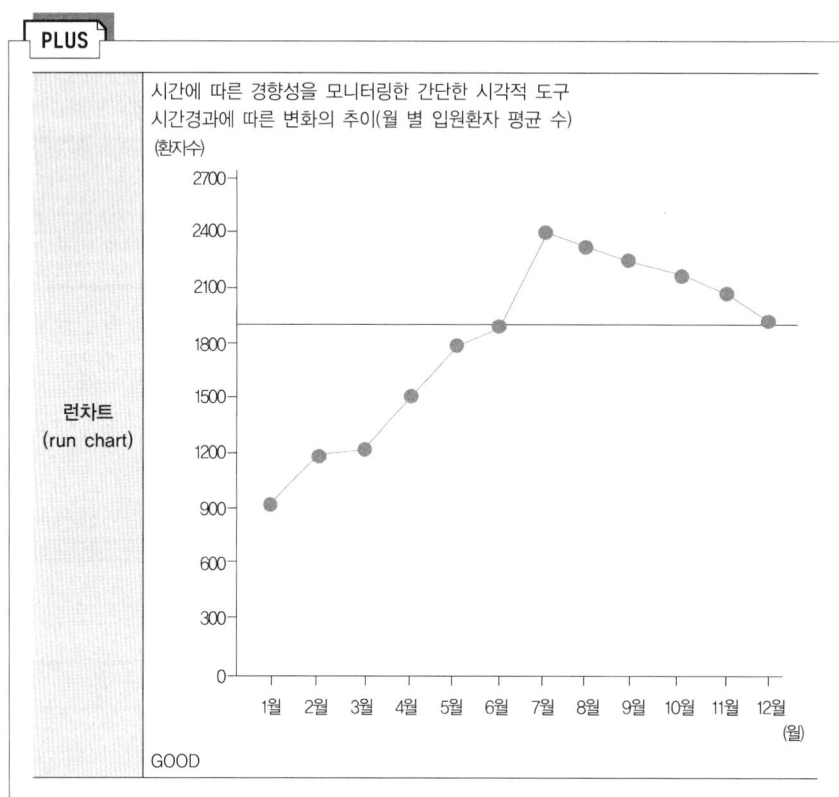

런차트 (run chart)

시간에 따른 경향성을 모니터링한 간단한 시각적 도구
시간경과에 따른 변화의 추이(월 별 입원환자 평균 수)

해설

56
✓ p.194 24번 PLUS 〈질 향상 분석 방법(질 관리 분석 도구)〉 참조

정답 56 ①

MEMO

신희원 간호관리
기출문제집

Part 07

간호단위관리

PART 07 간호단위관리

01 간호기록 작성에 대한 설명으로 옳은 것은? 25 보건직

① 간호처치를 수행하기 전에 기록한다.
② 공인되지 않은 약어를 사용하여 기록한다.
③ 다른 간호사가 수행한 것을 대신 기록하지 않는다.
④ 환자의 주관적 호소를 제외하고 객관적 사실만 기록한다.

PLUS

기록의 중요성(목적)	• 의사소통, 간호계획, 법적 증거, 교육, 질 향상, 통계 및 연구, 감사
간호기록작성지침	• 정확성(환자가 말한 주관적 호소를 인용) • 간결성(환자 이름 및 존칭 생략) • 적시성(간호 시행 전에 미리 기록하지 않음) • 대신 기록이나 서명하지 말 것 • 기록의 내용을 고의로 변경하지 말 것(면허자격 정지)
간호기록 작성 시 주의할 점(기록지침) 25 기출	• 환자의 상태를 간호사의 주관으로 단정 지어 기술하지 말 것 • 환자가 직접 말한 주관적 호소를 인용하여 기록(정확성) • 간결한 작성을 위해 환자 이름 등은 생략하고 존칭은 피함(간결성) • 간호나 처치를 시행하기 전에 미리 기록하지 않음(적시성) • 다른 사람 대신 기록이나 서명을 시행하지 말 것 • 다른 사람의 요청으로 기록 내용을 변경하지 않을 것

02 간호단위 환경관리에 대한 설명으로 옳은 것은? 25 보건직

① 입원실은 300럭스(lux) 이상의 조도를 유지한다.
② 다인실에는 사생활 보호를 위해 커튼이나 칸막이를 설치한다.
③ 격리실은 전실을 두어 이중문을 설치하고 항상 양압을 유지한다.
④ 간호사실은 원활한 업무를 위해 70데시벨(decibel) 정도가 적절하다.

03 간호단위 물품관리에 대한 설명으로 옳은 것은? 25 보건직

① 멸균물품은 선입선출이 가능하도록 정리한다.
② 재고관리 시 품목별 수량 확인을 생략한다.
③ 리넨의 1일 정수량은 사용량의 3배 이상으로 한다.
④ 유효기간이 경과하지 않았어도 사용하지 않는 물품은 폐기한다.

해설

02
환경관리
① 조도관리
  ㉠ 일반병실: 100~200Lux
  ㉡ 처치실, 중환자실: 400Lux
③ 음압 격리실 – 전실을 두어 이중문을 설치하고 음압을 유지 (공기전파)
④ 소음관리 – 보통의 대화는 40~60dB / 간호사실이나 준비실에서는 40dB

✦ **기타**
인체에 쾌적한 습도는 40-70%이고, 온도는 18~20℃
병원환경에서 습도는 35-75%, 온도는 18-23℃가 적절함

정답 01 ③   02 ②   03 ①

> **PLUS**

② 재고관리 시 품목별 수량 확인을 생략한다.

재고조사 14 지방	• 재고목록과 물품명에 따라 물품량과 물품상태를 확인 • 물품량과 상태를 확인하고 표준량이 확보되어 있는지 파악하기 위함. • 필요한 물품을 확인하고, 불필요한 물품을 반환하고 수선·교환하기 위함

③ 리넨의 1일 정수량은 사용량의 1.5배 이상으로 한다.

물품의 공급방법

정수교환	• 사용빈도가 높고 소모량이 일정하며 부피가 작은 물품을 공급할 때 효과적 • 간호단위별 장수량을 정해진 요일에 wagon 또는 basket을 이용하여 공급받는 방법 • 평균 사용량의 1.2배 기준 정수량을 정한다. • 검체용기, 반창고류, 3way, 헤파린, 주삿바늘, 일회용 장갑 등의 공급 시 사용
정수보충	• 사용빈도가 높은 물품 중 부피가 큰 물품을 공급할 때 효과적이다. • 공급부서에서 간호단위별로 정수화된 진료재료의 잔여량을 확인하여 부족한 수량만큼 정해진 요일에 보충하여 공급하는 방법 • 소독물품, 린넨류(린넨류는 1일 사용량의 1.5배) 등의 공급 시 사용

④ 유효기간이 경과하지 않았어도 사용하지 않는 물품은 폐기한다.

유효기간 내 사용	물품은 유효기간 내에 사용하도록 한다. 유효기간이 경과한 것은 빠른 시간 내에 폐기처분하는 것이 좋으나 아직 유효기간이 경과하지 않은 것은 구매처에 반납하거나 타부서에서 활용하거나 처분할 수 있도록 한다.

비품은 침상수에 따라, 소모품은 환자수에 따라 설정한다.

효과적인 물품관리 방법

표준량(기준량) 설정	환자수, 서비스 유형, 대상자의 연령과 성별, 질병상태, 간호요구도 조사, 물품가격, 견고성(파손 가능성), 물품청구 기간의 간격 등을 고려
물품청구	여유분을 포함한 소모수량 물품의 보관장소, 물품의 부패성 물품청구의 접수처리 및 운반비 청구양식 이용(물품목록, 청구수량, 불출수량), 가격 및 견고성, 간호단위의 특성, 교환방법 등을 고려
교환체계	비품은 표준량의 범위 내에서 파손된 물품과 새것을 교환하는 방법을 이용
재고조사 14 지방	• 재고목록과 물품명에 따라 물품량과 물품상태를 확인 • 물품량과 상태를 확인하고 표준량이 확보되어 있는지 파악하기 위함. • 필요한 물품을 확인하고, 불필요한 물품을 반환하고 수선·교환하기 위함
물품사용에 대한 직원교육	간호단위 내의 모든 직원이 참여하는 것이므로 물품사용에 대한 오리엔테이션이나 시범, 직원 간담회 등을 통해서 물품의 사용방법, 절감방안, 기타 전반적인 사항에 대한 교육을 실시

04 다음 중 환자 안전사고의 예방 및 감소 방안에 해당하는 것만을 모두 고르면? 25 보건직

> ㄱ. 사건보고 및 의사소통체계를 마련한다.
> ㄴ. 간호실무표준을 기초로 최선의 간호를 수행한다.
> ㄷ. 기관의 정책, 규정, 지침 등을 정기적으로 숙지한다.

① ㄱ, ㄴ
② ㄱ, ㄷ
③ ㄴ, ㄷ
④ ㄱ, ㄴ, ㄷ

정답 04 ④

05 다음 중 환자 안전사고의 예방 및 감소 방안에 해당하는 것만을 모두 고르면?

ㄱ. 사건보고 및 의사소통체계를 마련한다.
ㄴ. 간호실무표준을 기초로 최선의 간호를 수행한다.
ㄷ. 기관의 정책, 규정, 지침 등을 정기적으로 숙지한다.

① ㄱ, ㄴ
② ㄱ, ㄷ
③ ㄴ, ㄷ
④ ㄱ, ㄴ, ㄷ

PLUS

환자안전관리과정

사고발생의 확인	사고·사건보고체계를 확립 사건발생 시 사고·사진보고서를 작성·제출	
	보고되어야 하는 사고·사건	잘못된 환자 / 위치 / 시술·수술, 수혈반응, 자해·자살, 싸움·폭행, 사고로 인한 손상(낙상, 미끄러짐 등), 사고사, 살인, 약물 부작용, 투약오류, 약물 남용, 탈원·자퇴, 도난, 재산상의 손실, 화재, 장비불량으로 인한 사고 등
사고 또는 위험요소의 분석 평가	• 확인된 사고나 위험요소를 분석하고 실제 상황과 그 정도를 측정 평가하는 것 • 사건 및 사고 보고서 및 기타 방법으로 보고된 자료를 근거로 실제상황을 확인하여 보고서를 작성	
위험요소의 제거 및 경감조치	위원회에서 해당 부서 또는 해당자에게 자료를 분석평가한 후 확인된 문제점을 제거 또는 해결함으로써 재발을 방지하고 예방하기 위한 개선안을 마련하여 적용하고, 개선안 적용 후 효과를 주기적으로 평가하는 수행을 통해 의료의 질을 향상시키기 위한 제반 시정조치를 결정하여 통지하고 실시	
문서화 및 보고	문제의 확인, 분석 및 평가, 시정조치 실시 등의 과정을 요약, 문서화하여 진료평가위원회에 보고하고 이를 회의록에 남긴다.	
시정조치의 재확인	시정조치가 제대로 실시되어 문제가 해결되고 위험요소가 제거되었는지를 확인하여 그 상황에 대한 보고서를 작성하여 진료평가위원회에 제출	

06 간호단위의 약품 관리 방법으로 옳지 않은 것은? 24 보건직

① 혼동하기 쉬운 유사 발음 약품을 서로 다른 장소에 보관하였다.
② 약품 보관 냉장고의 온도를 섭씨 2~8도로 유지하였다.
③ 환자에게 사용하지 않은 혼합 조제 항암제를 재사용하도록 반납약 처리하였다.
④ 응급 상황에서 비품약 사용 시 처방을 받아 다시 채워 놓았다.

PLUS

항암제	혼합조제되어 배송되며 반납이 불가하므로 폐기
인슐린, 백신, 좌약	4℃ 냉장보관
마약	• 이중잠금장치의 마약장 보관 • 사용하지 않은 마약은 반납처방에 기록 후 반납처리 • 사용 후 남은 마약 그대로 반납 • 마약대장 2년 보관

해설

06
혼합조제 항암제를 재사용하는 것은 감염 및 안전 문제를 야기할 수 있으므로 위험하다. 반드시 폐기해야 한다.

정답 05 ④ 06 ③

고위험약품	• 경구, 주사 등 제형별 분리보관, 경고용 라벨부착 • 냉장요하는 약품은 온도가 유지되도록하고 1일 1회 냉장온도 측정하여 기록 • 간호사실 가까이 보관
응급처치약품	• 주로 응급카트에 보관, 교대 시마다 약품명과 수량을 점검 • 관리노트에 서명, 유효기간을 확인하여 약국에서 정기적으로 교체한다.
약품 반납	반납처방전에 의사가 붉은색으로 기재하여 병원에서 정한 규정에 따라 시행
	주사약	사용중단 사유, 단위, 개수를 기재하고 간호사는 병동의 약품 반납대장에 기록
	마약	사용하고 남거나 중단되었을 때 반납하고 약사와 담당간호사가 서명 반납의 경우 간호단위 간호조무사나 잡무원이 직접 수행
	항암제 폐기 및 반납 지침	• 혼합 조제되어 간호단위로 배송된 항암제는 반납이 불가능하므로 폐기한다. • 항암제 폐기는 별도의 정해진 절차에 따라 보고서를 작성하고, 보고서와 함께 폐기항암제를 약국으로 보낸다. 이 절차는 담당간호사와 해당 간호단위를 관할하는 간호과장이나 팀장, 주치의 서명이 필요하다. • 혼합 조제되지 않은 상태의 바이알 제제의 항암제는 반납이 가능하다.

07 고위험 약품 관리에 대한 설명으로 가장 옳은 것은? 23 서울

① 다른 의약품과 함께 보관하며, 고위험 표시를 한다.
② 고농도전해질 제제 보관장소에 '반드시 희석 후 사용'과 같은 라벨링을 한다.
③ 원칙적으로 사용하고 남은 약은 약국으로 반납한다.
④ 고위험 약물 처방 시에는 환자명, 보호자명, 병명, 주소, 약명, 처방의사 서명이 포함된 고위험 약물처방전이 반드시 필요하다.

07
① 다른 의약품과 따로 분리보관하고, 고위험 표시한다.
③ 사용하고 남은 고위험약물은 즉시 폐기한다.
④ 약물처방전에 주소와 보호자명이 들어가는 경우는 없다.

PLUS

고위험 약물 보관 및 관리	• 고위험약물은 경구, 주사 등 제형별로 각각 분리하여 보관 • 각 약품의 보관 조건에 따라 상온, 냉장, 냉동, 차광 등으로 보관 • 다른 의약품과 분리보관 및 고위험 표시, 유효기간을 표시 • 약품의 외관, 보관 위치, 포장이 유사한 경우 분리하여 보관하고 경고용 라벨 부착 　예 염화칼륨은 생리식염수나 염화나트륨과 모양이 비슷하므로 눈에 잘 띄는 다른 색 라벨을 붙이거나 별도의 보관함에 보관한다. • 동일한 약품명에 함량이 두 가지 이상인 경우 동일한 장소에 보관하되 경고용 라벨을 부착한다. • 항암주사제, 고농도 전해질은 각각의 안전지침의 보관 규정에 따른다. • 개봉한 약제는 의약품명, 개봉일자, 유효기간을 포함하여 라벨링한다.
예	• 고농도 전해질 제제(KCl, NaCl, 50%MgSO$_4$) 보관장소에는 "반드시 희석 후 사용"이라는 라벨을 부착한다. • NaCl, 50%MgSO$_4$의 경우 개봉 후 즉시 사용하고, 사용 후 남은 약은 폐기한다. • Heparin은 개봉하거나 수액에 희석 시 해당 일시를 기록하여 보관하며, 개봉·희석 후 24시간이 경과하면 폐기한다.

정답 07 ②

08 의료법령상 의료관련감염 예방에 대한 설명으로 옳은 것은?

① 모든 병원급 의료기관은 감염관리위원회와 감염관리실을 설치·운영해야 한다.
② 종합병원의 감염관리실에 두는 인력 중 1명 이상은 감염관리실에서 전담 근무해야 한다.
③ 감염관리실에서 근무하는 사람은 매년 32시간 이상의 교육을 이수해야 한다.
④ 감염관리실에서 감염관리 업무를 수행하는 사람은 의사이어야 한다.

해설

08
① 100개 이상의 병상을 갖춘 병원급 의료기관은 감염관리위원회와 감염관리실을 설치·운영해야 한다.
③ 감염관리실에서 근무하는 사람은 매년 16시간 이상의 교육을 이수해야 한다.
④ 감염관리실에서 감염관리 업무를 수행하는 사람은
 • 감염관리에 경험과 지식이 있는 의사
 • 감염관리에 경험과 지식이 있는 간호사
 • 감염관리에 경험과 지식이 있는 사람으로서 해당 의료기관의 장이 인정하는 사람

PLUS

구분	감염관리위원회
근거법령	「의료법」 의료법 시행규칙 제43조
해당기관	100개 이상의 병상을 갖춘 병원급 의료기관
위원회 구성	① 위원회는 위원장 1명을 포함한 7명 이상 15명 이하의 위원으로 구성한다. ② 위원장은 해당 의료기관의 장으로 하고, 부위원장은 위원 중에서 위원장이 지명한다. ③ 위원은 다음 각 호의 어느 하나에 해당하는 사람과 해당 의료기관의 장이 위촉하는 외부 전문가로 한다. 1. 감염관리실장　　2. 진료부서의 장 3. 간호부서의 장　　4. 진단검사부서의 장 5. 감염 관련 의사 및 해당 의료기관의 장이 필요하다고 인정하는 사람 ④ 제3항 각 호에 해당하는 자는 당연직 위원으로 하되 그 임기는 해당 부서의 재직기간으로 하고, 위촉하는 위원의 임기는 2년으로 한다.
감염관리실의 운영 (시행규칙 제46조)	㉠ 감염관리실에는 다음의 어느 하나에 해당하는 사람을 각각 1명 이상 두어야 한다. • 감염관리에 경험과 지식이 있는 의사 • 감염관리에 경험과 지식이 있는 간호사 • 감염관리에 경험과 지식이 있는 사람으로서 해당 의료기관의 장이 인정하는 사람 ㉡ ㉠에 따라 감염관리실(150개 이상의 병상을 갖춘 병원, 치과병원 또는 한방병원만 해당한다)에 두는 인력 중 1명 이상은 감염관리실에서 전담근무하여야 한다. 〈개정 2021.6.30.〉 • 감염관리 경력 3년 이상인 사람으로 한정 ㉢ ㉠에 따라 감염관리실에서 전담 근무하는 사람은 감염관리실 근무인력의 교육기준(별표 8의3)에 따라 매년 16시간 이상 교육을 받아야 한다.

09 「마약류 관리에 관한 법률」상 마약류취급자가 소지하고 있는 마약류에 대하여 해당 허가관청에 지체 없이 보고하여야 하는 사유만을 모두 고르면?

23 지방

| ㄱ. 분실 또는 도난 | ㄴ. 파손 |
| ㄷ. 재해로 인한 상실(喪失) | ㄹ. 변질·부패 |

① ㄱ, ㄴ
② ㄴ, ㄷ
③ ㄱ, ㄷ, ㄹ
④ ㄱ, ㄴ, ㄷ, ㄹ

정답 08 ② 09 ④

PLUS

마약 보관 및 관리

이중 잠금 장치	마약과 향정신성약물은 반드시 마약대장과 함께 이중 잠금 장치가 된 철제마약장에 보관해야 하며 마약장은 항상 잠겨 있어야 한다. → 냉장보관을 요하는 향정신성 의약품(lorazepam)인 경우 냉장고 내에 잠금장치가 부착된 보관함에 보관한다. 마약장은 항상 이중으로 잠그고 열쇠는 간호관리자나 선임간호사가 관리하며, 마약 외에 다른 것은 보관하지 않는다.
열쇠관리	마약장의 열쇠는 각 근무조의 담당간호사 간에 직접 인수인계하고, 일일 재고관리를 한다.
수령	마약류 수령은 인편으로 사용 직전에 하며, 비품약을 사용한 경우 가능한 한 해당 근무 내에 채워놓는다.
마약대장	마약대장은 지정된 장소에 보관하여 인수인계 시, 마약 사용 시, 마약 수령 및 반납 후에 기록하고 서명
반납	사용하지 않는 마약은 반납처방을 써서 곧 반납 처리한다. 사용하고 남은 마약은 주사기에 뽑아서 반납하거나 남은 앰플이나 바이알, 경구약은 그대로를 반납 처리
파손	마약파손 시 현장사진을 찍고 깨진 조각까지 보존해야 하며, 파손된 마약은 수거한 후 '사고마약류 발생보고서'를 작성하여 관리자의 서명 후 약국으로 보낸다. 보고 시 파손경위, 파손자, 파손 후 상태를 정확히 보고하여야 한다.
기록보관	마약류 관련 기록(마약대장, 마약류 저장 시설 점검부, 마약류 잔량 반납 리스트)은 2년간 보관한다(다만 마약구입서, 마약판매서 등은 마약류 취급보고제도가 시행되면서 보존기간이 삭제).
분실 도난	사고마약(분실, 도난, 변질, 부패 파손)의 경우 지체 없이 사유가 발생한 것을 안 날로부터 5일 이내 별지서식에 따른 보고서에 그 사실을 증명하는 서류를 첨부하여 지방식품의약품안전청장, 시 도지사 또는 시장 군수 구청장에게 제출하여야 한다.
보고	사고마약류를 보고받은 지방식품의약품안전청장, 시 도지사 또는 시장 군수 구청장은 이를 식품의약품안전청장에게 보고하여야 한다.

10 다음에서 설명하는 것은? 23 지방

- 대용량 데이터 속에서 쉽게 드러나지 않는 패턴과 지식을 발견하는 과정임.
- 조직 경영에 필요한 의사결정을 지원할 수 있는 유용한 정보를 추출할 수 있음.

① 메타데이터
② 델파이 기법
③ 데이터 마이닝
④ 클라우드 컴퓨팅

PLUS

메타데이터	데이터를 설명해주는 데이터로 예를 들어 어떤 책을 구입하였는데, 그 책의 저자, 편자, 출판사, 출판일 등의 데이터를 얻는 것을 말한다.
델파이기법	어떤 문제의 해결과 관계된 미래 추이의 예측을 위해 전문가 패널을 구성하여 수회 이상 설문하는 전문가 합의법
클라우드 컴퓨팅	원격의 컴퓨터를 인터넷 등을 통해 내 컴퓨터가 아닌 다른 컴퓨터 등으로 실시간을 처리하는 기술

정답 10 ③

정보관리		
정보관련용어	데이터베이스	정보를 쉽게 검색해볼 수 있도록 컴퓨터에 저장하여 관리하는 자료의 집합
	전자의무기록시스템 (EMR)	진료행위 중심으로 발생한 업무상의 자료나 기록을 전산에 기반하여 관리하는 시스템
	처방 전달시스템 (OCS)	의사처방을 컴퓨터 망을 통해 진료지원부에 전달함으로써 환자 중심으로 일어나는 모든 흐름을 전산화 한 것
간호정보시스템	• 간호의 질 향상이 주된 목적 • 업무능률 증대, 비용절감 효과, 의사소통 향상, 경영의 효율성 등	
간호정보시스템의 활용	• Care : 간호실무(간호계획, 기록 환자모니터링, 퇴원계획 등) • Administration : 간호행정(환자중증도 분류, 인력관리, 질 관리, 재고관리 등) • Research : 간호연구(문헌검색, 자료수집, 분석, 그래프작성 등) • Education : 간호교육(학생교육 간호사 계속교육, 환자교육 등)	
환자개인정보처리	정보주체가 14세 미만인 경우는 법정대리인의 동의를 받아 수집하여야 함	

11 FOCUS 간호기록에 대한 설명으로 가장 옳은 것은? 22 서울(6월)

① 주관적 자료, 객관적 자료, 사정, 계획에 대한 사항으로 문제중심 기록이다.
② 환자중심의 기록으로 환자의 현재 상태, 앞으로의 목표, 중재결과 등에 초점을 맞추고 있다.
③ 간호과정의 문제, 중재, 평가에 초점을 맞추는 것으로 상례기록과 경과기록으로 구성된다.
④ 시간의 경과에 따라 정보를 서술하는 방법으로 정보 중신 기록과 관계가 있다.

해설

11
① SOAP기록
③ PIE기록
④ 서술기록

PLUS

Focus 기록	• 환자 중심의 기록으로, 환자의 현재 상태와 앞으로의 목표, 중재 결과에 초점 • 날짜/시간, 핵심, 진행기록으로 서술, 진행기록은 DAR형식으로 조직 • DAR형식 : 자료(Data), 활동(Action), 반응(Response)으로 구성 • 환자에게 일어난 사실에 대한 중요내용만 기록하는 핵심기록 — 현재의 대상자 관심 또는 행위 — 대상자 상태 또는 행위의 중요한 변화 — 대상자 치료 중 의미 있는 사건	
	자료(Data)	대상자의 상태 및 행위에 대한 간호사의 관찰자료(예 활력징후, 섭취/배설량)
	활동(Action)	계획된 활동뿐 아니라 이미 수행된 중재도 포함
	반응(Response)	중재에 대한 대상자의 반응

정답 11 ②

간호기록의 형식

서술 기록	시간의 경과에 따라 정보를 서술하는 방법(응급상황기록)
SOAP 기록	주관적 자료(Subjective data), 객관적 자료(Objective data), 사정(Assessment), 계획(Planning)으로 문제 중심 기록에서 비롯된 것
PIE 기록	• 간호사의 문제(Problem), 중재(Intervention), 평가(Evaluation)를 의미 • 대상자 간호사정의 상례기록(flow sheets)과 경과기록으로 구성 ✦ 상례기록: 24시간 동안 대상자 요구나 기능적 건강 양상을 대상자의 전, 후상태를 비교하기 위해 일정기간에 걸쳐 반복적으로 관찰한 정보 기록. 특별한 사정형식에 따라 분류 예 활력징후, 섭취량과 배설량
Focus 기록	• 환자 중심의 기록으로, 환자의 현재 상태와 앞으로의 목표, 중재 결과에 초점 • 날짜 / 시간, 핵심, 진행기록 - DAR형식(자료(Data), 활동(Action), 반응(Response))으로 조직

해설

12

12 마약관리에 대한 설명으로 가장 옳은 것은? 22 서울(2월)

① 향정신성의약품은 팀별로 일반 투약 차에 보관한다.
② 마약장의 열쇠는 수간호사가 보관하고 사용할 때 꺼내준다.
③ 마약처방전에는 정보보호차원에서 대상자의 인적 사항만 간단히 기술한다.
④ 투약 중지된 마약 및 잔량도 마약대장에 기록하고 약국에 반납한다.

① 향정신성의약품은 잠금장치가 설치된 장소에 보관 한다.
② 마약장의 열쇠는 선임간호사나 수간호사가 관리한다.
③ 마약처방전에는 발급자의 업소 소재지, 상호 또는 명칭, 면허번호와 환자나 동물의 소유자·관리자의 성명 및 주민등록번호를 기입하여 서명 또는 날인하여야 한다.

PLUS

마약 / 항정신성 약물의 관리	• 마약과 항정신성 약물은 다른 약품과는 별도로 반드시 마약대장과 함께 이중 잠금장치가 된 마약장에 보관. 마약장은 항상 잠겨 있어야 함 • 마약은 일일재고관리를 하고, 근무교대 시마다 마약과 마약장 열쇠를 인수인계, 마약대장은 사용할 때마다 개인별로 기록(마약관련 기록은 2년 보관) • 마약장 열쇠는 관리자나 선임간호사가 관리, 마약 외에 다른 것은 보관하지 않음 • 냉장보관을 요하는 항정신성약물의 경우 잠금장치가 되어 있는 냉장고에 보관 • 마약이 파손된 경우에는 깨어진 조각까지 보존, 부서장 서명 후 마약파손보고서와 함께 약국으로 반납

13 간호기록의 원칙으로만 묶인 것은? 22 지방

① 정확성, 완전성, 적시성
② 적합성, 추상성, 고유성
③ 완전성, 간결성, 주관성
④ 간결성, 투명성, 추상성

> **PLUS**
>
> **간호기록의 원칙**
>
> | 정확성 | • 기록의 표기가 올바르고 정확해야 한다. 정확한 표기를 위해서는 사실 또는 관찰한 것을 적어야 하며, 의견이나 관찰내용을 해석해서 기록하지 않는다.
• 환자의 호소가 근거가 없어 보일 경우라도 그 호소 내용을 기록해 두어야 한다. 환자의 호소를 기록하지 않아 환자에게 해를 끼친 경우는 과오라고 할 수 있다.
• 정확한 철자법 및 단어를 사용해야 한다. |
> |---|---|
> | 적합성 | • 환자의 건강문제와 간호에 관계되는 정보만을 기록해야 하며 환자가 간호사에게 준 다른 개인적인 정보는 기록하기에 부적합하므로 하지 않는다.
• 환자의 개인적인 정보는 그것이 환자의 건강문제에 직접적인 영향을 주지 않는 한 환자의 의무기록에 기록하지 말아야 한다. |
> | 적시성 | • 각 기록은 사전에 하는 것이 아니라 간호를 수행한 직후에 해야 한다.
• 시간이 지나면 자세한 내용은 잊어버릴 수 있다. 기억과 생각 속에만 있고 기록으로 남기지 않는 것도 직무유기로 본다. |
> | 완전성 | • 간호사가 환자에 대해 얻은 자료를 모두 기록할 수는 없다. 그러나 기록된 정보만큼은 완전하고 환자, 의사, 타 간호사 그리고 다른 건강요원에게 도움을 줄 수 있어야 한다.
• 간호사가 환자에 대해 완전한 정보를 기록하려면 환자의 상태변화(행동, 신체기능 등)와 육체적인 증상이나 징후, 제공된 간호, 의사나 다른 의료요원의 방문 등 기본적인 정보를 필수적으로 포함하여야 한다. |
> | 간결성 | • 간호기록은 의사소통의 시간을 절약하기 위해서 간결해야 한다.
• 간호사가 누구에 대해 기록하고 있는지 분명하게 알고 있다면 환자 이름이나 환자라는 단어는 생략하고 환자가 한 말이나 문장은 각각 마침표와 함께 끝나도록 해야 한다. |

14 일반 병동에서 비품 청구 시 수량의 기준이 되는 것은? 22 지방

① 간호사 수 ② 보조 인력 수
③ 입원 환자 수 ④ 병동 침상 수

> **PLUS**
>
> **물품청구**
>
> | 비품 | 반영구적으로 사용할 수 있는 고정품과 비소모품을 말하며 병실의 벽이나 바닥에 부착(wall O2, wall vacuum) 되어 있거나 단위 속에 있는 물품(휠체어, 이동식 흡입기, 가습기) |
> |---|---|
> | 소모품 | 정기적으로 쓰이는 품목이며 충분한 양을 보유하기 위해 주기적으로 청구해야 하는 물품
(1) 일반적으로 물품청구의 기준량에 있어 비품은 침상 수를 기준으로 하고 소모품은 환자 수를 기준으로 한다.
　① 소독기구의 정수량은 평균 사용량의 2.5배
　② 소독소모품의 정수량은 평균 사용량의 1.5배
　③ 리넨의 정수량은 평균 사용량의 1.5배
(2) 물품 청구 기준량은 예상 소모량과 정확하게 일치시키는 것이 아니라 여유분을 포함시켜야 한다. |

해설

14
비품은 침상 수에 따라 소모품은 환자 수를 고려하여 정한다.

정답 14 ④

15 〈보기〉의 사례에서 일반적으로 지켜야 할 감염관리 지침으로 가장 옳은 것은? 21 서울

> 보기
> MRSA로 확인된 A 환자가 충수절제술 시행 후 병실로 이동하려 한다. 해당 병동에는 1인실이 없는 상황이다.

① 환자간호 시 반드시 N95 마스크와 장갑을 착용한다.
② A환자가 사용한 물품은 일반의료폐기물과 함께 배출한다.
③ 다인실 병실 중 MRSA 코호트 격리가 가능한 병실로 안내한다.
④ 음압이 유지되는 1인실 격리가 필요하므로 타 병동으로 전동한다.

해설

15
〈보기〉에서 제시된 "MRSA"는 접촉전파주의 질환으로 코호트 격리와 일회용품 사용이 대표적인 지침이다.
①, ④ 공기전파주의
② 격리 환자가 사용한 물품은 격리 의료폐기물로 배출한다.

✦ **의료폐기물**
인체 유출물, 일회용 주사기, 수술용 장갑, 피 묻은 거즈 등이며 불법폐기나 유출 시 심각한 2차 감염을 유발하기 때문에 별도로 분리·보관

PLUS

일반의료 폐기물	• 혈액·체액분비물·배설물이 함유되어 있는 탈지면 • 붕대, 거즈, 생리대, 일회용 주사기, 수액세트 • 일회용 기저귀
격리의료 폐기물	「감염병의 예방 및 관리에 관한 법률」 제2조 제1호의 감염병으로부터 타인을 보호하기 위하여 격리한 의료행위에서 발생한 일체의 폐기물
위해의료 폐기물	• 인체 또는 동물의 조직·장기·기관·신체의 일부, 동물의 사체, 혈액·고름 및 혈액 생성 물질(혈청, 혈장, 혈액제제) • 주사바늘, 폐항암제, 폐혈액백

전파경로에 따른 질병분류

전파경로 구분		질병
호흡기 주의	공기전파주의	홍역, 수두, 활동성 결핵, SARS
	비말전파주의	디프테리아, 폐렴, 백일해, 풍진, 유행성이하선염, 유행성감기, 성홍열, 아데노바이러스, 폐탄저
접촉주의		다제내성균(VRSA, VRE, MRSA), 세균성이질, 클로스트리디움 디피실리, 장출혈성대장균감염증, A형간염, 로타바이러스, 농가진, 피부탄저
혈액(체액)주의		B형간염, C형간염, 매독, 후천성면역결핍증(HIV/AIDS)
완전주의		크로이츠펠트 − 야콥병(CJD), 변형크로이츠펠트 − 야콥병(vCJD)

전파경로별 격리지침

공기 전파주의	• 공기주의가 필요한 환자는 음압격리실에 배치한다. • 음압격리실은 환자의 개별 화장실, 세면대, 샤워실이 있어야 하고 의료진을 위한 손위생시설이 있어야 한다. • 모든 의료종사자들은 홍역과 수두에 대해 면역이 형성되어 있어야 한다. • 홍역이나 수두처럼 각 감염병마다 바이러스가 동일한 경우 코호트 격리를 할 수 있다. • 활동성 폐결핵은 균주의 특성과 전염력이 달라 수 있어 방을 공유하지 않는다. • 활동성 결핵 환자의 경우 방문객의 출입을 제한한다. • 공기주의가 필요한 환자가 격리실 밖으로 이동해야 하는 경우에는 수술용 마스크를 착용하고 호흡기 예절을 준수하도록 한다(의료진은 기본적으로 N95 마스크 착용).
비말 전파주의	• 비말주의가 필요한 환자는 가능한 한 1인실에 배치한다. • 1인실 사용이 제한이 있어 일반 병실에서 코호트를 구성할 때에는 동일한 병원체에 감염된 환자들로 배치한다. • 1인실의 수가 제한적이라면, 과도한 기침과 객담이 있는 환자, 활동량이 많을 것으로 예상되는 환자는 1인실을 우선적으로 배치한다. • 코호트 격리를 한 경우에는 병상 간 이격거리는 1.5m 이상 유지하고, 접촉의 기회를 줄이기 위해 가능한 한 침대 사이에 물리적 칸막이를 설치한다.

정답 15 ③

접촉 전파주의	• 1인실이 여유가 없는 경우, 동일한 병원균에 감염되었거나 보균 중인 환자들끼리는 한 병실에 입원(코호트)할 수 있다. • 코호트 격리도 어려운 경우, 환자 ~ 병상 간 이격거리는 1.5m 이상 유지하고, 접촉의 기회를 줄이기 위해 가급적이면 물리적 차단막을 설치한다. • 접촉주의가 필요한 환자를 직접 접촉하거나 환자 주변의 물건을 만져야 할 때에는 손위생 수행 후 장갑을 착용하고, 옷이 오염될 것으로 예상될 때에는 가운을 착용한다. 병실을 나올 때에는 장갑과 가운을 벗어 의료폐기물통에 버리고 손위생을 수행한다. • 코호트 격리를 하는 병실에서 개인보호구는 환자마다 교체하고 손위생을 수행한다. • 환자의 치료를 위해 필요한 물품은 가능한 한 일회용품을 사용하고 다른 환자와 공유해서 사용하지 않는다.

비말주의가 필요한 환자의 병실에 들어갈 때에는 수술용 마스크를 착용한다.
비말주의가 필요한 환자가 병실 밖으로 이동하는 경우 환자는 수술용 마스크를 착용하고 호흡기 예절을 준수하며 병실 밖을 나가기 전에는 손위생을 수행한다.

16 안전한 약품관리방법에 대한 설명으로 가장 옳은 것은? 21 서울

① A 간호사는 개봉 전 인슐린 주사제에 환자명 바코드를 부착하고 실온에 보관하였다.
② B 간호사는 사용중단된 nifedipine capsule을 비품약으로 분류하여 보관하였다.
③ C 간호사는 근무 시작 전 응급카트 약물의 종류와 개수가 정확한지 매번 확인하였다.
④ D 간호사는 마약장의 열쇠와 잠금장치를 같은 근무 번 간호사에게만 알려주어 사용할 수 있게 하였다

17 「의료법 시행규칙」제15조(진료기록부 등의 보존)에서 제시하고 있는 의무기록 유형별 보존기간으로 옳지 않은 것은? 21 서울

① 환자 명부 : 5년
② 수술기록 : 5년
③ 간호기록부 : 5년
④ 진료기록부 : 10년

PLUS

2처 3진 10진 수

진료에 관한 기록의 보존기준(「의료법」시행규칙 제15조)			
2년	3년	5년	10년
처방전 (마약 관련 기록 포함)	진단서 등의 부본 (진단서 · 사망진단서 및 시체검안서 등을 따로 구분 하여 보존할 것)	• 환자명부 • 조산기록부 • 간호기록부 • 가정간호기록 • 검사내용 및 검사소견 기록 • 방사선 사진(영상물 포함) 및 그 소견서	• 진료기록부 • 수술기록

해설

16
① A간호사는 개봉 전 인슐린 주사제에 환자명 바코드를 부착하고 냉장고에 보관하였다.(펜형 인슐린의 경우는 실온 보관가능)
② 사용중단된 nifedipine capsule은 약국으로 반납 처리한다.
④ 근무교대 시마다 마약과 마약장 열쇠를 인수인계하며 열쇠는 관리자나 선임 간호사가 관리한다.
✓ p.218 06번 PLUS 표 참조

정답 16 ③ 17 ②

18 〈보기〉에 해당하는 환자안전의 개념은? 21 서울

보기
A 간호사가 KCl 10mL(20mEq)를 정맥 내 투여해야 하는 NPO 환자에게 KCl 20mL(40mEq)를 정맥 내 투여하려고 하였다. 이때 이상하게 여기던 B 간호사가 행위를 사전에 중단시키고 의사처방을 재확인한 뒤 정확한 용량으로 투약하였다.

① 위해사건
② 근접오류
③ 적신호사건
④ 근본원인분석

PLUS

환자안전 관련 개념

개념	정의
의료사고	의료행위가 개시되어 종료되기까지의 과정이나 그 종료 후 당해 의료행위로 인하여 발생한 예상하지 못하고 원치 않았던 불상사의 총칭(가치중립적인 개념)
위해 (harm)	신체의 기능 또는 구조의 장애나 이로부터 발생한 모든 해로운 효과(질병, 손상, 고통, 장애, 사망을 포함)
근접오류	오류가 있었음에도 의료사고로 이어지지 않은 사건. 위기일발(close call)이라고 하기도 함
의료과오 / 의료과실	현재의 표준진료에 충실하지 못하여 환자에게 손상을 유발하는 과실로 사회적이고 법적인 판단이 필요하기 때문에 사례에 대한 판단이 지역마다 다름
적신호사건	사망 혹은 심각한 신체적, 정신적 손상을 동반하거나 그러한 위험을 동반한 기대하지 않은 사건

환자안전 접근방법

근본원인분석 (RCA ; Root Cause Analysis)	• 사고 발생 후에 원인을 밝혀내고자 사건의 발생과 전개를 후향적·사후적으로 조사하는 구조화된 접근법 • 위해사건과 근접오류 발생 후 내재된 변이와 관련된 기여요인을 규명하기 위한 방법 중의 하나이다. 이는 사건의 원인을 밝혀내고자 사건의 발생과 전개를 후향적으로 조사하는 구조화된 접근법 • 적신호사건을 경험한 의료기관이 그 사건의 숨어있는 원인을 이해하고 앞으로 이러한 사건의 발생가능성을 감소시키기 위해 시스템과 프로세스를 변화시키는 데 보건의료기관의 관심의 초점을 맞추기 위해 사용
오류유형과 영향분석 (FMEA ; Failure Mode and Effects Analysis)	인간의 지식과 신중함에도 불구하고 일부 상황에서 오류가 발생할 가능성이 있다고 가정하고, 오류발생 가능성을 예측하여 개선계획을 전향적으로 (사전에) 검토하는 체계적인 방법

19 다음에서 설명하는 격리 방법이 모두 요구되는 질병은? 21 지방

- 의료인은 환자 병실에 들어갈 때 수술용 마스크를 착용한다.
- 코호트 격리를 한 경우에 병상 간 거리는 1m 이상 유지한다.
- 환자가 병실 밖으로 이동하는 경우 나가기 전에 손 위생을 수행한다.

① 수두
② 홍역
③ 백일해
④ B형 간염

해설

18
〈보기〉에서 제시된 사례는 간호사가 문제행위를 시작하였으나 환자에게 적용되기 전 중단하고, 재확인 후 시정되어 환자에게는 피해가 가지 않았으므로 "근접오류"에 해당된다.

19
수술용마스크 착용과 코호트 격리, 손위생 등을 적용할 수 있는 것은 비말전파주의이며 해당하는 대표적인 질환은 백일해이다.
✓ p.225 15번 PLUS 〈전파경로에 따른 질병분류〉, 〈전파경로별 격리지침〉 참조

정답 18 ② 19 ③

20 개인정보 보호 가이드라인상 의료기관에서 인터넷이나 전화를 통한 진료·검사 예약 시 개인정보 처리 기준으로 옳지 않은 것은? 21 지방

① 인터넷으로 수집한 주민등록번호는 암호화하여야 한다.
② 단순예약(시간약속)을 위한 주민등록번호 수집은 원칙적으로 허용되지 않는다.
③ 전화를 통하여 필요한 개인정보를 수집할 때 통화내용은 녹취할 수 없다.
④ 진료 목적일 경우에는 만 14세 미만 아동에게 법정대리인의 동의 없이 개인정보를 수집할 수 있다.

21 의료기관에서 나온 폐기물에 대한 설명으로 옳지 않은 것은? 20 광주 추채

① 의료기관에서 배출되는 폐기물 중 인체 감염 등 위해를 줄 우려가 있는 폐기물과 특별한 관리가 필요하다고 인정되는 폐기물을 말한다.
② 격리의료폐기물, 위해의료폐기물, 일반 의료폐기물로 구분한다.
③ 일반 의료폐기물은 혈액·체액·분비물·배설물이 함유되어 있는 탈지면, 붕대, 거즈, 일회용 기저귀, 생리대, 일회용 주사기, 수액세트를 말한다.
④ 일반 의료폐기물은 녹색 전용용기에 버린다.

해설

20
전화를 통하여 필요한 개인정보를 수집할 때 동의 시 통화내용은 녹취할 수 있다.

21
- 일반의료폐기물은 노란색 상자형 용기와 검정색 봉투용 전용용기에 버린다.
- 격리의료폐기물은 붉은색 전용용기에 버린다.
- 위해의료폐기물은 태반 같은 조직물만 녹색 전용용기에 버리고 대부분은 노란색 전용용기에 버린다.

PLUS

의료폐기물의 종류

구분	내용
일반의료 폐기물	• 혈액·체액분비물·배설물이 함유되어 있는 탈지면 • 붕대, 거즈, 생리대, 일회용 주사기, 수액세트 • 일회용 기저귀
격리의료 폐기물	「감염병의 예방 및 관리에 관한 법률」 제2조 제1호의 감염병으로부터 타인을 보호하기 위하여 격리한 의료행위에서 발생한 일체의 폐기물
위해의료 폐기물	• 조직물류폐기물 : 인체 또는 동물의 조직·장기·기관·신체의 일부, 동물의 사체, 혈액·고름 및 혈액생성물(혈청, 혈장, 혈액제제) • 병리계폐기물 : 시험·검사 등에 사용된 배양액, 배양용기, 보관균주, 폐시험관, 슬라이드, 커버글라스, 폐배지, 폐장갑 • 손상성폐기물 : 주삿바늘, 봉합바늘, 수술용 칼날, 한방침, 치과용침, 파손된 유리재질의 시험기구 • 생물·화학폐기물 : 폐백신, 폐항암제, 폐화학치료제 • 혈액오염폐기물 : 폐혈액백, 혈액투석 시 사용된 폐기물, 그 밖에 혈액이 유출될 정도로 포함되어 있어 특별한 관리가 필요한 폐기물

의료폐기물 배출 전용용기

구분	의료폐기물	배출용기 도형 색상	
합성수지류 상자 용기	격리의료폐기물	붉은색	
	조직물류폐기물	노란색	
	재활용하는 태반	녹색	
봉투형 용기 또는 골판지류 상자 용기	병리계폐기물, 생물·화학폐기물, 혈액오염폐기물, 일반의료폐기물	봉투형	검정색
		상자형	노란색

정답 20 ③ 21 ④

22 간호기록의 목적으로 옳지 않은 것은? 20 광주 추채

① 연구 자료로 이용
② 의료직원 간의 의사소통
③ 법적 증거로 직원 보호 가능
④ 간호사가 전문적으로 법적 인정을 받기 위해

PLUS

간호기록의 목적(중요성)

의사소통	의료팀 간 환자정보를 정확하게 교환할 수 있는 의사소통의 수단
간호계획	• 대상자의 간호를 계획할 때 대상자의 기록에서 필요한 정보를 얻는다. • 대상자의 입원 시 수집한 간호력과 신체사정을 통해 정보를 얻고, 시행한 간호계획에 대한 환자반응을 알고, 잘못된 간호계획을 기록된 자료에 의해 수정할 수 있다.
법적 증거	환자를 보호하고 법적 문제 발생 시 의료인을 보호하는 중요한 근거가 되며, 법적으로 기록은 관찰·중재·평가를 기록한 특별한 유형의 의사소통 형태
교육	유사한 의학적 문제를 가진 대상자들로부터 일정한 형태의 정보를 확인하고, 이를 토대로 환자, 질병, 치료에 대한 임상교육 자료로 활용
통계 및 연구	임상질환, 합병증, 특별한 의학적·간호학적 치료의 적용, 사망, 질병으로부터의 회복 등의 빈도와 관련된 통계학적 자료를 대상자의 기록에서 수집가능
간호관리의 질 향상	환자가 받은 간호내용을 모니터하여 어떤 질적 개선이 되고 있는지 표준에 근거해 간호감사를 실시하고, 확인된 간호문제를 인지하여 질적인 간호를 제공
감사	대상자의 기록은 대상자에게 제공된 치료나 간호의 질을 점검하고 평가하는 데 이용
진료비 산정의 근거자료	양질의 의료서비스가 제공되었는지는 보험자·피보험자·정부의 중요한 관심사이며, 기록은 이를 증명할 정보로 활용

23 마약류 약품 관리 활동에 대한 설명으로 옳은 것은? 20 지방

① 마약 처방전은 1년 보관 후 폐기하였다.
② 마약은 이중 잠금장치가 된 철제 금고에 별도 저장하였다.
③ 마약 파손 시 깨어진 조각은 정리 후 분리수거하여 폐기하였다.
④ 냉장·냉동 보관이 필요한 마약류는 잠금장치 없이 보관하였다.

24 간호단위 환경관리에 대한 설명으로 옳은 것은? 20 지방

① 적절한 냉·난방 시설이 필요하며 습도는 20~25%가 적절하다.
② 중환자실이나 수술실, 결핵 병동은 자주 창문을 열어 환기시킨다.
③ 환자병실의 소음은 대화가 가능한 60데시벨(decibel) 이상으로 유지한다.
④ 조명은 자연채광이 되도록 노력해야 하지만 강한 햇빛을 가릴 수 있는 커튼이나 블라인드를 설치한다.

해설

23
① 마약 처방전은 2년 보관 후 폐기하였다.
③ 마약 파손 시 깨어진 조각까지 모두 보존하며, 부서장 서명 후 마약파손보고서와 함께 약국으로 반납하였다.
④ 냉장·냉동 보관이 필요한 마약류는 잠금장치가 되어 있는 냉장고에 보관하였다.
☑ p.221 09번 PLUS 〈마약 보관 및 관리〉 참조

24
① 적절한 냉·난방 시설이 필요하며 습도는 35~75%가 적절하다.
② 중환자실이나 수술실, 결핵 병동은 기계 환기 시 창문과 문을 항상 닫아둔다.
③ 환자병실의 소음은 안정을 위해 30데시벨(decibel) 정도로 유지한다.

정답 22 ④ 23 ② 24 ④

PLUS		
조명	• 직접적인 강한 광선을 피하도록 커튼이나 블라인드 설치 • 일반병실(100Lux), 처치등을 켰을 때는 200Lux, 처치실과 중환자실 (400Lux) • 처치가 끝나면 조도 낮춤	
온도와 습도	• 일반적으로 쾌적한 온도, 습도가 되도록 한다. • 병원환경에서의 온도는 18~23°C, 습도는 35~75% 유지	
환기	• 병실 내 정화된 공기유입은 시간당 4회 기준, 중환자실은 깨끗한 공기유입을 위해 헤파(HEPA) 필터를 통해 시간당 12회 기준으로 공기 순환, 출입문을 항상 닫아둠 • 신선한 공기를 유지하여 환자의 편안한 • 환자목욕, 환의교환, 구강청결, 환부 드레싱	
소음	• 보통대화 40~60dB, 입원실(병실) 30dB, 간호사실, 처치실, 준비실 40dB • 소음조절방법: 운반기구 고무바퀴 격려, 수도꼭지 수압조절, 환자교육, 간호사실과 환자 방의 적절한 배치	
심미적환경	• 높은 명도(더러워짐 방지), 낮은 채도(안정감) • 안정감을 주는 낮은 채도와 높은 명도: 만성질환자 병실은 청색 또는 자색/분만실이나 입원기간이 짧은 병실은 크림색, 상아색, 연두색/검사실은 불안감 감소를 위해 다양한 변화 시도	
중환자실	• 병상 10개당 1개 이상의 격리병실 또는 음압 격리병실을 설치 • 병상 3개당 1개 이상의 손 씻기 시설 설치 • 병상 1개당 면적이 15m² 이상(신생아 중환자실 5m² 이상) • 벽으로부터 1.2m 이상, 침상 간 간격은 2m 이상 두고 설치	

25 활동성 결핵으로 입원한 환자의 효과적인 병원 감염 관리 방법은? 20 지방

① 대상자를 음압격리실에 배치한다.
② 개인정보보호를 위하여 환자 침상에 경고스티커를 부착하지 않는다.
③ 격리실을 나온 후에 장갑과 가운을 벗고 일반 폐기물통에 버린다.
④ 다인실에 입원한 환자의 경우 커튼을 쳐서 옆의 맹장 수술 환자와 격리시킨다.

25
활동성 결핵은 대표적인 공기 전파주의 질환(홍역, 수두, 활동성 결핵)이므로 음압격리실 배치가 가장 우선시 된다. 그 외에도 간호수행 시 의료진의 보호장구로 N95마스크를 착용한다.
② 환자 침상에 경고스티커를 부착한다.
③ 격리실을 나오기 전에 장갑과 가운을 벗고 격리의료폐기물에 버린다.
④ 가능한 1인 격리가 원칙이다.

PLUS	
공기전파주의	
개념	감염을 유발하는 작은 입자(5μm 이하)가 공기 중에 남아 있다가 취약한 숙주에게 흡입되어 감염시키는 것을 방지하기 위한 주의법 홍역(Measles), 수두[Varicella(including disseminated zoster)], 폐결핵(Tuberculosis) 등의 질환이 있는 경우 적용
준수사항	① 모든 대상자는 격리실을 이용하고 격리표시를 해야 하며, 격리실 내부는 음압을 유지한다. ② 환자 침상카드와 차트에 호흡기 주의표지를 부착하며 Caution 등록을 시행한다. ③ 격리실은 최소 1시간당 12회 이상 공기순환이 되어야 하며, 출입문은 반드시 닫아둔다. ④ 격리실 사용이 불가능할 경우 코호트 격리를 실시하며, 동일한 균이 검출되는 환자끼리 둔다. ⑤ 감염질환에 감수성이 있는 직원이나 방문객은 병실출입을 금한다. ⑥ 의료진을 포함한 모든 사람은 격리실에 출입할 때 항상 특수 마스크(N93)를 착용한다.

정답 25 ①

⑦ 인공호흡기를 사용하는 경우 인공호흡기 호기부 말단에 필터를 연결하며 적어도 24시간마다 교환하도록 한다.
⑧ 기관흡입이 필요하면 폐쇄형 기관 흡인 카테터를 사용한다.
⑨ 환자 이동은 최소화하며 이동이 불가피할 경우 환자의 호기가스가 마스크 등을 이용하여 주변 환경을 오염시키지 않도록 한다.
⑩ 환자가 사용한 물건이나 접촉한 것은 매일 깨끗이 청소하며 청진기, 혈압계, 이동변기, 직장체온계와 같은 기구는 다른 환자와 같이 사용하지 않는다.
⑪ 재사용 물품은 소독 후 다른 환자에게 사용한다.
⑫ 격리실을 나오기 전에 장갑과 가운을 벗고 격리의료폐기물에 버린다.

전파경로에 따른 질병분류와 관리

전파경로 구분		질병	감염관리
호흡기 주의	공기전파 주의	홍역, 수두, 활동성 결핵, SARS	• 음압격리실 격리(1인 격리) • 의료진 N95마스크 착용 • 손위생 철저히
	비말전파 주의	디프테리아, 폐렴, 백일해, 풍진, 유행성이하선염, 유행성감기, 성홍열, 아데노바이러스, 파보바이러스 B19, 수막알균 감염, 라이노바이러스, 폐탄저	• 1인 또는 코호트 격리 • 기침 예절 교육 • 손 위생 철저히 • 외과용(수술용)마스크 착용 • 장갑 착용 • 리넨 및 폐기물 분리 수거
접촉주의		다제내성균(VRSA, VRE, MRSA), 세균성이질, 클로스트리디움 디피실리, 장출혈성대장균감염증, A형간염, 로타바이러스, 농가진, 피부탄저	
혈액(체액)주의		B형간염, C형간염, 매독, 후천성면역결핍증(HIV/AIDS)	
완전주의		크로이츠펠트-야콥병(CJD), 변형크로이츠펠트-야콥병(vCJD)	

26 공기 중에 먼지와 함께 떠다니다가 흡입에 의해 감염이 발생하는 질환으로 공기전파주의 조치를 취해야 하는 홍역, 활동성 결핵의 감염관리 방법으로 가장 옳은 것은? 19 서울

① 대상자는 음압격리실에 격리한다.
② 간호수행 시 병실 문은 열어 놓아도 된다.
③ 격리실에 다제내성균 환자와 같이 격리하였다.
④ 간호수행 시 보호장구로 가운과 장갑을 착용한다.

해설

26
공기전파주의 질환의 감염관리 방법으로 가장 중요한 것은 대상자를 음압격리실에 격리 하는 것이다.
② 간호수행 시 병실 문은 항상 닫아두어야 한다.
③ 격리실에 1인 격리를 원칙으로 하며, 1인 격리가 어려울 경우 각 감염병마다 바이러스가 동일한 경우 코호트 격리를 할 수 있다.
④ 간호수행 시 보호장구로 N95 마스크를 착용한다.

정답 26 ①

PLUS	
공기주의	• 공기주의가 필요한 환자는 음압격리실에 배치한다. • 음압격리실은 환자의 개별 화장실, 세면대, 샤워실이 있어야 하고 의료진을 위한 손위생 시설이 있어야 한다. • 홍역이나 수두처럼 각 감염병마다 바이러스가 동일한 경우 코호트 격리를 할 수 있다. • 활동성 폐결핵은 균주의 특성과 전염력이 다를 수 있어 방을 공유하지 않는다. • 음압격리실은 최소한 6회 이상의 공기가 순환되도록 하며, 신규설비의 경우 12회 이상을 권장한다. 공기는 곧바로 건물 밖으로 배출되도록 하거나 헤파필터가 있는 공조시스템을 통과하도록 해야 한다. 출입 시 외에는 문은 항상 닫혀 있어야 한다. • 음압격리실의 방과 외부의 기압은 최소 2.5 Pa이상 차이가 나도록 해야 한다. • 외부의 공기가 들어오지 않도록 방은 잘 밀폐되어 있어야 한다. • 올바른 보호구 착용을 준수한다. N95 마스크를 착용하기 전에 손위생을 한다. 마스크 착용 후 제대로 착용되었는지 확인한다. 마스크를 사용하거나 버릴 때 마스크의 표면에 손이 오염되지 않도록 주의를 한다. 마스크는 끈을 이용하여 조심스럽게 벗는다. 사용하지 않을 때에는 목에 걸어 두지 않는다. 젖었거나 오염되었을 경우에는 마스크를 교체한다. 호흡이 어려울 경우에는 마스크를 교체한다. • 이송 중 환자가 마스크를 쓰고 있고 피부 병변이 덮여 있으면 이송 요원은 수술용 마스크나 N95 마스크를 착용할 필요가 없다. • 공기주의가 필요한 환자가 퇴원 후 병실청소 시 공기 중에 에어로졸이 없어질 때까지 충분한 시간이 지난 후에 청소를 한다. • 모든 의료종사자들은 홍역과 수두에 대해 면역이 형성되어 있어야 한다. 항체가 없다면 전파 가능한 기간 동안에는 홍역, 수두, 대상포진에 걸린 환자의 치료와 간호에 관여해서는 안 된다. 만약 대체 인력이 없다면 N95 마스크를 착용하고, 수두나 파종성 대상포진의 경우 환자와 접촉 시 장갑을 착용한다. • 활동성 결핵 환자의 경우 방문객의 출입을 제한한다. • 공기주의가 필요한 환자가 격리실 밖으로 이동해야 하는 경우에는 수술용 마스크를 착용하고 호흡기 예절을 준수하도록 한다(의료진은 기본적으로 N95마스크 착용).

27 의료인이 감염 예방을 위해 N95 마스크를 착용해야 하는 질병만을 모두 고르면? 19 지방

ㄱ. 홍역	ㄴ. 수두
ㄷ. 풍진	ㄹ. 성홍열
ㅁ. 디프테리아(diphtheria)	

① ㄱ, ㄴ　　　　　　　② ㄱ, ㅁ
③ ㄷ, ㄹ　　　　　　　④ ㄱ, ㄴ, ㅁ

27
의료인의 N95마스크 착용은 공기전파주의에 대한 대응이다.

정답 27 ①

PLUS

전파경로에 따른 질병분류

구분	대상질병
완전주의	크로이츠펠트-야콥병 CJD(Creutzfeldt-Jakob Disease)
혈액주의	Hepatitis B, Hepatitis C, 매독(VDR)L, 후천성면역결핍증(HIV/AIDS)
접촉주의	다제내성균(VRSA, VRE, MRSA), 세균성이질, 클로스트리디움 디피실리(Clostridium difficile), 장출혈성대장균감염증, Hepatitis A, Rota virus, 농가진, 피부탄저
비말주의	디프테리아, 백일해, 풍진, 유행성이하선염, 유행성감기, 성홍열, 폐렴(Mycoplasma pneumoniae), adenovirus, 수막알균감염
공기주의	홍역, 수두, 활동성 결핵, varicella

28 의료 관련 감염관리 방법으로 옳은 것은? 19 지방

① 격리된 세균성 이질환자에게 사용한 수액세트를 일반 의료 폐기물 박스에 버린다.
② 방문객을 제한하되 응급실 소아 환자의 보호자 수는 제한하지 않는다.
③ 코호트 격리 중인 VRE(vancomycin-resistant enterococci) 감염 환자들의 활력징후 측정 시 매 환자마다 장갑을 교체한다.
④ 격리된 콜레라 환자에게 사용한 가운을 병실 앞 복도에 비치된 전용 폐기물박스에 버린다.

해설

28
① 격리된 세균성 이질 환자에게 사용한 수액세트를 "격리 의료 폐기물" 박스에 버린다.
② 응급실 출입을 허용할 수 있는 환자의 보호자는 1명으로 한다. 다만, 소아, 장애인, 술 취한 사람 또는 정신 질환자의 진료 보조를 위하여 필요한 경우에는 2명으로 할 수 있다.
③ 다제내성균 VRE는 접촉전파주의이므로 감염환자들의 활력징후 측정 시 매 환자마다 장갑을 교체한다.
④ 격리된 환자의 가운은 병실을 나오기 전 비치된 전용 폐기물 박스에 버린다.

29 병동 물품관리에 대한 설명으로 옳은 것은? 19 지방

① 물품의 기준량은 침상 수, 환자 수, 간호요구도 등을 고려하여 결정한다.
② 최근 공급된 멸균제품을 기존 멸균제품보다 선반 앞쪽에 배치한다.
③ 부피가 작고 사용량이 많은 진료재료의 공급은 정수 보충방식을 원칙으로 한다.
④ 매주 공급되는 소모품은 주간 평균 사용량과 동일한 개수를 청구하여 재고가 없게 한다.

29
② 최근 공급된 멸균제품을 기존 멸균제품보다 선반 뒤쪽에 배치한다.
③ 부피가 작고 사용량이 일정한 진료재료의 공급은 정수교환, 부피를 많이 차지하고 사용량이 많은 진료재료의 공급은 정수보충방식을 원칙으로 한다.
④ 매주 공급되는 소모품은 주간 평균 사용량과 여유분을 청구하여 업무에 지장이 없도록 한다.

정답 28 ③ 29 ①

PLUS		
물품관리의 중요성	• 자원의 효과적인 사용으로 합리적 경영과 질 높은 간호 결과에 기여 • 환자에게 미치는 영향: 간호의 질 저하, 대상자에게 위험한 상황 초래, 자원 낭비, 비효율성 • 간호단위관리자: 간호단위 예산수립, 환경관리, 기록관리 등 • 문제해결자: 환자 및 직원, 타부서와의 원만한 대인관계유지	
물품청구 기준량 설정	• 소모품: 환자 수(주사기, 수액세트, 마스크, 글러브 등) • 비품: 침상 수(혈압기, 드레싱카트, 석션기, 휠체어)	
물품관리	• 표준량 확보와 정기적인 재고 조사 • 물품의 가치분석을 통한 구입 • 품명과 규격에 따라 분류 및 보관 • 소독품은 소독 날짜가 최근인 것일수록 뒤에 배치 • 근무 간호사가 찾기 쉽도록 동일한 장소에 보관	

물품공급방법
비품은 침상 수에 따라, 소모품은 환자 수를 고려하여 여유분까지 포함하여 정한다.

구분		방법
정수교환		• 간호단위별 정수량을 정해진 요일에 웨건(wagon) 또는 바스켓(basket)을 이용하여 공급하는 방법 • 사용빈도가 높고 소모량이 일정하며 부피가 작은 물품 • 검체용기, 반창고류, 3way, 헤파린, 주사바늘, 일회용 장갑 등
정수보충		• 공급부서(중앙공급실)에서 간호단위별로 정수화된 진료재료의 잔여량을 확인하여 부족한 수량만큼 정해진 요일에 보충하여 공급하는 방법 • 사용빈도가 높은 물품 중 부피가 큰 물품 • 수액, 주사기 등
청구	추가청구	• 사용빈도가 일정치 않거나 낮은 품목 • 정수보충 물품과 같이 불출
	응급청구	• 응급상황에서 필요한 물품, 즉시 불출
처방성(OCS) 청구		• 수가가 발생하여 환자에게 개별적으로 입력하는 진료재료 • 청구수량만큼 공급부서나 공급회사에서 직접 물품을 제공
구매의뢰		• 자재파트에서 보유하지 않으나, 각 간호단위에서 필요한 물품 • 구매의뢰절차에 따라 진행하고 해당물품업체로부터 공급하는 방법

30 풍진 환자에게 적용해야 하는 격리방법은? 18 서울

① 표준주의　　② 공기주의
③ 비말주의　　④ 접촉주의

30
풍진은 비말전파주의의 대표 질환이다.
✔ p.233 27번 PLUS 〈전파경로에 따른 질병분류〉 참조

정답 30 ③

31 의료 관련 감염관리에 대한 설명으로 가장 옳은 것은? 18 서울

① 의료 관련 감염은 입원대상자에게만 발생하는 것이 아니고 의료인, 병원직원까지도 포괄하나 방문객은 제외된다.
② 간호사와 병원직원들에게 건강검진과 예방접종을 실시한다.
③ 표준주의에 따라 간호를 할 때, 동일한 환자의 다른 부위 처치 시에는 장갑을 바꿔 사용하며, 다시 손을 씻을 필요는 없다.
④ 병원의 모든 공간을 같은 기준으로 청소하고 관리한다.

해설

31
① 의료 관련 감염은 입원대상자에게만 발생하는 것이 아니고 의료인, 병원직원과 방문객까지 포함된다.
③ 표준주의에 따라 간호를 할 때, 동일한 환자의 다른 부위 처치 시에는 장갑을 바꿔 사용하며, 다시 손을 씻어야 한다.
④ 병원의 공간 사용 목적에 따라 기준을 달리하여 청소하고 관리한다.

PLUS

- 의료관련감염관리를 위해 가장 쉽고 기본적인 감염예방방법
- 혈액, 체액, 분비물, 배설물에 오염된 물건을 만졌을 때에는 장갑 착용 여부와 상관없이 손을 씻어야 한다.
- 환자 처치 후 다른 환자를 처치할 경우 반드시 손을 씻고, 동일한 환자라도 다른 부위처치 시에는 손을 씻어야 한다.
- 평상시에는 일반 비누를 이용하여 손 씻기를 해도 무방하나, 집단감염 등 감염관리상의 문제 발생 시에는 손 소독제를 사용하도록 한다.

손 씻기	의료인의 손 씻기	• 단순한 손 씻기: 손의 오염이나 일시적인 집락균을 제거하는 것이 목적이며, 비누나 세정제를 이용하여 10~15초간 손을 씻는다. • 손 소독제를 이용한 손 씻기: 일시적 집락균을 죽이거나 제거하는 것이 목적이며, 항균 비누나 세정제 또는 알코올을 포함한 손 소독제로 10-15초간 손을 씻는 방법이다.
	수술용 손 씻기	일시적 집락균을 죽이거나 제거하면서 피부 상재균의 숫자를 감소시키기 위하여 항균비누나 세정제를 이용하여 솔로 3분 이상 문지르거나 알코올이나 손 소독제를 사용하여 20초 이상 씻는 방법
	효과적인 손 씻기고려점	• 손 씻는 시간 • 마찰 • 장갑 사용이 손 씻기를 대신할 수 없다는 것

32 화재 발생 시 대처 방법으로 옳은 것은? 18 지방

① 대피는 중환자부터 경환자, 보호자, 방문객, 조직 구성원 순으로 한다.
② 비상 상황 기준에 따른 환자분류체계에 의하여 환자를 분류하여 대피시킨다.
③ 타 방황구획으로 대피하는 것보다 1차 화점으로 이동하는 것이 안전하다.
④ 보행이 가능한 환자는 계단보다 엘리베이터를 이용하여 신속하게 대피시킨다.

32
① 경환자부터 중환자 순으로 대피한다.
③ 타 방황구획으로 대피하는 것보다 1차 화점으로 이동하는 것은 안전하지 않다.
④ 승강기는 정전 등으로 정지 시 위험하므로 이용하지 않는다.

정답 31 ② 32 ②

화재관리		• 화재안전을 위한 소방 훈련 계획: 최소 연1회 실시 • 화재발생시 즉시 "불이야" 외친 후 주변에 알리고 119 신고 • 승강기 탑승금지, 비상계단 사용
	대피순서	• 1차 화점으로부터 타 방화구획으로 대피 • 자력으로 대피 가능한 거동환자 및 보호자, 방문객은 스스로 대피 • 걸을 수 있는 사람부터 걸을 수 없는 사람순으로 대비 – 경환자, 중환자, 보호자, 방문객, 조직구성원 순으로 대피
	대피 요령	• 승강기 탑승금지, 비상계단 사용 • 닫혀 있는 출입문을 함부로 열지 않음 • 유도등을 따라 가장 가까운 비상구로 대피 • 대피 시 자세를 최대한 낮추고, 수건에 물을 적시거나 물수건 등으로 입과 코를 막아 연기 흡입을 최소화 • 승강기는 정전 등으로 정지 시 위험하므로 이용하지 않음

33 약품관리 방법으로 옳지 않은 것은? 18 지방

① 약품의 외관, 포장이 유사한 경우 분리 보관한다.
② 병동에서 사용하고 남은 마약은 병동에서 즉시 폐기한다.
③ 고위험 약품 보관은 경구, 주사 등 제형별로 각각 분리하여 보관한다.
④ 항암주사제, 고농도 전해질은 각각의 안전지침에 따른 규정에 의거하여 보관한다.

34 질병관리청에서 제시한 의료관련감염 표준예방지침(2017)상 전파경로에 따른 주의와 질병의 연결이 옳은 것은? 18 지방

① 공기전파주의 – 활동성 결핵, 홍역, 백일해
② 비말전파주의 – 디프테리아, 풍진, 유행성이하선염
③ 접촉주의 – VRE감염, 세균성 이질, 성홍열
④ 혈액(체액)주의 – A형간염, B형간염, HIV

35 질병에 따른 격리 방법으로 옳은 것은? 17 지방 추채

① 수두 – 공기전파주의 격리 방법을 적용하여 음압설비 병실을 제공한다.
② 세균성 이질 – 공기전파주의 격리 방법을 적용하여 1인 병실을 제공한다.
③ 홍역 – 비말전파주의 격리 방법을 적용하여 마스크를 착용한다.
④ 다제내성균 감염 – 비말전파주의 격리 방법을 적용하여 장갑을 착용한다.

해설

33
마약은 일일재고관리를 하고 남은 마약은 약국으로 즉시 반납한다.
☑ p.218 06번 PLUS 표 참조

34
① 공기전파주의 – 활동성 결핵, 홍역 / 백일해-비말주의
③ 접촉주의 – VRE감염, 세균성 이질 / 성홍열-비말주의
④ 혈액(체액)주의 – B형간염, HIV / A형간염 – 접촉주의
☑ p.233 27번 PLUS 〈전파경로에 따른 질병분류〉 참조

35
② 세균성 이질: 접촉전파주의 격리 방법을 적용하여 1인 병실 또는 불가피한 경우 코호트 격리를 실시한다.
③ 홍역: 공기전파주의 격리 방법을 적용하여 음압설비 병실을 제공한다.
④ 다제내성균 감염: 접촉전파주의 격리 방법을 적용하여 1인 병실 또는 불가피한 경우 코호트 격리를 실시한다.
☑ p.233 27번 PLUS 〈전파경로에 따른 질병분류〉 참조

정답 33 ② 34 ② 35 ①

36 의료기관 내 환자안전 관리를 위한 접근법으로 옳지 않은 것은? 17 지방 추채

① 업무수행 과정을 단순화하고 표준화한다.
② 근접오류에 대해 강제적 보고 체계를 원칙으로 한다.
③ 표준화된 공통 언어를 사용하고 개방적인 의사소통을 함으로써 팀워크를 향상시킨다.
④ 의료인 개인에 초점을 두기보다는 오류를 발견·예방할 수 있는 시스템을 구축하기 위해 노력한다.

해설

36
적신호사건에 대해 의무적(강제적) 보고 체계를 원칙으로 한다. 자가보고시스템을 활성화하여 근접오류사건 등을 모니터링한다.

> **PLUS**
> 일반적인 환자 안전의 원칙(Wachter, 2012)
> (1) 개별제공자에 초점을 두기보다는 오류를 예방하고, 발견할 수 있는 시스템을 생성해야 한다.
> (2) 프로세스를 단순화하고 표준화시키는 것도 오류 예방을 위해 중요하다.
> (3) 개방적인 의사소통과 표준화된 공통 언어를 사용하고, 팀워크를 향상시킨다.
> (4) 과거의 실수로부터 학습한다. 사망사례집담회, 적신호사건의 근본원인분석 등의 방법을 활용한다.
> (5) 필요에 따라서는 물리적인 안전장치를 두어 오류를 줄인다.
> (6) 안전한 의료를 제공하기 위해 잘 훈련된 적절한 전문인력이 확보되어야 한다.
> (7) 피로와 스트레스가 오류와 연관될 수 있기 때문에 적절한 휴식을 취할 수 있는 스케줄링(scheduling)과 스태핑(staffing), 근무지 스트레스 관리가 환자안전을 위해 중요하다.
> (8) 환자안전을 도모하기 위해 자가보고시스템을 활성화하여 근접오류사건 등을 모니터링한다.

37 A병동에서는 최근 3개월간 낙상사고가 많이 발생하였다. 이에 간호관리자가 우선적으로 해야 할 일로 옳은 것은? 17 서울

① 모든 간호직원들에게 안전사고에 대한 교육을 실시한다.
② 낙상사고에 대한 통계를 간호사들의 인사고과에 반영한다.
③ 병동에서 발생하는 낙상의 원인과 상황분석을 철저히 한다.
④ 담당환자의 낙상사고가 많은 간호사를 공개적으로 지적하여 주의하도록 한다.

37
낙상사고 발생률이 증가하였다면 관리자는 가장 먼저 원인과 상황분석을 한 후 그에 맞는 대처를 하여야 한다.

38 입원한 환자 입실 시 스크리닝 검사에서 활동성 결핵과 다제내성균이 배양된 것으로 판명되었다. 이 경우에 가장 효과적인 의료 관련 감염관리 방법은?
17 서울(수정)

① 격리실에 격리하여 커튼을 쳐주었다.
② 간호사는 장갑과 마스크를 착용하였다.
③ 격리실에 다른 다제내성균 환자와 같이 격리하였다.
④ 격리실에 격리하고 환기를 음압으로 조정하였다.

38
이 문제에서 제시된 사례 속 질병인 "활동성 결핵"은 공기 전파주의, "다제내성균 배양"은 접촉전파주의이다.
격리실 사용은 모든 감염환자를 대상으로 하되 부족 시 공기전파주의 대상자가 우선시 된다.
환기장치를 음압으로 조정하고 의료진은 특수마스크(N95)를 꼭 착용해야 한다.
☞ p.225 15번 **PLUS** 〈전파경로별 격리지침〉 참조

정답 36 ② 37 ③ 38 ④

39 간호단위 기록에 대한 설명으로 옳은 것은? 17 지방

① 환자기록: 법적으로 중요한 자료가 되고 직원을 보호하는 근거가 된다.
② 약물기록: 경구투약을 제외한 투약방법은 기입하지 않는다.
③ 진단검사기록: 검사 전 준비사항은 기록으로 남기지 않는다.
④ 간호기록: 상급자의 요청이 있을 경우 기록내용을 임의로 수정할 수 있다.

해설
39
② 약물기록: 경구투약을 포함한 투약방법을 기입한다.
③ 진단검사기록: 검사 전 준비사항도 기록으로 남긴다.
④ 간호기록: 상급자의 요청이 있어도 기록내용을 임의로 수정할 수 없다.

PLUS

기록의 중요성	의사소통, 간호계획, 법적 증거, 교육, 질 향상, 통계 및 연구, 감사
간호기록 작성지침	• 정확성(혼자가 말한 주관적 호소를 인용) • 간결성(환자 이름 및 존칭 생략) • 적시성(간호 시행 전에 미리 기록하지 않음) • 대신 기록이나 서명하지 말 것 • 기록의 내용을 고의로 변경하지 말 것(면허자격 정지)
간호단위보고	• 일일업무보고(24시간 보고서): 근무교대 30분 전 기록하여 보고, 환자의 일일상태, 입퇴원 환자, 전과, 중환자, 수술 및 특수검사환자, 간호진단계획 등 기록 • 사건보고서: 환자치료과정 중 발생하는 비정상적이거나 예기치 않았던 사건보고(약물오남용, 부작용, 의료사고 등 환자와 직접 관계되는 것. 도난, 기구 물품파손 등), 완성된 사건보고서에 덧붙여 기록하지 않는다. 사건보고서는 환자의무기록에 첨부하지 않고 따로 보고한다. • 교대 시 보고: 각 근무 인수인계 시 단위 내 환자상태, 단위의 일반적 상태, 환자수, 환자 성명과 진단, 입·퇴원환자, 수술환자, 중환자 등 중요사항을 인수인계한다.

40 마약류 관리에 관한 법령상 마약에 대한 설명으로 옳지 않은 것은? 17 지방

① 처방전 또는 전자서명이 기재된 전자문서를 포함한 진료기록부는 5년간 보존하여야 한다.
② 마약, 예고 임시마약 또는 임시마약 저장시설은 이중으로 잠금장치가 된 철제금고로 한다.
③ 마약류의 저장시설은 일반인이 쉽게 발견할 수 없는 장소에 설치하되 이동할 수 없도록 설치한다.
④ 마약을 기재한 처방전 발급 시 그 처방전에 발급자의 업소 소재지, 상호 또는 명칭 및 면허번호를 기입하여 서명 또는 날인하여야 한다.

40
마약류관리에서 처방전 및 마약대장 또는 관련 전산 기록 등은 2년간 보존하여야 한다.
✓ p.221 09번 PLUS 〈마약 보관 및 관리〉 참조

정답 39 ① 40 ①

MEMO

신희원 간호관리
기출문제집

Part 08

간호윤리 법

PART 08 간호윤리 법

01 생명의료윤리 원칙에 대한 개념 설명으로 옳지 않은 것은? 25 보건직

① 자율성 존중의 원칙 – 환자가 자신의 생각에 따라 선택하고 행동할 권리를 존중한다.
② 악행금지의 원칙 – 의도적으로 해를 입히는 것과 해를 입히는 위험을 초래하는 것을 금한다.
③ 선행의 원칙 – 해악을 제거하고 적극적으로 선을 실행한다.
④ 정의의 원칙 – 환자에게 성실하게 간호를 제공하겠다는 약속을 이행한다.

PLUS

생명윤리의 규칙

자율성 존중의 원칙	• 인간은 누구나 개인이 스스로 선택한 계획에 따라 행동과정을 결정하는 자율권을 지니며, 그것이 타인에게 피해를 주지 않는 한 어느 누구도 그 권리를 침해받아서는 안 된다는 원칙 • 사전동의의 원칙: 자율성의 원리에 근본적으로 근거를 두고 있으며 '충분한 설명에 근거한 동의' 예 환자의 의사를 고려한 처치 및 장기기증	
선행의 원칙	• 발생할 수 있는 악결과를 미리 예측하여 예방할 의무와 당장의 해악을 제거할 의무를 포함 • 선의의 간섭주의: 개인의 이익, 복지 등을 위해서라면 개인의 자율성이나 자유는 희생될 수 있다는 입장	
	선의의 간섭주의가 정당화될 수 있는 조건	• 자율성의 조건: 대상자가 관련 정보를 전혀 모르고 있거나 합리적인 사고를 할 수 없을 때 • 해의 조건: 대상자의 결정에 동의할 경우 반드시 손상을 입게 되는 경우 • 승인의 조건: 대상자의 합리적인 사고가 회복되거나 지식을 얻게 될 경우에는 지금의 제재를 당연히 인정해 줄 것이라는 판단이 드는 경우 예 1) 수술 후 통증 때문에 움직이지 않는 환자에게 조기이상 권유 예 2) 섬망이 있는 노인 환자의 낙상 예방을 위한 억제대 적용
악행금지의 원칙	• 타인에게 의도적으로 해를 입히거나 타인에게 해를 입히는 위험을 초래하는 것을 금지한다는 원칙 • 의료인은 환자에게 해가 되는 행위를 해서는 안 되고 치료과정에서 환자에게 신체적으로 또는 정신적으로 상처를 주어서는 안 된다는 의미	
정의의 원칙	• 한판의 파이를 어떻게 공평하게 나누어 먹느냐의 의미로 해악과 이득이 공존하는 상황에서 이득을 분배하는 것 • 균등한 분배(선착순 지급), 획일적 분배(동일한 몫의 분배), 필요에 의한 분배(의료보험 혜택), 투여된 노력에 의한 분배, 성과에 따른 분배, 공적에 따른 분배 등 예 장기이식의 순서 / 응급실 내원환자의 처치 순서 등	

정답 01 ④

02 「한국간호사 윤리강령」의 '전문인으로서 간호사의 의무' 영역에 속하는 항목만을 모두 고르면? 24 지방

ㄱ. 인간의 존엄성 보호
ㄴ. 안전을 위한 간호
ㄷ. 정의와 신뢰의 증진
ㄹ. 간호 대상자 보호

① ㄱ, ㄴ
② ㄴ, ㄷ
③ ㄷ, ㄹ
④ ㄱ, ㄷ, ㄹ

해설

PLUS

「한국간호사 윤리강령」

간호사와 대상자	1. 평등한 간호 제공	간호사는 간호 대상자의 국적, 인종, 종교, 사상, 연령, 성별, 정치적·사회적·경제적 지위, 성적 지향, 질병, 장애, 문화 등의 차이에 관계 없이 평등하게 간호한다.
	2. 개별적 요구 존중	간호사는 간호 대상자의 관습, 신념 및 가치관에 근거한 개인적 요구를 존중하여 간호하는 데 최선을 다한다.
	3. 사생활 보호 및 비밀 유지	간호사는 간호 대상자의 개인 건강 정보를 포함한 사생활을 보호하고, 비밀을 유지하며, 간호에 필요한 최소한의 정보 공유를 원칙으로 한다.
	4. 알 권리 및 자기결정권 존중	간호사는 간호대상자를 간호의 전 과정에 참여시키며, 충분한 정보 제공과 설명으로 간호대상자가 스스로 의사결정을 하도록 돕는다.
	5. 취약한 대상자 보호	간호사는 취약한 환경에 처해 있는 간호대상자를 보호하고 돌본다.
	6. 건강 환경 구현	간호사는 건강을 위협하는 사회적 유해환경, 재해, 생태계의 오염으로부터 간호대상자를 보호하고, 건강한 환경을 보전·유지하는 데에 참여한다.
	7. 인간의 존엄성 보호 (신설)	간호사는 첨단 의과학 기술을 포함한 생명 과학 기술의 적용을 받는 간호 대상자를 돌볼 때 인간 생명의 존엄과 가치를 인식하고 간호 대상자를 보호한다.
전문인로서의 간호사 의무	8. 간호표준 준수	간호사는 모든 업무를 대한간호협회 간호 표준에 따라 수행하고 간호에 대한 판단과 행위에 책임을 진다.
	9. 교육과 연구	간호사는 간호수준의 향상과 근거기반 실무를 위한 교육과 훈련에 참여하고, 간호 표준 개발 및 연구에 기여한다.
	10. 정책 참여	간호사는 간호 전문직의 발전과 국민 건강 증진을 위해 간호 정책 및 관련 제도의 개선 활동에 적극적으로 참여한다.
	11. 정의와 신뢰의 증진	간호사는 의료자원의 분배와 간호 활동에 형평성과 공정성을 유지함으로써 사회의 공동선과 신뢰를 증진하는 데에 기여한다.
	12. 안전을 위한 간호 (안전한 간호)	간호사는 간호의 전 과정에서 간호 대상자의 안전을 우선시하며, 위험을 최소화하기 위한 조치를 취해야 한다.
	13. 건강 및 품위 유지	건강 간호사는 자신의 건강을 보호하고 전문가로서의 긍지와 품위를 유지한다.

정답 02 ②

간호사와 협력자	14. 관계윤리 준수	간호사는 동료 의료인이나 간호 관련 종사자와 협력하는 경우 상대를 존중과 신의로서 대하며, 간호 대상자 및 사회에 대한 윤리적 책임을 다한다.
	15. 간호 대상자 보호	간호사는 동료 의료인이나 간호 관련 종사자에 의해 간호 대상자의 건강과 안전이 위협받는 경우, 간호 대상자를 보호하기 위한 적절한 조치를 취한다.
	16. 첨단 생명 과학 기술 협력과 경계	간호사는 첨단 생명 과학 기술을 적용한 보건 의료 연구에 협력함과 동시에, 관련 윤리적 문제에 대해 경계하고 대처한다.

03 다음 사례에서 환자의 의사를 확보하기 위해 적용한 표준은? 24 지방

담당의사와 전문의 1인이 인공호흡기를 착용 중인 A 환자가 현재 임종과정에 있으며 의사능력이 없다고 판단하였다. 또한 연명의료정보처리시스템을 통해 A 환자가 수개월 전 작성한 사전연명의료의향서를 확인하였다. 이를 근거로 '연명의료중단등결정에 대한 환자의사 확인서(사전연명의료의향서)'를 작성하고 A 환자의 연명의료를 중단하였다.

① 대리 판단 표준
② 순수 자율성 표준
③ 합리적 성인 표준
④ 최선의 이익 표준

PLUS

자율성 존중의 대리결정 (자의적 동의 능력이 없는 사람의 자율성 보장 장치)		자율적 의사를 표명할 수 없는 환자도 많다. 교통사고로 식물인간이 된 환자에게서는 동의를 얻어낼 수 없. 그러면 대리인을 누구로 할 것인가?
	순수 자율성 표준	환자가 의사 표현 능력을 상실하기 전에 표명한 견해를 대리인이 그대로 전달하는 방법대상자가 동의 능력이 있었을 당시의 의견 기준(생전 유언(the living will))
	대리판단 표준	대리인이 환자의 입장에서 무엇을 원하겠는가를 기준 '환자를 위해 대리인 자신이 무엇을 원하는가'가 아니라 '이 환자가 의사를 표현할 수 있다면 이 상황에서 무엇을 원하는가'라는 물음에 따라 결정을 내리는 것 환자를 가장 잘 아는 대리인을 선정해서 그 환자가 자율적 능력을 지녔다면 이 상황에서 어떤 결정을 내릴지를 찾는 방법과, 그 환자와 같은 질병에 걸린 합리적인 사람들이 대부분 어떤 결정을 내리는지를 찾는 방법으로 나누어진다.
	최선의 이익 표준	이해득실을 따져 대상자에게 최선이 된다고 여겨지는 것의 기준 말 그대로 그 상황에서 무엇이 환자에게 최선의 이익이 되는가를 찾아내는 삶의 질 표준

해설

03
☑ p.242 01번 PLUS 〈생명윤리의 규칙〉 참조

정답 03 ②

04 「의료법」상 사람의 생명 또는 신체에 중대한 위해를 발생하게 할 우려가 있는 수술을 하는 경우 환자에게 설명하고 동의를 받아야 하는 사항만을 모두 고르면? 23 지방

> ㄱ. 환자에게 발생하거나 발생 가능한 증상의 진단명
> ㄴ. 수술의 필요성, 방법 및 내용
> ㄷ. 수술에 따라 전형적으로 발생이 예상되는 후유증 또는 부작용
> ㄹ. 수술 전후 환자가 준수하여야 할 사항

① ㄱ, ㄹ
② ㄱ, ㄴ, ㄷ
③ ㄴ, ㄷ, ㄹ
④ ㄱ, ㄴ, ㄷ, ㄹ

해설

PLUS

[의료법] 제24조의2(의료행위에 관한 설명)
① 의사·치과의사 또는 한의사는 사람의 생명 또는 신체에 중대한 위해를 발생하게 할 우려가 있는 수술, 수혈, 전신마취(이하 이 조에서 "수술등"이라 한다)를 하는 경우 제2항에 따른 사항을 환자(환자의 법정대리인)에게 설명하고 서면(전자문서)으로 그 동의를 받아야 한다. 다만, 설명 및 동의 절차로 인하여 수술등이 지체되면 환자의 생명이 위험하여지거나 심신상의 중대한 장애를 가져오는 경우에는 그러하지 아니하다.
② 제1항에 따라 환자에게 설명하고 동의를 받아야 하는 사항은 다음 각 호와 같다.
 1. 환자에게 발생하거나 발생 가능한 증상의 진단명
 2. 수술등의 필요성, 방법 및 내용
 3. 환자에게 설명을 하는 의사, 치과의사 또는 한의사 및 수술등에 참여하는 주된 의사, 치과의사 또는 한의사의 성명
 4. 수술등에 따라 전형적으로 발생이 예상되는 후유증 또는 부작용
 5. 수술등 전후 환자가 준수하여야 할 사항
③ 환자는 의사, 치과의사 또는 한의사에게 제1항에 따른 동의서 사본의 발급을 요청할 수 있다. 이 경우 요청을 받은 의사, 치과의사 또는 한의사는 정당한 사유가 없으면 이를 거부하여서는 아니 된다.
④ 제1항에 따라 동의를 받은 사항 중 수술등의 방법 및 내용, 수술등에 참여한 주된 의사, 치과의사 또는 한의사가 변경된 경우에는 변경 사유와 내용을 환자에게 서면으로 알려야 한다.
⑤ 제1항 및 제4항에 따른 설명, 동의 및 고지의 방법·절차 등 필요한 사항은 대통령령으로 정한다.
[본조신설 2016. 12. 20.]

정답 04 ④

05 〈보기〉에서 간호사의 법적 의무와 책임에 대한 설명 중 옳은 것을 모두 고른 것은? 23 서울

―― 보기 ――

ㄱ. 간호사는 환자에게 유해한 결과가 발생하지 않도록 예견하고, 예견가능한 위험을 회피할 수 있는 수단을 강구하여야 할 의무가 있다.
ㄴ. 간호사가 간호기록을 거짓으로 작성하거나 고의로 사실과 다르게 수정한 경우는 간호사 면허취소 사유에 해당한다.
ㄷ. 간호사는 면허를 발급받은 해를 기준으로 3년마다 그 실태와 취업상황 등을 신고해야 하며, 신고하지 않는 경우 면허의 효력은 신고할 때까지 정지당할 수 있다.
ㄹ. 간호학생의 임상실습 수련을 목적으로, 예정된 분만 과정에 참관하는 경우에는 설명과 의무가 면제된다.

① ㄱ, ㄷ
② ㄴ, ㄹ
③ ㄱ, ㄴ, ㄷ
④ ㄱ, ㄷ, ㄹ

해설

05
ㄱ) 주의의무
ㄴ) 간호사가 간호기록을 거짓으로 작성하거나 고의로 사실과 다르게 수정한 경우는 면허정지 사유에 해당한다.
ㄷ)은 면허신고에 관한 내용이다.
ㄹ) 간호학생의 임상실습 수련을 목적으로 예정된 분만 과정에 참관하는 경우 대상자의 동의를 받아야 한다.

📖 p.245 04번 **PLUS** [의료법] 제24조의2 참조

PLUS

의료인의 법적 의무

주의의무	• 나쁜 결과가 발생하지 않도록 의식을 집중할 의무이며, 과실의 유무 판단은 일반인(통상인)의 주의 정도를 의미하는 것이 아니라 전문직 간호사(간호사로서 요구되는 일반적인 지식수준을 갖춘 간호사)의 주의 정도를 말한다. • 민사상의 책임과 별도로 형사상의 책임을 지게 되며 주의의무를 태만히 하여 타인의 생명과 건강에 위해를 초래하는 상황이 이에 해당된다. • 결과예견의무와 결과회피의무의 이중적 구조로 구성된다.
설명 및 동의의무	• 수술 등 침습적 의료행위 과정과 그 후에 나쁜 결과가 발생할 개연성이 있는 의료행위를 하는 경우 또는 사망 등의 중대한 결과 발생이 예측되는 의료행위 등과 같이 환자의 자기결정이 요구되는 경우, 환자에게 의료행위를 받을지의 여부를 결정하는 데 필요한 정보를 제공하고 동의를 구하여야 할 의무를 말한다. • 설명 및 동의의무의 궁극적 목적은 알권리를 통한 대상자의 자기결정권 존중이다.
확인의무	• 간호사가 간호의 내용 및 그 행위가 정확하게 이루어지는지를 확인해야 하는 의무를 말한다. • 간호사는 본인이 위임한 간호보조자의 행위를 지도·감독하여야 할 의무가 있을 뿐만 아니라 다른 보건의료인의 행위가 실무표준행위에 위반되지 않고 적절한지를 관찰하여야 한다.
비밀누설 금지의무	• 간호사는 대상자의 치료와 간호를 위하여 필요할 경우 의료팀 간 정보를 공유하여야 하며, 직접 관련되지 않는 자에게 공개할 경우 대상자의 동의를 얻어야 한다. • 비밀유지 의무는 절대적인 것이 아니라 환자 개인의 이익보다 공공의 이익을 우선한다.

정답 05 ①

06 간호사고는 간호행위 과정에서 환자에게 예상외의 원치 않은 인신상의 불상사가 야기된 경우를 총칭하는 것이다. 조직적 대응 방안에 대한 설명으로 가장 옳지 않은 것은? 22 서울(6월)

① 간호과오는 피할 수 있다는 인식을 가지며, 간호사는 간호과오에 대해서 책임을 지고 간호과오 사례를 공유하여 다시 발생하지 않도록 개선하여야 한다.
② 문제의 원인을 발견하기 위해서 적극적으로 자료를 수집하고 원인을 분석한다.
③ 관리자는 간호사가 병원을 위하여 잘못한 사실을 감추어야 할 책임이 있다는 가정을 주어서는 안된다.
④ 간호사고 시 누가 환자와 보호자에게 사실을 말하고, 추후 치료와 비용부담 등을 결정할 것인지에 대한 규정을 만든다.

PLUS

| 조직적 대응방안 | • 간호과오는 절대적으로 완벽하게 피할 수 없다. 간호사를 비난하거나 벌하기보다는 과오 사례를 서로 공유하여 똑같은 실수가 두 번 다시 일어나지 않도록 개선하여야 한다.
• 문제의 원인을 발견하기 위하여 적극적으로 자료를 수집하고 원인을 분석한다.
• 환자나 가족에게 해당 간호사보다는 위험관리자가 사실관계, 추후 치료비용 부담 등을 설명하는 것이 바람직하다. 간호사고 발생 원인에 대하여 성의 있고 공손한 태도로 충분히 설명한다.
• 관리자는 간호사가 병원을 위하여 잘못한 사실을 감추어야 할 책임이 있다는 가정을 심어주어서는 안된다.
• 향후 같은 과오를 반복하지 않기 위한 추후 조치를 환자에게 확실히 설명한다. 환자 등이 의료분쟁을 제기하는 동기는 경제적 보상이 아니라 의료사고를 일으킨 자에 대한 보복이나 그의 의료행위를 저지함으로써 앞으로의 희생을 막기 위함이다. |

07 개인적 차원과 비교하여, 조직적 차원의 간호사고 예방을 위한 방안으로 가장 옳은 것은? 22 서울(2월)

① 간호실무 표준과 지침을 마련한다.
② 사고의 근본원인보다는 사고발생자에게 집중한다.
③ 간호실무표준을 기초로 최선의 간호를 수행한다.
④ 사소한 내용이라도 환자 및 보호자의 호소를 가볍게 넘기지 않는다.

해설

07
② 사고의 근본원인에 집중한다.
③, ④ 개인적 예방방안

정답 06 ① 07 ①

> **PLUS**
>
> **간호사고의 예방방안**
>
> | 개인적 예방방안 | 조직적 예방방안 |
> |---|---|
> | ① 대상자와의 좋은 인간관계, 신뢰관계를 형성한다.
② 간호실무표준을 기초로 최선의 간호를 수행한다.
③ 사소한 내용이라도 환자나 보호자의 호소를 가볍게 넘기지 않는다.
④ 근거에 의하여 충분한 설명을 제공한다.
⑤ 의료기관의 정책과 관련 규정, 지침을 적어도 1년에 한 번은 자세하게 읽는다. | ① 간호사의 실무 관련 법적 의무에 대한 사례 중심의 문제 해결식 교육을 강화한다.
② 효과적인 사건보고 및 의사소통체계를 마련한다. 사건보고와 인사고과를 분리시켜 처벌에 대한 두려움 때문에 간호사고를 숨기지 않도록 하여야 한다.
③ 조직적 위험관리 전담자를 양성하여 과학적이고 체계적인 위험 분석 및 예방 전략을 구축하도록 한다.
④ 문제가 발생된 근본적인 원인을 분석한다.
⑤ 근본적인 원인 해결을 위하여 필요하다면 병원의 구조적 변화를 요청한다. |

08 간호사 보수교육에 대한 설명으로 옳은 것은? 22 지방

① 보수교육은 면대면 교육인 경우에만 인정된다.
② 간호대학원 재학 중에도 보수교육을 받아야 한다.
③ 간호사는 보수교육을 매년 6시간 이상 받아야 한다.
④ 간호사 보수교육의 이수는 의료법령에 명시된 의무이다.

> **PLUS**
>
> **보수교육 기본사항(「의료법 시행규칙」제20조)**
>
> | | |
> |---|---|
> | 보수교육 매년 실시 | 중앙회는 다음의 보수교육을 매년 실시하여야 한다.
1. 직업윤리에 관한 사항
2. 업무 전문성 향상 및 업무 개선에 관한 사항
3. 의료 관계 법령의 준수에 관한 사항
4. 선진 의료기술 등의 동향 및 추세 등에 관한 사항
5. 그 밖에 보건복지부장관이 의료인의 자질 향상을 위하여 필요하다고 인정하는 사항 |
> | 보수교육 이수시간 | 의료인은 제1항에 따른 보수교육을 연간 8시간 이상 이수하여야 한다. |
> | 보건복지부장관의 평가 | 보건복지부장관은 제1항에 따른 보수교육의 내용을 평가할 수 있다. |
> | 보수교육 실시 기관 | 각 중앙회장은 제1항에 따른 보수교육을 다음의 기관으로 하여금 실시하게 할 수 있다.
1. 지부또는 중앙회의 정관에 따라 설치된 의학·치의학·한의학·간호학 분야별 전문학회 및 전문단체
2. 의과대학·치과대학·한의과대학·의학전문대학원·치의학전문대학원·한의학전문대학원·간호대학 및 그 부속병원
3. 수련병원
4. 한국보건복지인력개발원
5. 다른 법률에 따른 보수교육 실시기관 |

해설

08
① 보수교육은 면대면 교육과 온라인 교육 모두 인정된다.
② 간호대학원 재학 중에는 보수교육을 받지 않아도 된다.
→ 면제
③ 간호사는 보수교육을 매년 8시간 이상 받아야 한다.

정답 08 ④

보수교육을 면제	다음의 어느 하나에 해당하는 사람에 대하여는 해당 연도의 보수교육을 면제한다. 1. 전공의 2. 의과대학·치과대학·한의과대학·간호대학의 대학원 재학생 3. 영 제8조에 따라 면허증을 발급받은 신규 면허취득자 4. 보건복지부장관이 보수교육을 받을 필요가 없다고 인정하는 사람
보수교육을 유예	다음의 어느 하나에 해당하는 사람에 대하여는 해당 연도의 보수교육을 유예할 수 있다. 1. 해당 연도에 6개월 이상 환자진료 업무에 종사하지 아니한 사람 2. 보건복지부장관이 보수교육을 받기가 곤란하다고 인정하는 사람

09 〈보기〉에서 설명하는 환자의 권리는? 21 서울

― 보기 ―

- 환자는 진료와 관련된 신체상·건강상의 비밀과 사생활의 비밀을 침해받지 아니한다.
- 의료인과 의료기관은 환자의 동의를 받거나 범죄 수사 등 법률에서 정한 경우 외에는 비밀을 누설·발표하지 못한다.

① 진료받을 권리
② 알권리 및 자기결정권
③ 비밀을 보호받을 권리
④ 상담·조정을 신청할 권리

PLUS

법률 속 환자의 권리

진료받을 권리	환자는 자신의 건강보호와 증진을 위하여 적절한 보건의료서비스를 받을 권리를 가진다(「보건의료기본법」 제6조 제1항).
알 권리	「보건의료기본법」 제11조 및 자기 결정권(「보건의료기본법」 제12조) 환자는 의료인으로부터 자신의 질병에 대한 치료방법, 의학적 연구대상 여부, 장기이식 여부 등에 관해 충분한 설명을 들은 후 이에 관한 동의 여부를 결정할 권리를 가진다.
비밀을 보호받을 권리	「보건의료기본법」 제13조 환자는 진료와 관련된 신체상·건강상의 비밀과 사생활의 비밀을 침해받지 아니하며(「보건의료기본법」 제13조), 의료인과 의료기관은 환자의 동의를 받거나 범죄 수사 등 법률에서 정한 경우 외에는 의료, 조산 또는 간호를 하면서 알게 된 비밀을 누설·발표하지 못한다(「의료법」 제19조).
상담·조정을 신청할 권리	환자는 의료서비스 관련 분쟁이 발생한 경우, 한국의료분쟁조정중재원 등에 상담 및 조정 신청을 할 수 있다(「의료사고 피해구제 및 의료분쟁 조정 등에 관한 법률」 제27조).

정답 09 ③

10 다음에서 설명하는 의료인의 의무는? 21 지방

- 환자의 자율성 존중 원칙을 바탕으로 한다.
- 이 의무를 위반할 경우 전단적 의료(unauthorized medical care)에 해당한다.

① 기록의무　　② 설명 및 동의의무
③ 확인의무　　④ 비밀유지의무

11 한국간호사 윤리강령상 '전문가로서의 간호사 의무' 영역에 해당하는 항목은? 21 지방

① 대상자 보호　　② 건강 환경 구현
③ 안전한 간호 제공　　④ 관계 윤리 준수

PLUS

전문가로서의 간호사 의무	• 간호표준 준수 • 정책참여 • 안전한 간호 제공	• 교육과 연구 • 정의와 신뢰의 증진 • 건강 및 품위 유지

12 「의료법」제60조의3에 따라 설치·운영하는 간호인력 취업교육센터의 명시된 업무가 아닌 것은? 21 지방

① 유휴 및 이직 간호인력의 취업교육 지원
② 우수한 간호사의 확보와 적절한 공급을 위한 기본시책 수립
③ 지역별, 의료기관별 간호인력 확보에 관한 현황 조사
④ 간호인력의 지속적인 근무를 위한 경력개발 지원

PLUS

「의료법」제60조의3(간호인력 취업교육센터 설치 및 운영)
① 보건복지부장관은 간호·간병통합서비스 제공·확대 및 간호인력의 원활한 수급을 위하여 다음 각 호의 업무를 수행하는 간호인력 취업교육센터를 지역별로 설치·운영할 수 있다.
  1. 지역별, 의료기관별 간호인력 확보에 관한 현황 조사
  2. 제7조제1항제1호에 따른 간호학을 전공하는 대학이나 전문대학[구제(舊制) 전문학교와 간호학교를 포함한다] 졸업예정자와 신규 간호인력에 대한 취업교육 지원
  3. 간호인력의 지속적인 근무를 위한 경력개발 지원
  4. 유휴 및 이직 간호인력의 취업교육 지원
  5. 그 밖에 간호인력의 취업교육 지원을 위하여 보건복지부령으로 정하는 사항

시행규칙 제64조의11(간호인력 취업교육센터 운영 등)
1법 제60조의3제1항제5호에서 "보건복지부령으로 정하는 사항"이란 다음 각 호의 사항을 말한다.
  1. 간호인력에 대한 취업 상담 및 관련 정보 제공
  2. 간호인력의 고용 및 처우에 관한 조사·분석 및 연구

해설

10
- 설명 및 동의의무란 수술 등 침습적 의료행위 과정과 그 후에 나쁜 결과가 발생할 개연성이 있는 의료행위를 하는 경우 또는 사망 등의 중대한 결과 발생이 예측되는 의료행위 등과 같이 환자의 자기결정이 요구되는 경우, 환자에게 의료행위를 받을지의 여부를 결정하는 데 필요한 정보를 제공하고 동의를 구하여야 할 의무를 말한다.
- 전단적 의료(unauthorized medical care)란 의료인이 어떤 위협성이 있는 의료를 행하기에 앞서 환자로부터 동의를 얻지 않고 의료행위를 하는 것을 말하며 불법행위로서 형사 및 민사상의 모든 책임을 지게 된다.
☑ p.246 05번 PLUS 〈의료인의 법적 의무〉 참조

11
①, ④ 간호사와 협력자
② 간호사와 대상자
☑ p.243 02번 PLUS 〈한국간호사 윤리강령〉 참조

정답　10 ②　11 ③　12 ②

3. 간호인력 취업교육 프로그램의 개발·운영 및 홍보
4. 의료기관 및 간호대학 등 관련 기관 간 협력체계 구축·운영
5. 그 밖에 간호인력의 취업교육 지원을 위하여 보건복지부장관이 특히 필요하다고 인정하는 사항

13 간호사의 면허 취소 사유가 아닌 것은? 20 광주 추채

① 마약중독자
② 피성년후견인
③ 의료법 위반으로 재판중인 자
④ 3회 이상 자격정지 처분을 받은 자

PLUS

간호사 면허 취소와 재교부(「간호법」 제39조)

제39조
(면허 또는 자격의 취소와 재교부)

① 보건복지부장관은 간호사등이 다음 각 호의 어느 하나에 해당할 경우에는 그 면허 또는 자격을 취소할 수 있다. 다만, 제1호·제8호의 경우에는 면허 또는 자격을 취소하여야 한다.

1. 제7조 각 호의 어느 하나에 해당하게 된 경우. 다만, 의료행위 중 「형법」 제268조의 죄를 범하여 제7조제4호부터 제6호까지의 어느 하나에 해당하게 된 경우에는 그러하지 아니하다.

   간호법 7조 (결격사유)
   간정신질환자, 마약·대마·향정신성의약품 중독자, 피성년후견인, 피한정후견인, 의료 관련 법령을 위반하여 금고 이상의 형을 선고 받고 집행이 끝나거나 집행이 면제된 날부터 5년이 지나지 아니한 사람, 금고 이상의 형의 집행유예를 선고받고 그 유예기간이 지난 후 2년이 지나지 아니한 사람, 금고 이상의 형의 선고유예를 받고 그 유예기간 중에 있는 사람

2. 「의료법」 제66조에 따른 자격정지 처분 기간 중에 의료행위를 하거나 3회 이상 자격정지 처분을 받은 경우
3. 제2항에 따라 면허 또는 자격을 재교부받은 사람이 「의료법」 제66조제1항 각 호의 어느 하나에 해당하는 경우
4. 제10조제2항에 따른 면허 조건을 이행하지 아니한 경우

   제10조(면허 또는 자격의 등록과 조건)
   ② 보건복지부장관은 보건의료 시책에 필요하다고 인정하면 제4조에 따른 면허를 내줄 때 3년 이내의 기간을 정하여 특정 지역이나 특정 업무에 종사할 것을 면허의 조건으로 붙일 수 있다.

5. 제11조제1항을 위반하여 면허를 대여한 경우

   제11조(면허 대여 금지 등)
   ① 간호사등은 제4조부터 제6조까지에 따라 받은 면허 또는 자격을 다른 사람에게 대여하여서는 아니 된다.

6. 「의료법」 제4조제6항을 위반하여 사람의 생명 또는 신체에 중대한 위해를 발생하게 한 경우
7. 「의료법」 제27조제5항을 위반하여 사람의 생명 또는 신체에 중대한 위해를 발생하게 할 우려가 있는 수술, 수혈, 전신마취를 의료인 아닌 자에게 하게 하거나 의료인에게 면허 사항 외로 하게 한 경우
8. 거짓이나 그 밖의 부정한 방법으로 제4조에 따른 면허 또는 제6조에 따른 자격의 발급 요건을 취득하거나 국가시험에 합격한 경우

정답 13 ③

14 환자의 권리와 의무 중 옳지 않은 것은? 20 광주 추채

① 평등과 존엄의 권리
② 상담·조정을 신청할 권리
③ 의료인을 신뢰·존중할 의무
④ 부정한 방법으로 진료받지 않을 의무

PLUS

환자의 권리	• 진료받을 권리 • 알 권리 및 자기결정권 • 비밀을 보호받을 권리 • 상담·조정을 신청할 권리
환자의 의무	• 의료인에 대한 신뢰·존중 의무 • 부정한 방법으로 진료를 받지 않을 의무

환자의 의무(「의료법」 시행규칙 [별표 1])

의료인에 대한 신뢰 존중의무	환자는 자신의 건강 관련 정보를 의료인에게 정확히 알리고, 의료인의 치료계획을 신뢰하고 존중하여야 한다.
부정한 방법으로 진료 받지 않을 의무	환자는 진료 전에 본인의 신분을 밝혀야 하고, 다른 사람의 명의로 진료를 받는 등 거짓이나 부정한 방법으로 진료를 받지 아니한다.

15 윤리강령의 제정 목적이 아닌 것은? 20 광주 추채

① 법률적 효력을 위해서
② 급격한 의료환경 변화에 대처하기 위해서
③ 간호사의 의사결정 판단의 근거가 되기 위해
④ 전문직으로서의 책임과 의무를 다할 것을 사회에 알리기 위해

PLUS

윤리강령의 목적	• 급격한 의료환경 변화에 대처 • 간호사의 의사결정 판단의 근거 • 전문직으로서의 책임과 의무를 다할 것을 알리기 위해

16 환자의 권리 중 자기결정권과 관련하여 간호사가 상대적으로 가지게 되는 법적 의무사항으로 가장 옳은 것은? 20 서울

① 주의의무 ② 확인의무
③ 결과예견의무 ④ 설명 및 동의의무

해설

14
☑ p.249 09번 PLUS 〈법률 속 환자의 권리〉 참조

15
윤리 강령은 법적 근거 또는 법률적 구속력(효력)은 없다.

16
설명 및 동의의무란 수술 등 침습적 의료행위 과정과 그 후에 나쁜 결과가 발생할 개연성이 있는 의료행위를 하는 경우 또는 사망 등의 중대한 결과 발생이 예측되는 의료행위 등과 같이 환자의 자기결정이 요구되는 경우, 환자에게 의료행위를 받을지의 여부를 결정하는 데 필요한 정보를 제공하고 동의를 구하여야 할 의무를 말한다. 설명 및 동의의무의 궁극적 목적은 알 권리를 통한 대상자의 자기결정권 존중이다.
☑ p.246 05번 PLUS 〈의료인의 법적 의무〉 참조

정답 14 ① 15 ① 16 ④

17 다음 글에서 설명하는 환자의 권리는? 20 지방

- 의료진은 환자에게 특정 의료행위를 하기 전에 설명과 동의를 구해야 한다.
- 환자는 의료진에게 질병상태, 치료방법, 예상결과 및 진료비용 등에 관하여 질문할 수 있다.

① 진료받을 권리
② 비밀을 보호받을 권리
③ 알 권리 및 자기결정권
④ 상담·조정을 신청할 권리

해설

17
환자는 의료인으로부터 자신의 질병에 대한 치료방법, 의학적 연구대상 여부, 장기이식여부 등에 관해 충분한 설명을 들은 후 이에 관한 동의 여부를 결정할 권리를 가진다. → 알 권리 및 자기결정권 (보건의료기본법)
✓ p.249 09번 PLUS 〈법률 속 환자의 권리〉 참조

18 「의료법」상 의료인의 면허취소 사유는? 20 지방

① 의료인의 품위를 심하게 손상시키는 행위를 한 때
② 의료기관 개설자가 될 수 없는 자에게 고용되어 의료 행위를 한 때
③ 진료기록부를 거짓으로 작성하거나 고의로 사실과 다르게 추가기재·수정한 때
④ 의료관련 법령을 위반하여 금고 이상의 형을 선고받고 그 형의 집행이 종료되지 아니하였을 때

18
①, ②, ③ 자격정지 사유
④ 「의료법」제8조에 의한 결격 사유 - 면허 취소 사유

PLUS

의료인 면허 취소와 재교부(「의료법」 제65조)

면허 취소

① 보건복지부장관은 의료인이 다음 각 호의 어느 하나에 해당할 경우에는 그 면허를 취소할 수 있다. 다만, 제1호·제8호의 경우에는 면허를 취소하여야 한다.
  1. 제8조(결격사유등) 각 호의 어느 하나에 해당하게 된 경우

  > 정신질환자, 마약·대마·향정신성의약품 중독자, 피성년후견인, 피한정후견인, 의료 관련 법령을 위반하여 금고 이상의 형을 선고 받고 그 형의 집행이 종료되지 아니하였거나 집행을 받지 아니하기로 확정되지 아니한 자

  2. 자격 정지 처분 기간 중에 의료 행위를 하거나 3회 이상 자격 정지 처분을 받은 경우
  3. 제11조제1항에 따른 면허 조건을 이행하지 아니한 경우

  > 제11조(면허 조건과 등록) ① 보건복지부장관은 보건의료 시책에 필요하다고 인정하면 제5조 및 제6조에 따른 면허를 내줄 때 3년 이내의 기간을 정하여 특정 지역이나 특정 업무에 종사할 것을 면허의 조건으로 붙일 수 있다.

  4. 면허를 대여한 경우
  5. 〈삭제〉
  6. 사람의 생명 또는 신체에 중대한 위해를 발생하게 한 경우
  7. 제27조 제5항을 위반하여 사람의 생명 또는 신체에 중대한 위해를 발생하게 할 우려가 있는 수술, 수혈, 전신마취를 의료인 아닌 자에게 하게 하거나 의료인에게 면허 사항 외로 하게 한 경우
  8. 거짓이나 그 밖의 부정한 방법으로 제5조 및 제6조에 따른 의료인 면허 발급 요건을 취득하거나 제9조에 따른 국가시험에 합격한 경우

정답 17 ③ 18 ④

재교부	② 보건복지부장관은 제1항(정신질환, 중독, 피성년 피한정후견인)에 따라 면허가 취소된 자라도 취소의 원인이 된 사유가 없어지거나 개전(改悛)의 정이 뚜렷하다고 인정되고 대통령령으로 정하는 교육프로그램을 이수한 경우에는 면허를 재교부할 수 있다. 다만, 제1항제3호(면허조건이행)에 따라 면허가 취소된 경우에는 취소된 날부터 1년 이내, 제1항제2호·제2호의2(자격정지)에 따라 면허가 취소된 경우에는 취소된 날부터 2년 이내, 제1항제4호(면허대여)·제6호(생명위해)·제7호(의료인이아닌자의시술) 또는 제8조제4호부터 제6호(금고이상실형)까지에 따른 사유로 면허가 취소된 경우에는 취소된 날부터 3년 이내, 제8조제4호(금고 이상의 실형을 선고받고 그 집행이 끝나거나 그 집행을 받지 아니하기로 확정된 후 5년이 지나지 아니한 자)에 따른 사유로 면허가 취소된 사람이 다시 제8조제4호에 따른 사유로 면허가 취소된 경우에는 취소된 날부터 10년 이내에는 재교부하지 못하고, 제1항제8호 (부정합격) 에 따라 면허가 취소된 경우에는 재교부할 수 없다.

면허 취소 사유	재교부 제한 연한
제11조제1항(3년 이내의 기간을 정하여 특정 지역이나 특정 업무에 종사할 것)에 따른 면허 조건을 이행하지 아니한 경우	1년 이내
자격 정지 처분 기간 중에 의료행위를 하거나 3회 이상 자격 정지 처분을 받은 경우	2년 이내
• 면허를 대여한 경우 • 사람의 생명 또는 신체에 중대한 위해를 발생하게 한 경우 • 결격사유 중 의료 관련 법령 위반으로 면허가 취소된 경우 • 사람의 생명 또는 신체에 중대한 위해를 발생하게 할 우려가 있는 수술, 수혈, 전신마취를 의료인 아닌 자에게 하게 하거나 의료인에게 면허 사항 외로 하게 한 경우	3년 이내

자격 정지 등(「의료법」 제66조)

면허 정지	① 보건복지부장관은 의료인이 다음 각 호의 어느 하나에 해당하면(제65조제1항제2호의2에 해당하는 경우는 제외한다) 1년의 범위에서 면허자격을 정지시킬 수 있다. 　1. 의료인의 품위를 심하게 손상시키는 행위를 한 때 　　1. 학문적으로 인정되지 아니하는 진료 행위 　　2. 비도덕적 진료 행위 　　3. 거짓 또는 과대 광고 행위(식품, 건강기능식품, 의약 한약제제, 의료기기, 화장품) 　　4. 불필요한 검사·투약(投藥)·수술 등 지나친 진료행위를 하거나 부당하게 많은 진료비를 요구하는 행위 　　5. 전공의(專攻醫)의 선발 등 직무와 관련하여 부당하게 금품을 수수하는 행위 　　6. 다른 의료기관을 이용하려는 환자를 영리를 목적으로 자신이 종사하거나 개설한 의료기관으로 유인하거나 유인하게 하는 행위 　　7. 자신이 처방전을 발급하여 준 환자를 영리를 목적으로 특정 약국에 유치하기 위하여 약국 개설자 나 약국에 종사하는 자와 담합하는 행위 　2. 의료기관 개설자가 될 수 없는 자에게 고용되어 의료행위를 한 때 　2의2. 제4조제6항을 위반한 때 　3. 제17조제1항 및 제2항에 따른 진단서·검안서 또는 증명서를 거짓으로 작성하여 내주거나 제22조제1항에 따른 진료기록부등을 거짓으로 작성하거나 고의로 사실과 다르게 추가기재·수정한 때 　4. 제20조(태아 성 감별 행위 등 금지)를 위반한 경우 　5. 삭제 〈2020. 12. 29.〉 　6. 의료기사가 아닌 자에게 의료기사의 업무를 하게 하거나 의료기사에게 그 업무 범위를 벗어나게 한 때 　7. 관련 서류를 위조·변조하거나 속임수 등 부정한 방법으로 진료비를 거짓 청구한 때 　8. 삭제 〈2011. 8. 4.〉 　9. 제23조의5를 위반하여 경제적 이익등을 제공받은 때 　10. 그 밖에 이 법 또는 이 법에 따른 명령을 위반한 때

② 제1항제1호에 따른 행위의 범위는 대통령령으로 정한다.
③ 의료기관은 그 의료기관 개설자가 제1항제7호에 따라 자격정지 처분을 받은 경우에는 그 자격정지 기간 중 의료업을 할 수 없다. 〈개정 2010. 7. 23.〉
④ 보건복지부장관은 의료인이 제25조에 따른 신고를 하지 아니한 때에는 신고할 때까지 면허의 효력을 정지할 수 있다. 〈신설 2011. 4. 28.〉
⑤ 제1항제2호를 위반한 의료인이 자진하여 그 사실을 신고한 경우에는 제1항에도 불구하고 보건복지부령으로 정하는 바에 따라 그 처분을 감경하거나 면제할 수 있다. 〈신설 2012. 2. 1.〉
⑥ 제1항에 따른 자격정지처분은 그 사유가 발생한 날부터 5년(제1항제5호·제7호에 따른 자격정지처분의 경우에는 7년으로 한다)이 지나면 하지 못한다. 다만, 그 사유에 대하여 「형사소송법」 제246조에 따른 공소가 제기된 경우에는 공소가 제기된 날부터 해당 사건의 재판이 확정된 날까지의 기간은 시효 기간에 산입하지 아니 한다. 〈신설 2016. 5. 29.〉

19 간호사고를 예방하기 위한 조직적 예방 방안은? 20 지방

① 근본적 원인 해결을 위하여 필요하다면 병원의 구조적 변화를 요청한다.
② 사건보고와 인사고과를 연결하여 효율적으로 사고 예방 체계를 마련한다.
③ '왜 문제가 발생되었는가'보다 '누가 과오를 범하였는가'에 대한 책임 소재를 명확히 규명한다.
④ 사고예방을 위하여 사례 중심의 문제해결 교육보다는 지침서 위주의 교육으로 전환하는 것이 더 효과적이다.

해설

19
② 사건보고와 인사고과를 분리하여 효율적으로 사고 예방 체계를 마련한다.
③ '누가 과오를 범하였는가'보다 '왜 문제가 발생되었는가'에 대해 명확히 규명한다.
④ 사고예방을 위하여 지침서 위주의 교육보다는 사례 중심의 문제해결 교육으로 전환하는 것이 더 효과적이다.

PLUS

간호사고의 예방방안

개인적 예방방안	조직적 예방방안
① 대상자와의 좋은 인간관계, 신뢰관계를 형성한다. ② 간호실무표준을 기초로 최선의 간호를 수행한다. ③ 사소한 내용이라도 환자나 보호자의 호소를 가볍게 넘기지 않는다. ④ 근거에 의하여 충분한 설명을 제공한다. ⑤ 의료기관의 정책과 관련 규정, 지침을 적어도 1년에 한 번은 자세하게 읽는다.	① 간호사의 실무 관련 법적 의무에 대한 사례 중심의 문제 해결식 교육을 강화한다. ② 효과적인 사건보고 및 의사소통체계를 마련한다. 사건보고와 인사고과를 분리시켜 처벌에 대한 두려움 때문에 간호사고를 숨기지 않도록 하여야 한다. ③ 조직적 위험관리 전담자를 양성하여 과학적이고 체계적인 위험 분석 및 예방 전략을 구축하도록 한다. ④ 문제가 발생된 근본적인 원인을 분석한다. ⑤ 근본적인 원인 해결을 위하여 필요하다면 병원의 구조적 변화를 요청한다.

정답 19 ①

20 의료행위는 사전설명과 그 설명에 기초한 동의에 의해서 적법화된다. 대상자에게 설명을 제공할 때 고려할 사항은? 19 서울

① 의료행위를 하기 직전에 설명을 하고 동의를 받는다.
② 대상자에게 정확한 내용을 전달하기 위하여 전문용어를 사용하여 설명한다.
③ 의료인의 판단에 근거하여 설명의 내용과 범위를 결정한 뒤 대상자에게 설명한다.
④ 대상자가 자기결정권을 행사하는데 필요한 이해력과 판단능력을 갖추고 있는지 확인하여야 한다.

21 용어에 대한 설명으로 옳지 않은 것은? 19 지방

① 의료오류(medical error) – 현재의 의학적 지식수준에서 예방 가능한 위해사건 혹은 근접오류
② 과오(malpractice) – 상식을 가진 일반인의 표준적 수준을 충족하지 못하는 행위
③ 과실(negligence) – 유해한 결과가 발생하지 않도록 정신을 집중할 주의의무를 태만히 한 행위
④ 전단적 의료(unauthorized medical care) – 위험성이 있는 의료를 행하기에 앞서 환자로부터 동의를 얻지 않고 의료행위를 하는 것

PLUS

간호사고 관련 용어

개념	정의
의료사고	의료행위로 인하여 예상외의 원치 않은 불상사가 야기된 경우를 총칭하는 개념
간호사고	간호행위가 개시되어 종료되기까지의 과정이나 그 종료 후 당해 간호행위로 인하여 발생한 예상하지 못하고 원치 않았던 불상사의 총칭(가치중립적인 개념)
과실 (negligence)	• 유해한 결과가 발생하지 않도록 정신을 집중할 주의의무를 태만히 한 행위 • 합리적이고 신중한 태도로 행동하지 않은 잘못
과오 (malpractice)	과실의 특수한 형태로서 합리적이고 신중하게 행동하도록 교육받고 훈련된 전문가에게 기대되는 업무표준을 위반하는 경우
간호과실	신중한 태도로 행동하였을 때는 발생하지 않는, 통상 요구되는 주의의무를 태만히 하여 발생한 잘못
간호과오	• 간호사가 지켜야 하는 업무표준을 위반하여 발생한 잘못 • 간호사가 간호행위를 함에 있어 평균적인 간호사에게 요구되는 업무상의 주의의무를 게을리하여 환자에게 손해를 입힌 경우(법률적인 개념)
근접오류 (near miss)	오류가 있었음에도 의료사고로 이어지지 않은 사건. 위기일발(close call)이라고 하기도 함
의료오류 (medical error)	현재의 의학적 지식수준에서 예방 가능한 위해사건 혹은 근접오류
전단적 의료 (unauthorized medical care)	위험성이 있는 의료를 행하기에 앞서 환자로부터 동의를 얻지 않고 의료행위를 하는 것

해설

20
① 의료행위에 대해 사전에 충분한 설명을 하고 동의를 받는다.
② 대상자에게 정확한 내용을 전달하기 위하여 환자가 이해하기 쉬운 용어를 사용하여 설명한다.
③ 의료인은 대상자 중심으로 설명의 내용과 범위를 결정한 뒤 대상자에게 설명한다.

21
과오(malpractice) – 과실의 특수한 형태로서 합리적이고 신중하게 행동하도록 교육받고 훈련된 전문가에게 기대되는 업무표준을 위반하는 경우

정답 20 ④ 21 ②

22 한국간호사 윤리강령의 항목에 대한 설명으로 옳은 것은? 19 지방

① 건강 환경 구현 - 간호사는 건강을 위협하는 사회적 유해환경, 재해, 생태계의 오염으로부터 간호대상자를 보호하고, 건강한 환경을 보전·유지하는 데에 참여한다.
② 전문적 활동 - 간호사는 간호 수준의 향상과 근거기반 실무를 위한 교육과 훈련에 참여하고, 간호 표준 개발 및 연구에 기여한다.
③ 대상자 보호 - 간호사는 간호의 전 과정에서 인간의 존엄과 가치, 개인의 안전을 우선하여야 하며, 위험을 최소화하기 위한 조치를 취한다.
④ 취약한 대상자 보호 - 간호사는 인간 생명의 존엄성과 안전에 위배되는 생명과학기술을 이용한 시술로부터 간호대상자를 보호한다.

23 간호사는 간호조무사에게 욕창 발생의 위험이 있는 환자를 2시간마다 체위변경을 하도록 지시하였다. 간호조무사는 간호사의 지시를 잘못 듣고 4시간마다 체위변경을 시행하였고 이로 인하여 1단계 욕창이 발생하였다. 간호사의 행위에 해당하는 것은? 19 서울 추채

① 설명의무 태만
② 확인의무 태만
③ 동의의무 태만
④ 요양방법 지도의무 태만

24 채무불이행이나 불법행위에 있어 환자에게 과실이 있을 때, 법원이 손해배상의 책임 및 그 금액산정에 있어 환자의 과실을 참작하는 제도로 가장 옳은 것은? 18 서울

① 구상권
② 과실상계
③ 사용자배상책임
④ 이행보조자 과실책임

PLUS

구상권	채무를 대신 변제해 준 사람이 채권자를 대신하여 채무당사자에게 반환을 청구할 수 있는 권리
과실상계	채무불이행이나 불법행위에서 채권자에게도 과실이 있으면 손해배상의 책임과 금액의 결정에 있어서 그 과실을 참작하는 것
사용자배상책임	다른 사람을 사용 또는 고용하여 어떤 업무에 종사하게 하여 입힌 손해는 문제를 발생시킨 사람을 고용한 사람에게도 배상할 책임이 있다.
이행보조자 과실 책임	민법에 따른 용어로 특정 행위를 담당한 사람(운영하는 사람, 채무자)의 업무를 돕는 사람을 이행보조자라 하고, 이행보조자의 과실로 인한 책임은 최종적으로 이행보조자에게 업무를 하도록 한 이가 진다.

해설

22
② 교육과 연구 - 간호사는 간호 수준의 향상과 근거기반 실무를 위한 교육과 훈련에 참여하고, 간호 표준 개발 및 연구에 기여한다.
③ 안전한 간호 제공 - 간호사는 간호의 전 과정에서 인간의 존엄과 가치, 개인의 안전을 우선하여야 하며, 위험을 최소화하기 위한 조치를 취한다.
④ 생명과학기술과 존엄성 보호 - 간호사는 인간 생명의 존엄성과 안전에 위배되는 생명과학기술을 이용한 시술로부터 간호대상자를 보호한다.
• 전문적 활동: 간호사는 전문가로서의 활동을 통해 간호 정책 및 관련 제도의 개선과 발전에 참여한다.
• 취약한 대상자 보호: 간호사는 취약한 환경에 처해 있는 간호대상자를 보호하고 돌본다.

p.243 02번 PLUS 〈한국간호사 윤리강령〉 참조

23
간호사는 본인이 위임한 간호 보조자의 행위를 지도·감독하여야 할 의무가 있을 뿐만 아니라 다른 보건의료인의 행위가 실무 표준행위에 위반되지 않고 적절한지를 관찰하여야 한다. - 확인의무

정답 22 ① 23 ② 24 ②

25 다음의 사례에서 간호사가 지키지 않은 법적 의무로 가장 옳은 것은?

18 서울

> 갑상선전절제술 및 전경부 림프절 청소술을 받은 환자가 기도부종으로 인한 호흡장애로 뇌기능 부분손상 상태에 이르게 되었다. 간호사는 주치의 지시와 달리 2시간 간격의 활력증상을 측정하지 않았으며, 담당 의사를 불러 줄 것을 요청한 보호자의 요청을 수행하지 않았다.
> — 대법원 1994.12.12. 선고 93도3030 판결

① 비밀보장의 의무　　② 설명과 동의의무
③ 기록의무　　④ 주의의무

26 한국간호사 윤리강령에 제시된 간호의 근본이념으로 가장 옳은 것은?

18 서울

① 인간생명의 시작으로부터 끝에 이르기까지 건강을 증진하고 질병을 예방하며, 건강을 회복하고, 고통을 경감하도록 돕는 것
② 간호대상자 스스로 건강을 증진하는 데 필요한 지식과 정보를 획득하여 최선의 선택을 할 수 있도록 돕는 것
③ 국민의 건강과 안녕에 이바지하는 것
④ 인간생명의 존엄성과 기본권을 존중하고 옹호하는 것

27 전단적 의료가 발생하지 않도록 의료인이 준수해야 할 의무는? 18 지방

① 비밀누설금지 의무　　② 결과예견 의무
③ 결과회피 의무　　④ 설명과 동의 의무

28 다음 사례에서 간호사의 위약 사용에 대한 정당성을 부여할 수 있는 윤리원칙은? 18 지방

> 환자가 수술 후 통증조절을 위해 데메롤(Demerol)과 부스펜(Busphen)을 투약받고 있다. 수술 후 1주일이 넘었는데도 환자는 매 시간마다 호출기를 누르며 진통제를 요구하고 있다. 담당 간호사는 의사와 상의하여 부스펜과 위약을 처방받아 하루 3회 투약하기로 하였다.

① 신의의 원칙　　② 정의의 원칙
③ 선행의 원칙　　④ 자율성 존중의 원칙

해설

25
주의의무는 나쁜 결과가 발생하지 않도록 의식을 집중할 의무이며, 과실의 유무 판단은 일반인(통상인)의 주의 정도를 의미하는 것이 아니라 전문직 간호사(간호사로서 요구되는 일반적인 지식수준을 갖춘 간호사)의 주의 정도를 말한다.
→ 사례에서 간호사는 주치의 지시와 달리 활력증상 측정을 누락했고, 보호자의 요청도 수행하지 않아 주의의무를 위반한 것이다.
✅ p.246 05번 PLUS 〈의료인의 법적 의무〉 참조

26
"한국간호사 윤리강령"에서 간호의 근본이념은 인간 생명의 존엄성과 기본권을 존중하고 옹호하는 것이다.

27
전단적 의료(unauthorized medical care)란 의료인이 어떤 위협성이 있는 의료를 행하기에 앞서 환자로부터 동의를 얻지 않고 의료행위를 하는 것을 말하며 불법행위로서 형사 및 민사상의 모든 책임을 지게 된다.
설명의무란 수술 등 침습적 의료행위 과정과 그 후에 나쁜 결과가 발생할 개연성이 있는 의료행위를 하는 경우 또는 사망 등의 중대한 결과발생이 예측되는 의료행위 등과 같이 환자의 자기결정이 요구되는 경우, 환자에게 의료행위를 받을지의 여부를 결정하는 데 필요한 정보를 제공하고 동의를 구하여야 할 의무를 말한다. 전단적 의료는 설명의무가 면제되는 경우를 말한다.

28
사례에서도 확인 가능하듯이 간호사는 대상자의 이익, 복지 등을 위해서라면 다른 원칙보다 선행의 원칙을 우선시해야 한다.

정답 25 ④　26 ④　27 ④
28 ③

PLUS

윤리 원칙

정의의 원칙	• 한판의 파이를 어떻게 공평하게 나누어 먹느냐의 의미로 해악과 이득이 공존하는 상황에서 이득을 분배하는 것을 뜻한다. • 정의의 핵심은 각자에게 그들의 몫을 주는 데 있다.
선행의 원칙	• 발생할 수 있는 악결과를 미리 예측하여 예방할 의무와 당장의 해악을 제거할 의무를 포함 • 환자에게 예방과 더불어 이득을 제공하는 것을 '적극적 선행의 원칙'이라 한다.
자율성 존중의 원칙	타인에게 의도적으로 해를 입히거나 타인에게 해를 입히는 위험을 초래하는 것을 금지한다는 원칙
악행금지의 원칙 (무해성의 원칙)	인간은 누구나 개인이 스스로 선택한 계획에 따라 행동과정을 결정하는 자율권을 (자율성 존중의 원칙) 지니며, 그것이 타인에게 피해를 주지 않는 한 어느 누구도 그 권리를 침해받아서는 안된다는 원칙
신의의 원칙(규칙)	• 의료인들은 환자의 개인의 의료기밀을 보장하기 위하여 최선을 다해야 한다는 규칙 • 대상자의 개인차와 독자적 인격을 존중하며 성실히 돌보는 것을 말한다.
정직의 원칙(규칙)	• 진실을 말해야 한다는 의무의 규칙 • 정직의 원리가 포함해야 하는 것은 다른 사람을 존중하고 선을 위해서 진실을 말해야 한다는 것이다.
성실의 원칙(규칙)	• 약속을 지켜야 하는 규칙 • 계약관계에서 더욱 기본적인 윤리원칙으로 약속이행과 동일하게 사용한다.

29 「의료법」상 진단서 등에 대한 설명으로 옳은 것은? 18 지방

① 조산사는 자신이 조산한 것에 대한 사망증명서 교부를 요구받은 때에는 정당한 사유 없이 거부하지 못한다.
② 의사는 진료 중이던 환자가 최종 진료 시부터 24시간이 지난 후 사망한 경우에는 다시 진료를 해야만 증명서를 내줄 수 있다.
③ 의사는 자신이 진찰한 자에 대한 진단서 교부를 요구 받은 때에는 정당한 사유가 있는 경우에도 거부하지 못한다.
④ 환자를 검안한 치과의사는 「형사소송법」 제222조 제1항에 따라 검시를 하는 지방검찰청검사에게 환자의 허락 없이 검안서를 교부하지 못한다.

해설

29
② 의사는 진료 중이던 환자가 최종 진료 시부터 48시간이 지난 후 사망한 경우에는 다시 진료를 해야만 증명서를 내줄 수 있다.
③ 의사는 자신이 진찰한 자에 대한 진단서 교부를 요구받은 때에는 정당한 사유 없이 거부하지 못한다.
④ 환자가 사망하거나 의식이 없는 경우, 해당 법령에 따라 중요한 사항일 경우 환자의 허락 없이 증명서 교부가 가능하다.

정답 29 ①

PLUS

진단서 등(의료법 제17조)

진단서

① 의료업에 종사하고 직접 진찰하거나 검안(檢案)한 의사, 치과의사, 한의사가 아니면 진단서·검안서·증명서를 작성하여 환자(직계존속·비속, 배우자 또는 배우자의 직계존속/형제자매) 또는 검시(檢屍)를 하는 지방검찰청검사(검안서에 한한다)에게 교부하지 못한다. 다만, 진료 중이던 환자가 최종 진료 시부터 48시간 이내에 사망한 경우에는 다시 진료하지 아니하더라도 진단서나 증명서를 내줄 수 있으며, 환자 또는 사망자를 직접 진찰하거나 검안한 의사·치과의사 또는 한의사가 부득이한 사유로 진단서·검안서 또는 증명서를 내줄 수 없으면 같은 의료기관에 종사하는 다른 의사·치과의사 또는 한의사가 환자의 진료기록부 등에 따라 내줄 수 있다.

② 의료업에 종사하고 직접 조산한 의사·한의사 또는 조산사가 아니면 출생·사망 또는 사산 증명서를 내주지 못한다. 다만, 직접 조산한 의사·한의사 또는 조산사가 부득이한 사유로 증명서를 내줄 수 없으면 같은 의료기관에 종사하는 다른 의사·한의사 또는 조산사가 진료기록부 등에 따라 증명서를 내줄 수 있다.

③ 의사·치과의사 또는 한의사는 자신이 진찰하거나 검안한 자에 대한 진단서·검안서 또는 증명서 교부를 요구받은 때에는 정당한 사유 없이 거부하지 못한다.

④ 의사·한의사 또는 조산사는 자신이 조산(助産)한 것에 대한 출생·사망 또는 사산 증명서 교부를 요구받은 때에는 정당한 사유 없이 거부하지 못한다.

⑤ 제1항부터 제4항까지의 규정에 따른 진단서, 증명서의 서식·기재사항, 그 밖에 필요한 사항은 보건복지부령으로 정한다. 〈신설 2007. 7. 27., 2008. 2. 29., 2010. 1. 18.〉

처방전(의료법 제17조의2)

처방전

① 의료업에 종사하고 직접 진찰한 의사, 치과의사 또는 한의사가 아니면 처방전[의사나 치과의사가 「전자서명법」에 따른 전자서명이 기재된 전자문서 형태로 작성한 처방전(이하 "전자처방전"이라 한다)을 포함한다. 이하 같다]을 작성하여 환자에게 교부하거나 발송(전자처방전에 한정한다. 이하 이 조에서 같다)하지 못하며, 의사, 치과의사 또는 한의사에게 직접 진찰을 받은 환자가 아니면 누구든지 그 의사, 치과의사 또는 한의사가 작성한 처방전을 수령하지 못한다.

② 제1항에도 불구하고 의사, 치과의사 또는 한의사는 다음 각 호의 어느 하나에 해당하는 경우로서 해당 환자 및 의약품에 대한 안전성을 인정하는 경우에는 환자의 직계존속·비속, 배우자 및 배우자의 직계존속, 형제자매 또는 「노인복지법」 제34조에 따른 노인의료복지시설에서 근무하는 사람 등 대통령령으로 정하는 사람(이하 이 조에서 "대리수령자"라 한다)에게 처방전을 교부하거나 발송할 수 있으며 대리수령자는 환자를 대리하여 그 처방전을 수령할 수 있다.
  1. 환자의 의식이 없는 경우
  2. 환자의 거동이 현저히 곤란하고 동일한 상병(傷病)에 대하여 장기간 동일한 처방이 이루어지는 경우

③ 처방전의 발급 방법·절차 등에 필요한 사항은 보건복지부령으로 정한다.
[본조신설 2019. 8. 27.]

30 「의료법」상 의료기관을 개설한 의료법인과 그 의료기관에 종사하는 의료인의 민사책임에 대한 설명으로 옳지 않은 것은? 17 지방 추채

① 의료인의 과실로 인해 환자가 약속된 의료서비스를 제공받지 못해 손해가 발생한 경우, 환자는 계약자인 의료법인에게 손해배상을 청구할 수 있다.
② 의료인의 불법행위로 인하여 손해를 입은 환자는 의료법인에게 손해배상을 청구할 수 있지만, 직접 그 의료인을 상대로 하여 손해배상을 청구할 수 없다.
③ 의료인의 불법행위 책임이 인정되기 위해서는 환자의 손해가 의료인의 고의 또는 과실에 의한 위법한 행위로 인해 발생해야 한다.
④ 의료인의 의료행위가 불법행위로 인정되는 경우, 그 의료행위에 대한 감독에 상당한 주의를 하지 않은 의료법인은 사용자의 배상 책임을 진다.

해설

30
의료인의 불법행위로 인하여 손해를 입은 환자는 의료법인과 해당 의료인을 상대로 하여 손해배상을 청구할 수 있다.

31 다음에 제시된 사례에서 담당간호사의 윤리적 결정이 정당화되기 위한 조건이 아닌 것은? 09 지방

> 뇌졸중으로 입원한 72세 박 씨는 억제대를 사용하고 있었다. 박씨는 이러한 억제대로 인해 자존감이 저하되고, 자신은 마치 감옥에 있는 것과 같으며 사고발생 시 도피할 수 없다고 두려워하였다. 그럼에도 불구하고 담당간호사는 환자를 위해 억제대를 계속해서 사용해야 한다고 주장하였다.

① 대상자를 제지하지 않으면 반드시 손상을 입을 수 있는 경우 – '해의 조건'
② 해악과 이득이 공존하는 상황에서 대상자의 자율적 선택보다 더 큰 이익을 분배하는 경우 – '정의의 조건'
③ 어떤 상황하에서 그 대상자가 관련되는 정보를 전혀 모르거나 합리적 사고 능력에 장애가 있을 경우 – '자율성의 조건'
④ 대상자가 합리적인 사고능력이 회복되거나 좀 더 많은 지식을 가지게 될 경우 현재의 제제 결정을 시인할 것이라고 합리적으로 생각되는 경우 – '승인의 조건'

31
선행의 원칙과 관련된 개념 선의의 간섭주의란 개인의 이익, 복지 등을 위해서라면 개인의 자율성이나 자유는 희생되어질 수 있다는 입장이다. 선의의 간섭주의가 정당화될 수 있는 조건에는 다음과 같은 것이 있다.
✓ p.242 01번 PLUS 〈생명윤리의 규칙〉 참조

정답 30 ② 31 ②

MEMO

신희원

주요 약력
전) 서울시 보건교사
　　희소 대표강사
　　EBS 보건임용 전임강사
　　우리고시학원 대표강사
　　임용단기 대표강사
현) 박문각임용 대표강사
현) 박문각공무원 보건직·간호직 대표강사

주요 저서
신희원 간호관리 길라잡이 기본 이론서
신희원 보건행정 길라잡이 기본 이론서
신희원 공중보건 길라잡이 기본 이론서
신희원 지역사회간호 길라잡이 기본 이론서
신희원 간호관리 기출문제집
신희원 지역간호 기출문제집
신희원 보건행정 단원별 기출문제집
신희원 공중보건 단원별 기출문제집

신희원 간호관리 기출문제집

초판 인쇄 | 2025. 11. 10.　　**초판 발행** | 2025. 11. 14.　　**편저자** | 신희원
발행인 | 박 용　　**발행처** | (주)박문각출판　　**등록** | 2015년 4월 29일 제2019-000137호
주소 | 06654 서울시 서초구 효령로 283 서경 B/D 4층　　**팩스** | (02)584-2927
전화 | 교재 문의 (02)6466-7202

저자와의 협의하에 인지생략

이 책의 무단 전재 또는 복제 행위를 금합니다.

정가 18,000원
ISBN 979-11-7519-375-8